LES GRANDS PRINCIPES DE L'ASSURANCE

François Couilbault
Stéphanie Couilbault-Di Tommaso
Nadia Hadj-Chaïb Candeille

LES GRANDS PRINCIPES DE L'ASSURANCE

17e édition

L'ARGUS
de l'assurance
ÉDITIONS

Pour nous contacter :
Éditions de L'Argus de l'assurance
20, rue des Aqueducs
94250 Gentilly
abo@infopro-digital.com

ISBN papier : 978-2-35474-559-2
ISBN numérique : 978-2-35474-560-8
ISSN : 1274-9982

Dans la même collection

Précis d'évaluation du dommage corporel
Hélène Béjui-Hugues, Isabelle Bessières-Roques, Gérard Brémond

Risques de responsabilité et assurances des entreprises
Axelle Astegiano-La Rizza

Conformité et contrôle interne dans le courtage d'assurance
Nicolas Dufour

Manuel de l'assurance automobile
Elisabeth Le Cheualier, Sylvie Chanh

Contrôle de gestion en assurance
Jean-Francois Decrocq

Contentieux de l'assurance
Jean-François Carlot

Risques et assurances de responsabilité civile
Nadia Hadj-Chaïb Candeille

Les assurances dommages aux biens de l'entreprise
Philippe Laroche

Les grands principes du marketing de l'assurance
Christian Parmentier, Alexandre Rispal et Marie Huyghues-Beaufond

La réglementation des sociétés d'assurance
Pierre-Grégoire Marly, Norbert Gautron et François Tempé

La distribution en assurance, banque et finance
Isabelle Monin Lafin, Grégoire Dupont et Jérôme Speroni

Assurance du risque professionnel en santé
Jean-Philippe Vauthier

Guide de l'assurance transport et logistique
Jean-Patrick Marcq

L'assurance des flottes automobiles
Olga Mior et Jean-François Simon

Les grands principes de la comptabilité d'assurance
Eric Williot

Les grands principes de l'actuariat
Edith Bocquaire, Marion Le Camus - Paradis

Technique et pratique de la réassurance
Evelyne Mlynarczyk et Jean-Pierre Mlynarczyk

La fiscalité de l'assurance vie
Philippe Baillot, Jean-François Piraud et Marc Thomas-Marotel

Risques et assurances construction
Jean Roussel et Solange Becqué-Ickowicz

L'assurance des lignes financières
Dominique Bercovici

La RSE dans l'assurance
Pauline Becquey, François Garreau

La révolution digitale dans l'assurance
Marie-Laure Dreyfuss

Protection sociale d'entreprise et épargne salariale
sous la direction d'Anna Ferreira

Les grands principes de Solvabilité 2
Marie-Laure Dreyfuss

Assurer le risque environnemental des entreprises
Sébastien Bécue et David Deharbe

Risques techniques, audit et assurance
Denis Legrand, Franck le Moine et Patrick Thourot

Pratique de l'assurance de santé
Edith Boçquaire, Nadine Charles et Roger Millot

Les grands principes du Risk management
Catherine Véret Jost, traduit par Eric Godbille

La gestion des risques en assurance
Axelle Brault-Fonters, Nicolas Guillaume et Fabien Raviard

Guide pratique de la Conformité en assurance
Odilon Audouin et Alexandre Liaskovsky

Introduction

Les « Grands principes de l'assurance » visent à présenter de manière synthétique les éléments fondamentaux des activités d'assurance en France.

L'objectif de l'ouvrage est de permettre au lecteur d'avoir une vue globale de l'assurance mais aussi d'appréhender les principaux aspects de chaque catégorie d'assurance, spécialement dans les domaines qui touchent la vie de tous les jours, l'assurance auto, l'assurance habitation, l'assurance vie, la santé…

Les développements se rapportent non seulement aux aspects techniques et juridiques de l'assurance mais aussi aux dimensions sociales, économiques, voire historiques, indispensables à sa compréhension. Le plan retenu, en trois parties distinctes, doit permettre une pénétration progressive de l'univers assurantiel :

- la première partie, consacrée aux notions générales, constitue la clef d'accès aux pratiques usuelles des assureurs ;
- la deuxième partie analyse les principales assurances de biens et de responsabilité : automobile, responsabilité civile, multirisques et protection juridique. Ce sont, a priori, les catégories auxquelles le consommateur d'assurance a le plus souvent affaire ;
- la troisième partie se rapporte aux assurances de personnes dont l'intérêt ne cesse de croître. Il s'agit des assurances contre les dommages corporels, santé et vie.

Sur le plan pratique, l'utilisation de l'ouvrage a été envisagée de deux manières possibles :

- soit pour appréhender globalement un thème, une catégorie, ou un chapitre en y accédant grâce à la table des matières ;
- soit pour retrouver ponctuellement une information, une définition ou une règle en se référant à l'index alphabétique. Pour user d'une métaphore, il s'agit de l'aspect « boîte à outils » auquel les auteurs attachent une grande importance : le lecteur doit être en mesure de saisir rapidement l'outil utile.

Cette nouvelle édition intègre les récentes évolutions en matière de responsabilité civile et en particulier l'important revirement de la Cour de cassation qui considère dorénavant que lorsqu'ils exercent conjointement l'autorité parentale à l'égard de leur enfant mineur, les deux parents sont solidairement responsables des dommages causés par celui-ci, dès lors que l'enfant n'a pas été confié à un tiers par une décision administrative ou judiciaire (Cass., ass. plén., 28 juin 2024).

Le régime des retraites a été modifié, la loi du 14 avril 2023 de financement rectificative de la sécurité sociale pour 2023 en a ainsi fait évoluer les conditions d'obtention, allongeant notamment de 62 ans à 64 ans l'âge légal de départ à la retraite.

Les contrats d'assurance peuvent désormais être résiliés plus facilement, le décret n° 2023-182 du 16 mars 2023 précise les modalités d'accès et d'utilisation de la fonctionnalité de résiliation et de dénonciation par voie électronique des contrats prévue à l'article 17 de la loi n° 2022-1158 du 16 août 2022 portant mesures d'urgence pour la protection du pouvoir d'achat.

Autre nouveauté, le contrôle par l'ACPR est renforcé dans un souci de protection des assurés. Ainsi, l'ACPR a publié en date du 2 juillet 2024 une nouvelle recommandation sur le traitement des réclamations afin de rendre plus effectif le traitement par les organismes assureurs des réclamations de leurs assurés. L'attention est portée sur les assurés les plus fragiles : dans un communiqué de presse du 3 mai 2022, l'ACPR appelle les distributeurs de contrats d'assurance vie à mieux respecter le devoir de conseil auprès des clients financièrement fragiles ou en difficulté.

Sommaire

Première partie
Les notions générales de l'assurance

Deuxième partie
Les assurances de biens et de responsabilité

Troisième partie
Les assurances de personnes

Première partie

Les notions générales de l'assurance

Chapitre I

L'ORIGINE ET LE DÉVELOPPEMENT DE L'ASSURANCE

L'histoire de l'assurance revêt un intérêt certain pour comprendre nombre de mécanismes et de règles applicables aujourd'hui. Elle met aussi en exergue une évidence : l'assurance n'existe que pour satisfaire des besoins.

Nous allons le démontrer en exposant comment est née l'assurance (section I), puis s'est développée en Europe (section II), en France (section III), avant de justifier cet essor (section IV).

Section I - La naissance de l'assurance

I - L'assistance mutuelle

Dès la plus haute Antiquité, les hommes se sont réunis pour venir en aide à ceux qui étaient frappés par le sort. Les Sumériens, peuple habitant la Mésopotamie 5 000 ans avant Jésus-Christ, pratiquaient un système d'assistance mutuelle en cas de perte des marchandises transportées par caravane.

On trouve également trace d'une telle pratique dans le code Hammourabi, plus ancienne collection de lois connue, gravée sur pierre et datant du 18e siècle avant Jésus-Christ.

À Athènes, existaient des associations permettant le versement de « secours » dans certains cas, comme le décès.

Chez les Romains, on trouve également des associations intervenant lors de la survenance de certains événements. Citons l'association des légionnaires qui prévoyait une bourse en cas de départ lointain aux colonies.

Mais ces formes d'assistance mutuelle ne sont pas véritablement à l'origine de l'assurance.

II - Le prêt à la grosse aventure

Le prêt à la grosse aventure a permis la naissance de l'assurance. Ce prêt était déjà pratiqué par les Grecs et les Romains. En voici le mécanisme :

- pour le commerce maritime, les marchands avaient besoin de beaucoup d'argent. Ils s'adressaient à des banquiers qui leur prêtaient les capitaux nécessaires ;
- si le bateau faisait naufrage, le marchand ne remboursait rien au banquier. En revanche, en cas de réussite de l'expédition, le prêteur était non seulement remboursé, mais touchait en plus une participation très élevée en compensation du risque encouru. L'intérêt pouvait atteindre 40, voire 50 %.

Au 12e siècle, avec la reprise des échanges commerciaux, le prêt « à la grosse » se redéveloppa et donna lieu à des abus quant au taux d'intérêt.

Le pape Grégoire IX, par Décrétale de 1234, interdit le prêt usuraire (taux d'intérêt excessif) et ainsi condamna le prêt à la grosse aventure.

Il fallut trouver un moyen qui permit au banquier d'être certain du remboursement de son prêt. Ainsi, peu à peu, fut mis en place un système qui donna naissance à l'assurance maritime : des banquiers ou des groupements de commerçants acceptèrent de garantir, en cas de perte, la valeur du navire et de sa cargaison, moyennant le paiement d'une somme fixée au préalable.

L'écrit qui matérialisait ce contrat s'appelait déjà une police (au sens de preuve). La promesse de garantie était l'assurete et la somme payée à l'avance la praemium.

On a retrouvé fort peu de contrats d'assurance de cette époque, car ils étaient « cassés », c'est-à-dire déchirés, une fois le voyage assuré terminé.

Le plus ancien contrat d'assurance conservé jusqu'à nos jours a été émis à Gênes, en Italie, en 1347. En France, nous possédons une police datant de 1437, émise à Marseille par des assureurs génois.

Section II - Le développement de l'assurance en Europe

I - L'Italie

La prééminence de l'Italie sur le commerce international induit la domination sur l'assurance des villes de Venise, Gênes et Florence, du 14e siècle jusqu'au début du 17e siècle.

Cette période correspond à la mise en place d'un encadrement juridique du commerce maritime et corrélativement de l'assurance.

Notons qu'au 14e siècle, les Florentins inventent le courtier, intermédiaire chargé de courir de l'assuré à l'assureur (courtier vient de « courratier » issu de « courre » signifiant courir en ancien français).

La première société d'assurance maritime apparaît à Gênes en 1424.

II - Londres

Londres supplante les villes italiennes au début du 17e siècle dans les activités commerciales et financières, et en conséquence, d'assurances.

Le grand incendie de Londres en 1666 donnera naissance au Fire Office en 1667 et à la première société d'assurance contre l'incendie en 1684.

L'histoire extraordinaire du Lloyd's est révélatrice des pratiques et du dynamisme britanniques. Nombre d'affaires se traitent dans des coffee-houses. Edward Lloyd met à la disposition des armateurs, négociants et banquiers du papier, de l'encre et des plumes. De plus, on trouve dans son établissement, des informations sur les mouvements des navires, au jour le jour. Cela devient dès 1686 un lieu de souscription des risques maritimes par des particuliers, et non par des sociétés d'assurance. Il s'agit d'une bourse des assurances unique au monde.

III - Amsterdam

Au 17e siècle, Amsterdam, au même titre que Londres, domine le commerce international, et en conséquence, nombre d'assurances s'y négocient.

IV - La nature des assurances pratiquées

L'assurance maritime des navires et des cargaisons s'accompagne de l'assurance des négociants en cas de capture, pour payer leur rançon, et de l'assurance des esclaves en tant que cargaison.

Mais l'assurance vie, n'apparaît véritablement qu'à la fin du 17e siècle, grâce à des travaux mathématiques. Relevons « la géométrie du hasard » de Blaise Pascal en 1654. En 1693, Edmond Halley, astronome anglais, conçoit la première table de mortalité.

La première société d'assurance vie est créée en Angleterre en 1762.

Au 19e siècle, l'industrialisation, l'exode rural et l'urbanisation engendrent de nouveaux besoins se traduisant par la mise au point d'assurances en cas d'accidents.

Section III - Le développement de l'assurance en France

I - Les blocages

L'assurance n'a pu se développer, en France, que tardivement, en raison essentiellement de blocages religieux. Contrairement aux Britanniques et au protestantisme, les Français, catholiques, n'encouragent pas les activités commerciales et financières.

Colbert permettra le développement de l'assurance maritime en codifiant, en 1681, les activités commerciales.

La première société française incendie date de 1754 et la première Compagnie royale d'assurance contre l'incendie est créée en 1785.

En assurance vie, le blocage religieux est encore plus dirimant. Il était immoral de spéculer sur la vie humaine.

Les tontines, imaginées par l'italien Lorenzo Tonti en 1652, n'effectuent pas véritablement des opérations d'assurances vie. Il s'agit d'associations de personnes constituées pour une certaine durée : 10, 15 ou 20 ans. Les associés mettent en commun des fonds. À l'issue de la durée prévue l'association est dissoute et les fonds sont répartis soit entre les survivants (association en cas de vie) soit entre les ayants droit des personnes décédées (association en cas de décès). Pontchartrain, ministre de Louis XIV, autorisa les tontines en cas de vie à partir de 1689. Les tontines furent utilisées sous l'Ancien Régime comme mode d'emprunt royal. Elles subsistent aujourd'hui.

En ce qui concerne l'assurance vie proprement dite, il fallut attendre près d'un siècle. La Compagnie royale fut autorisée à étendre son activité aux assurances vie en 1787. À noter que l'année suivante, la séparation des activités vie et non-vie fut exigée : on trouve là l'origine du principe de spécialisation toujours en vigueur.

II - Le développement en France aux 19e et 20e siècles

De grandes sociétés d'assurance françaises sont nées dans la première moitié du 19e siècle : les Assurances générales, le Phénix, l'Union, le Soleil et la Nationale.

La fin du 19e siècle marque une révolution sociale : la loi du 9 avril 1898 sur les accidents du travail permet aux salariés d'obtenir une indemnisation partielle sans avoir à prouver la faute de leur employeur. Cette loi engendre la naissance et l'essor des assurances accidents du travail. Elle marque également une date décisive dans l'instauration du contrôle de l'État sur les assureurs. Relevons que le corps des commissaires contrôleurs a été créé en 1899.

Au 20e siècle, les assurances contre les accidents de la circulation se développent : la croissance extraordinaire du parc automobile et de la circulation génèrent des besoins d'assurance rendus obligatoires en 1958. En 1946, la mise en place de la Sécurité sociale fait perdre à l'assurance privée une partie de son activité.

La loi du 25 avril 1946 nationalise les 34 plus grandes sociétés d'assurance de l'époque. En 1968, elles seront regroupées au sein de l'UAP (Union des assurances de Paris), des AGF (Assurances générales de France), du GAN (Groupement des assurances nationales) et des Mutuelles du Mans. Aujourd'hui toutes ces sociétés sont retournées au secteur privé : les Mutuelles du Mans Assurances en 1987 (MMA aujourd'hui, alliées à la MAAF), l'UAP en 1994 (devenue AXA), les AGF en 1996 (rachetées par l'assureur allemand Allianz) et le GAN en 1998 (racheté par Groupama).

Section IV - La justification du développement de l'assurance

I - L'assurance, facteur de progrès et de croissance économique

L'histoire nous enseigne que le développement de l'assurance maritime a favorisé l'essor du commerce. Les marins étaient en mesure de financer leurs expéditions grâce à l'existence de l'assurance.

D'une manière générale, tout progrès comporte une prise de risque qui sera mieux acceptée, voire rendue possible, s'il existe des mécanismes de compensation en cas d'échec.

Il est remarquable de constater que dans tous les pays « en voie de développement », se fait jour un énorme besoin d'assurance.

Pour certaines activités, l'assurance est même indispensable : ainsi les entreprises qui veulent exporter ne peuvent le faire que grâce à des assurances spécifiques.

II - L'assurance tributaire d'une société organisée

Il apparaît aussi que l'assurance, pour s'épanouir, nécessite une société organisée, tant sur le plan économique et financier que sur le plan juridique.

Il est remarquable de constater que la codification opérée par Colbert a permis l'essor de l'assurance en France. Seule une société de droit permet à l'assurance de croître.

Les pays de l'Est ont illustré, a contrario, cette analyse. Avant de songer à développer le secteur de l'assurance, il convenait d'instaurer un secteur bancaire solide et un cadre législatif cohérent.

III - Le besoin de protection

L'essor de l'assurance traduit l'accroissement des besoins de protection du public. La protection recherchée vise tant les patrimoines que les personnes : nous touchons là au rôle fondamental de l'assurance.

A - La protection des patrimoines

L'assurance permet aux assurés de se prémunir en cas de survenance de certains événements pouvant affecter leurs biens.

Il apparaît aujourd'hui presque impensable de ne pas s'assurer contre l'incendie, le vol ou les dégâts des eaux. Les indemnités versées par l'assureur compenseront les pertes subies.

De même, nous avons tous conscience que nous pouvons occasionner des dommages à autrui et être tenus à réparation au titre des règles de responsabilité. Les assurances de responsabilités évitent à l'auteur du dommage de prélever sur son patrimoine les sommes nécessaires à l'indemnisation des victimes. Ainsi, tant les assurances « de biens », que les assurances de responsabilités concourent à la conservation du patrimoine des assurés.

B - La protection des personnes

Certains événements peuvent frapper la personne humaine dans son intégrité physique : songeons aux accidents corporels, aux maladies et, bien sûr, au décès. Les victimes ou leurs proches pourront bénéficier de prestations versées par l'assureur si une assurance adéquate a été souscrite.

L'assurance des personnes, comme l'assurance des biens, a vocation à intervenir pour ne pas laisser les individus complètement démunis, dans certaines situations.

Chacun d'entre nous ressent de plus en plus la nécessité de se prémunir contre ce genre d'événements.

C - La gestion et la transmission du patrimoine

L'assurance vie, aujourd'hui, constitue le placement préféré des français. L'assurance vie est devenue la première catégorie d'assurance si l'on considère son chiffre d'affaires. Ainsi, les ménages français choisissent prioritairement l'assurance vie pour gérer et transmettre leur patrimoine.

IV - Conclusion

L'assurance répond à un besoin impérieux des individus de se prémunir contre la survenance de certains événements affectant leur personne ou leurs biens. De manière générale, l'assurance contribue à la sécurité de l'homme et de ses activités.

Les opinions exprimées par d'éminents hommes politiques et industriels illustrent notre propos ; relevons notamment, les réflexions suivantes :

- de Georges Pompidou : « le paysan était attaché à sa ferme, et si elle brûlait, il était malheureux ; l'homme moderne est attaché à sa voiture, et si on la détruit, il est ennuyé. Il n'est qu'ennuyé parce qu'il y a l'assurance... il serait malheureux s'il n'y avait pas d'assurances ! On pourrait d'ailleurs parler longuement de la notion d'assurance, c'est-à-dire du besoin qu'a l'homme de s'assurer contre le malheur. Cela fait partie de la quête du bonheur » ;
- de Winston Churchill : « si cela m'était possible, j'écrirais le mot « ASSURANCE » dans chaque foyer et sur le front de chaque homme, tant je suis convaincu que l'assurance peut, à un prix modéré, libérer les familles de catastrophes irréparables » ;
- de Henry Ford : « New York n'est pas la création des hommes, mais celle des assureurs.

Sans les assurances, il n'y aurait pas de gratte-ciel, car aucun ouvrier n'accepterait de travailler à une pareille hauteur, en risquant de faire une chute mortelle et de laisser sa famille dans la misère.

Sans les assurances, aucun capitaliste n'investirait des millions pour construire de pareils immeubles, qu'un simple mégot de cigarette peut réduire en cendres.

Sans les assurances personne ne circulerait en voiture à travers les rues. Un bon chauffeur est conscient de ce qu'il court à chaque instant le risque de renverser un piéton. »

Chapitre II

LE SECTEUR DE L'ASSURANCE

Section I - L'importance du secteur de l'assurance

I - L'emploi dans l'assurance

Trois catégories d'organismes interviennent sur le marché français de l'assurance et génèrent des emplois :

- les sociétés d'assurances (anonymes ou à forme mutuelle) soumises au Code des assurances ;
- les mutuelles soumises au Code de la mutualité ;
- les institutions de prévoyance soumises en général au Code de la Sécurité sociale.

Par ailleurs, nombre d'emplois relèvent des intermédiaires et des experts d'assurances.

Enfin, les établissements financiers (banques et caisses d'épargne) et la Banque postale utilisent du personnel pour la distribution et la gestion de produits d'assurances.

II - Les chiffres d'affaires de l'assurance

En 2023, le secteur de l'assurance en France a enregistré une progression de 5,5 % des cotisations (assurance dommages et assurance de personnes) à 252,8 Md€ (Source : https://www.franceassureurs.fr/).

Section II - La distribution de l'assurance en France

De manière schématique, on relève quatre grands modes de distribution de l'assurance en France : par intermédiaires (I), par guichets ou bureaux (II) ou par d'autres modes (III). Il faudra aussi considérer les organismes de protection sociale complémentaire (IV).

I - La distribution par intermédiaires

On peut la qualifier de distribution traditionnelle. Elle concerne les agents généraux d'assurance, les courtiers d'assurance et les producteurs. Nous aurons l'occasion de présenter et de caractériser ces intermédiaires dans le chapitre IX de la première partie.

II - La distribution par guichets ou bureaux

À l'origine, les guichets où l'on pouvait souscrire des assurances s'apparentaient à ceux de certains services publics. Aujourd'hui, la notion de guichet reçoit une acception extensive. Elle englobe les bureaux où l'on accueille les clients, dans les locaux des mutuelles d'assurances sans intermédiaire, à La Banque postale, dans les établissements bancaires, dans les Caisses d'épargne, etc.

Nous distinguons trois sortes de guichets ou bureaux :
- les guichets des sociétés d'assurance traditionnelles ;
- les guichets des sociétés mutuelles d'assurance sans intermédiaires (MSI) ;
- les guichets des établissements financiers (banques, Caisses d'épargne...).

A - Les guichets des sociétés d'assurances traditionnelles

Les sociétés d'assurances traditionnelles disposent de locaux dans lesquels le public peut venir souscrire directement. Ces locaux sont en général dénommés bureaux directs ou succursales dans les grandes villes. La part des affaires souscrites par le biais de ces guichets apparaît très faible.

B - Les guichets ou bureaux des sociétés mutuelles d'assurance sans intermédiaires

Les MSI (Mutuelles sans intermédiaires) délivrent leurs contrats aux guichets de leurs bureaux, agences, délégations ou succursales. Dans les années 70, les MSI ont connu un succès et une croissance exceptionnels.

C - Les réseaux de bancassurance

Toutes les grandes banques distribuent de l'assurance, souvent sous le statut de courtier, et ont créé des filiales d'assurances auprès desquelles les contrats sont souscrits.

III - Les autres modes de distribution

Les autres modes de distribution (téléphone, vente par correspondance) représentent une part minime qui ne cesse de décroître depuis 10 ans.

La souscription par Internet ne cesse de se développer même si elle reste encore un peu intimiste.

Les modes de distribution traditionnels (agents, courtiers, bancassurance, mutuelles d'assurance) renforcent donc leur activité et ce sont les techniques de distribution qui évoluent. Ainsi, la distribution par internet mise en œuvre par ces réseaux traditionnels, devrait continuer de se développer.

IV - Les organismes de protection sociale complémentaire

A - La distribution d'assurances par les mutuelles

En premier lieu, il convient de ne pas confondre les mutuelles dites souvent « mutuelles loi de 1945 » ou même « mutuelles 45 » avec les sociétés d'assurance mutuelle.

Depuis la loi du 25 juillet 1985, seules les mutuelles relevant du Code de la mutualité sont autorisées à se prévaloir de la dénomination « mutuelles », sans autre précision. En revanche, les entreprises d'assurances régies par le Code des assurances doivent ajouter le mot assurances dans leur dénomination sociale (C. mut., art. L. 112-2).

Les mutuelles sont les premiers acteurs en complémentaire santé.

B - La distribution d'assurances par les institutions de prévoyance

Les institutions de prévoyance (IP) sont des organismes paritaires soumis au Code de la Sécurité sociale.

Elles gèrent des contrats collectifs d'assurance de personnes, souscrits par les entreprises au bénéfice des salariés, dans le cadre des accords d'entreprises ou de branches professionnelles.

Elles proposent des garanties en complément des prestations de la Sécurité sociale qui prennent la forme :

- d'indemnités journalières en cas d'incapacité de travail ;
- de rentes en cas d'invalidité ;
- de capitaux décès et de rentes pour les conjoints survivants et l'éducation des enfants ;
- de remboursements de frais de soins en santé ;
- de rentes en cas de dépendance (https://ctip.asso.fr/la-prevoyance-collective/garantie-dependance/) ou de retraite (https://ctip.asso.fr/la-prevoyance-collective/epargne-retraite-collective/).

Section III - L'évolution du marché français de l'assurance

I - La restructuration du secteur français de l'assurance

La globalisation des marchés, liée à l'approche globale des besoins des clients et à l'internationalisation de l'économie, ont entraîné de nombreuses opérations de fusion ou d'absorption. Cette restructuration s'opère aux niveaux européen et mondial. Elle concerne tant les sociétés d'assurances que les sociétés de courtage. Les formidables développements du numérique et des techniques de communication ont accéléré le processus. Beaucoup d'acteurs du marché français recherchent encore la taille critique et/ou la possibilité d'offrir une gamme complète de services. Simultanément, on assiste à une extraordinaire diversification des réseaux de distribution avec des organisations et des centres de décisions dédiés à chaque mode de commercialisation. Ces phénomènes correspondent à une situation de concurrence particulièrement vive, où la nécessité de réduire les coûts et de satisfaire tous les segments de clientèle devient impérieuse.

II - La bancassurance

La notion de bancassurance constitue un néologisme dont l'acception peut varier :

- elle peut désigner toute distribution d'assurances par les guichets des établissements financiers, y compris au titre de simples accords entre assureurs et banques, et englober les bureaux de la Banque Postale ;
- elle peut exclure la distribution par les bureaux de la Banque Postale et/ou ne pas englober les simples accords de distribution. Aujourd'hui, l'acception extensive l'emporte largement. On opère parfois une distinction entre ce qu'il est convenu d'appeler la bancassurance intégrée et les autres formes.

La bancassurance intégrée désigne le modèle dans lequel l'établissement financier a créé sa (ses) propre(s) société(s) d'assurances, captive(s), et distribue les produits par son réseau d'agences bancaires. Ce modèle est celui majoritairement retenu, par exemple au Crédit Mutuel ou au Crédit Agricole.

III - L'assurbanque

Pour lutter contre la concurrence des bancassureurs et mieux fidéliser leurs clients, les assureurs tendent à développer des activités bancaires telles :

- la tenue de comptes courants ;
- l'octroi de prêts immobiliers ou de prêts à la consommation ;
- les livrets d'épargne ;
- la gestion de valeurs mobilières.

Ces activités, dénommées « assurbanque » (ou « assurfinance ») peuvent être exercées au sein d'une banque créée ou rachetée par la société d'assurance, ou au titre d'un partenariat avec un établissement bancaire. Il s'agit exactement de l'inverse de la bancassurance. L'assurbanque peut se définir comme la distribution de produits bancaires par les réseaux des sociétés d'assurances, en complément des produits d'assurance.

En pratique, les assurbanquiers proposent surtout des comptes courants, des livrets d'épargne, du crédit auto et des crédits immobiliers. Toutefois, force est de constater que le chiffre d'affaires généré actuellement par l'assurbanque reste très modeste.

IV - L'évolution du marché des assurances de personnes

En 2023, les cotisations des assurances de personnes ont progressé de 5,3 % pour s'établir à 182,3 Md€.

A - Assurance vie

Le montant des cotisations en assurance vie et capitalisation a été de 152,4 Md€ en 2023 en progression de 5,3 %.

B - Assurance maladie et accidents corporels

Le montant des cotisations a été de 29,9 Md€ en 2023 en progression de 7,5 %.

V - L'évolution du marché des assurances de biens et de responsabilité

Le niveau de croissance des cotisations en assurances de biens et de responsabilité s'est sensiblement accru en 2023 pour atteindre un montant de cotisations de 70,5 Md€ soit une augmentation de 6 % par rapport à 2022.

A - Assurance automobile

La croissance des cotisations de l'assurance automobile a été de 5,1 % en 2023 pour atteindre 26,2 Md€.

B - Assurance « Biens particuliers »

L'évolution des cotisations du marché de l'assurance des biens aux particuliers qui concerne essentiellement la MRH se situe à + 5 % pour atteindre un chiffre d'affaires en 2023 de 13,2 Md€.

C - Dommages aux biens des professionnels

Le marché des dommages aux biens des professionnels et agricole a continué à se redresser en 2023 (+ 11,9 %) pour atteindre 10,5 Md€.

D - Responsabilité civile générale

En responsabilité civile générale, le chiffre d'affaires a été de 5 Md€ en 2023 ce qui marque une progression de 6,5% par rapport à 2022.

E - Autres Assurances

En assurance construction, catastrophes naturelles, transport, protection juridique, assistance, pertes pécuniaires, crédit caution et cyber le chiffre d'affaires s'est situé à 15,6 Md€ en progression de 4,6 % par rapport à 2022.

Section IV – Les organismes professionnels en France

I – Les organismes représentant les sociétés d'assurances

France Assureurs, anciennement Fédération française de l'assurance (FFA) créée en juillet 2016, réunit la Fédération française des sociétés d'assurances (FFSA) et le Groupement des entreprises mutuelles d'assurance (GEMA) au sein d'une seule organisation. En 2022, la FFA a changé d'identité devenant « France Assureurs ».

La Fédération réunit l'ensemble des entreprises d'assurance et de réassurance opérant en France, relevant du Code des assurances.

Les entreprises membres de la Fédération sont des sociétés anonymes, des sociétés d'assurance mutuelle avec ou sans intermédiaires et des succursales d'entreprises étrangères.

Ses principales missions sont de :

- préserver l'ensemble du champ économique et social en relation avec les activités assurantielles ;
- représenter l'assurance auprès des pouvoirs publics nationaux et internationaux, des institutions et des autorités administratives ou de place ;
- offrir un lieu de concertation et d'analyse des questions financières, techniques ou juridiques ;
- fournir les données statistiques essentielles de la profession ;
- informer le public et les médias ;
- promouvoir les actions de prévention ;
- promouvoir la place de l'assurance dans le monde académique et la formation.

II – Les fédérations des mutuelles

La Fédération nationale de la Mutualité Française (FNMF) est le porte-parole des mutuelles et des unions mutualistes qui la composent. Elle assure la promotion de leurs activités et de leurs idées auprès des pouvoirs publics, des institutions et de tous les acteurs de la santé et de la protection sociale.

III – Le Centre technique des institutions de prévoyance (CTIP)

Le Centre technique des institutions de prévoyance (CTIP) représente et défend les intérêts des institutions de prévoyance, ainsi que ceux des entreprises adhérentes et des salariés participants, dans le domaine de la prévoyance collective.

Les institutions de prévoyance couvrent 13 millions de personnes à travers 2 millions d'entreprises en santé et prévoyance (incapacité, invalidité, dépendance, décès) et sont des acteurs majeurs de la protection sociale complémentaire en France.

Créé en 1986, le CTIP fédère l'ensemble des institutions de prévoyance. Organisation professionnelle reconnue, il est leur porte-parole : il les représente et les défend auprès des pouvoirs publics nationaux et européens.

IV - Le Centre de documentation et d'information de l'assurance (CDIA)

Le CDIA est un réseau de professionnels de l'assurance – assureurs, agents généraux et courtiers – chargés de délivrer une information pratique et pédagogique sur l'assurance auprès de tous les publics (particuliers, professionnels, entreprises, associations).

Les délégués du CDIA effectuent de nombreuses interventions tout au long de l'année, notamment en animant des réunions d'information ou des formations sur l'assurance à la demande d'organismes professionnels ou consulaires, de médias régionaux, d'associations ou d'établissements scolaires. Ils peuvent également tenir des permanences lors d'événements climatiques pour informer directement les sinistrés et les accompagner dans leurs démarches.

V - L'AGIRA

L'Association pour la gestion des informations sur le risque en assurance (AGIRA) a été créée pour gérer les informations nécessaires à la mise en œuvre du système « bonus-malus ». Ainsi enregistre-t-elle les sinistres automobiles dans un fichier informatisé, sur une période de trois années. Au fur et à mesure des années, les missions de L'AGIRA se sont étoffées. En particulier, relevons qu'aujourd'hui elle organise le système Trans-PV, permettant la transmission des procès-verbaux des accidents d'automobiles. L'AGIRA gère aussi le fichier des indemnités allouées aux victimes de dommages corporels (accidents de la circulation et accidents médicaux depuis la loi Kouchner du 4 mars 2002). Elle centralise et rediffuse les réclamations dans le cadre de Médiation Assurance. Tous les assureurs automobile participent à L'AGIRA et l'utilisent.

L'AGIRA est également chargée d'organiser la recherche de contrats d'assurance vie non réclamés en cas de décès du souscripteur. Toute personne physique ou morale peut saisir l'AGIRA en vue de rechercher auprès de toutes les sociétés d'assurance, institutions de prévoyance et mutuelles si un contrat d'assurance vie a été souscrit à son profit par une personne dont elle apporte la preuve du décès.

La demande auprès de l'AGIRA est gratuite et s'effectue par courrier simple. Elle doit comporter obligatoirement :

- les nom, prénoms et adresse du ou des bénéficiaires ;
- les nom, prénoms et dates de naissance et de décès du ou des défunts ;
- la copie de l'acte ou du certificat de décès.

La demande peut en effet être faite en son nom propre ou pour le compte d'autres personnes, et toutes les coordonnées de tous les bénéficiaires éventuels mentionnés dans la demande doivent être obligatoirement transmises.

La copie de l'acte de décès est délivrée gratuitement à tout demandeur (même sans lien de parenté avec le défunt) auprès de la mairie du lieu du décès ou du dernier domicile du défunt.

À réception, l'AGIRA vérifie les pièces transmises et accuse réception par courrier au demandeur du traitement de sa demande ou, si le dossier est incomplet, indique les informations ou pièces manquantes.

L'AGIRA dispose de 15 jours maximum pour traiter la demande et l'adresser à l'ensemble des sociétés d'assurance, institutions de prévoyance et mutuelles.

Ces entreprises recherchent si le défunt a souscrit un contrat d'assurance vie et, si le demandeur est le bénéficiaire, disposent d'un mois pour l'informer de l'existence d'un capital ou d'une rente à son bénéfice.

La réponse ne sera communiquée que par l'assureur qui aura identifié le contrat souscrit par le défunt. Elle sera adressée uniquement au bénéficiaire ou à chacun des bénéficiaires, et en aucun cas au demandeur s'il n'est pas bénéficiaire désigné au contrat.

VI - L'ALFA

Créée en 1989, l'ALFA - Agence pour la lutte contre la fraude à l'assurance - est une association loi de 1901, dont l'objet est de promouvoir la lutte contre la fraude dans le secteur de l'assurance.

La principale vocation d'ALFA est d'organiser, au plan professionnel, la lutte contre la fraude à l'assurance. L'article 2 des statuts prévoit que l'objet de l'association est, à titre principal :

- d'agir contre toutes les formes de comportement volontaire visant à faire payer aux entreprises d'assurances des prestations ou indemnités d'assurances indues ; de représenter, dans ce but exclusivement et sur un plan technique, la profession en assurant des liaisons institutionnelles avec tous les organismes publics ou privés concernés, ainsi qu'avec les services publics chargés de la répression de cette forme de délit ;
- de procéder en commun à une réflexion sur le problème de la fraude à l'assurance et de tenir une documentation technique et statistique ;
- de recenser les moyens de lutte et d'établir une méthodologie propre à combattre la fraude ;
- de favoriser la détection et la récupération de biens indemnisés en s'appuyant sur les organismes existants, spécialement créés à cet effet ;
- de promouvoir une politique de prévention de la fraude à l'assurance ;
- de détecter des crimes et délits, grâce aux informations transitant par l'Association ainsi que dans le cadre de ses rapports officiels avec la profession de l'assurance et d'en donner avis aux administrations concernées ;
- de servir d'intermédiaire officiel entre les entreprises d'assurances et les officiers de police judiciaire chargés de constater les délits d'escroquerie, et d'en rassembler les preuves.

Chapitre III

LE RÔLE SOCIAL ET ÉCONOMIQUE DE L'ASSURANCE

Section I - L'assurance, activité de service

I - Le principe

L'assureur est chargé de l'organisation et de la gestion de la mutualité des assurés. Son activité est de même nature que celle des commerçants ou des banquiers. L'assurance est un service et se situe dans le secteur tertiaire de l'économie.

II - L'assurance au service de la clientèle

La vocation de l'assureur est d'être en permanence au service de l'assuré. En effet, les relations qui s'instaurent entre l'assureur et le souscripteur sont échelonnées dans le temps. L'assureur doit être présent avant, pendant et après la souscription des contrats :

- avant la réalisation de contrats, il doit concevoir des produits correspondant aux besoins, informer et conseiller utilement les éventuels clients ;
- lorsque le contrat est souscrit, il doit veiller à la confection du contrat dans les meilleurs délais et selon les normes convenues ;
- une fois la garantie acquise, il doit non seulement régler les sinistres, mais encore répondre aux questions des assurés, fournir des attestations, surveiller l'évolution des garanties, proposer des modifications, etc.

Aujourd'hui, le rôle de conseil des assureurs devient prédominant et les « consommateurs » se montrent de plus en plus exigeants à cet égard. La dimension commerciale de l'assurance se révèle prépondérante.

III - La médiation

A - Assurances

L'association « La Médiation de l'assurance » a pour objet de mettre à la disposition du consommateur un dispositif gratuit de règlement des litiges pouvant intervenir entre les particuliers et les entreprises d'assurance ou les intermédiaires d'assurance adhérant à sa charte et opérant en France, afin de rechercher des solutions amiables aux conflits opposant un assuré à un assureur ou un intermédiaire, portant sur l'application ou l'interprétation du contrat souscrit.

Les entreprises d'assurances membres de France Assureurs sont tenues d'adhérer à ce dispositif.

La Médiation de l'assurance peut intervenir par accords particuliers passés pour des périodes minimales reconductibles de trois ans entre l'association :

- et les entreprises d'assurances membres de France Assureurs qui le souhaitent :
  - dans les litiges entre les assureurs et un tiers bénéficiaire d'une garantie ou d'une prestation d'assurance ;
  - dans les litiges portant sur une assurance professionnelle à l'exclusion des grands risques au sens du Code des assurances ;
- et des entreprises d'assurances non membres de France Assureurs qui opèrent sur le marché français en liberté d'établissement ou en libre prestation de service, dès lors que ces entreprises s'engagent à respecter la Charte de la médiation ;
- et les organisations professionnelles représentatives d'intermédiaires d'assurance qui adhéreraient pour le compte de leurs adhérents et des intermédiaires d'assurance qui adhéreraient à titre personnel.

L'association facilite l'accès des assurés à la médiation en mettant à leur disposition un site Internet qui fournit un accès à la liste des entreprises d'assurance adhérentes au dispositif et aux accords particuliers ; il permet également de saisir en ligne une demande de médiation.

Le dispositif de « La Médiation de l'assurance » est défini par les 10 règles ci-après.

1. Le Médiateur de l'assurance exerce sa mission en toute indépendance et dispose des concours, moyens et pouvoirs nécessaires à l'exercice de sa mission.
2. Le recours au Médiateur est gratuit pour le consommateur. La procédure de médiation est une procédure écrite et confidentielle.
3. La saisine du Médiateur de l'assurance suspend le délai légal de prescription.
4. Le Médiateur de l'assurance peut être saisi si :
   - l'assuré justifie avoir tenté au préalable de résoudre son litige directement auprès de son assureur par une réclamation écrite, selon les modalités prévues le cas échéant dans son contrat ;
   - aucune action n'a été ou n'est engagée ; il doit se dessaisir si une action judiciaire a été intentée au cours de l'instruction du dossier.

En cas de demande manifestement infondée ou abusive, le Médiateur de l'assurance est libre de se dessaisir et en informe les parties.

5. En cas de désaccord entre l'assureur et l'assuré au sujet des mesures à prendre pour régler un différend, le Médiateur de l'assurance peut être saisi, par accord écrit de

la société d'assurance et de l'assuré, en tant que tierce personne au titre de l'article L. 127-4 du Code des assurances.

Le Médiateur est notamment compétent en matière de litige sur les cas et conditions de résiliation prévus par le Code des assurances mais ne peut être saisi de l'appréciation de l'opportunité d'une résiliation.

Lorsqu'une action en justice a été intentée par le, pour le, ou au nom de l'assuré dans le cadre d'une clause de défense-recours ou d'une assurance de protection juridique, le Médiateur n'est pas compétent pour examiner si le procès a été bien mené ou si une voie de recours judiciaire mérite d'être exercée.

6. Les entreprises et intermédiaires d'assurances disposent d'un délai maximum de cinq semaines pour répondre aux demandes d'informations ou de documents émanant du Médiateur de l'assurance.

7. Après réception du dossier complet, le Médiateur de l'assurance rend un avis motivé dans les quatre-vingt-dix jours au vu des pièces qui lui ont été communiquées.

Dans les cas exceptionnels où ce délai se révèle insuffisant, il en informe, de façon motivée, les deux parties.

8. Il est, dans tout avis rendu par le Médiateur de l'assurance, précisé qu'il a été établi en considération d'éléments de droit ou d'équité, mais aussi dans un souci de règlement amiable. Les parties sont informées que l'avis rendu peut-être différent de la décision d'un tribunal appliquant les dispositions légales.

9. L'avis ne lie pas les parties. Le Médiateur de l'assurance informe les assurés qu'ils conservent le droit de saisir les tribunaux. La décision de ne pas suivre l'avis du Médiateur doit obligatoirement être portée à sa connaissance, par un courrier émanant de la direction générale de l'entreprise.

10. Le Médiateur de l'assurance publie un rapport annuel qui rend compte de son activité. Ce rapport est disponible sur le site Internet de l'association de la Médiation de l'assurance et celui des organisations professionnelles adhérentes.

B - Institutions de prévoyance

La médiation des institutions de prévoyance permet d'améliorer le service rendu aux participants. Dans un délai de trois mois après que le dossier a été complété à la demande du service de la médiation, les plaignants peuvent obtenir gratuitement un avis circonstancié, rendu par un médiateur indépendant, sur le fond des demandes qui lui ont soumises. Les avis sont respectueux des règles et des jurisprudences protectrices des intérêts des participants. Ils sont efficaces dans la mesure où, sauf très rares exceptions, ils sont suivis par les institutions de prévoyance.

La médiation constitue un facteur de régulation dans la mesure où elle conduit à prendre parti sur la légitimité de telle ou telle pratique des institutions de prévoyance, de telle ou telle clause des règlements ou contrats collectifs ; dans les limites de sa saisine, le médiateur rend ainsi des avis susceptibles d'intéresser l'ensemble de la profession et de l'interroger sur l'évolution de ses pratiques. C'est la raison pour laquelle, dans le respect du principe de confidentialité qui interdit toute désignation nominative des personnes physiques et des institutions de prévoyance, un rapport annuel explicite de manière substantielle la doctrine qui ressort des avis les plus significatifs. Ce rapport peut être consulté sur le site du CTIP (ctip.asso.fr).

C - Mutuelles

La médiation de la Mutualité Française est régie par les dispositions générales, légales et réglementaires, figurant au Titre V du Livre 1er du Code de la consommation relatif à « la médiation de la consommation » et par les dispositions particulières ci-après détaillées, constituant le règlement de la médiation de la mutualité.

Le règlement de la médiation de la Mutualité Française s'applique aux groupements adhérents, à leurs membres participants et ayants droit qui choisissent de recourir au médiateur de la médiation de la Mutualité Française.

1. La médiation de la Mutualité Française est réalisée, conformément à l'article 70 des statuts de la FNMF, par un médiateur élu pour six ans par le Conseil d'administration. Cette nomination est notifiée à la Commission d'évaluation et de contrôle de la médiation de la consommation qui en informe la Commission Européenne. Le médiateur répond aux conditions de compétence et d'indépendance exigées par les textes.
2. Le Médiateur a pour mission d'examiner les différends opposant un adhérent à sa mutuelle dans les domaines de la complémentaire santé, de la prévoyance et de la retraite.

Sont exclus :
- les litiges relatifs aux services de santé fournis par des professionnels de la santé aux patients et faisant l'objet des activités des mutuelles du Livre III ;
- les litiges manifestement infondés ou abusifs ;
- les litiges pour lesquels le membre participant a introduit sa demande auprès du médiateur plus d'un an après sa réclamation écrite auprès de sa mutuelle ;
- les litiges précédemment examinés (ou en cours d'examen) par un autre médiateur ou par un tribunal.

3. Le Médiateur peut être saisi par l'adhérent ou son ayant droit après épuisement des procédures internes de règlement des litiges propres à la mutuelle.
4. Le Médiateur peut être saisi soit par courrier à l'adresse suivante : Monsieur le Médiateur, 255 rue de Vaugirard, 75719 Paris Cedex 15, soit par mail à : mediation@mutualite.fr.
5. Le recours à la médiation est gratuit pour le membre participant.
6. La procédure de médiation est conduite dans le respect de la confidentialité et du contradictoire. À cet effet, les parties s'engagent à fournir tous les éléments d'information qui pourraient leur être demandés dans le cadre de l'instruction de leur dossier. Les mutuelles devront adresser les pièces à l'appui de leur position ainsi qu'un récapitulatif des faits dans un délai maximum de 4 semaines à compter de l'information par le service de médiation d'une saisine du médiateur.
7. La saisine du Médiateur interrompt la prescription.
8. Le Médiateur rend un avis motivé dans les trois mois maximum de la réception du dossier complet. Si la question soulevée est particulièrement complexe, un nouveau délai pourra être fixé, n'excédant pas trois mois, dont les parties à la médiation devront être informées. Il s'agit d'un avis rendu en droit et/ou en équité.
9. La mutuelle et l'adhérent doivent, dans les deux mois de la notification de l'avis en recommandé avec accusé réception, informer le médiateur de la FNMF de son acceptation ou de son refus. Ce dernier devra être motivé.

La procédure de médiation sera clôturée dès l'acceptation de la solution proposée ou de la formalisation de la persistance du désaccord.

Le membre participant peut à tout moment mettre fin à la procédure de médiation.

Section II - Les aspects sociaux de l'assurance

I - Les prestations versées aux assurés et aux bénéficiaires

Grâce aux prestations de l'assureur, les assurés peuvent reconstruire leur maison incendiée, remplacer les biens volés, effectuer les réparations nécessaires.

En cas de décès, les bénéficiaires pourront percevoir un capital ou des revenus de substitution.

Au moment de la retraite, l'assureur pourra verser une rente complémentaire suppléant aux insuffisances des pensions de base.

En cas de maladie, les frais de traitement et les pertes de salaires peuvent être assurés, etc.

À l'évidence, l'assurance concourt au bien-être social.

II - Les indemnités versées aux victimes

On doit songer, en tout premier lieu, à l'indemnisation des victimes d'accidents d'automobile. Seule la mise en place d'une assurance de responsabilité civile obligatoire a permis une juste réparation. Les mécanismes de la Sécurité sociale étaient largement insuffisants pour résoudre ce grave problème de société.

Dans la même optique, il nous faut citer les mécanismes mis en place en 1982 pour les catastrophes naturelles (loi n° 82-600 du 13 juill. 1982) et en 1986 pour les attentats (loi n° 86-1020 du 9 sept. 1986).

III - L'action sociale des mutuelles

L'action sociale des mutuelles traduit leur volonté d'accompagner leurs adhérents en cas de difficultés ou d'événements majeurs de la vie. Cette activité, dont le poids économique représente près de 100 millions d'euros, apporte des réponses rapides et intervient souvent en amont de situation de détresse sociale. L'un des grands principes de l'action sociale des mutuelles repose sur la complémentarité avec les dispositifs publics (CPAM, CAF, CNAV...).

Cette action permet de percevoir de nouveaux besoins et de mettre en place des réponses ou initiatives innovantes qui seront parfois, à terme, intégrées à l'offre assurantielle.

Au-delà de l'aide financière qui caractérise l'action sociale, les mutuelles proposent de plus en plus de l'accompagnement, de l'écoute, de l'information, de l'orientation et du suivi.

Une articulation avec les services « Priorité Santé Mutualiste », les services de soins et d'accompagnement mutualistes (SSAM) ou des partenaires existe afin d'aller plus loin dans la réponse à apporter à l'adhérent.

IV - Le rôle social des institutions de prévoyance

Les institutions de prévoyance mettent en œuvre une action sociale au bénéfice des salariés et de leurs familles. Au-delà des garanties, cette action sociale traduit la solidarité qui s'exerce entre les salariés au travers des contrats collectifs d'entreprise ou de branche. Les priorités en matière d'action sociale sont définies par les partenaires sociaux de chaque institution en fonction des besoins concrets des entreprises et des salariés.

Les institutions de prévoyance consacrent ainsi une part des cotisations à apporter un soutien ponctuel à un salarié dans une situation difficile (deuil, difficultés financières...), à contribuer à la réalisation de projets spécifiques (bourses d'études, prêts bonifiés). Une partie des fonds est consacrée aux actions collectives : soutien à la recherche médicale, soutien à des associations œuvrant en faveur des personnes handicapées... Organisation professionnelle des institutions de prévoyance, le CTIP (ctip.fr) est l'un des acteurs majeur de la protection sociale complémentaire en France. Il fait partie des membres fondateurs de l'Union nationale des organismes complémentaires d'assurance maladie (UNOCAM) au même titre que la Fédération nationale de la mutualité française (FNMF) et la Fédération française des sociétés d'assurances (FFSA). Il est également membre du Haut Conseil pour l'avenir de l'assurance maladie (HCAAM) et du Conseil de surveillance du Fonds CMU.

Section III - Le rôle d'investisseurs des assureurs

I - Justification

La nature des activités de l'assureur, gestionnaire de la masse des primes de la mutualité, implique que des sommes considérables doivent être mises de côté, sous forme de provisions, pour faire face aux engagements futurs. Ces provisions, comme nous l'étudierons dans le chapitre VIII, sont sévèrement réglementées pour protéger les assurés et se traduisent par des placements, des investissements, eux aussi strictement contrôlés.

Les investissements des assureurs jouent un rôle considérable dans l'économie de la nation.

II - Application

L'assurance joue un rôle primordial dans le financement de l'économie. Les cotisations, en assurances de biens et de responsabilités, sont encaissées en début de période de garantie et sont provisionnées afin de faire face à la charge des sinistres. En assurance vie, les versements sont provisionnés afin de payer les capitaux aux assurés en cas de rachat ou aux bénéficiaires en cas de décès de l'assuré.

Ces provisions sont affectées à des placements réglementés, pour l'essentiel des obligations, actions et immobilier. Les assureurs participent ainsi au financement de l'économie française.

Section IV - Assurance et prévention

I - Les mutuelles

Depuis toujours, les mutuelles se sont intéressées à la prévention en privilégiant l'approche préventive et non pas seulement curative de la santé. Ainsi, elles sensibilisent leurs adhérents pour que chacun devienne acteur et responsable de son capital santé.

Dans cette démarche, elles peuvent s'appuyer sur le pôle prévention de la Mutualité Française Occitanie. Une démarche mutualiste qui s'appuie sur une approche globale de la santé.

Ces actions de prévention ont lieu toute l'année sur tout le territoire en partenariat avec les associations, l'éducation nationale, les mairies, les collectivités locales, les centres communaux d'action sociale, les services de soins.

II - Les institutions de prévoyance

Les groupes de protection sociale développent de nombreuses initiatives afin de contribuer à la maîtrise du risque et de préserver la santé des salariés. Des campagnes de sensibilisation et des actions de dépistage sont ainsi menées en entreprise (nutrition, addictions, troubles musculo-squelettiques, hypertension artérielle...).

III - Les assureurs

Assurance et prévention sont étroitement liées, car ce sont deux formes de solidarité. Solidarité pour aider ceux qui sont frappés par le sort, solidarité pour prévenir les accidents et faire baisser le nombre de victimes.

C'est la raison pour laquelle la profession de l'assurance, depuis de très nombreuses années, a beaucoup investi dans la prévention des accidents de toutes sortes.

La prévention figure aujourd'hui au premier rang des préoccupations des assureurs. Son domaine ne cesse de s'élargir.

L'association « Assureurs Prévention », depuis sa création en juin 2010, consolide l'implication des assureurs dans la prévention en développant des actions collectives.

L'association s'appuie sur ses deux commissions techniques, l'une en assurance dommages, l'autre en santé et sur son Comité d'orientation scientifique (COSAP), pour accroître l'implication de ses actions et prendre des initiatives utiles et efficaces. Ainsi, le COSAP a concentré, en 2011, ses réflexions autour de l'axe majeur que constitue le principe de transmission des comportements afin que les comportements à risques soient évités.

A - La prévention en matière d'incendie et de risques divers

Le Centre national de prévention et de protection (CNPP) a été créé en 1955, à l'initiative des sociétés d'assurances.

Il s'agit d'une association sans but lucratif reconnue d'utilité publique.

La mission du CNPP est d'œuvrer à la prévention des risques des particuliers et des entreprises, des risques agricoles et des catastrophes naturelles.

Il intervient principalement dans les domaines de la sécurité incendie, de la sûreté (vols) et de la protection de l'environnement.

Le CNPP anime un centre technique, des laboratoires, un centre de formation professionnelle et un centre de documentation. Il édite la revue Face au risque.

Le CNPP réalise des essais et des vérifications qui permettent la certification des matériels et des systèmes d'extinction, de détection et de protection, ainsi que la qualification des entreprises installatrices ou de télésurveillance.

Depuis 1988, le centre a installé ses principaux moyens à Vernon, dans l'Eure, dans un site de 240 hectares. Il a noué des contacts avec ses homologues d'autres pays européens. Le CNPP agit également dans les pays francophones.

En contact permanent avec tous les spécialistes et professionnels de la sécurité (chargés de sécurité d'entreprise, assureurs, sapeurs-pompiers, pouvoirs publics, police nationale, bureaux d'études, fabricants et distributeurs de matériels, organismes de prévention), le CNPP est à la fois un centre d'essais et un centre de diffusion des connaissances. Il occupe donc une position privilégiée dans le monde de la sécurité.

B - La prévention en matière d'accidents automobiles

1° La prévention routière

La Prévention routière, association reconnue d'utilité publique, créée et largement financée par les assureurs, est aujourd'hui la première des associations privées en matière de sécurité automobile.

a) Privilégier la prévention

Pour l'association, un changement durable des comportements ne peut s'obtenir sans une action forte et continue de prévention. C'est parce qu'il prend conscience des conséquences de certains risques que l'usager peut agir pour les éviter. C'est pourquoi, l'association concentre son action sur l'éducation, la communication et la sensibilisation.

b) Accompagner tout au long de la vie

L'association, acteur majeur de l'éducation routière des enfants, des adolescents et des jeunes, contribue également à sensibiliser les Français tout au long de leur vie. Elle agit en priorité en faveur des publics particulièrement exposés aux accidents de la route, et œuvre à changer les comportements pour atteindre une mobilité citoyenne et apaisée, gage d'un partage de la route responsable et serein.

c) Agir au plus près des usagers

La force de l'association réside dans sa capacité à agir partout en France. Les comités régionaux et départementaux sont en contact permanent avec les usagers de la route, toutes mobilités confondues. Le réseau de l'association Prévention Routière ne pourrait fonctionner sans l'implication et la compétence de ses bénévoles qui, aux côtés des salariés et de personnels mis à disposition par des partenaires, permettent à l'association de mener sa mission.

d) Fédérer les énergies

Pour agir, l'association bénéficie du soutien de tous ceux qui partagent ses valeurs :
- les adhérents et donateurs, dont la générosité constitue la première source de financement pour l'association et lui apporte toute sa légitimité ;
- les assureurs, dont le soutien ne s'est jamais démenti depuis sa création ;
- enfin, de très nombreuses collectivités territoriales, services de l'État et entreprises.

Le Conseil d'administration de l'association reflète la diversité de ces parties prenantes. Il est composé de représentants de victimes, d'usagers de la route, d'élus locaux et de professions directement concernées par les accidents de la route.

e) S'exprimer au nom de l'intérêt général

L'association a souvent joué un rôle de précurseur au cours de son histoire. Beaucoup de mesures prises en France pour réduire l'insécurité routière l'ont été à sa demande. Son expertise et sa volonté de dépassionner le débat ont fait d'elle un interlocuteur écouté des pouvoirs publics au niveau national et local.

2° L'engagement financier des assureurs automobiles

Depuis 1994, les assureurs ont signé et renouvelé une convention avec l'État pour développer des actions de sécurité routière, en s'engageant à y consacrer 0,5 % des cotisations de l'assurance automobile obligatoire, chaque année.

3° La sécurité routière en entreprise

En 1998, les assureurs ont également créé l'association « Promotion et suivi de la sécurité routière en entreprise » (PSRE). Sa mission est de contribuer à la lutte contre les accidents de la circulation en entreprise. Elle mène des actions locales et professionnelles et édite une lettre trimestrielle, consultable sur son site Internet www.asso-psre.com.

C - La prévention en matière de santé

Les assureurs santé et assureurs vie se sont réunis au sein de l'APS (Association pour la prévention en matière de santé) pour renforcer la prévention dans le domaine de la santé.

Cette association a été créée en 1982 à l'initiative de 230 sociétés d'assurances vie et complémentaire santé, adhérentes à la Fédération française des sociétés d'assurances (FFSA).

Pour aider la recherche médicale, l'APS accorde chaque année des subventions à des équipes médicales. Divers travaux ont déjà reçu des prix dans les domaines de la lutte contre le cancer, la réadaptation des cardiaques, la prévention des maladies cardio-vasculaires, la prévention des infections néo-natales et la dépendance des personnes âgées. Sont ainsi édités des fiches et des dépliants concernant une quarantaine de thèmes de santé depuis sa création.

Elle a également mené plusieurs grandes campagnes d'information, notamment celles concernant la prévention des accidents d'enfants à la maison, des affections buccodentaires, des MST-Sida, des risques cardiovasculaires, du cancer et de la dépendance.

Depuis 2004, l'APS est partenaire de l'opération EPODE (Ensemble, prévenons l'obésité des enfants) initiée par l'Observatoire des habitudes alimentaires et du poids (OHAP).

Par sa relation privilégiée avec le monde de l'assurance, l'APS bénéficie d'une expertise essentielle. L'exercice des métiers de l'assurance implique en effet de cerner les risques les plus courants, de les définir et d'en mesurer les conséquences.

IV - La prévention du vol automobile

Le 10 février 1994, l'ensemble des sociétés d'assurances opérant en France et l'ensemble des constructeurs automobiles, y compris les importateurs, ont signé un accord relatif à la prévention des vols. Les constructeurs se sont engagés à équiper les véhicules neufs de systèmes de protection testés et classés par l'association SRA (Sécurité et réparation automobiles) – SRA a été créée par la FFSA et le GEMA. Le classement se traduit par un nombre de clefs d'autant plus élevé que la résistance au vol augmente (jusqu'à 7 clefs au maximum).

En contrepartie les assureurs s'engagent, pour les véhicules ainsi équipés, à ne pas soumettre la garantie vol à d'autres conditions, à diminuer ou à supprimer la franchise et, de manière générale, à proposer un tarif vol plus intéressant.

Une norme antivol des deux roues a également été élaborée en 1998.

V - La prévention des risques naturels

La FFSA et le GEMA ont créé, au début de l'année 2000, une association dénommée « Mission Risques Naturels ». Son objet est la connaissance et la prévention des risques naturels.

Elle diffuse gratuitement, par exemple, une brochure intitulée « Catastrophes naturelles, prévention et assurance » et édite périodiquement une lettre d'information (disponibles sur le site).

L'association apporte sa contribution technique aux politiques de prévention, en liaison avec les pouvoirs publics. Elle anime le groupe de travail Événements naturels du CEA (Comité européen des assurances).

VI - L'association Assureurs Prévention

En 2011, la FFSA a créé une association sans but lucratif dénommée Assureurs Prévention, avec son site www.assureurs-prévention.fr.

Ses missions :

- porter les sujets prévention au nom de tous les assureurs, en lien avec France Assureurs (https://www.franceassureurs.fr/) ;
- concevoir et déployer des actions de sensibilisation aux risques routiers, naturels, domestiques et santé vers le grand public, seule ou en partenariat avec d'autres organismes ;
- constituer un pôle de référence pour l'analyse des données chiffrées des risques routiers, de la vie courante et santé.

Section V - Les assureurs acteurs du développement durable

I - Définition du développement durable

Selon la Commission mondiale des Nations unies sur le développement et l'environnement, « le développement durable est un concept de développement qui répond aux besoins du présent sans compromettre la capacité des générations futures de répondre aux leurs ».

Cela signifie qu'il est nécessaire de concilier les performances économiques avec le progrès social et la protection de l'environnement. Le développement durable implique un changement de comportement de tous afin de préserver l'avenir des générations futures.

Le développement durable comporte nécessairement une dimension planétaire au regard des menaces qui pèsent sur le climat, sur la biodiversité. Il implique une solidarité internationale et nationale entre tous les acteurs.

En pratique, le développement durable revêt de multiples facettes :
- écologique avec la préservation de la planète, de sa faune, de sa flore, de ses ressources, et le combat contre le changement climatique ;
- sociale, avec la lutte contre les inégalités et la préservation de la santé ;
- économique, avec des investissements responsables, des innovations, de la prévention ;
- politique, avec une réflexion sur le rôle de l'État et sur le cadre législatif à instaurer.

De juillet à octobre 2007, s'est tenu en France « le Grenelle de l'environnement » consistant en des tables rondes permettant des débats. Les travaux ont été notamment concrétisés par deux lois dites Grenelle I (n° 2009-967 du 3 août 2009) et Grenelle II (n° 2010-788 du 12 juill. 2010).

II - L'action des assureurs en matière de développement durable

Depuis quelques années, les assureurs s'impliquent dans le développement durable et souhaitent apporter leur contribution à cet incontournable objectif sociétal.

En janvier 2009, l'AFA (Association française de l'assurance, devenue FFA puis France Assureurs) a adopté une charte du développement durable s'inscrivant dans la continuité du Grenelle de l'environnement. La charte comporte cinq engagements :
- se positionner comme acteurs du développement durable ;
- contribuer à la lutte contre le changement climatique et à la préservation de l'environnement ;
- accompagner le développement économique, la participation à la réduction des vulnérabilités sociales, et contribuer à une protection sociale durable ;
- encourager une politique d'investissements responsables ;
- développer le fonctionnement des sociétés d'assurances dans un cadre environnemental et social responsable.

Concrètement, l'engagement des assureurs se traduit notamment par les actions suivantes :
- prévention et protection des risques ;
- élaboration de nouveaux produits (« produits verts ») destinés aux nouvelles technologies (par exemple, éoliennes ou panneaux photovoltaïques) ;

- tarifs privilégiés pour les assurés soucieux de développement durable (par exemple, véhicules automobiles propres, entreprises prenant en compte l'environnement) ;
- investissements socialement responsables (ISR) c'est-à-dire placements des assureurs réalisés dans des titres d'entreprises participant à la conservation de la planète, aux nouvelles énergies, ou respectant des normes éthiques, ou investissements dans des secteurs sociaux ;
- travaux communs avec les professionnels de la construction sur la performance énergétique des bâtiments, et sur les nouveaux procédés et matériaux ;
- responsabilité sociétale des assureurs dans leur organisation, leur gestion tant des ressources humaines (mixité et diversité) que de l'énergie ou que du papier et des déchets, leur politique sociale, les déplacements des salariés ou encore la rénovation et la construction de locaux ;
- cette action s'inscrit dans ce que l'on dénomme aujourd'hui la RSE, responsabilité sociétale des entreprises ;
- développement de la micro assurance permettant l'assurance et la pérennisation de toutes petites entreprises à des coûts adaptés.

Les institutions de prévoyance et les mutuelles ont également au cœur de leur préoccupation la nécessité de mettre en œuvre une politique de développement durable.

Chapitre IV

LES BASES TECHNIQUES DE L'ASSURANCE

Section I - La définition de l'assurance

I - Contenu de la définition

D'une manière générale, l'assurance peut être définie comme : une réunion de personnes qui, craignant l'arrivée d'un événement dommageable pour elles, se cotisent pour permettre à ceux qui seront frappés par cet événement, de faire face à ses conséquences.

D'une manière plus précise, selon M. Joseph Hémard : l'assurance est une opération par laquelle une partie, l'assuré, se fait promettre, moyennant une rémunération (la prime), pour lui ou pour un tiers, en cas de réalisation d'un risque, une prestation par une autre partie, l'assureur qui, prenant en charge un ensemble de risques, les compense conformément aux lois de la statistique.

II - Commentaires de la définition

L'opération d'assurance met en présence au moins deux personnes : l'assuré et l'assureur.

Il y a parfois intervention d'un tiers qui percevra la prestation : ce sera le « bénéficiaire ».

Nous verrons par la suite qu'il convient en fait, de distinguer « l'assuré » qui est la personne exposée au risque, et le « souscripteur » qui est celui qui signe la police et paie les primes.

L'assurance est une opération organisée, comportant des éléments et des règles techniques.

Quatre éléments apparaissent dans la définition de M. Hémard : le risque, la prime, la prestation de l'assureur et la compensation.

Il nous faut cerner la signification de ces termes.

III - L'inversion du cycle de production

L'assurance se caractérise par ce qu'il est convenu de dénommer l'inversion du cycle de production.

Contrairement aux autres branches d'activités, l'assureur perçoit nécessairement sa rémunération (la cotisation) avant d'effectuer son hypothétique prestation, en cas de sinistre. Habituellement, hors assurance, l'entreprise livre le produit ou assume la prestation avant que le prix lui en soit acquitté.

Cette inversion engendre des avantages de trésorerie. A contrario, elle présente un grave inconvénient : au moment où l'assureur fixe la cotisation, c'est-à-dire lorsqu'il effectue la production d'assurance, il ne connaît pas son coût réel.

L'inversion du cycle de production implique aussi la nécessité, pour les assureurs, de constituer des provisions afin d'être en mesure de faire face à leurs engagements futurs.

Section II - Les éléments d'une opération d'assurance

I - Le risque

A - Remarque préliminaire

Le mot « risque » en assurance recouvre plusieurs notions :
- il désigne l'objet assuré : tel bâtiment est qualifié de « risque » assuré ;
- il est utilisé en matière de tarification : on parle de risque industriel, de risque du particulier, de risque automobile, etc. ;
- il correspond à l'événement assuré.

C'est cette dernière signification qui nous concerne ici et nous retiendrons que : le risque est l'événement dommageable contre l'arrivée duquel on cherche à se prémunir.

B - Les caractères du « risque » assurable

Tous les événements ne sont pas assurables. En effet, seuls les événements revêtant trois caractères pourront être assurés :
- 1er caractère : l'événement doit être futur (le risque ne doit pas être déjà réalisé).
- 2e caractère : il doit y avoir incertitude.
  - On parle d'événement aléatoire, c'est-à-dire qui dépend du hasard.
  - L'incertitude, ou aléa, réside, soit dans la survenance de l'événement (on ne sait pas s'il y aura incendie ou vol), soit dans la date de survenance de l'événement (on ne sait pas à quelle date le décès interviendra).
- 3e caractère : l'arrivée de l'événement ne doit pas dépendre exclusivement de la volonté de l'assuré.

Conclusion : le risque est un événement futur, incertain et ne dépendant pas exclusivement de la volonté de l'assuré ; ou un événement certain mais dont la date de survenance est inconnue.

NB : Outre ces trois caractères, il doit s'agir d'un risque dont l'assurance n'est pas prohibée. Les interdictions varient selon les pays. Par exemple, en France on ne peut assurer :
- les amendes pénales, les amendes fiscales ou douanières (cf. réponse ministérielle publiée au JO du 24 novembre 1997) ;
- le décès d'un mineur de moins de 12 ans ;
- les conséquences du retrait du permis de conduire.

II - La prime ou cotisation

La prime est la contribution que verse l'assuré à l'assureur en échange de la garantie qui lui est accordée. Elle est payable au départ de l'opération d'assurance ou de l'année d'assurance.

Lorsque l'organisme d'assurance est une société mutuelle ou à forme mutuelle dans laquelle l'assuré est en même temps un sociétaire, la prime s'appelle « cotisation ».

Conformément aux recommandations de la commission pour l'amélioration du langage de l'assurance, nous retiendrons par la suite des développements, et dans la mesure du possible, le terme de « cotisation » à la place du mot « prime ».

La contribution du souscripteur est généralement déterminée à forfait ; il s'agit alors d'une cotisation fixe qui ne peut, en principe, être modifiée en cours de validité du contrat sans le consentement du souscripteur, quels que soient les résultats de l'assureur (sauf indexation convenue).

Les sociétés mutuelles et certaines sociétés à forme mutuelle pratiquent le système de la cotisation variable, avec paiement d'une cotisation pouvant donner lieu, soit au versement complémentaire d'un rappel de cotisation (si les sinistres ont coûté plus cher que prévu), soit à un remboursement appelé « ristourne » dans le cas contraire.

Quelle que soit la forme de l'organisme d'assurance, qu'il soit à but lucratif ou non, les cotisations doivent être suffisantes pour faire face :
- au coût des sinistres survenus dans l'année ;
- à tous les frais (d'acquisition, de gestion, d'encaissement) exposés par l'organisme assureur.

L'exécution d'une opération d'assurance ne doit pas mettre en jeu d'autres capitaux que ceux qui proviennent de l'encaissement des primes ou cotisations.

Contrairement à ce que pense le public, les assureurs ne font que répartir, entre les sinistrés, l'argent provenant des cotisations.

III - La prestation de l'assureur

L'engagement pris par l'assureur en cas de réalisation du risque consiste à verser une prestation. Il s'agit, d'une manière générale, d'une somme d'argent destinée :
- soit au souscripteur et assuré, par exemple en assurance incendie ;
- soit à un tiers, par exemple en assurance de responsabilités ;
- soit au bénéficiaire, par exemple en assurance vie (en cas de décès).

En pratique, il convient de distinguer deux sortes de prestations :
- des indemnités qui sont déterminées après la survenance du sinistre, en fonction de son importance (par exemple : incendie d'un bâtiment) ;

- des prestations forfaitaires qui sont déterminées à la souscription du contrat, avant la survenance du sinistre (par exemple : assurance vie). Ces prestations forfaitaires se traduisent par le versement d'un capital, ou d'une rente ou encore d'une somme de x euros par jour.

Nous verrons par la suite que cette distinction correspond à la classification des assurances en deux grandes catégories : les assurances dites de dommages, qui se concrétisent par des indemnités en cas de sinistre, et les assurances dites de personnes, objet de prestations forfaitaires.

IV - La compensation au sein de la mutualité

Chaque souscripteur verse sa cotisation sans savoir si c'est lui ou un autre qui en bénéficiera, mais conscient du fait que c'est grâce à ses versements et à ceux des autres souscripteurs que l'assureur pourra indemniser ceux qui auront été sinistrés.

L'ensemble des personnes assurées contre un même risque et qui cotisent mutuellement pour faire face à ses conséquences, constitue une mutualité.

L'assurance est donc l'organisation de la solidarité entre les gens assurés contre la survenance d'un même événement.

Cette solidarité est très forte :

- si le risque s'aggrave (par exemple, s'il y a plus d'accidents d'automobiles, ou si chaque accident coûte plus cher), l'ensemble de la mutualité devra acquitter une cotisation plus élevée ;
- si le risque diminue (si par exemple, il y a moins de décès en assurance vie), la cotisation de chacun diminuera ;
- si des assurés « trichent » en ne déclarant pas la gravité de leurs risques ou en exagérant l'importance d'un sinistre, l'ensemble de la mutualité en pâtira.

Ainsi, l'idée de compensation au sein de la mutualité implique que tous les membres de cette mutualité soient traités sur un pied d'égalité, c'est-à-dire avec équité.

Cela explique la nécessité de prévoir des sanctions en cas de « tricherie ». Cela justifie également l'application de règles strictes de souscription et de paiement des sinistres.

Toutes ces dispositions, parfois mal perçues par le public, visent à la protection de la mutualité.

Section III - Les statistiques

I - La loi des grands nombres

Pascal, mathématicien français du 17e siècle, a étudié le hasard et a démontré qu'il était régi par des lois.

Au 18e siècle, Bernoulli, mathématicien suisse, énonça, à partir des études précédentes, la loi des grands nombres.

Selon cette loi, plus est grand le nombre d'expériences effectuées, plus les résultats de ces expériences se rapprochent de la probabilité théorique de survenance d'un événement.

Prenons un dé à jouer. La probabilité théorique de sortir l'as est de 1/6e, puisque le dé a 6 faces, et que chaque face à autant de chances de sortir que les autres. Si nous jouons un nombre de fois limité, nous pouvons obtenir l'as 1 fois, 2 fois, toutes les fois ou pas du tout.

Mais, si nous jouons 1 000 fois, 1 000 fois, 1 000 000 fois (des mathématiciens l'ont fait grâce à des ordinateurs) nous constatons que le nombre total de sorties de l'as tend à se rapprocher de la probabilité théorique de 1/6e.

Autrement dit, si on possède des études portant sur un très grand nombre de cas, on connaît de manière suffisamment précise, la probabilité de survenance d'un événement. Ainsi, en raisonnant globalement, on peut maîtriser le hasard.

II - Les données statistiques de l'assurance

En ce qui concerne notre profession, la loi énoncée précédemment est capitale. Nous devons garantir l'assuré contre un risque qui, par définition, est aléatoire, relève du hasard.

Or, en raisonnant non plus au niveau d'un seul assuré, mais globalement, on peut connaître, avec une précision acceptable, la probabilité de survenance du risque.

Cette probabilité de survenance du risque s'appelle la fréquence et elle est connue grâce aux statistiques.

De même, les statistiques vont nous indiquer combien de sinistres sont survenus et combien ils ont coûté. On pourra ainsi calculer le coût moyen d'un sinistre.

Il est aisé de comprendre que ces informations essentielles vont permettre à l'assureur de calculer ce qu'il devra payer et donc ce que les souscripteurs auront à débourser.

Bien entendu, les assureurs devront suivre en permanence l'évolution des statistiques pour adapter, si nécessaire, les primes en conséquence.

Section IV - La détermination des différentes primes ou cotisations

I - La cotisation pure

A - Définition

La cotisation (prime) pure d'un risque est la prime permettant à l'assureur de régler les sinistres frappant la mutualité des assurés. La cotisation pure est appelée également cotisation de risque ou encore cotisation d'équilibre (ou même cotisation technique).

La cotisation pure est donc la somme strictement nécessaire à la compensation des risques au sein de la mutualité.

Illustrons notre propos par un exemple : il s'agit d'assurer, en cas d'accident de la circulation, le remboursement des frais de soins (médecin, pharmacie, hôpital, etc.) engagés à la suite de blessures par le conducteur d'une certaine catégorie de véhicule.

Selon les statistiques, il apparaît que :

- la fréquence est de 3 pour 1 000 ;
- le coût moyen est de 4 200 €.

La cotisation pure sera égale à : 0,003 × 4 200 € soit 12,60 €.

Cette somme devra être acquittée par chaque assuré, quel que soit le nombre total de ces assurés (1 000, 2 000 ou 10 000).

B - Calcul de la cotisation pure

D'une manière générale, la cotisation pure est égale à la fréquence du risque multipliée par le coût moyen d'un sinistre.

Cotisation pure = Fréquence × Coût moyen

II - La cotisation nette

A - Définition

La cotisation nette est la prime figurant sur les tarifs des sociétés. Elle est parfois appelée cotisation commerciale.

B - Calcul

La prime nette est égale à l'addition de la prime pure et des chargements permettant de couvrir les frais d'acquisition et de gestion du contrat.

Cotisation nette = Cotisation pure + Chargements

Il convient de distinguer :
- les chargements d'acquisition (commissions des intermédiaires notamment) ;
- les chargements de gestion (frais de fonctionnement de la société d'assurance).

III - La cotisation totale

A - Définition

La cotisation totale est la somme effectivement payée par le souscripteur.

B - Calcul

La cotisation totale est égale à l'addition de la cotisation nette, des frais accessoires et des taxes.

Cotisation totale = Cotisation nette + Frais accessoires + Taxes

Les frais accessoires sont parfois appelés « compléments de cotisation », « frais de police », ou « frais d'établissement ».

Ils sont souvent forfaitaires et fonction de l'importance de la cotisation nette.

Par exemple :
- si cotisation nette < 100 € : frais accessoires 6 € ;
- si 100 € < cotisation nette < 400 € : frais accessoires 10 € ;
- si cotisation nette > 400 € : frais accessoires 15 €.

LES DIFFÉRENTES COTISATIONS (ou primes)

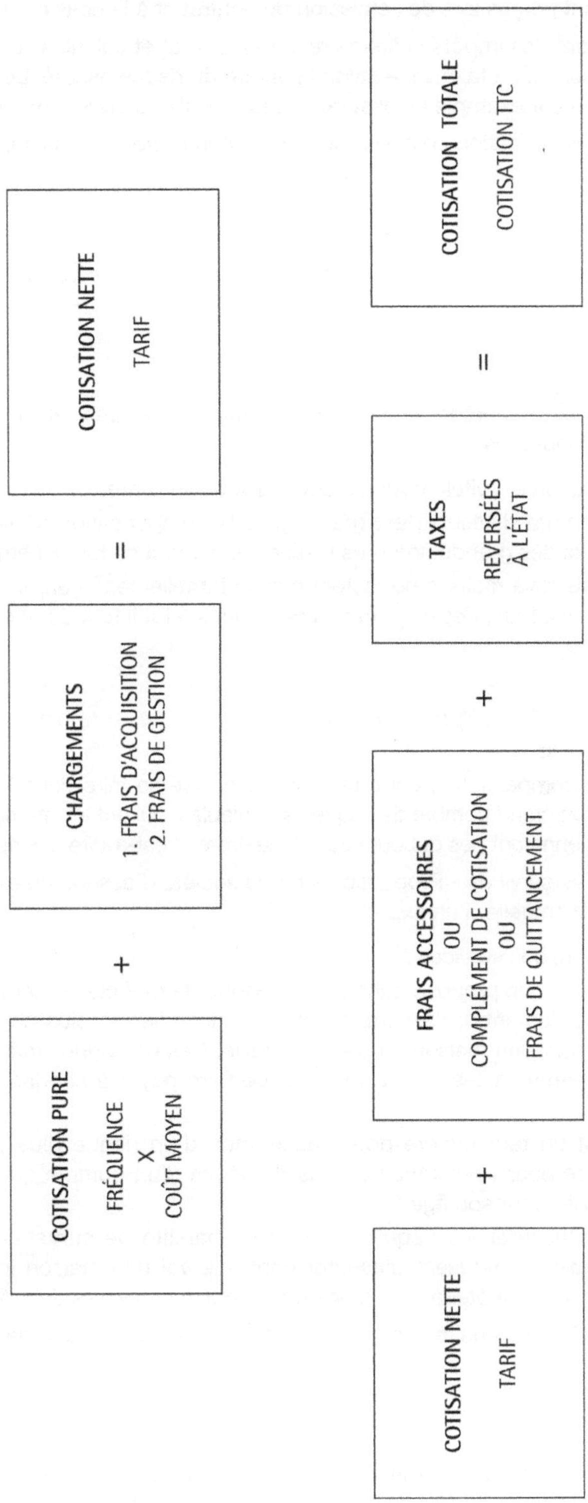

Ces frais sont perçus lors de l'émission du contrat et à l'occasion de chaque échéance.

Les taxes sont des impôts indirects reversés à l'État et calculés sur la cotisation nette et les frais accessoires. La taxe varie selon la nature du risque assuré. Le taux « ordinaire » est de 9 % appliqué par exemple en assurance responsabilité civile (hors assurance automobile).

Les primes et cotisations d'assurance, qui ont leur propre fiscalité, ne sont pas soumises à la TVA.

Section V - Les lois fondamentales de l'assurance

I - La nécessité de la production

L'assureur doit s'efforcer de réunir le maximum d'assurés, et de réaliser en permanence des affaires nouvelles.

Cette production est vitale pour les deux raisons suivantes :
- plus le nombre d'assurés est grand, plus la compensation au sein de la mutualité sera aisée. La loi des grands nombres justifie pleinement ce raisonnement ;
- les contrats déjà réalisés ne restent pas « éternellement » en portefeuille ; il y a des résiliations, des décès, des disparitions de risques, etc. Il faut donc compenser les « sorties » de contrats.

II - L'homogénéité des risques

Pour que la compensation entre les risques puisse se faire dans les meilleures conditions, il faut réunir un grand nombre de risques semblables, qui ont les mêmes chances de se réaliser et qui occasionneront des débours du même ordre, c'est-à-dire des risques homogènes.

À cette fin, les services « Production » d'une société d'assurance examinent chaque risque, avec l'aide éventuelle d'un expert.

Après examen, ces services :
- classent le risque proposé dans une catégorie de tarif bien déterminée en fonction de ses principaux éléments : l'assurance contre l'incendie est plus chère pour une maison en bois que pour une maison en pierre de taille. Ces catégories tarifaires qui sont, en réalité des « sous-mutualités », ont pour but de faire payer à chaque souscripteur une prime équitable ;
- proposent un tarif majoré pour l'assurance d'un risque plus grave que la normale : c'est le cas pour l'assurance en cas de décès d'un homme qui a une tension artérielle plutôt élevée pour son âge ;
- refusent d'assurer les risques dont la probabilité de survenance est quasi certaine. Par exemple, on refusera d'assurer contre le vol une maison insuffisamment protégée tant que son propriétaire n'aura pas pris certaines mesures de prévention.

Ainsi, la loi d'homogénéité des risques se traduit par la sélection des risques.

III - La dispersion des risques

Il faut aussi éviter que tous les risques assurés ne se réalisent en même temps, sinon la compensation ne pourrait avoir lieu. Si on assure contre la grêle tous les exploitants agricoles d'une même région, le moindre orage de grêle peut se révéler catastrophique pour l'assureur, car il peut anéantir les récoltes de tous les assurés.

Il en est de même lorsqu'on assure en cas de décès tous les ingénieurs d'une usine susceptibles de prendre place dans le même avion pour se rendre à un congrès professionnel, ou encore lorsqu'on couvre contre l'incendie tout un pâté de maisons. Le risque paraît énorme.

IV - La division des risques

Il ne suffit pas de sélectionner et de disperser les risques, il faut encore éviter d'accepter un trop gros risque dont le coût, en cas de sinistre, ne pourrait être compensé par les primes. Il ne faut pas qu'un seul sinistre puisse menacer la mutualité.

Ainsi, lorsqu'on assure des maisons individuelles contre l'incendie, il est exclu d'accepter l'assurance en totalité de maisons comportant des dizaines de pièces et, a fortiori, d'un château.

En pratique, dans ce type de situation, l'assureur n'acceptera qu'une partie (une fraction) d'un risque trop important pour sa mutualité. Il pratiquera les techniques de division des risques que nous allons examiner dans la section VI : la coassurance et la réassurance.

Section VI - Les techniques de division des risques

Tous les assureurs ont recours à deux techniques de division (ou de répartition) des risques : la coassurance et la réassurance. Ces deux techniques sont indispensables et peuvent être mises en œuvre en même temps.

I - La coassurance

A - Définition

La coassurance consiste en un partage proportionnel d'un même risque entre plusieurs assureurs.

Chacun accepte un certain pourcentage du risque, reçoit en échange ce même pourcentage de la prime et, en cas de sinistre, sera tenu au paiement de la même proportion des prestations dues.

B - La notion de plein de souscription

Le pourcentage accepté par chaque assureur est fonction de critères fixés à l'avance qui reflètent les capacités financières de chacun. Concrètement, il s'agit de définir le plein de souscription (appelé aussi plein d'acceptation).

Le plein de souscription est la somme maximale qu'un assureur peut accepter sur un risque déterminé.

En pratique, les pleins sont déterminés par catégorie d'assurance et par nature des risques. Plus le risque encouru sera important, moins le plein sera élevé.

Les services Production disposent de tableaux où sont indiqués les pleins d'acceptation.

Exemple : assurance « dommages corporels accidentels ». Pleins de souscription.

Les capitaux garantis en cas de décès ou d'infirmité ne peuvent excéder les sommes suivantes :

- professions sans activités dangereuses et sans circulation automobile intense : 150 000 € ;
- professions avec circulation automobile intense, mais sans activités dangereuses : 120 000 € ;
- professions avec activités dangereuses et/ou circulation automobile intense : 100 000 €.

C - Caractéristiques juridiques

Juridiquement, le souscripteur connaît tous les coassureurs. Il les a tous agréés et a un recours contre chacun d'eux. Chaque coassureur n'est tenu qu'à concurrence du pourcentage (appelé « quote-part ») qu'il a accepté.

D - Pratique de la coassurance

En théorie, il est tout à fait imaginable d'établir autant de contrats qu'il y a de coassureurs. Cela est d'ailleurs conforme à l'analyse juridique précédente. Mais cette multiplicité de contrats présente de nombreux inconvénients pour l'assuré. Aussi a-t-on coutume de n'établir qu'une seule police dite « police collective à quittance unique ».

Dans cette police figurera une annexe spéciale, dite de coassurance, indiquant la répartition du risque entre les différentes sociétés d'assurance avec les références précises de chaque coassureur et la quote-part du risque accepté.

De plus, dans cette annexe, on désignera un coassureur chargé de représenter tous les autres dans les relations avec le client : il s'agit de l'apériteur ou société apéritrice.

L'apériteur est en fait l'assureur que le souscripteur a contacté à l'origine. Cet assureur a défini les garanties et fixé les primes, puis a recherché les « partenaires » nécessaires à la couverture totale du risque. Ensuite, il a établi la police (avec l'annexe spéciale) en autant d'exemplaires que de coassureurs, plus un pour le souscripteur. Il a fait signer la police, encaissera les primes, les répartira entre tous les coassureurs. Il est l'interlocuteur du client...

L'apériteur n'est pas nécessairement l'assureur qui a accepté la plus grosse quote-part.

L'apériteur n'est tenu qu'à concurrence du pourcentage qu'il a retenu, bien que l'assuré le considère comme « son assureur ».

E - Application pratique

Il s'agit d'assurer contre l'incendie un bâtiment d'une valeur de 2 000 000 € :

- la société A contactée par le propriétaire a un plein de souscription de 1 000 000 € ;
- la société B a un plein de souscription de 600 000 € ;
- la société C a un plein de souscription de 400 000 €.

La société A a fixé la prime nette à la somme de 8 000 €. Le souscripteur a accepté ces conditions et la coassurance des sociétés A, B et C qui ont garanti le maximum possible du risque.

On obtient alors le partage proportionnel qui suit :

Société	Capital garantie	Quote-part	Prime nette perçue	Règlement pour un sinistre partiel de 500 000 €	Règlement cas de sinistre total
A	1 000 000 €	50 %	4 000 €	250 000 €	1 000 000 €
B	600 000 €	30 %	2 400 €	150 000 €	600 000 €
C	400 000 €	20 %	1 600 €	100 000 €	400 000 €
Totaux	2 000 000 €	100 %	8 000 €	500 000 €	2 000 000 €

NB : Pour des risques très importants, on fait appel à des dizaines voire des centaines de coassureurs (en assurance maritime, par exemple).

II - La réassurance

A - Justification

Malgré toutes les « précautions » prises par les assureurs (homogénéité, dispersion, division des risques) et l'exploitation scientifique des statistiques pour le calcul des primes, la mutualité des assurés peut être menacée.

Tout d'abord, comme nous l'avons signalé, les lois fondamentales de l'assurance ne sont pas toujours faciles à respecter. En particulier, la règle de dispersion est parfois écartée et cela conduit à des cumuls de risques.

En second lieu, les statistiques, à la base de l'assurance, concernent le passé.

La réalité des sinistres peut en différer. Il peut y avoir ce que les assureurs appellent des séries noires, c'est-à-dire des sinistres répétitifs ou dont l'ampleur (le coût) est exceptionnelle.

Ces deux aspects justifient pleinement la mise en œuvre d'une sécurité supplémentaire, la réassurance, qui est une autre forme de répartition des risques.

B - Définition

La réassurance est une opération par laquelle une société d'assurance (la cédante) s'assure elle-même auprès d'une autre société (le réassureur ou le cessionnaire) pour une partie des risques qu'elle a pris en charge. C'est donc en quelque sorte « l'assurance de l'assurance » ou une assurance au second degré. L'assureur qui se réassure est appelé le cédant ou encore l'assureur direct.

C - Mécanismes de la réassurance

1° Recherche de la réassurance

Avant de pratiquer une branche d'assurance, toute société doit rechercher des réassureurs.

Cette recherche, et les négociations qui en résultent, sont du ressort des directions des sociétés.

En pratique, on fait fréquemment appel à des courtiers de réassurance, qui sont spécialisés en ce domaine. La réassurance est très souvent internationale.

2° Le traité de réassurance

Le traité de réassurance est l'écrit qui matérialise le contrat de réassurance et fixe les engagements de chaque partie (cédant et réassureur).

Il détermine notamment :
- les contrats qui entrent dans le cadre de la réassurance ;
- la prime due au réassureur ;
- la date d'effet et la durée des engagements.

3° Réassurance obligatoire et réassurance facultative

En réalité, on distingue deux grandes formes de conventions en matière de réassurance :
- les traités qui organisent ce qu'il est convenu d'appeler la réassurance obligatoire ;
- les contrats étudiés et acceptés cas par cas, risque par risque, et qui correspondent à la réassurance facultative.

D - Les caractéristiques juridiques

L'assureur direct (le cédant) est seul responsable vis-à-vis des assurés, qui ne connaissent pas le (ou les) réassureur(s).

Il s'agit là de la différence fondamentale avec la coassurance.

La réassurance s'effectue en quelque sorte dans un deuxième temps, après les opérations habituelles de paiement de primes et de sinistres intervenant entre l'assureur direct et les assurés.

Observons de plus que la réassurance s'effectue en général sur un ensemble de contrats, ce qui justifie l'emploi du mot « traité » au lieu de contrat.

E - Notions sur les différentes catégories de traités de réassurance

Il existe deux grandes catégories de réassurance :
- la réassurance proportionnelle ;
- la réassurance non proportionnelle.

1° La réassurance proportionnelle

La réassurance proportionnelle est déterminée en fonction des capitaux assurés sur chaque contrat relevant du champ d'application du traité. Ainsi, on parle parfois de réassurance de sommes ou de capitaux.

Cette « réassurance » est donc déterminée à la souscription des contrats, avant tout sinistre.

Elle est toujours proportionnelle aux capitaux garantis : pour chaque contrat, le réassureur prendra en charge un certain pourcentage du risque, recevra le même pourcentage de prime et paiera la même proportion des sinistres.

En pratique, il existe deux formes de réassurance proportionnelle :

- la réassurance dite en quote-part ou en participation pure, dans laquelle le réassureur garantit le même pourcentage sur tous les risques ; par exemple réassurance à 40 % ;
- la réassurance dite en excédent de plein, dans laquelle le réassureur intervient lorsque la garantie de chaque contrat dépasse une certaine somme ; par exemple réassurance au-delà de 20 000 €.

NB : La réassurance proportionnelle est très utilisée pour les assurances incendie, individuelle-accidents ou les assurances vie.

2° La réassurance non proportionnelle

La réassurance non proportionnelle est déterminée en fonction du montant des sinistres concernant les contrats relevant du champ d'application du traité.

Ainsi, on parle parfois de réassurance de sinistres.

Elle n'est pas proportionnelle aux garanties. Cette réassurance ne peut être calculée qu'après la survenance des sinistres.

En pratique, il existe deux formes de réassurance non proportionnelle :
- la réassurance dite en excédent de sinistre (en anglais « excess loss ») dans laquelle le réassureur intervient pour les sinistres dépassant un certain montant ; par exemple traité pour les sinistres supérieurs à 200 000 € ;
- la réassurance dite en excédent de pertes (en anglais « stop loss ») dans laquelle le réassureur intervient lorsque l'ensemble des sinistres d'une année dépasse un certain pourcentage des primes encaissées (selon le rapport sinistres à primes soit S/P).

NB : La réassurance non proportionnelle est caractéristique des assurances de responsabilités.

F - La rétrocession

Les réassureurs éprouvent eux-mêmes la nécessité de protéger leurs engagements. Ils procèdent souvent à une rétrocession. La rétrocession se définit comme l'opération par laquelle le réassureur cède, à son tour, une partie des risques qu'il a réassurés à un rétrocessionnaire qui peut être une société de réassurance ou une société d'assurance. De manière schématique, la situation à laquelle on aboutit figure en page suivante.

G - La pratique de la réassurance

La réassurance est indispensable aux sociétés d'assurance directes. Plus une société est petite, plus elle devra se réassurer. Concrètement, les gros risques nécessitent l'emploi simultané de la coassurance et de la réassurance : les pleins de souscription des assureurs tiennent en effet compte de leurs traités de réassurance.

Relevons enfin qu'il n'est pas rare, pour une même catégorie de risques, de conclure plusieurs traités de réassurance de nature différente. Tout cela démontre que l'assurance est toute organisée pour une protection quasi absolue de la mutualité des assurés, selon des techniques très élaborées, où le risque pour le client de ne pas être indemnisé doit être le plus réduit possible.

Nous vous proposons aux pages suivantes un tableau synoptique des différentes formes de réassurance.

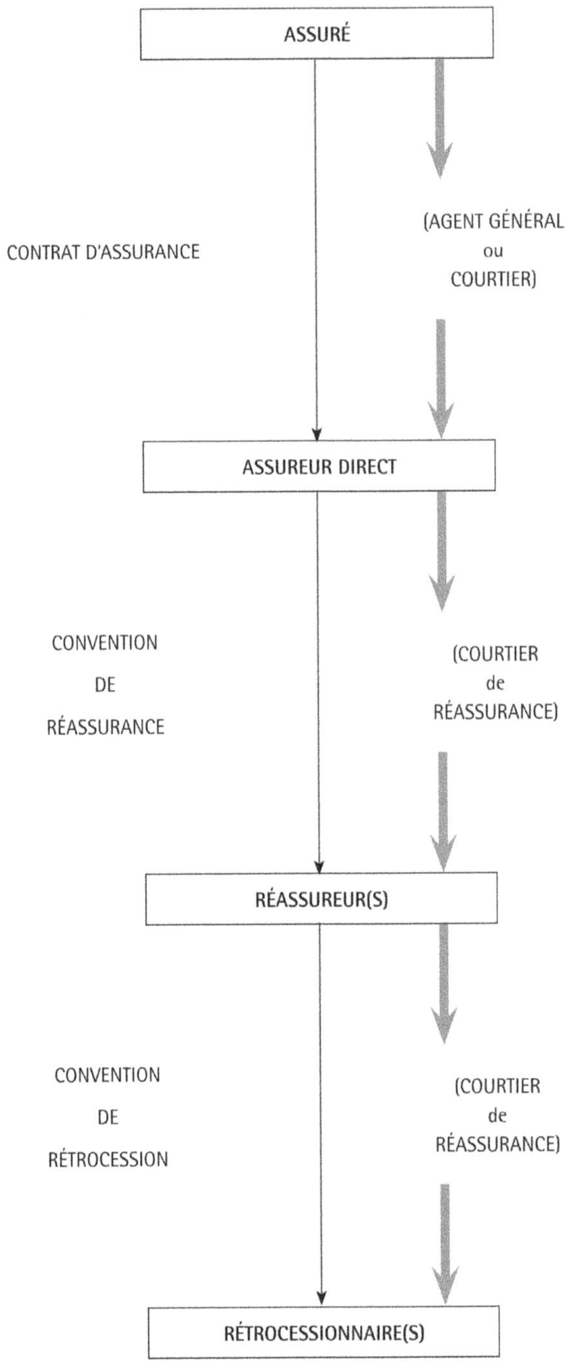
ASSURÉ
CONTRAT D'ASSURANCE
(AGENT GÉNÉRAL
ou
COURTIER)
ASSUREUR DIRECT
CONVENTION
DE
RÉASSURANCE
(COURTIER
de
RÉASSURANCE)
RÉASSUREUR(S)
CONVENTION
DE
RÉTROCESSION
(COURTIER
de
RÉASSURANCE)
RÉTROCESSIONNAIRE(S)

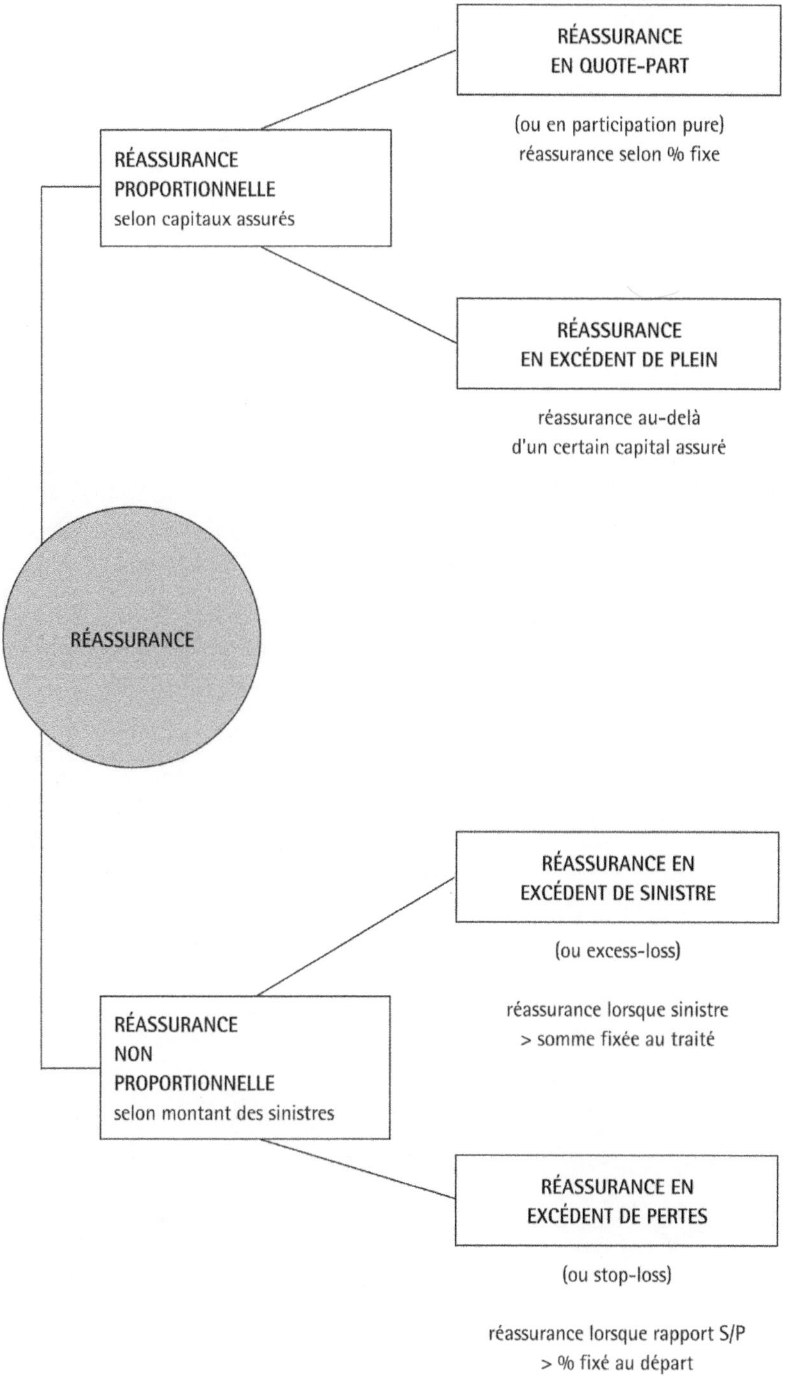
RÉASSURANCE
RÉASSURANCE PROPORTIONNELLE selon capitaux assurés
RÉASSURANCE EN QUOTE-PART
(ou en participation pure)
réassurance selon % fixe
RÉASSURANCE EN EXCÉDENT DE PLEIN
réassurance au-delà d'un certain capital assuré
RÉASSURANCE NON PROPORTIONNELLE selon montant des sinistres
RÉASSURANCE EN EXCÉDENT DE SINISTRE
(ou excess-loss)
réassurance lorsque sinistre > somme fixée au traité
RÉASSURANCE EN EXCÉDENT DE PERTES
(ou stop-loss)
réassurance lorsque rapport S/P > % fixé au départ

Chapitre V

LES DIFFÉRENTES ASSURANCES

Section I - Les distinctions usuelles

I - Les assurances gérées en répartition et les assurances gérées en capitalisation

A - Les assurances gérées en répartition

Il s'agit des assurances gérées selon une technique correspondant strictement à la définition de l'assurance donnée précédemment. L'assureur ne fait que répartir entre les assurés sinistrés, la masse des primes (ou cotisations) acquittées par l'ensemble des membres de la mutualité. Cette répartition s'opère par année. Sont notamment concernées les assurances incendie et automobile. On observe que dans ce type d'assurance, la fréquence du risque est constante (ou presque). Elle varie peu d'une année à l'autre. Les assurances gérées en répartition sont les assurances IARD (incendie, accidents, risques divers). Elles englobent les assurances de biens et de responsabilité ainsi que certaines assurances de personnes comme les assurances complémentaires santé et dommages corporels.

B - Les assurances gérées en capitalisation

Certaines assurances présentent les particularités suivantes :

- d'une part, elles sont souscrites à long terme (pour une longue durée) et comportent un aspect « épargne » ;

- d'autre part, le risque assuré n'est pas constant, la fréquence augmente ou diminue en cours de contrat : c'est le cas de la probabilité de décès et de la probabilité de survie de la personne humaine.

En conséquence, dans sa gestion, l'assureur doit placer tout ou partie des primes pour les faire fructifier afin de faire face à ses engagements dans l'avenir. Les primes versées doivent en effet bénéficier d'intérêts composés, c'est-à-dire être capitalisées.

Nous étudierons les sociétés d'assurance dans le chapitre VIII. Mais il est intéressant de noter, d'ores et déjà, qu'une même société ne peut pratiquer à la fois les deux types d'assurance : c'est le principe de la spécialisation des sociétés d'assurance.

II - Les assurances de biens et de responsabilité et les assurances de personnes

A - Les assurances de biens et de responsabilité

Les assurances de biens et de responsabilité ont pour but de réparer les conséquences d'un événement dommageable affectant le patrimoine de l'assuré.

Dans le Code des assurances, les assurances de biens et de responsabilité sont regroupées sous le terme assurances de dommages par opposition aux assurances de personnes (décès, vie, santé).

Elles visent donc la protection du patrimoine de l'assuré. Elles se subdivisent, naturellement, en deux catégories :

- les assurances de choses garantissant les biens appartenant à l'assuré (garantie directe du patrimoine) ;
- les assurances de responsabilités garantissant les dommages que l'assuré peut occasionner à des tiers : dommages corporels ou dommages à leurs biens (garantie indirecte du patrimoine de l'assuré puisque ce dernier n'a pas à prélever les sommes nécessaires à la réparation).

Les assurances de biens et de responsabilité sont soumises à un principe fondamental, dit principe indemnitaire, selon lequel la prestation de l'assureur ne peut en aucun cas, excéder le préjudice réel subi par l'assuré.

B - Les assurances de personnes

Les assurances de personnes ont pour objet le versement de prestations en cas d'événements affectant la personne même de l'assuré. Elles se subdivisent également en deux catégories principales :

- les assurances sur la vie, en cas de décès ou de vie : l'assurance en cas de vie permet aux assurés de se constituer une épargne dans un cadre fiscal avantageux et dont ils pourront bénéficier ultérieurement ou qui pourra profiter, après son décès, à un ou plusieurs bénéficiaires librement choisi par l'assuré ;
- les assurances de dommages corporels qui englobent les assurances en cas de maladie ou d'accidents : notamment contrats complémentaires santé, hospitalisation, individuelle accidents, GAV (Garantie des accidents de la vie), dépendance...

Les assurances sur la vie ne sont pas soumises au principe indemnitaire ; puisque la valeur pécuniaire de la personne humaine ne peut être fixée. On applique le principe forfaitaire.

Les assurances de dommages corporels sont aujourd'hui majoritairement soumises au principe indemnitaire ; c'est nécessairement le cas de l'assurance complémentaire santé pour le remboursement des soins et de la GAV. Mais certains contrats, par exemple de type individuelle accidents, appliquent le principe forfaitaire en prévoyant des prestations prédéterminées et non liées aux préjudices réels de l'assuré (en pratique, se reporter au contrat pour déterminer le principe retenu).

La distinction entre assurances de biens et de responsabilité et assurances de personnes étant primordiale pour notre profession, nous l'avons récapitulée dans le tableau ci-après :

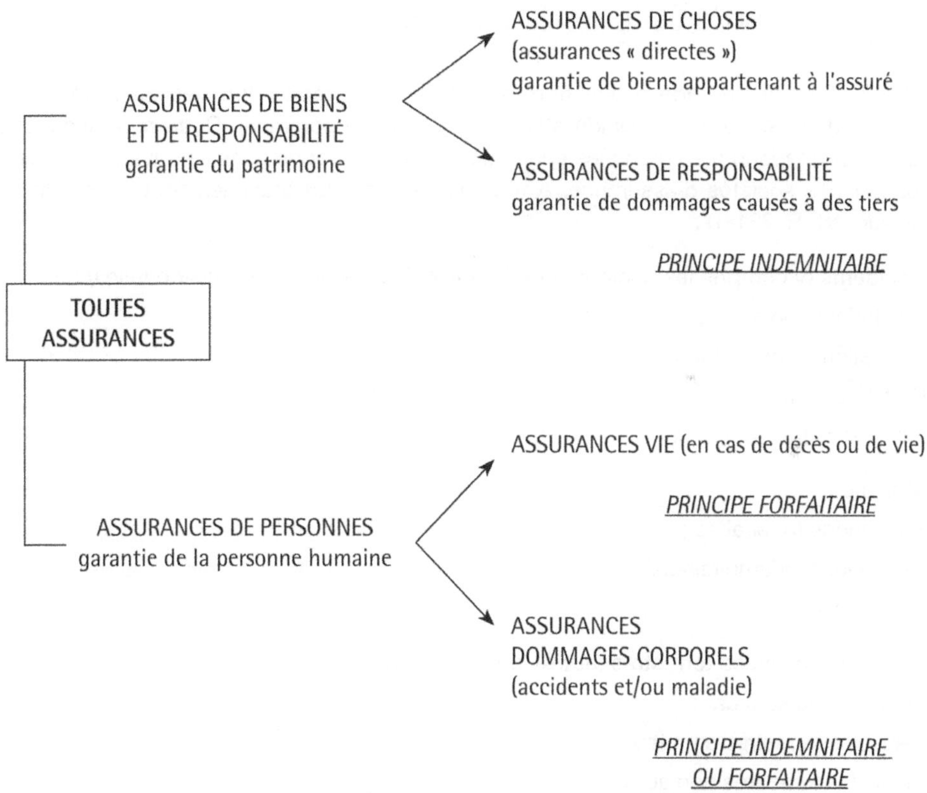

III - Assurances vie et assurances IARD

Voici un tableau permettant de visualiser la distinction entre les assurances vie et IARD.

ASSURANCES VIE	ASSURANCES IARD
Assurances en cas de décès Assurances en cas de vie	Assurances de biens Assurances de responsabilité Assurances de dommages corporels (santé, hospitalisation, GAV, individuelle accidents, dépendance…)

La distinction entre assurances de biens et de responsabilité et assurances de personnes ne coïncide pas avec celle concernant le mode de gestion. Ainsi les assurances de dommages corporels sont gérées en répartition et ressortissent aux assurances IARD. Autrement dit, les assurances de biens et de responsabilité ne correspondent pas à l'intégralité des assurances IARD. De même, une partie de l'assurance construction nécessite une gestion en capitalisation.

Section II - Les différentes branches d'assurance

I - Classification du Code des assurances

En 1984, il a été procédé à une harmonisation de la répartition des assurances en branches, dans le cadre de l'Union européenne (Marché commun). Cette répartition, très juridique, correspond à 26 branches englobant toutes les « opérations » pouvant être effectuées par des sociétés d'assurance. À titre indicatif, ces 26 branches sont les suivantes (C. assur., art. R. 321-1) :

1. Accidents (y compris les accidents de travail et les maladies professionnelles) :

a) Prestations forfaitaires ;

b) Prestations indemnitaires ;

c) Combinaisons ;

d) Personnes transportées.

2. Maladie :

a) Prestations forfaitaires ;

b) Prestations indemnitaires ;

c) Combinaisons.

3. Corps de véhicules terrestres (autres que ferroviaires) :

Tout dommage subi par :

a) Véhicules terrestres à moteur ;

b) Véhicules terrestres non automoteurs.

4. Corps de véhicules ferroviaires :

Tout dommage subi par les véhicules ferroviaires.

5. Corps de véhicules aériens :

Tout dommage subi par les véhicules aériens.

6. Corps de véhicules maritimes, lacustres et fluviaux :

Tout dommage subi par :

a) Véhicules fluviaux ;

b) Véhicules lacustres ;

c) Véhicules maritimes.

7. Marchandises transportées (y compris les marchandises, bagages et tous autres biens) :

Tout dommage subi par les marchandises transportées ou bagages, quel que soit le moyen de transport.

8. Incendie et éléments naturels :

Tout dommage subi par les biens (autres que les biens compris dans les branches 3, 4, 5, 6 et 7) lorsqu'il est causé par :

a) Incendie ;

b) Explosion ;

c) Tempête ;

d) Éléments naturels autres que la tempête ;

e) Énergie nucléaire ;

f) Affaissement de terrain.

9. Autres dommages aux biens :

Tout dommage subi par les biens (autres que les biens compris dans les branches 3, 4, 5, 6 et 7) lorsque ce dommage est causé par la grêle ou la gelée, ainsi que par tout événement, tel le vol, autre que ceux compris dans la branche 8.

10. Responsabilité civile véhicules terrestres automoteurs :

Toute responsabilité résultant de l'emploi de véhicules terrestres automoteurs (y compris la responsabilité du transporteur).

11. Responsabilité civile véhicules aériens :

Toute responsabilité résultant de l'emploi de véhicules aériens (y compris la responsabilité du transporteur).

12. Responsabilité civile véhicules maritimes, lacustres et fluviaux :

Toute responsabilité résultant de l'emploi de véhicules fluviaux, lacustres et maritimes (y compris la responsabilité du transporteur).

13. Responsabilité civile générale :

Toute responsabilité autre que celles mentionnées sous les numéros 10, 11 et 12.

14. Crédit :

a) Insolvabilité générale ;

b) Crédit à l'exportation ;

c) Vente à tempérament ;

d) Crédit hypothécaire ;

e) Crédit agricole.

15. Caution :

a) Caution directe ;

b) Caution indirecte.

16. Pertes pécuniaires diverses :

a) Risques d'emploi ;

b) Insuffisance de recettes (générale) ;

c) Mauvais temps ;

d) Pertes de bénéfices ;

e) Persistance de frais généraux ;

f) Dépenses commerciales imprévues ;

g) Perte de la valeur vénale ;

h) Pertes de loyers ou de revenus ;

i) Pertes commerciales indirectes autres que celles mentionnées précédemment ;

j) Pertes pécuniaires non commerciales ;

k) Autres pertes pécuniaires.

17. Protection juridique.

18. Assistance :

Assistance aux personnes en difficulté, notamment au cours de déplacements.

20. Vie-Décès :

Toute opération comportant des engagements dont l'exécution dépend de la durée de la vie humaine autre que les activités visées aux branches 22, 23 et 26.

21. Nuptialité-Natalité :

Toute opération ayant pour objet le versement d'un capital en cas de mariage ou de naissance d'enfants.

22. Assurances liées à des fonds d'investissement :

Toutes opérations comportant des engagements dont l'exécution dépend de la durée de la vie humaine et liées à un fonds d'investissement.

Les branches mentionnées aux 20, 21 et 22 comportent la pratique d'assurances complémentaires au risque principal, notamment celles ayant pour objet des garanties en cas de décès accidentel ou d'invalidité.

23. Opérations tontinières :

Toutes opérations comportant la constitution d'associations réunissant des adhérents en vue de capitaliser en commun leurs cotisations et de répartir l'avoir ainsi constitué soit entre les survivants, soit entre les ayants droit des décédés.

24. Capitalisation :

Toute opération d'appel à l'épargne en vue de la capitalisation et comportant, en échange de versements uniques ou périodiques, directs ou indirects, des engagements déterminés quant à leur durée et à leur montant.

25. Gestion de fonds collectifs :

Toute opération consistant à gérer les placements et notamment les actifs représentatifs des réserves d'entreprises autres que celles mentionnées à l'article L. 310-1 et qui fournissent des prestations en cas de vie, en cas de décès ou en cas de cessation ou de réduction d'activités.

26. Toute opération à caractère collectif définie à la section I du chapitre Ier du titre IV du livre IV.

II - Classification des Codes de la mutualité et de la Sécurité sociale

La classification du Code des assurances a été transposée dans les Codes de la mutualité et de la Sécurité sociale, mais seulement pour une partie des branches. Pour la mutualité, les branches 1, 2, 15 à 18, 20 à 22, et 24 à 26 figurent au Code de la mutualité à l'article R. 211-2. Pour les institutions de prévoyance, seules les branches 1, 2, 16, 20 à 22, et 24 à 26 figurent au Code de la Sécurité sociale à l'article R. 931-2-1.

Cela signifie que les mutuelles et les institutions de prévoyance ne peuvent être agréées que pour les branches d'assurance prévues dans leur code respectif. Ainsi, elles ne pratiquent jamais les assurances de biens et de responsabilité.

III - Utilité

La classification des assurances en différentes branches, prévue dans les trois codes (assurances, mutualité et Sécurité sociale), est indispensable à l'exercice du contrôle sur les trois catégories d'organismes habilités à assurer : sociétés d'assurances, mutuelles et institutions de prévoyance. Relevons, notamment, que pour pratiquer chaque branche, il faut obtenir une autorisation préalable dénommée « agrément ». La limitation des branches inscrites aux Codes de la mutualité et de la Sécurité sociale implique que les mutuelles et les institutions de prévoyance ne peuvent pratiquer toutes les opérations d'assurances. Cela vise en particulier les assurances de biens et de responsabilité pour les deux sortes d'organismes.

IV - Application pratique

En pratique, la plupart des contrats délivrés par les sociétés comportent des garanties relevant de plusieurs branches. Par exemple, un contrat « automobile » du type « multirisque » réunira des garanties relevant des branches numéros 3, 10, 17 et même 1.

De même, un contrat « multirisques habitation » fait appel aux branches numéros 8, 9, 13, 16 et 17. Ainsi, on le voit, il ne faut pas confondre la répartition en branches avec les différentes catégories de contrats pratiqués.

Chapitre VI

LE CADRE JURIDIQUE DE L'ASSURANCE

Section I - Le cadre juridique avant le Code des assurances

I - Le principe de la réglementation

Dès que les activités de l'assurance se sont développées, il est apparu indispensable de fixer un certain nombre de règles, afin de protéger les assurés et de « canaliser » les sommes d'argent gérées par les assureurs. La profession d'assureur est soumise à des règles très contraignantes destinées à protéger les souscripteurs, les assurés et les bénéficiaires d'assurance.

II - Les principaux textes antérieurs au Code des assurances

Cinq dates doivent retenir l'attention :

- 1868, année du premier texte très important réglementant la constitution de sociétés d'assurance ;
- la loi du 13 juillet 1930, deuxième étape historique, concerne le contrat d'assurance terrestre ;
- les décrets du 14 juin et du 30 décembre 1938 visent la création et le fonctionnement de toute société d'assurance ;
- les années 1949 et 1950 correspondent à l'établissement des statuts vie et IARD des agents généraux d'assurance ;
- la loi du 27 février 1958 instaure l'obligation d'assurance RC automobile.

Section II - Le Code des assurances

I - Naissance

Au début des années 1970, il existait des centaines de textes concernant les assurances. Ces textes n'étaient pas regroupés dans un seul ouvrage, et encore moins classés.

Une mise en ordre semblait nécessaire.

Cet ordonnancement fut imposé par une « directive » de la commission de la Communauté économique européenne (CEE) en 1973.

De 1973 à 1976, des travaux considérables ont été réalisés afin de réunir et de classer méthodiquement tous les textes relatifs à l'assurance, avec, bien entendu, les mises à jour nécessaires.

Ces travaux ont abouti à la publication des décrets et arrêtés du 16 juillet 1976 (Journal Officiel du 21 juillet) constituant le Code des assurances.

Le Code des assurances est la réunion et la classification méthodique de tous les textes concernant cette profession.

II - Présentation du Code des assurances

Le Code comporte trois parties correspondant à la « hiérarchie » des textes :

- 1re partie : les lois représentées par la lettre L ;
- 2e partie : les décrets (pris pour l'application des lois) représentés par la lettre R pour les décrets en Conseil d'État et par la lettre D pour les décrets simples (partie Réglementation) ;
- 3e partie : les arrêtés fixant les modalités très précises de mise en œuvre des lois et décrets, représentés par la lettre A.

Chaque partie est divisée en cinq livres :

- livre Ier : Le contrat ;
- livre IIe : Assurances obligatoires ;
- livre IIIe : Les entreprises ;
- livre IVe : Organisations et régimes particuliers d'assurance ;
- livre Ve : Distributeurs d'assurance.

Ensuite, chaque livre est divisé en titres, chaque titre en chapitres, chaque chapitre en articles.

Concrètement, chaque texte est référencé par une lettre suivie d'un minimum de 4 chiffres.

1er exemple : article L. 113-3.

- L signifie partie Lois.
- le 1er chiffre : 1 correspond au livre 1er (le contrat d'assurance).
- le 2e chiffre : 1 correspond au titre 1er (règles communes).
- le 3e chiffre : 3 correspond au chapitre 3 (obligations de l'assureur et de l'assuré).
- le 4e chiffre : 3 correspond au numéro d'ordre de l'article.

2e exemple : article R. 211-5.
- R signifie partie Réglementation.
- 2., livre 2 (obligations d'assurance).
- 1., titre 1er (assurance automobile obligatoire).
- 1., chapitre 1er (l'obligation de s'assurer).
- 5., article n° 5.

NB : Dans la pratique, il convient de savoir utiliser le Code des assurances, mais non de connaître les intitulés des titres et chapitres. De même la mémorisation des numéros exacts des articles n'est pas indispensable.

III - Les modifications du Code des assurances

Depuis 1976, le Code des assurances a été modifié, complété, à de nombreuses reprises.

Ont notamment constitué des étapes importantes, les textes suivants, visant tous l'adaptation du droit français au droit communautaire :
- la loi du 31 décembre 1989, dite « Bérégovoy » du nom du ministre de l'Économie et des Finances de l'époque, visant nombre de dispositions sur le contrat d'assurance et sur le contrôle des sociétés d'assurances ;
- la loi du 1er août 2003, dite loi de sécurité financière, réformant le système de contrôle des entreprises d'assurances ;
- la loi du 15 décembre 2005, dite loi « DDAC », modifiant la réglementation des intermédiaires d'assurances ;
- l'ordonnance n° 2018-361 du 16 mai 2018 relative à la distribution d'assurances transpose la directive (UE) 2016/97 du 20 janvier 2016 sur la distribution d'assurances portant révision de la directive intermédiation en assurance (DIA). L'ordonnance unifie le cadre réglementaire des pratiques commerciales du secteur de l'assurance en créant un nouveau régime juridique s'appliquant à l'activité de distribution de produits d'assurance, et plus uniquement à l'activité d'intermédiation. L'ordonnance concerne ainsi les intermédiaires d'assurance et les assureurs qui commercialisent leurs contrats.

Section III - Le droit européen des assurances

I - L'Europe communautaire

La Communauté économique européenne (CEE) a été instaurée par le Traité de Rome le 25 mars 1957. Elle réunissait, à l'origine, 6 pays.

Le Traité de Rome a été modifié par l'Acte unique européen, signé à Luxembourg le 17 février 1986, puis par le Traité de Maastricht du 6 février 1992, d'Amsterdam du 2 octobre 1997 et celui de Nice du 26 février 2001.

Il s'agit aujourd'hui de l'Union européenne regroupant, en 2025, 27 pays :
- la France, l'Allemagne, la Belgique, les Pays-Bas, le Luxembourg, l'Italie, l'Irlande, le Danemark, la Grèce, l'Espagne et le Portugal ;
- l'Autriche, la Suède et la Finlande ont rejoint l'Union au 1er janvier 1995 ;
- Chypre, Estonie, Hongrie, Lettonie, Lituanie, Malte, Pologne, République Tchèque, Slovénie et Slovaquie, depuis le 1er mai 2004 ;

- Bulgarie et Roumanie depuis le 1er janvier 2007 ;
- Croatie depuis le 1er juillet 2013.

> **NB** : L'Europe des 27 compte plus de 448 millions d'habitants, soit 5,6 % de la population mondiale. Selon les experts, la population de l'UE devrait augmenter régulièrement jusqu'en 2026, avant de diminuer pour s'établir à 420 millions d'habitants d'ici à 2100.
>
> Suite au référendum du 23 juin 2016, les britanniques ont choisi de quitter l'Union Européenne. La sortie du Royaume Uni est effective depuis le 30 janvier 2020.

Depuis le 1er janvier 2002, l'euro est la monnaie commune de l'Union européenne, sauf pour le Danemark, la Suède et plusieurs nouveaux membres entrés en 2004, 2007 et 2013. Sept autres pays ont rejoint la zone euro après 2002 : la Slovénie (2007), Chypre et Malte (2008), la Slovaquie (2009), l'Estonie (2011), la Lettonie (2014), la Lituanie (2015) et la Croatie (2023). Ainsi, en 2025, l'euro est la monnaie officielle de 20 des 27 États membres de l'Union européenne.

II - Les règlements et les directives communautaires

Outre les Traités, les règlements et les directives, constituent les principaux textes communautaires. Les règlements sont applicables directement dans chaque État membre. Les directives fixent des résultats à atteindre dans un certain délai. Elles nécessitent l'adoption d'une loi, dans chaque pays, afin d'intégrer (introduire) les dispositions qu'elles prévoient. En matière d'assurance, de nombreuses directives, adoptées entre 1973 et 1992, ont permis la mise en place progressive d'un marché européen.

III - Le marché unique européen des assurances

Depuis le 1er juillet 1994 est instauré un véritable marché unique de l'assurance. Tout consommateur a la possibilité de s'adresser à n'importe quel assureur agréé dans un des États de l'Union européenne. Inversement, cela implique la libre prestation de services (LPS) pour tous les assureurs, c'est-à-dire la possibilité d'assurer directement des risques situés à l'étranger, sans établissement implanté dans le pays du risque.

En réalité, l'existence d'une véritable Europe des consommateurs d'assurances nécessitera encore plusieurs années d'évolution et d'adaptations. Cette Europe n'apparaît actuellement qu'en matière de grands risques industriels ou de transports. En 2008, la LPS ne représente que 2 % du chiffre d'affaires des assureurs de l'Union européenne. Sur un plan pratique, la LPS engendre des difficultés pour déterminer la loi applicable au contrat d'assurance. En assurance automobile obligatoire la France impose des obligations spécifiques : désignation d'un représentant fiscal et d'un représentant pour la gestion des sinistres, adhésion au fonds de garantie notamment.

IV - Les trois générations de directives en matière d'assurances

Le marché unique des assurances résulte de trois générations de directives caractérisant trois étapes nécessaires.

A - Premières directives dites de première génération

Il s'agit de textes communautaires adoptés en 1973 et 1979 pour instaurer une liberté d'établissement des assureurs dans les différents pays membres.

B - Deuxièmes directives dites de seconde génération

Plusieurs directives datées de 1988 et 1990 prévoient une libre prestation de services limitée aux grands risques en assurance non vie et à la prestation passive – sans démarchage ou publicité – en assurance vie.

C - Troisièmes directives dites de troisième génération

Deux textes de 1992 rendent la LPS totalement libre. On parle d'agrément ou de licence unique pour les sociétés d'assurances. Nous reviendrons sur ce principe dans la section consacrée à l'agrément des entreprises d'assurance (V. p. 148).

> **NB** : Comme précisé au II, ces directives se sont traduites par différentes lois nationales modifiant le Code des assurances.

V - Les directives après 1994

L'instauration d'une liberté de prestations de services en assurances ne signifiait nullement qu'aucune directive nouvelle ne devait intervenir. De nombreux textes ont été adoptés après 1994 et d'autres sont en préparation. Parmi les directives européennes décidées après 1994, relevons celles relatives à :

- la RC automobile (4e directive du 16 mai 2000 et 5e directive du 11 mai 2005) ;
- la marge de solvabilité, dénommée Solvabilité I (5 mai 2002) ;
- la commercialisation à distance des services financiers (23 septembre 2002) intégrée en droit français par l'ordonnance n° 2005-648 du 6 juin 2005 ;
- l'intermédiation en assurance (9 décembre 2002), intégrée en droit français par la loi n° 2005-1564 du 15 décembre 2005 ;
- la retraite complémentaire, directive dite IRP, Institutions de retraite professionnelle (3 juin 2003) ;
- les normes comptables (18 juin 2003) ;
- la lutte contre le blanchiment (4 décembre 2001 et 5 décembre 2005) ; 4e directive adoptée par le Parlement européen le 20 mai 2015 et transposée en droit français par l'ordonnance n° 2016-1635 du 1er décembre 2016 renforçant le dispositif français de lutte contre le blanchiment et le financement du terrorisme ;
- la Commission européenne a publié le 3 juillet 2012 un projet de révision de la Directive intermédiation en assurances (DIA II) ; cette directive a été adoptée le 20 janvier 2016 et a été transposée en droit français par l'ordonnance n° 2018-361 du 16 mai 2018 relative à la distribution d'assurances ;
- la réassurance (16 novembre 2005) intégrée en droit français par l'ordonnance n° 2008-556 du 13 juin 2008) ;
- la responsabilité environnementale (loi du 1er août 2008 qui est la traduction en droit national de la directive européenne 2004/35/CE) ;
- aux droits des consommateurs (directive 2011/83/UE du 25 octobre 2011) transposée par la loi relative à la consommation du 17 mars 2014 (dite loi Hamon).

L'un des textes majeurs est la directive dite Solvabilité II (Solvency II) n° 2009/138/CE du 25 novembre 2009. Elle réforme fondamentalement les règles européennes concernant la solvabilité des entreprises d'assurances. Cette directive est officiellement entrée en vigueur le 1er janvier 2016 (la directive a été transposée dans le droit français par l'ordonnance du 2 avril 2015 n° 2015-378, le décret 2015-513 du 7 mai 2015 et l'arrêté du 7 mai 2015).

Dans une interview au Wall Street Journal Deutschland, Gabriel Bernardino, le président de l'EIOPA, le superviseur européen de l'assurance, avait évoqué la nécessité de la bascule à Solvabilité II. Il indiquait que le précédent régime de supervision et de régulation de l'assurance européenne était, selon lui, « dépassé et fragmenté et faisait valoir que le nouveau régime, qui vise à proportionner les exigences de capital des assureurs à l'ensemble de leurs risques, est « basé sur des principes fondamentalement adéquats ».

L'année 2018 a été marquée par la mise en œuvre de deux nouvelles réglementations européennes : PRIIPs (Règlement européen sur les produits d'investissement – le règlement est d'application directe en droit français) et la Directive sur la distribution d'assurance (dite « DIA 2 » - Directive 2016/97/UE).

Le règlement PRIIPs vise à améliorer la clarté des produits d'investissement proposés et à permettre au public de comprendre et comparer les différents produits proposés sur le marché européen.

La directive sur la distribution d'assurances a pour objectif d'améliorer la protection du consommateur de produits financiers en renforçant l'information précontractuelle, le devoir de conseil et la surveillance des produits. La directive vise également à garantir des conditions de concurrence équitables entre tous les acteurs de ces produits dans l'Union européenne. L'application de la directive et de ses règlements délégués doit par ailleurs permettre de prévenir les conflits d'intérêts et d'améliorer la formation continue des distributeurs.

Le secteur des assurances doit non seulement intégrer les directives spécifiques concernant l'assurance, mais aussi s'adapter à des directives de portée plus générale ayant des conséquences sur les activités ou les risques à couvrir. Par exemple, la directive du 13 décembre 2004, sur l'égalité de traitement entre les hommes et les femmes dans l'accès aux biens et services, a nécessité une adaptation des Codes des assurances, de la mutualité et de la Sécurité sociale. De même, les assureurs doivent s'adapter au Règlement européen sur la protection des données personnelles (Règlement (UE) 2016/679) qui est entré en vigueur le 24 mai 2018.

Section IV - Les Codes de la mutualité et de la Sécurité sociale

I - Le Code de la mutualité

Les mutuelles, comme indiqué précédemment, sont soumises au Code de la mutualité. Ce dernier a été réformé et réorganisé par l'ordonnance n° 2001-350 du 19 avril 2001 pour intégrer, avec retard, les dispositions des directives européennes « assurances » de 1992. Un très grand nombre de règles sont identiques à celles du Code des assurances (C. assur.).

Nous préciserons, dans les développements qui suivent, les textes du Code de la mutualité applicables, en parallèle de ceux du Code des assurances.

II - Le Code de la Sécurité sociale

De la même manière, nous préciserons les articles du livre neuvième (donc numérotés en 900) du Code de la Sécurité sociale auxquels sont soumises les institutions de prévoyance, pour la mise en œuvre de leurs contrats d'assurance. Les articles concernés résultent de l'importante loi du 8 août 1994 relative à la protection complémentaire des salariés et de ses textes d'application.

> **Remarque sur les Codes de la mutualité et de la Sécurité sociale** : aujourd'hui, lorsqu'une loi modifie les dispositions applicables aux assurances, elle prévoit simultanément l'adaptation des trois codes régissant les différentes opérations et organismes d'assurances.

Section V - Les assurances obligatoires

I - Le décompte des assurances obligatoires

Il existe plus d'une centaine d'assurances obligatoires, environ 130 et ce nombre ne cesse d'augmenter au fur et à mesure des années. Une grande majorité de ces obligations visent l'assurance de la responsabilité civile des professionnels, afin de protéger les tiers victimes. L'objectif est de permettre leur indemnisation. Ainsi, depuis un quart de siècle, une quarantaine d'obligations ont été instaurées dans le domaine de la responsabilité civile professionnelle pour l'exercice de certaines professions. La notion même d'assurance obligatoire soulève une difficulté d'ordre sémantique : doit-on englober les garanties rendues obligatoires par le législateur dans le cadre d'assurances souscrites facultativement ? Cela concerne l'assurance des catastrophes naturelles ou technologiques, des actes de terrorisme et des tempêtes. La réponse est négative. Il n'y a pas obligation d'assurance car nombre de personnes peuvent en toute légalité ne pas être couvertes pour les événements visés. Par exemple, en cas de catastrophe naturelle endommageant les habitations, seuls les assurés titulaires d'un contrat garantissant leur bien seront indemnisés.

II - L'origine et le contenu des textes

Les textes imposant une obligation d'assurance sont d'origine très diverses : il s'agit soit de lois ou d'ordonnances, soit de décrets, soit d'arrêtés, soit même de circulaires administratives.

Ainsi, seules huit séries d'obligations figurent dans le Code des assurances : celles se rapportant à l'habitation, à l'automobile, à la chasse, à la construction (dommages-ouvrage et RC décennale), aux intermédiaires d'assurance, aux engins de remontée mécanique, aux exploitants agricoles et aux professionnels de la santé.

Le contenu des textes apparaît également très variable. Parfois l'obligation n'est assortie d'aucune sanction. Certains textes prévoient des modalités très précises d'application avec des garanties minimales, alors que d'autres textes stipulent des principes très généraux. De la même manière, le contrôle du respect des obligations n'est pas systématiquement organisé.

III - La liste des assurances obligatoires

À partir d'une liste élaborée en 1999 par le ministère de l'Économie, des Finances et de l'Industrie, nous proposons, à titre indicatif, l'inventaire suivant.

A - Risques liés à la circulation automobile

1° Automobile

- Agents des collectivités locales utilisant leur véhicule pour les besoins du service (assurance de responsabilités).
- Agents de l'État utilisant leur véhicule pour les besoins du service (assurance de responsabilités).
- Conciliateurs de justice utilisant leur véhicule pour les besoins du service (assurance de responsabilités).
- Experts en automobile (assurance de responsabilités).
- Exploitants d'établissements d'enseignement de la conduite des véhicules terrestres à moteur (assurance de responsabilités).
- Octroi d'avances aux agents communaux pour l'achat d'un véhicule nécessaire à l'exécution de leur service (assurance incendie et vol du véhicule).
- Octroi d'avances aux fonctionnaires de l'État et personnels militaires pour l'achat d'un véhicule nécessaire à l'exécution de leur service (assurance incendie et vol du véhicule).
- Ouvriers de l'État utilisant leur véhicule pour les besoins du service (assurance de responsabilités).
- Véhicules terrestres à moteur (assurance de responsabilités).

2° Transports

NB : Dans tous les cas, il s'agit d'assurances de responsabilités

- Aéro-clubs.
- Avisurfaces.
- Bandes d'envols occasionnelles.
- Embarquement de passagers à bord de navires armés à la pêche.
- Exploitants d'aérodromes.
- Exploitants d'aéronefs (Certificat de navigabilité restreint d'aéronef).
- Exploitants d'engins de remontée mécanique.
- Exploitants de navires à propulsion nucléaire.
- Hélisurfaces.
- Propriétaires de navires transportant des hydrocarbures.
- Service d'assistance en escale dans les aérodromes.
- Transports aériens.
- Transports aériens par moyens militaires.
- Transports fluviaux.
- Transports publics de voyageurs et transports de marchandises.

B - Risques liés à la santé

- Accueil des personnes âgées à domicile par les particuliers et responsabilité civile des personnes accueillies (assurance de responsabilités).
- Assistantes maternelles (assurance de responsabilités).
- Centres de formation en soins infirmiers (assurance de responsabilités et des risques professionnels des formés).
- Centres de transfusion sanguine (assurance de responsabilités).
- Crèches (assurance de responsabilités).
- Établissements recevant des enfants inadaptés ou déficients intellectuels (assurance de responsabilités).
- Gérants de pharmacie en SARL (assurance de responsabilités).
- Membres du personnel médical et pharmaceutique des hôpitaux publics (assurance pour les dommages subis par le personnel et assurance de responsabilités).
- Praticiens hospitaliers à temps plein exerçant une activité libérale dans les établissements d'hospitalisation publics (assurance de responsabilités).
- Professionnels de la santé (obligation issue de la loi du 4 mars 2002, assurance de responsabilités).
- Recherche biomédicale (assurance de responsabilités).

C - Habitat, construction

- Agents d'affaires, agents immobiliers, copropriétaires ou syndicats de copropriété, gérants d'immeuble (assurance de responsabilités).
- Architectes (assurance de responsabilités).
- Assurance décès des accédants à la propriété d'habitations à loyer modéré (HLM) autres que locataires, lorsqu'il bénéficie d'avances consenties par l'État (assurance décès).
- Contrôleurs techniques pour la recherche d'amiante (assurance de responsabilités).
- Diagnostiqueurs immobiliers (ordonnance de juin 2005, assurance de responsabilités).
- Dommages à la construction (assurance de biens dite dommages-ouvrage).
- Géomètres-experts (assurance de responsabilités).
- Locataires (assurance de la responsabilité locative).
- Personnes effectuant l'état des lieux en cas de prêts conventionnés à la construction (assurance de responsabilités).
- Responsabilité civile du constructeur (assurance de la responsabilité décennale).
- Sociétés Civiles Immobilières faisant publiquement appel à l'épargne (assurance de responsabilités).
- Vendeurs d'immeubles à rénover (loi n° 2006-872 du 13 juillet 2006, assurances de responsabilité professionnelle, décennale et dommages-ouvrage plus garantie financière).
- Copropriété (assurance multirisque « immeuble » - loi n° 2014-366 du 24 mars 2014 dite « ALUR »).
- Propriétaires occupants et copropriétaires bailleurs (assurance de responsabilité civile - loi n° 2014-366 du 24 mars 2014 dite « ALUR »).
- Professionnels intervenant dans la conception ou dans la réalisation de forages géothermiques de minime importance (assurance de responsabilités, Décret n° 2016-835 du 24 juin 2016).

D - Risques liés aux activités de sports, loisirs, culture et à la vie privée

- Activités relatives à l'organisation et à la vente de voyages et de séjours (assurance de responsabilités).
- Agent sportif (assurance de responsabilités).
- Associations communales et intercommunales de chasse agréées (assurance de responsabilités).
- Boxeurs non affiliés à une fédération et participant à une manifestation publique de boxe (assurance individuelle contre les accidents).
- Centre de loisirs sans hébergement recevant des mineurs (assurance de responsabilités).
- Chasseurs (assurance de responsabilités).
- Chasseurs maritimes (assurance de responsabilités).
- Chiens dangereux (assurance de responsabilités (loi n° 99-5 du 6 janvier 1999).
- Colonies de vacances, centres de loisirs et groupements de jeunesse (assurance de responsabilités).
- Épreuves et manifestations sportives dans des lieux non ouverts à la circulation publique comportant participation de véhicules à moteur (assurance de responsabilités).
- Épreuves et manifestations sportives sur la voie publique (assurance de responsabilités).
- Exploitants d'établissements destinés à la danse (assurance de responsabilités).
- Fédérations d'associations de pêcheurs sous-marins (assurance de responsabilités).
- Formation à l'examen du permis de chasser : utilisation de balles réelles (assurance de responsabilités).
- Manifestations aériennes (assurance de responsabilités).
- Organisateurs, promoteurs et exploitants d'activités physiques et sportives (assurance de responsabilités).
- Organisateurs de spectacles (assurance de responsabilités).
- Parapente (assurance de responsabilités).
- Participations des armées à des tâches d'intérêt général (assurance des dommages subis par le personnel et assurance de responsabilités).
- Pêche maritime de loisirs (assurance de responsabilités).
- Personnes qualifiées pour la mise en œuvre des artifices de divertissement du groupe K4 (assurance de responsabilités).
- Prêt de service d'ordre (assurance des dommages subis par le personnel et assurance de responsabilités).
- Rassemblements festifs à caractère musical.
- Tir aux armes de chasse dans des établissements d'activités physiques et sportives (assurance de responsabilités).

E - Enseignement, formation, travail, solidarité

- Associations intermédiaires (assurance de responsabilités).
- Assurance scolaire : assurance individuelle accidents (dommages subis par l'élève).
- Assurance des sorties scolaires facultatives ou périscolaires (assurance individuelle accidents et assurance de responsabilités).
- Formations professionnelles alternées des jeunes de 16 à 18 ans (assurance de responsabilités).
- Volontaires pour la solidarité internationale (autres que habitat et construction) : assurance de responsabilités et couverture sociale).

F - Activités industrielles agricoles, économiques, financières

- Associations de gestion agréées (assurance de responsabilités).
- Centres de gestion agréés (assurance de responsabilités).
- Commissaires aux comptes (assurance de responsabilités).
- Concours techniques apportés par les Safer (assurance de responsabilités).
- Conseils en propriété industrielle et en brevets d'invention (assurance de responsabilités).
- Conservateurs des hypothèques (cautionnement).
- Correspondants de guerre (assurance accidents et assurance vie).
- Experts agricoles et fonciers et experts forestiers (assurance de responsabilités).
- Experts-comptables (assurance de responsabilités).
- Exploitant agricole cultivant des OGM (garantie financière couvrant la responsabilité pour le préjudice économique).
- Exploitants d'installations nucléaires (assurance de responsabilités).
- Groupements destinés à la prévention des difficultés d'entreprises (assurance de responsabilités).
- Intermédiaires inscrits (assurance de responsabilités).
- Marchés d'intérêt national (assurance de responsabilités).
- Opérations financières et comptables exécutées par les directeurs et agents comptables de la Mutualité sociale agricole (assurance détournements ou vols d'espèces).
- Recouvrement amiable des créances pour le compte d'autrui (assurance de responsabilités).
- Vente volontaire de meubles aux enchères publiques (assurance de responsabilité pour les sociétés et les experts).

G - Activités juridiques, judiciaires

- Administrateurs judiciaires, mandataires-liquidateurs (assurance de responsabilités).
- Avocats (assurance de responsabilités et garantie financière).
- Intermédiaires d'assurance (Loi n° 2005-1564 du 15 décembre 2005, assurance de responsabilités et garantie financière).
- Notaires (assurance de responsabilités).
- Personnes donnant des consultations juridiques (assurance de responsabilités).
- Sociétés civiles professionnelles (SCP) (assurance de responsabilités pour toute profession libérale exercée sous forme de SCP : administrateurs judiciaires, architectes, avocats, avoués, chirurgiens-dentistes, commissaires aux comptes, commissaires-priseurs, directeurs de laboratoires d'analyses, experts agricoles et fonciers et experts forestiers, géomètres-experts, greffiers de tribunal de commerce, huissiers de justice, infirmiers, mandataires judiciaires à la liquidation des entreprises, masseurs kinésithérapeutes, médecins, notaires et vétérinaires).
- Sociétés d'exercice libéral (assurance de responsabilités pour les professions à statut réglementaire : administrateurs judiciaires, avocats, avoués, près des cours d'appels, commissaires-priseurs, greffiers de tribunal de commerce, huissiers de justice, mandataires judiciaires à la liquidation des entreprises et notaires).

H - Autres assurances de choses

- Dépôt dans les musées nationaux et classés des œuvres d'art ou objets de collection des personnes privées (assurance vol, perte et détériorations).
- Magasins généraux et entrepôts frigorifiques (assurance incendie).
- Prêts d'œuvres des musées nationaux (assurance vol, perte et détériorations).

I - Autres assurances de personnes

- Exploitants agricoles (accidents du travail et maladies professionnelles et assurance maladie/vie privée : 2 obligations distinctes).
- Tuteurs aux prestations sociales (assurance décès pour l'achat d'un HLM).

IV - Le bilan des obligations d'assurances

Les obligations d'assurances se répartissent en quatre domaines, selon leur nature :
- environ 4/5e des obligations concernent exclusivement l'assurance de responsabilités ;
- environ 1/10e visent les assurances de responsabilités et de dommages subis par les personnes ;
- environ 1/10e se rapportent aux assurances de biens ;
- environ 1/10e sont relatives aux assurances de personnes, à titre exclusif.

Remarque : En cas de refus d'assurance, l'article L. 212-1 du Code des assurances prévoit la possibilité de saisir le Bureau central de tarification (BCT) en ce qui concerne les risques de responsabilité civile résultant de l'emploi de véhicules terrestres à moteur. Le Bureau central de tarification fixe le montant de la prime moyennant laquelle l'entreprise d'assurance est tenue de garantir le risque qui lui a été proposé.
Il existe également un Bureau central de tarification en matière d'assurances habitation, construction, de catastrophes naturelles et de risques médicaux et hospitaliers (articles L. 215-1, L. 215-2, L. 243-4, L. 125-6, L. 220-5, L. 252-1, R. 250-1 et s., A. 250-1 et s. du Code des assurances).

Section VI - L'action de groupe

La loi n° 2014-344 du 17 mars 2014 relative à la consommation et le décret n° 2014-1081 du 24 septembre 2014 ont introduit, dans le Code de la consommation, l'action de groupe en droit français.

I - Champ d'application de l'action de groupe et qualité pour agir

Une association de défense des consommateurs représentative au niveau national et agréée peut agir devant une juridiction civile, afin d'obtenir la réparation des préjudices individuels subis par des consommateurs placés dans une situation similaire ou identique et ayant pour cause commune un manquement d'un ou des mêmes professionnels à leurs obligations légales ou contractuelles à l'occasion de la vente de biens ou de la fourniture de services ou lorsque ces préjudices résultent de pratiques anticoncurrentielles.

L'action de groupe ne peut porter que sur la réparation des préjudices patrimoniaux résultant des dommages matériels subis par les consommateurs.

Depuis son introduction, le champ d'application de l'action de groupe a été élargi. La loi n° 2016-41 du 26 janvier 2016 crée ainsi une action de groupe en matière de santé. Enfin, la loi n° 2016-1547 du 18 novembre 2016 de modernisation de la justice du XXIe siècle a créé un cadre légal commun aux actions de groupe en matière judiciaire et administrative, ainsi qu'une action de groupe en matière de discrimination.

II - Jugement sur la responsabilité

Le juge statue sur la responsabilité du professionnel, au vu des cas individuels présentés par l'association requérante. Il définit le groupe des consommateurs à l'égard desquels la responsabilité du professionnel est engagée et en fixe les critères de rattachement.

Le juge détermine les préjudices susceptibles d'être réparés pour chaque consommateur ou chacune des catégories de consommateurs constituant le groupe qu'il a défini, ainsi que leur montant ou tous les éléments permettant l'évaluation de ces préjudices.

S'il juge que la responsabilité du professionnel est engagée, le juge ordonne par la même décision les mesures adaptées pour informer de cette décision les consommateurs susceptibles d'appartenir au groupe. Les mesures de publicité de la décision sont à la charge du professionnel.

Le juge fixe le délai dont disposent les consommateurs pour adhérer au groupe afin d'obtenir la réparation de leur préjudice. Ce délai ne peut être inférieur à deux mois ni supérieur à six mois après l'achèvement des mesures de publicité ordonnées par lui.

Il détermine les modalités de cette adhésion et précise si les consommateurs s'adressent directement au professionnel ou par l'intermédiaire de l'association ou d'une personne qu'il mandate.

Le professionnel procède à l'indemnisation individuelle des préjudices subis par chaque consommateur, dans les conditions, limites et délais fixés par le jugement.

III - Procédure d'action de groupe simplifiée

Lorsque l'identité et le nombre des consommateurs lésés sont connus et lorsque ces consommateurs ont subi un préjudice d'un même montant, d'un montant identique par prestation rendue, ou d'un montant identique par référence à une période ou à une durée, le juge, après avoir statué sur la responsabilité du professionnel, peut condamner ce dernier à les indemniser directement et individuellement, dans un délai et selon des modalités qu'il fixe.

Préalablement à son exécution par le professionnel et selon des modalités et dans le délai fixés par le juge, cette décision, lorsqu'elle n'est plus susceptible de recours ordinaires ni de pourvoi en cassation, fait l'objet de mesures d'information individuelle des consommateurs concernés, aux frais du professionnel, afin de leur permettre d'accepter d'être indemnisés dans les termes de la décision.

Chapitre VII

LE CONTRAT D'ASSURANCE

Section I - Les aspects fondamentaux du contrat d'assurance

I - La définition du contrat d'assurance

A - Formulation

Le contrat est défini par le Code civil comme « un accord de volontés entre deux ou plusieurs personnes destiné à créer, modifier, transmettre ou éteindre des obligations » (C. civ., art. 1101). Par exemple, dans un contrat de vente, le vendeur s'engage à livrer l'objet, l'acheteur à en payer le prix convenu.

Le contrat d'assurance est un accord passé entre un assureur et un assuré (souscripteur) pour la garantie d'un risque : l'assureur accepte de couvrir le risque, le souscripteur s'engage à payer la prime ou cotisation convenue. Le contrat d'assurance est le lien juridique qui oblige l'assureur à garantir le risque et payer l'indemnité en cas de réalisation du risque, le souscripteur à payer la cotisation d'assurance afférente à la garantie accordée.

B - Droit applicable au contrat d'assurance

Comme tous les contrats privés (par opposition aux contrats de droit publics passés par l'administration) le contrat d'assurance est régi, outre les dispositions du Code des assurances, par le Code civil mais également par certaines dispositions du Code de la consommation.

Concernant le Code civil, les dispositions relatives à la capacité de contracter prévues aux articles 1145 et suivants du Code civil sont applicables au contrat d'assurance.

En conséquence, la souscription d'un contrat d'assurance par un mineur non émancipé ou un majeur sous tutelle est impossible.

S'agissant du Code de la consommation, il est prévu à l'article L. 211-1 que « Les clauses des contrats proposés par les professionnels aux consommateurs doivent être présentées et rédigées de façon claire et compréhensible. Elles s'interprètent en cas de doute dans le sens le plus favorable au consommateur (...) ». En application de ce texte un Tribunal peut interpréter une clause ambiguë figurant dans un contrat d'assurance souscrit par un non professionnel.

II - Les caractères généraux du contrat d'assurance

A - Caractère consensuel

Le contrat d'assurance est à caractère consensuel car il est réputé conclu dès le moment où intervient l'accord des parties. L'article 1109 du Code civil dispose que le contrat est consensuel lorsqu'il se forme par le seul échange des consentements quel qu'en soit le mode d'expression.

L'existence du contrat d'assurance n'est donc pas liée à l'accomplissement de formalités.

La signature du contrat n'a qu'une fonction probatoire et n'est pas exigée pour sa validité. L'assureur peut ainsi être tenu de prendre en charge un sinistre alors même que l'assuré n'aurait pas signé le contrat d'assurance.

B - Caractère aléatoire

Le caractère aléatoire est inhérent à la nature même du contrat d'assurance.

Le contrat est aléatoire lorsque les parties acceptent de faire dépendre les effets du contrat, quant aux avantages et aux pertes qui en résulteront, d'un événement incertain (C. civ., art. 1108).

Il en résulte que le contrat d'assurance ne peut porter sur un risque que l'assuré sait déjà réalisé. Tel est le cas lorsque l'assuré est en arrêt de travail lors de la souscription de l'assurance garantissant son crédit. Il ne peut bénéficier de la garantie incapacité temporaire totale de travail en l'absence d'aléa au jour de l'adhésion au contrat (Civ. 2e, 6 mai 2021, n° 19-25.395).

C - Caractère synallagmatique

Le contrat d'assurance est synallagmatique car il comporte des engagements réciproques des deux parties. L'engagement de l'assureur (prendre en charge le sinistre) est lié à celui du souscripteur (payer la cotisation d'assurance), et inversement.

D - Contrat de bonne foi

L'article 1104 du Code civil dispose que « les contrats doivent être négociés, formés et exécutés de bonne foi ». Le contrat d'assurance n'échappe pas à cette règle et la bonne foi doit dicter la relation assureur-assuré. L'assureur s'en remet entièrement à la loyauté de l'assuré ; il s'appuie sur ses réponses aux questions posées lors de la souscription du contrat pour déterminer s'il accepte, ou non de garantir le risque et pour fixer le montant de la cotisation. La bonne foi du souscripteur est toujours présumée. Il appartient à l'assureur de prouver la mauvaise foi de l'assuré s'il veut se prévaloir de la sanction de nullité du contrat d'assurance prévue à l'article L. 113-8 du Code des assurances en cas de fausse déclaration intentionnelle du risque.

> **Remarque** : En matière de renonciation à un contrat d'assurance vie (C. assur., art. L. 132-5-1), la Cour de cassation a jugé que l'exercice de cette faculté ne requérait pas la bonne foi de l'assuré s'agissant d'un droit discrétionnaire et d'ordre public. La loi du 30 décembre 2014 est toutefois revenue sur cette jurisprudence, en réservant la faculté de renonciation aux seuls souscripteurs de bonne foi (C. assur., art. L. 132-5-2). La Cour de cassation est depuis revenue sur sa position (Civ. 2e, 19 mai 2016, n° 15-12.767, n° 776 FS - P + B + R + I).

E - Contrat d'adhésion

Suite à l'adoption de la réforme du droit des obligations contractuelles et quasi-contractuelles par l'ordonnance n° 2016-131 du 10 février 2016, une nouvelle classification oppose également les contrats de « gré à gré » et les contrats d'adhésion. Le contrat d'adhésion est défini comme le contrat dont « les conditions générales, soustraites à la négociation, sont déterminées à l'avance par une partie » (C. civ., art. 1110).

En application de cette nouvelle disposition, le contrat d'assurance est donc (sauf exception) un contrat d'adhésion. Cette qualification entraîne l'application de l'article 1171 du Code civil qui prévoit que « toute clause qui crée un déséquilibre significatif entre les droits et obligations des parties au contrat est réputée non écrite ». L'appréciation du déséquilibre significatif ne porte ni sur l'objet principal du contrat ni sur l'adéquation du prix à la prestation.

Cette nouvelle classification généralise en conséquence le régime des clauses abusives aux contrats d'assurances (le régime des clauses abusives prévu par le Code de la consommation s'appliquait déjà au contrat d'assurance mais dans le seul cas où le souscripteur n'agissait pas à titre professionnel).

III - La protection particulière du contrat d'assurance

A - Les objectifs du législateur

Il est apparu que les règles du Code civil, communes à tous les contrats, étaient insuffisantes. Aussi le législateur est-il intervenu par la loi du 13 juillet 1930 (aujourd'hui Livre 1er de la partie législative du Code des assurances). Cette loi a été réformée par la loi n° 89-1014 du 31 décembre 1989 portant adaptation du Code des assurances à l'ouverture du marché européen.

Ces lois visent trois objectifs.

1° La protection des souscripteurs (et assurés)

Cette protection se traduit par l'existence d'un grand nombre de dispositions obligatoires, dites impératives ou d'ordre public.

Les 2/3 environ des articles du livre 1er du Code des assurances ne peuvent en effet être écartés par un accord de parties. Les articles s'imposent à tous. Ils visent à faire connaître au souscripteur ses droits et ses obligations, et obligent l'assureur à mettre en évidence les sanctions encourues en cas de non-respect des règles de la mutualité.

2° La généralisation de règles techniques résultant des pratiques professionnelles

Le livre 1er du Code des assurances rend obligatoire un certain nombre de pratiques admises par une majorité d'assureurs. Les Codes de la mutualité et de la Sécurité sociale reprennent en partie les dispositions impératives du Code des assurances. Cela implique une unité de traitement pour tous les assurés, quel que soit l'organisme assureur.

Toutefois, on constate que certaines dispositions font défaut dans les Codes de la mutualité et de la Sécurité sociale. Ces lacunes seront mises en exergue dans les développements qui suivent.

3° La protection des tiers

La prestation de l'assureur est parfois versée à une personne autre que le souscripteur :
- le bénéficiaire en assurance vie ;
- les tiers victimes en assurance de responsabilité.

Cette dimension sociale a largement été prise en compte par la loi.

B - Le domaine d'application de la loi

La loi concerne le contrat d'assurance terrestre. Elle ne s'applique pas :
- aux assurances maritimes et fluviales ;
- aux assurances crédit ;
- à la réassurance.

L'ordonnance du 15 juillet 2011 relative aux assurances en matière de transport a créé un environnement légal adapté à l'assurance aérienne, aéronautique et spatiale en introduisant deux nouveaux chapitres dans le Titre VII, l'un consacré aux « Assurances sur corps et de responsabilité aérienne et aéronautique », l'autre relatif aux « Assurances de responsabilité relative à une opération spatiale ».

Toutefois la loi n° 94-5 du 4 janvier 1994 soumet les assurances précitées, mais pas la réassurance, aux dispositions concernant :
- l'information de l'assurable avant la conclusion du contrat (C. assur., art. L. 112-2) ;
- la proposition d'assurance (C. assur., art. L. 112-2) ;
- les mentions du contrat (C. assur., art. L. 112-4) ;
- la souscription en libre prestation de services (C. assur., art. L. 112-7).

C - Les départements du Bas-Rhin, Haut-Rhin et de la Moselle

Jusqu'à la loi du 6 mai 1991, ces trois départements n'étaient pas soumis aux dispositions du Livre 1er du Code des assurances, du fait du rattachement de l'Alsace-Moselle à l'empire allemand jusqu'en 1918.

On appliquait, en principe, la loi locale du 30 mai 1908 (loi allemande). Mais les parties avaient la possibilité d'appliquer le livre 1er du Code des assurances.

La loi n° 91-412 du 6 mai 1991 a rendu le Code des assurances applicable dans les départements du Bas-Rhin, du Haut-Rhin et de la Moselle, sous réserve du maintien de certaines dispositions spécifiques plus favorables aux assurés. Ces dispositions, objet des articles L. 191-5 et suivants du Code des assurances, visent notamment la déchéance ou la résiliation après sinistre.

D - Les départements, régions et collectivités d'outre-mer

1° DROM

De manière générale, toutes les dispositions du Code des assurances applicables en France métropolitaine s'appliquent aux cinq départements et régions d'outre-mer (DROM) : Guadeloupe, Guyane, Martinique, Réunion et Mayotte.

Toutefois, par exception et moyennant mention expresse, des dispositions particulières peuvent être prévues pour les DROM : par exemple en ce qui concerne l'obligation d'assurance automobile (C. assur., art. L. 214-1 et s.).

À la suite de la loi organique n° 2009-969 et d'un référendum favorable de sa population, Mayotte, située dans l'océan Indien, est devenue, le 31 mars 2011, un département d'outre-mer à assemblée délibérante unique. L'ordonnance du 2 avril 2015 (n° 2015-378) et le décret du 7 mai 2015 (n° 2015-513), applicables au 1er janvier 2016, rendent applicable l'ensemble des dispositions du Code des assurances à Mayotte.

2° COM

Contrairement aux départements et régions d'outre-mer (DROM) où le Code des assurances s'applique de plein droit, sauf disposition spécifique, il faut une mention expresse pour l'applicabilité du code aux COM. Les collectivités d'outre-mer (COM) de la France sont :

- Saint-Martin, Saint-Barthélémy et Saint-Pierre et Miquelon ;
- Wallis et Futuna, îles du Pacifique sud ;
- la Polynésie française, regroupant plus de 100 îles d'Océanie ;
- la Nouvelle-Calédonie, îles du Pacifique ;
- les Terres australes et antarctiques comportant notamment la Terre Adélie, les îles Crozet et Kerguelen.

De nombreuses dispositions sont étendues aux territoires des COM, mais souvent avec quelques exceptions ou particularités.

Par exemple, l'article L. 194-1 du Code des assurances rend applicables à Wallis-et-Futuna les dispositions du code concernant le contrat d'assurance terrestre dans ses titres I, II et III sauf certains articles.

En pratique, il convient donc de vérifier au cas par cas l'application ou non de tel ou tel article du Code des assurances dans les collectivités d'outre-mer.

Section II - La formation du contrat d'assurance

I - L'information de l'assurable avant la conclusion du contrat

A - Principes

1° Règles concernant les assureurs soumis au Code des assurances

Avant la conclusion du contrat, l'assureur doit fournir plusieurs documents à son client potentiel client potentiel (C. assur., art. L. 112-2, al. 1 à 4).

- L'assureur doit remettre une fiche d'information indiquant le prix et les garanties.
- Il doit non seulement communiquer le prix global de l'assurance envisagée, mais aussi fractionner la prime pour chaque sorte de garanties, et préciser, le cas échéant, les franchises applicables. Cette fiche d'information permet au consommateur de connaître les caractéristiques majeures du contrat et de connaître le coût des garanties de bases et des différentes extensions, afin de faire jouer la concurrence.
- Cette fiche d'information n'est pas un devis : elle n'engage pas l'assureur qui demeure libre de sélectionner les risques avant de les accepter.
- Le Code des assurances ne prévoit pas de sanction spécifique en cas de non-respect de cette première obligation. L'Autorité de contrôle pourra être saisie et intervenir.
- L'assureur doit remettre à l'assurable un exemplaire soit du projet de contrat et des pièces annexes, soit d'une notice d'information précisant les garanties, les exclusions et les obligations de l'assuré.
- Les documents remis doivent indiquer la loi applicable, si ce n'est pas la loi française, les modalités d'examen des réclamations (voir médiation) ainsi que l'adresse du siège social et, le cas échéant, de la succursale proposant sa garantie.
- La loi n° 2003-706 du 1er août 2003 modifie l'article L. 112-2 et ajoute une nouvelle obligation lorsque le contrat comporte des garanties de responsabilité. L'assureur doit remettre, en outre, une fiche d'information spécifique, dont le modèle est fixé par arrêté, décrivant le fonctionnement de la garantie dans le temps.
- En cas de conclusion du contrat, la remise de ces différents documents sera constatée par une mention signée et datée par le souscripteur, au bas de la police (C. assur., art. R. 112-3).

> **NB** : Le Code des assurances ne prévoit pas de délai minimum entre la remise des documents d'information et la conclusion du contrat. Ainsi l'assureur respecte-t-il ses obligations lorsqu'il accepte l'assurance immédiatement après avoir informé le futur souscripteur.

- Lorsque l'assureur est également le distributeur d'un contrat portant sur un risque non vie, il doit remettre un document d'information normalisé sur le produit d'assurance.
- Ce document est également dénommé « IPID » et son contenu est fixé à l'article R. 112-6 du Code des assurances. Cette nouvelle obligation est issue de l'ordonnance n° 2018-361 du 16 mai 2018 relative à la distribution d'assurances qui transpose la directive européenne du 20 janvier 2016. Il s'agit d'un document normalisé et non personnalisé d'informations sur le produit, distinct des informations précontractuelles et contractuelles. Ce document doit éclairer le consommateur sur le contrat qu'il envisage de souscrire.
- Les grands risques (C. assur., art. L. 111-6), les opérations de la branche caution (C. assur., R. 321-1, 15°), la protection complémentaire en matière de santé (CSS, art. L. 861-4) et l'assurance emprunteur (C. consom., art. L. 313-10) ne sont pas concernés par la remise de ce document.
- Enfin, l'assureur est tenu à un devoir général de conseil et d'information sur les garanties proposées au regard de la situation particulière de l'assuré. L'assureur a ainsi un devoir de conseil sur l'adéquation de la garantie proposée aux besoins de l'assuré. Il a toutefois été précisé que « l'obligation de conseil de l'assureur ne peut s'étendre à des circonstances qui excèdent le cadre de l'opération d'assurance qu'il propose » (Civ. 1re, 2 juillet 2002, n° 99-14.765). De même, il a été jugé que « l'obligation de conseil ne s'applique pas aux faits qui sont de la connaissance de tous » (Civ. 1re, 6 mars 2002, n° 99-20.637).

2° Règles concernant les mutuelles

Selon l'article L. 221-4 du Code de la mutualité, en ce qui concerne les assurances individuelles, la mutuelle doit remettre, avant la signature du contrat, les statuts ou règlements ou une fiche d'information sur le contrat qui décrit précisément les droits et obligations réciproques.

Le texte réglementaire prévoyant les modalités et délais de remise des documents fait défaut.

Pour les opérations portant sur un risque non vie, l'IPID doit également être remis sauf lorsque l'opération porte sur la protection complémentaire en matière de santé (L. 861-4 du Code de la Sécurité sociale) ou sur l'assurance emprunteur (L. 313-10 du Code de la consommation).

3° Règles concernant les institutions de prévoyance

Les articles L. 932-3 et L. 932-19 du Code de la Sécurité sociale imposent, avant la signature du bulletin d'adhésion, la remise à l'adhérent du règlement correspondant et de la proposition d'adhésion ou de la proposition de contrat et de ses annexes. Cette obligation concerne les assurances individuelles ou collectives à adhésion facultative.

En application de l'article L. 932-16-6 du Code de la Sécurité sociale, pour les opérations portant sur un risque non vie, l'IPID doit également être remis sauf lorsque l'opération porte sur la protection complémentaire en matière de santé (L. 861-4 du Code de la Sécurité sociale) ou sur l'assurance emprunteur (L. 313-10 du Code de la consommation).

La remise des documents est constatée par une mention signée et datée par l'adhérent (CSS, art. R. 932-1-2).

B - Exceptions en assurances de biens et de responsabilité

L'article R. 112-2 du Code des assurances précise deux séries d'exceptions (hors IPID) :

- les « grands risques » définis à l'article L. 111-6. Il s'agit de certaines catégories d'assurances et de risques professionnels revêtant une certaine importance, selon des critères précis ;
- les assurances temporaires n'excédant pas trois mois (non renouvelables) et garantissant limitativement des risques liés à la villégiature, au camping, aux sports d'hiver, aux vacances et aux voyages, et à condition que leur prise d'effet intervienne au plus tard 48 heures après la proposition d'assurance. Sous réserve du respect de cette dernière condition, l'exception englobe les assurances bagages pour un seul voyage.

C - Le cas particulier des assurances vie, de capitalisation et des assurances collectives

Des dispositions particulières, renforçant l'obligation d'information de l'assureur, sont prévues pour les assurances vie, les bons de capitalisation, et les assurances collectives de personnes. Ces règles sont développées dans la 3e partie de l'ouvrage. Dans l'immédiat, trois aspects méritent d'être mis en exergue.

1) Le souscripteur d'un contrat d'assurance vie et d'un bon de capitalisation dispose d'un délai de 30 jours, à compter du moment où il a été informé que le contrat est conclu, pour renoncer à son engagement, et obliger l'assureur à annuler le contrat et rembourser

l'intégralité des sommes versées (C. assur., art. L. 132-5-1 ; C. mut., L. 223-8 ; CSS, L. 932-15).

2) En assurances de personnes souscrites collectivement, les articles L. 141-4 du Code des assurances, L. 221-8 du Code de la mutualité et L. 932-3 du Code de la Sécurité sociale énumèrent un certain nombre d'obligations spécifiques d'information.

3) L'ordonnance n° 2009-106 du 30 janvier 2009 renforce encore l'obligation d'information de l'assureur pour les contrats individuels ou collectifs d'assurance en cas de vie ou en vue de la retraite et les bons de capitalisation, ayant pris effet le 1er juillet 2010.

D - La vente d'assurance à distance

Nous abordons de nouvelles et importantes dispositions se rapportant à des modes de distribution amenés à se développer dans les années à venir. Cette évolution est liée à ce qu'il est convenu d'appeler les TIC, technologies de l'information et de la communication.

Nous analyserons successivement :
- les principes régissant la vente d'assurance à distance ;
- l'information précontractuelle à charge de l'assureur ;
- le droit de renonciation des souscripteurs d'assurance à distance.

1° Les principes régissant la vente d'assurance à distance

L'ordonnance n° 2005-648 du 6 juin 2005 insère de volumineuses dispositions dans les trois Codes régissant les organismes d'assurances. Elle transpose la directive du 23 septembre 2002 relative à la commercialisation à distance des services financiers. Les textes créés sont les articles :
- L. 112-2-1 du Code des assurances ;
- L. 221-18 du Code de la mutualité ;
- L. 932-15-1 du Code de la Sécurité sociale.

Ces articles modifiés par la loi relative à la consommation du 17 mars 2014 font référence et renvoient à un certain nombre de dispositions du Code de la consommation (C. consom., art. L. 121-26, L. 121-26-1, L. 121-28 et L. 121-30 à L. 121-33). Ils visent à protéger le particulier qui souscrit directement un contrat d'assurance, sans la présence physique du distributeur.

a) Champ d'application

Le 2° de l'article L. 112-2-1 du Code des assurances prévoit la correspondance à appliquer entre certains termes du Code des assurances et les termes utilisés par les articles du Code de la consommation auxquels il est fait référence (ex : « droit de renonciation » à la place de « droit de rétractation », « L'assureur ou l'intermédiaire d'assurance » à la place de « le fournisseur »).

La loi concerne tout mode de vente qui utilise exclusivement une ou plusieurs techniques de communication à distance. Concrètement, il s'agit de la souscription par téléphone, par fax, par courrier, par Internet ou par combinaison de ces différents outils de communication.

> **Remarque** : Sont exclues les souscriptions où il y a, dans un premier temps, communication à distance, puis rencontre entre le distributeur et le client pour la conclusion du contrat.

b) Notion de consommateur

La protection vise toute personne physique agissant à des fins n'entrant pas dans le cadre de son activité commerciale ou professionnelle. Autrement dit, est exclu le professionnel qui souscrit un contrat pour l'exercice de son activité.

c) Contrats à tacite reconduction

Pour les contrats à tacite reconduction, il est stipulé que les dispositions s'appliquent exclusivement au contrat initial.

En cas de vente à distance, le consommateur bénéficie d'une information précontractuelle et d'un droit à renonciation.

2° L'information précontractuelle à charge de l'assureur

Avant la conclusion du contrat, le futur souscripteur doit recevoir par écrit (il peut s'agir d'un seul document), ou sur un support durable, les conditions contractuelles. Ces conditions contractuelles englobent les informations listées aux articles L. 112-2-1 du Code des assurances, L. 221-18 du Code de la mutualité et L. 932-15-1 du Code de la Sécurité sociale, ainsi qu'un modèle de lettre de renonciation.

Les informations doivent être fournies de manière claire et compréhensible.

a) Informations à fournir, listées dans les trois codes de référence

1° Dénomination de l'entreprise d'assurance ou de la mutuelle ou de l'union ou de l'institution de prévoyance, siège social, inscription au registre des sociétés ou au registre national des mutuelles, adresse et nom de l'autorité de contrôle, adresse de la succursale ou de la section proposant le contrat ;

2° Montant de la prime ou cotisation ou, en cas d'impossibilité, base de calcul ;

3° Durée minimale du contrat ou du bulletin d'adhésion, avec garanties et exclusions ;

4° Durée de validité des informations communiquées, modalités de conclusion du contrat ou du bulletin d'adhésion, modalités de paiement de la prime ou cotisation, et surcoût éventuel de la commercialisation à distance ;

5° Existence ou absence d'un droit de renonciation, modalités d'exercice de ce droit, quand il existe, prix de la garantie temporaire immédiate demandée par le souscripteur, avant l'expiration du délai de renonciation ;

6° Loi régissant les obligations précontractuelles et contractuelles ;

7° Modalités d'examen des réclamations ;

8° Le document d'information normalisé (IPID) pour les assurances portant sur un risque non vie.

Pour les contrats d'assurance vie, s'ajoutent :

- les informations mentionnées aux articles L. 132-5-2 C. assur., L. 223-8, C. mut. et L. 932-15 CSS, selon l'organisme assureur concerné ;
- les frais maximum prélevés ;
- le cas échéant, des précisions sur les caractéristiques et le nombre d'unités de compte ainsi que la mention selon laquelle l'assureur « ne s'engage que sur le nombre des unités de compte et non sur leur valeur qui peut être sujette à des fluctuations à la hausse comme à la baisse » ;
- les informations prévues par l'article L. 522-3 du Code des assurances.

b) Cas particulier de l'information précontractuelle en cas de vente par téléphone

Afin de tenir compte de certaines situations, telles la vente par téléphone, l'article L. 222-6 du Code de la consommation prévoit la possibilité de ne communiquer certaines informations qu'après la conclusion du contrat. Cette dérogation suppose la réunion de deux conditions :

- que le contrat ait été conclu à la demande du consommateur ;
- l'utilisation d'une technique de communication à distance ne permettant pas la transmission des informations précontractuelles et contractuelles sur un support papier ou sur un autre support durable.

Au V de chaque article des trois codes de référence, il est prévu qu'un décret viendra préciser les modalités d'application de ces dispositions « en cas de communication par téléphonie vocale ». Ces décrets figurent aux articles R. 112-4 du Code des assurances, R. 221-1 du Code de la mutualité et R. 932-2-3 du Code de la Sécurité sociale.

Les trois textes prévoient que, au début de toute conversation avec le postulant à l'assurance, doivent être indiqués :

- le nom de l'organisme assureur ;
- l'identité du professionnel et son lien avec l'assureur ;
- le caractère commercial de l'opération.

Ensuite, sous réserve de l'accord formel du consommateur, l'information orale du distributeur peut se limiter aux éléments suivants :

- le montant total de la cotisation ou sa base de calcul (2° du III de chaque article des trois codes de référence) ;
- la durée minimale du contrat ainsi que les garanties et exclusions prévues par celui-ci (3° du III de chaque article des trois codes de référence) ;
- l'existence ou l'absence de droit à renonciation et le cas échéant : sa durée et ses modalités d'exercice (dont l'adresse à laquelle la renonciation doit être notifiée) ainsi que le montant pouvant être réclamé au souscripteur pour le cas où il demande la prise d'effet de sa garantie avant l'expiration du délai de renonciation (5° du III de chaque article des trois codes de référence).

On doit aussi porter à la connaissance du souscripteur que les autres informations peuvent lui être fournies sur demande.

> **NB** : Après l'entretien téléphonique, le distributeur devra adresser, par écrit ou sur un autre support durable, les conditions contractuelles et l'ensemble des informations.

c) Sanctions du non-respect de l'obligation d'information précontractuelle

La première « sanction » consistera à décaler le point de départ du délai de renonciation. Par ailleurs, une amende correspondant aux contraventions de 5e classe est encourue et l'ACPR (Autorité de contrôle prudentiel et de résolution) peut sanctionner les manquements aux obligations d'information.

3° Le droit de renonciation des souscripteurs d'assurance à distance

En assurance non-vie, le souscripteur dispose d'un délai de quatorze jours calendaires révolus à partir de :

- la conclusion du contrat ou de la date d'effet de l'adhésion ;

- ou de la réception des conditions contractuelles ou d'adhésion et informations prévues si cette date est postérieure à la conclusion du contrat ou à l'adhésion.

En assurance vie, afin de tenir compte du délai existant pour tout mode de souscription, ce délai est porté à trente jours calendaires révolus, à compter de :
- la connaissance par l'intéressé de la conclusion du contrat ou de l'effet de l'adhésion ;
- ou la réception des conditions contractuelles ou d'adhésion et informations prévues si cette date est postérieure à celle de la conclusion du contrat ou de l'adhésion.

Le souscripteur n'a pas à justifier sa décision de rétractation et ne peut supporter des pénalités. L'assureur doit rembourser au consommateur les sommes perçues dans un délai maximum de trente jours.

Le consommateur peut, éventuellement, être tenu au paiement proportionnel du service financier effectivement fourni, mais seulement lorsqu'il a expressément demandé un début d'exécution et été prévenu du coût de cette prestation en cas de renonciation.

Observons que, précisément, les contrats d'assurance vendus à distance ne peuvent recevoir de commencement d'exécution par les parties avant l'expiration du délai de renonciation sans l'accord du souscripteur.

Par exception, le souscripteur d'assurance à distance ne dispose pas d'un droit de rétractation pour :
- les assurances voyage ou bagages, ou polices similaires de durée inférieure à un mois ;
- les assurances automobiles ;
- les contrats exécutés intégralement, à la demande du consommateur, avant l'exercice du droit de renonciation.

E - Le démarchage en assurance de dommages

1° Le principe du droit à renonciation en cas de démarchage

La loi n° 2008-3 du 3 janvier 2008 pour le développement de la concurrence au service des consommateurs crée un article L. 112-9 dans le Code des assurances. Cet article permet à toute personne physique qui fait l'objet d'un démarchage à domicile ou à son lieu de travail, même à sa demande, de bénéficier d'un droit à renonciation de 14 jours calendaires à compter de la conclusion du contrat. Sont exclus les contrats d'assurance liés aux activités commerciales ou professionnelles du souscripteur.

2° L'exercice du droit à renonciation

La renonciation doit être notifiée par lettre recommandée avec accusé de réception, sans avoir à en justifier le motif. Le souscripteur perd son droit à renonciation dès lors qu'il a connaissance d'un sinistre mettant en jeu la garantie.

La renonciation ne peut faire l'objet de pénalités par l'assureur. Le contrat est résilié à compter de la date de réception de la lettre recommandée. L'assureur peut conserver la partie de prime correspondant à la période pendant laquelle le risque a couru. Il doit rembourser au consommateur les sommes perçues dans un délai maximum de trente jours après résiliation. Au-delà de ce délai, l'assureur est redevable des intérêts au taux légal. Si l'assureur ne respecte pas les dispositions relatives au remboursement des sommes perçues suite à la renonciation de l'assuré, il encourt une amende de 15 000 €.

Toutefois, l'intégralité de la prime est due par le souscripteur lorsqu'il exerce son droit alors qu'un sinistre dont il n'a pas eu connaissance est intervenu pendant le délai de renonciation.

3° L'obligation d'information de l'assureur

La proposition d'assurance ou le contrat doit comporter, à peine de nullité, la mention de la faculté de renonciation et un modèle de lettre pour en faciliter l'exercice.

4° Les contrats exclus du dispositif

Le droit à renonciation et l'obligation d'information corrélative de l'assureur ne visent pas les contrats d'assurances vie ou de capitalisation, les assurances de voyage ou de bagages, et les contrats d'assurance d'une durée maximum d'un mois.

F - L'assurance affinitaire

1° Définition

Les contrats d'assurance affinitaires sont ceux souscrits à l'occasion de l'achat d'un bien ou d'un service, par exemple lors de l'achat d'un équipement tel un téléviseur, un réfrigérateur ou un téléphone portable. Leur souscription est souvent proposée par le vendeur du bien ou service au moment de l'achat du bien d'équipement ou autre. Il s'agit d'une assurance facultative qui couvre la détérioration ou la panne des produits. Une assurance contre le vol peut être incluse.

2° Faculté de renonciation

L'article 18 de la loi n° 2022-1158 du 16 août 2022 modifie les dispositions de l'article L. 112-10 du Code des assurances instituant un droit de renonciation lorsque l'assuré souscrit, à des fins non professionnelles, un contrat d'assurance constituant un complément d'un bien ou d'un service vendu par un fournisseur, s'il justifie d'une garantie antérieure pour l'un des risques couverts par ce nouveau contrat.

L'assuré qui pouvait exercer son droit de renonciation, sans frais ni pénalités, tant qu'il n'a fait intervenir aucune garantie, dans un délai de quatorze jours calendaires à compter de la conclusion du nouveau contrat, bénéficiera à compter du 1er janvier 2023, d'un délai de trente jours calendaires à compter de la conclusion du contrat. Lorsque l'assuré bénéficie d'une ou de plusieurs primes d'assurance gratuites, ce délai de 30 jours ne court qu'à compter du paiement de tout ou partie de la première prime.

Lorsque l'assuré a exercé sa faculté de renonciation, l'assureur est tenu de rembourser, le cas échéant, le montant de la prime payée par l'assuré dans un délai de trente jours à compter de la date d'exercice du droit de renonciation. Toutefois, l'intégralité de la prime reste due à l'assureur si le souscripteur exerce son droit de renonciation alors qu'un sinistre mettant en jeu la garantie du contrat est intervenu durant le délai de renonciation prévu au premier alinéa.

L'article L. 112-10 du Code des assurances s'applique aux contrats d'assurance qui couvrent :

1° soit le risque de mauvais fonctionnement, de perte, y compris de vol, ou d'endommagement des biens fournis ;

2° soit l'endommagement ou la perte, y compris le vol, de bagages et les autres risques liés à un voyage, même si l'assurance couvre la vie ou la responsabilité civile, à la condition que cette couverture soit accessoire à la couverture principale relative aux risques liés à ce voyage ;

3° soit la perte, y compris le vol, de moyens de paiement, ainsi que de tout autre bien inclus dans une offre portant sur les moyens de paiement.

Avant la conclusion d'un contrat d'assurance, l'assureur remet à l'assuré un document l'invitant à vérifier s'il n'est pas déjà bénéficiaire d'une garantie couvrant l'un des risques couverts par le nouveau contrat et l'informant de la faculté de renonciation. L'annexe à l'article A. 112-1 du Code des assurances fixe le contenu et le format de ce document d'information.

II - La proposition

A - Définition et contenu de la proposition

La proposition d'assurance est un document permettant au candidat à l'assurance de décrire le risque pour lequel il sollicite une garantie d'assurance. En pratique il prend souvent la forme d'un document établi par l'assureur dans lequel ce dernier l'interroge sur le risque à assurer.

L'assureur doit prévoir toutes les questions nécessaires à l'appréciation du risque et les formuler de manière précise. C'est la règle du « questionnaire fermé ». La proposition peut être complétée par des documents annexes, tels que plan des lieux, facture, photographie, certificat médical, etc.

La proposition d'assurance est remplie et signée par le futur souscripteur.

Il est fréquent, pour les risques de masse (tels l'assurance habitation ou l'assurance automobile) que la proposition d'assurance se confonde avec les conditions particulières du contrat pour ne constituer qu'un seul et même document, signé de l'assuré, dans lequel l'assureur reprend les « déclarations de l'assuré ». L'acceptation de l'assureur est alors instantanée.

B - Les effets de la proposition

1° Principe

Selon l'article L. 112-2 du Code des assurances : « La proposition n'engage ni l'assuré, ni l'assureur ».

Les Codes de la mutualité et de la Sécurité sociale ne comportent pas de disposition se rapportant à la proposition d'assurance.

Le terme « assuré » employé dans l'article L. 112-2 du Code des assurances est impropre puisqu'en principe le contrat d'assurance n'est pas formé.

L'assureur, après examen de la proposition, peut refuser le risque. Une absence de réponse de l'assureur est assimilée à un refus d'assurance en application du principe selon lequel le silence ne vaut pas consentement. Le proposant peut également refuser le tarif ou les conditions imposées par l'assureur. Dans ces deux hypothèses, la proposition d'assurance reste sans suite et le contrat n'est pas conclu.

2° L'importance de la proposition

Bien qu'elle n'engage ni l'assureur, ni le proposant, la proposition prend une très grande importance une fois le contrat conclu. C'est en effet sur la base de ce document qu'il y aura lieu de déterminer l'existence éventuelles de fausses déclarations du risque par l'assuré, pouvant justifier l'application de sanctions parmi lesquelles la nullité du contrat en cas de mauvaise foi de l'assuré.

Une attention particulière doit donc être apportée à la rédaction de la proposition d'assurance, d'une part, par l'assureur qui rédige les questions soumises à l'assuré (proposant), d'autre part, par l'assuré tenu de répondre de bonne foi aux questions posées par l'assureur sur le risque à assurer.

C - Les typologies de proposition

En pratique il existe deux sortes de proposition :
- la proposition dite « proposition-pollicitation » pour les risques de masse, c’est-à-dire les risques courants et nombreux pour lesquels l’assureur établit un imprimé type de proposition ;
- la proposition-projet utilisée pour les risques non standardisés.

1° La proposition-pollicitation

La proposition-pollicitation est une proposition qui comporte tous les éléments essentiels à l’établissement du futur contrat, notamment l’énumération des garanties, leurs limites et le montant de la prime.

L’assurable, en remplissant et signant cette proposition, manifeste son intention d’accepter le contrat d’assurance correspondant, si l’assureur entérine sa demande. Les propositions-pollicitations sont très couramment pratiquées pour les risques standardisés, comme les assurances automobile ou habitation des particuliers. Pour ce type de risque, certains assureurs établissent même directement des « conditions particulières » parfois dénommées « certificat de garantie » (la terminologie varie selon les assureurs). Ce document reprenant les éléments du risque et les déclarations de l’assuré au moment de la souscription matérialise l’accord de l’assureur qui est instantané. La proposition d’assurance proprement dite n’existe plus dans ce processus de souscription qui se fait souvent au guichet d’une banque.

En dehors de ce processus de souscription, l’acceptation de l’assureur se concrétise par l’émission et l’envoi d’une police conforme à la proposition, ou par l’établissement d’une attestation d’assurance ou note de couverture, ces derniers documents pouvant être établis indépendamment du contrat d’assurance.

Si l’assureur émet une police non conforme à la proposition-pollicitation il n’y a pas formation du contrat, et la phase de négociations se poursuit.

2° La proposition-projet

Ce type de proposition, utilisé surtout en matière de risques non standardisés, comme les risques d’entreprises, s’insère dans un processus de négociations entre l’assureur et le proposant. La proposition-projet permet à l’assureur d’apprécier le risque et de proposer, ou non, des conditions de garantie.

> **NB** : La mention proposition-projet ou proposition-pollicitation n’apparaît jamais sur les documents. Il s’agit d’une distinction juridique à opérer en fonction du contenu de la proposition considérée.

III - La note de couverture

A - Définition

Aux termes de l’article L. 112-3 du Code des assurances, avant la délivrance de la police, l’assureur et l’assuré peuvent être engagés l’un à l’égard de l’autre par la remise d’une note de couverture.

Il résulte de ce texte que la note de couverture est un document établi par l'assureur avant l'établissement du contrat. Ce document matérialise l'accord de l'assureur sur les garanties qui y sont précisées, pour une durée déterminée, généralement courte. Selon la jurisprudence, si en raison de son caractère provisoire, la note de couverture n'est soumise à aucune forme particulière, il faut, à tout le moins, qu'elle contienne les conditions essentielles de la garantie telles que la nature de l'assurance, la détermination du risque et des primes (Civ. 1re, 14 janv. 1992, n° 90-13.352).

En pratique, la note de couverture est délivrée soit dans l'attente de l'établissement du contrat, soit afin de permettre à l'assureur de procéder à une étude du risque au terme de laquelle il se prononcera sur les conditions de l'assurance ou un éventuel refus. Dans les deux hypothèses, la note de couverture est un document constatant une garantie provisoire à effet immédiat et pour une durée limitée.

La note de couverture est dénommée bulletin d'adhésion provisoire dans les sociétés d'assurance mutuelle. Selon le Code de la mutualité, l'engagement réciproque résulte de la signature d'un bulletin d'adhésion ou de la souscription d'un contrat collectif (C. mut., art. L. 221-1). Pour les institutions de prévoyance, l'engagement résulte de la signature du bulletin d'adhésion ou du contrat (CSS, art. L. 932-3).

B - Valeur juridique de la note de couverture

Selon l'article L. 112-2 du Code des assurances : « seule la police ou la note de couverture constate leur engagement réciproque ».

La note de couverture, comme le contrat d'assurance, permet d'établir l'accord de l'assureur. La difficulté tient au fait que la note de couverture constate une garantie provisoire, tandis que le contrat d'assurance établit l'accord définitif de l'assureur. Doit-on en conséquence considérer que la note de couverture constitue nécessairement la preuve d'un accord temporaire ?

Lorsque la note de couverture a été délivrée en attendant l'étude complète du risque, elle ne constitue qu'un accord temporaire et n'engage pas les parties au-delà de la durée prévue. Il en résulte que si un sinistre survient après l'expiration de la note de couverture, il ne pourra être pris en charge par l'assureur.

En revanche, si la note de couverture a été remise à l'assuré, dans l'attente du contrat définitif, alors que les parties étaient d'accord sur tous les éléments du contrat, la note de couverture matérialise la constatation provisoire d'un accord définitif. En cas de litige, il appartient aux juges saisis de déterminer la valeur juridique de la note de couverture.

> **NB** : La jurisprudence a pu juger qu'une attestation d'assurance contenant les éléments essentiels du contrat valait note de couverture et constatait l'engagement réciproque des parties sur une garantie provisoire, immédiate, et sans condition suspensive tenant à l'encaissement de la prime d'assurance (Civ. 2e, 14 déc. 2017, n° F1624311).

IV - La police d'assurance

La police d'assurance, plus communément appelée contrat d'assurance, est généralement constituée de plusieurs documents. La police d'assurance constitue la preuve du contrat d'assurance.

A - Les documents constituant le contrat d'assurance

1° Les dispositions (ou conditions) générales

Ce sont des documents pré-imprimés pour chaque catégorie de risques. Elles reproduisent les dispositions communes à cette catégorie. Les conditions générales développent cinq thèmes fondamentaux :
- les risques couverts (l'objet du contrat) ;
- les exclusions ;
- les obligations des parties ;
- les dispositions relatives aux sinistres ;
- les règles de compétence et de prescription en cas de litiges.

Il est courant que les conditions générales comportent une table des matières et un lexique des définitions utiles.

L'assureur a l'obligation d'imprimer en caractères très apparents les paragraphes de la police édictant des nullités, des déchéances, ou des exclusions de garantie (C. assur., art. L. 112-4 et CSS, art. R. 932-1-4 ; disposition non reprise dans le Code de la mutualité).

Les conditions générales ne sont pas signées de l'assuré. Leur connaissance et l'acceptation des clauses contenues dans ce document conditionnent leur opposabilité à l'assuré. La preuve de la connaissance des conditions générales, qui incombe à l'assureur, pourra être établie par une clause insérée dans les conditions particulières signées de l'assuré, aux termes de laquelle ce dernier reconnaît avoir reçu un exemplaire des conditions générales désignées par leur référence (Civ. 1re, 17 nov. 1998, n° 96-15.126).

2° Les dispositions (ou conditions) particulières

Les conditions particulières personnalisent le risque. Elles prévalent sur les conditions générales et peuvent d'ailleurs y déroger.

Selon l'article L. 112-4 du Code des assurances, les conditions particulières comportent obligatoirement les mentions suivantes :
- les noms et domiciles des parties contractantes (y compris de l'intermédiaire) ;
- la chose ou la personne assurée ;
- la nature des risques garantis ;
- la date d'effet et la durée du contrat ;
- le montant de la garantie (y compris les éventuelles franchises) ;
- le montant de la prime (ou cotisation).

Et, depuis la loi du 4 janvier 1994 :
- la loi applicable lorsque ce n'est pas la loi française ;
- l'adresse du siège social et, le cas échéant, de la succursale qui accorde la couverture ;
- le nom et l'adresse des autorités contrôlant la société d'assurance.

Outre ces mentions, figurent les dates d'échéance, l'indication et la valeur de l'indice appliqué (s'il y a lieu) et les références des imprimés constituant la police.

Une mention signée et datée du souscripteur (le « preneur d'assurance » selon la commission d'amélioration du langage de l'assurance) constatera la remise préalable soit d'un projet de contrat et des pièces annexes, soit d'une notice d'information.

La police est établie en autant d'exemplaires que de parties, soit deux au minimum et trois lorsqu'il y a un intermédiaire.

En ce qui concerne les institutions de prévoyance, les mentions à faire figurer sont énumérées à l'article R. 932-1-1 du Code de la Sécurité sociale (V. détails en 3e partie de l'ouvrage).

En revanche, l'article L. 112-4 du Code des assurances n'a pas été transposé dans le Code de la mutualité.

3° Les dispositions (conventions) spéciales et les annexes

Ce sont des documents pré-imprimés qui précisent ou ajoutent une garantie. Ce type de document est essentiellement utilisé pour les risques d'entreprise.

Les conventions spéciales et les annexes prévalent sur les conditions générales, mais non sur les conditions particulières. Comme pour les conditions générales, la connaissance des dispositions spéciales et annexes, et par conséquent leur opposabilité à l'assuré, pourra être établie par l'assureur au moyen d'une clause insérée dans les conditions particulières signées de l'assuré aux termes de laquelle ce dernier reconnaît avoir reçu les conventions spéciales et/ou annexes désignées par leur référence (Civ. 2e, 14 juin 2018, n° 17-19.717).

> **NB** : Pour conclure cette analyse des documents composant la police, il est utile de préciser que toute clause obscure, ambiguë s'interprète au détriment de l'assureur qui l'a rédigée, donc en faveur de l'assuré.

B - La preuve de l'existence et du contenu du contrat

Il convient de distinguer la preuve de l'existence du contrat, de la preuve du contenu du contrat.

La preuve de l'existence du contrat est rapportée par un écrit. C'est à la personne qui se prétend assurée de l'établir. L'article L. 112-2 du Code des assurances dispose que la police d'assurance « constate » l'engagement réciproque des parties. L'assuré qui détient un exemplaire du contrat d'assurance peut donc établir l'accord de l'assureur et l'existence du contrat. Il ne s'agit cependant pas du seul mode de preuve. Tout type d'écrit est recevable.

La preuve du contenu du contrat incombe également à l'assuré. Il lui appartient d'établir que sont réunies les conditions requises pour mettre en jeu la garantie de l'assureur (Civ. 1re, 24 janv. 1995, n° 92-21.542 ; Civ. 2e, 13 mai 2004, n° 03-10.964).

En revanche, si l'assureur entend se prévaloir d'une clause limitant son obligation (montant de garantie par exemple) ou l'exonérant de la prise en charge du sinistre (déchéance, exclusion de garantie), il doit prouver la connaissance et l'acceptation par l'assuré des documents contractuels contenant ladite clause. La signature par l'assuré des conditions particulières contenant une clause aux termes de laquelle l'assuré reconnaît avoir reçu les conditions générales et/ou conventions spéciales avec la référence des documents est suffisante et rend ces documents contractuels opposables à l'assuré (Civ. 1re, 17 nov. 1998, n° 96-15.126 ; Civ. 2e, 3 juill. 2014, n° 13-21.734 ; Civ. 2e, 14 juin 2018, n° 17-19.717).

Section III - L'exécution du contrat et les obligations des parties

I - La présentation des obligations incombant à l'assuré

A - Les obligations de l'assuré selon le Code des assurances

« L'assuré est obligé :

1° de payer la prime ou cotisation aux époques convenues ;

2° de répondre exactement aux questions posées par l'assureur, notamment dans le formulaire de déclaration du risque par lequel l'assureur l'interroge lors de la conclusion du contrat, sur les circonstances qui sont de nature à faire apprécier par l'assureur les risques qu'il prend en charge ;

3° de déclarer, en cours de contrat, les circonstances nouvelles qui ont pour conséquence soit d'aggraver les risques, soit d'en créer de nouveaux et rendent de ce fait inexactes ou caduques les réponses faites à l'assureur, notamment dans le formulaire mentionné au 2° ci-dessus. L'assuré doit, par lettre recommandée ou par envoi recommandé électronique, déclarer ces circonstances à l'assureur dans un délai de quinze jours à partir du moment où il en a eu connaissance ;

4° de donner avis à l'assureur, dès qu'il en a eu connaissance et au plus tard dans le délai fixé par le contrat, de tout sinistre de nature à entraîner la garantie de l'assureur. Ce délai ne peut être inférieur à cinq jours ouvrés.

Ce délai minimal est ramené à deux jours ouvrés en cas de vol et à vingt-quatre heures en cas de mortalité du bétail.

Les délais ci-dessus peuvent être prolongés d'un commun accord entre les parties contractantes.

Lorsqu'elle est prévue par une clause du contrat, la déchéance pour déclaration tardive au regard des délais prévus au 3° et au 4° ci-dessus ne peut être opposée à l'assuré que si l'assureur établit que le retard dans la déclaration lui a causé un préjudice. Elle ne peut également être opposée dans tous les cas où le retard est dû à un cas fortuit ou de force majeure.

Les dispositions mentionnées aux 1°, 3° et 4° ci-dessus ne sont pas applicables aux assurances sur la vie ».

Les quatre obligations apparaissent clairement. L'assuré doit :

- payer la prime ou cotisation ;
- répondre aux questions posées par l'assureur au moment de la souscription ;
- déclarer les aggravations et modifications en cours de contrat ;
- déclarer les sinistres.

Chacune de ces obligations est assortie de modalités précises et de sanctions spécifiques en cas de non-respect.

> **NB** : La Cour de cassation a recondamné la pratique des « déclarations pré-imprimées », reprenant les déclarations de l'assuré et incluses aux conditions particulières signées par l'assuré. L'assureur doit prouver l'existence d'un questionnaire soumis à l'assuré ainsi que les réponses apportées à chacune des questions (Ch. mixte,

7 février 2014, n° 12-85.107, P+B+R+I). À défaut, l'assureur ne pourra pas prouver l'existence d'une fausse déclaration intentionnelle

B - Les obligations de l'assuré selon le Code de la Sécurité sociale

En ce qui concerne les institutions de prévoyance, l'article L. 932-4 du Code de la Sécurité sociale dispose que :

« L'adhérent doit :

1° payer la cotisation due aux époques convenues ;

2° répondre exactement aux questions de l'institution de prévoyance relatives au groupe qu'elle envisage de garantir, notamment lorsque celle-ci l'interroge lors de la signature du bulletin d'adhésion au règlement ou lors de la souscription du contrat sur la nature des activités de l'entreprise, l'importance du groupe ou ses caractéristiques sociodémographiques ;

3° déclarer en cours d'adhésion ou de contrat tout nouveau salarié qui répond aux conditions définies par le règlement et le bulletin d'adhésion ou le contrat.

Les dispositions mentionnées au 1° ci-dessus ne sont pas applicables aux opérations dépendant de la durée humaine qui comportent une valeur de rachat. »

Le Code de la mutualité ne comporte pas d'article récapitulant les obligations de l'assuré/adhérent.

II - La déclaration du risque à la souscription

A - Le contenu de l'obligation

Depuis la loi n° 89-1014 du 31 décembre 1989, le contractant n'a plus à déclarer spontanément son risque. Selon les articles L. 113-2 du Code des assurances, L. 932-4 et L. 932-20 du Code de la Sécurité sociale, l'obligation du souscripteur ou de l'adhérent consiste uniquement à répondre exactement aux questions posées par l'assureur lors de la conclusion du contrat, notamment dans le formulaire de déclaration de risque généralement inclus à la proposition d'assurance.

Les questions posées par l'assureur doivent être précises. En effet, lorsque avant la conclusion du contrat, l'assureur a posé des questions par écrit à l'assuré, notamment par un formulaire de déclaration de risque ou par tout autre moyen, il ne peut se prévaloir du fait qu'une question exprimée en termes généraux n'a reçu qu'une réponse imprécise (C. assur., art. L. 112-3, alinéa 4 ; C. mut., art. L. 221-13 ; CSS, art. L. 932-5). Le législateur a officialisé ce qu'il est convenu d'appeler le principe du questionnaire fermé (voir notamment : Civ. 1re, 17 mars 1993, n° 91-10.041, RGAT 1993. 547) ; selon ce principe, l'assureur doit prévoir toutes les questions nécessaires à l'appréciation du risque et les formuler de manière précise.

B - Les sanctions encourues

Lorsque l'assureur découvre l'existence de réponses erronées de la part de l'assuré, ce dernier est passible de sanctions.

Les sanctions encourues seront différentes selon que la mauvaise foi de l'assuré aura été établie ou non par l'assureur. De simples présomptions sont insuffisantes.

1° La nullité du contrat d'assurance

L'assuré encourt la nullité du contrat d'assurance si l'assureur établit :

- l'existence d'une fausse déclaration intentionnelle du risque ou une réticence (omission volontaire) ;
- que cette fausse déclaration ou réticence a changé l'objet du risque ou modifié son opinion sur le risque à assurer (C. assur., art. L. 113-8, C. mut., art. L. 221-14, CSS, art. L. 932-7 et L. 932-16).

a) L'existence d'une fausse déclaration intentionnelle du risque

La bonne foi de l'assuré étant présumée, l'assureur doit établir la mauvaise foi de l'assuré qui lui a volontairement caché des éléments de son risque.

Pour ce faire, l'assureur doit produire le questionnaire soumis à l'assuré auquel celui-ci a répondu de manière erronée. La Cour de cassation a en effet posé en principe que l'assureur ne peut se prévaloir de la réticence ou de la fausse déclaration intentionnelle de l'assuré que si celles-ci procèdent des réponses qu'il a apportées aux questions de l'assureur (Ch. mixte, 7 février 2014, n° 12-85.107, P+B+R+I). Il résulte de cette jurisprudence que la pratique des « déclarations pré-imprimées insérées dans les conditions particulières, ne permet pas à l'assureur de prouver l'existence d'une fausse déclaration intentionnelle. La Cour de cassation a confirmé à plusieurs reprises, l'exigence de la production du questionnaire soumis à l'assuré contenant les réponses de l'assuré (par ex., Civ. 2e, 13 déc. 2018, n° 17-28.093).

Par exception, la Cour de cassation a admis que le juge peut prendre en compte, pour apprécier l'existence d'une fausse déclaration, les déclarations faites par l'assuré à sa seule initiative lors de la conclusion du contrat (Civ. 2e, 4 fév. 2016, n° 15-13.850). Ainsi, en présence d'une déclaration spontanée portant sur l'identité du conducteur principal du véhicule, la Cour de cassation a jugé que les magistrats n'avaient pas à rechercher si cette déclaration spontanée procédait d'une réponse à des questions précises posées par l'assureur (Civ. 2e, 3 mars 2016, n° 15-13.500 ; Civ. 2e, 30 juin 2016, n° 15-18.855).

À titre d'exemple, la fausse déclaration intentionnelle du risque a été retenue à l'égard de l'assuré qui :

- se déclare faussement être le conducteur habituel du véhicule alors que le conducteur habituel du véhicule est un jeune conducteur (Civ. 2e, 3 mars 2016, n° 15-13.500) ;
- répond « non » à la question « avez-vous subi une ou plusieurs interventions chirurgicales ? », posée dans les questionnaires de santé signés le 11 avril et le 5 juillet 2007, alors que l'assuré avait subi au moins trois interventions au genou, dont la plus ancienne remontait à moins de cinq ans (Civ. 2e, 16 juill. 2020, n° 19-16.107).

b) L'appréciation du risque par l'assureur

L'assureur doit, en outre, démontrer que la fausse déclaration du risque, faite de mauvaise foi par l'assuré, a changé l'objet du risque ou en a diminué son opinion. Ce sera notamment le cas lorsque la fausse déclaration du risque conduit à cacher à l'assureur une information qui a une incidence sur le montant de la cotisation.

Par exemple, le fait, pour un conducteur expérimenté de déclarer être le conducteur habituel du véhicule alors que le véhicule est habituellement conduit par le fils, conducteur novice, qui espère ainsi échapper à la surprime jeune conducteur.

De même, l'assuré qui déclare faussement que le contrat multirisques habitation qui couvrait précédemment le risque, n'avoir pas fait l'objet d'une résiliation par le précédent assureur, peut être sanctionné par la nullité du contrat d'assurance. Cette déclaration inexacte de l'assuré change l'opinion du risque pour l'assureur lequel n'a pu se rendre compte de la portée de l'engagement qu'il prenait en contractant avec un assuré qui n'a pas payé ses précédentes primes, ce qui peut être une source de difficultés multiples. L'assureur a par ailleurs justifié, par la production des conditions relatives à l'octroi des garanties aux assurés, qu'il n'aurait pas accepté de garantir l'assuré s'il avait su que son contrat antérieur avait été résilié (Civ. 2e, 16 déc. 2010, n° 10-13.926).

c) Les effets de la nullité du contrat

La nullité du contrat signifie que le contrat est considéré comme n'ayant jamais existé. Elle constitue la sanction la plus grave que puisse encourir un assuré. La nullité est applicable quelle que soit la date de découverte de la « tricherie », avant ou après sinistre.

Les conséquences de la nullité sont les suivantes :

- en cas de sinistre, aucune prestation n'est due même si le sinistre n'a aucun rapport avec l'omission ou la déclaration inexacte ;
- l'assureur peut réclamer le remboursement des indemnités qu'il a versées pour les sinistres antérieurs ;
- l'assureur conserve les primes payées à titre de dommages et intérêts et peut même réclamer celles échues et non encore acquittées, sauf pour les assurances vie pour les sociétés d'assurance (C. assur., art. L. 113-8) et les opérations dépendant de la durée de la vie humaine qui comportent une valeur de rachat pour les mutuelles et les institutions de prévoyance (C. mut., art. L. 221-14, CSS, art. L. 932-7 et L. 932-16).

La nullité du contrat d'assurance est opposable à tous (à l'assuré comme aux tiers victimes) sauf en assurance automobile obligatoire. En effet, la loi n° 2019-486 du 22 mai 2019 a créé un article L. 211-7-1 dans le Code des assurances lequel dispose que « la nullité d'un contrat d'assurance souscrit au titre de l'article L. 211-1 n'est pas opposable aux victimes ou aux ayants droit des victimes des dommages nés d'un accident de la circulation dans lequel est impliqué un véhicule terrestre à moteur ainsi que ses remorques ou semi-remorques ». Aux termes du second alinéa de l'article L. 211-7-1, dans l'hypothèse d'une fausse déclaration intentionnelle du risque par l'assuré entraînant la nullité du contrat, l'assureur qui garantit la responsabilité civile du fait du véhicule est tenu d'indemniser les victimes de l'accident ou leurs ayants droit et effectue ensuite un recours contre la personne responsable de l'accident pour récupérer les sommes qu'il a versées.

Dans le même temps, la Cour de cassation a jugé, en s'appuyant sur les directives européennes, que la nullité édictée par l'article L. 113-8 du Code des assurances n'est pas opposable aux victimes d'un accident de la circulation ou à leurs ayants droit (Civ. 2e, 29 août 2019, n° 18-14.768 ; Civ. 2e, 16 janv. 2020, n° 18-23.381 ; Crim., 8 sept. 2020, n° 19-84.983).

2° La mauvaise foi n'est pas établie par l'assureur

L'omission ou la déclaration inexacte de la part de l'assuré dont la mauvaise foi n'est pas prouvée, n'entraîne pas la nullité du contrat. Les articles L. 113-9 du Code des assurances, L. 221-15 du Code de la mutualité et L. 932-17 du Code de la Sécurité sociale prévoient deux situations, selon que la découverte intervient avant ou après sinistre.

a) Découverte avant sinistre

Dans ce cas, l'assureur a le droit :

- soit de maintenir le contrat, moyennant une augmentation de cotisation acceptée par l'assuré ;

- soit de résilier le contrat, dix jours après notification adressée à l'assuré par lettre recommandée, en remboursant la portion de prime correspondant au temps compris entre la résiliation et la date d'échéance de la prime.

  Exemple : prime nette annuelle de 730 € ; échéance le 1er juin ; résiliation au 22 mars ; remboursement prorata temporis du 22 mars au 31 mai inclus, soit 71 jours.

Ristourne :

$$\frac{730\ € \times 71\ \text{jours}}{365} \quad \text{soit 142 € en cotisation nette}$$

b) Découverte après sinistre (ce qui est le plus fréquent)

Si la déclaration inexacte et non volontaire du risque est découverte après sinistre, « l'indemnité est réduite en proportion du taux des primes payées par rapport au taux des primes qui auraient été dues ».

Il y a application de la règle proportionnelle de primes. Peu importe que le sinistre ait un rapport ou non avec l'omission ou la déclaration inexacte. Pour l'avenir, on établira un avenant d'augmentation de prime ou l'assureur résiliera le contrat en cas de refus de cette augmentation.

- **1er exemple** : un assuré en automobile paie une prime de 600 € pour un usage déclaré « promenades et trajets ».

  Cet assuré a omis de déclarer qu'il se servait, de temps à autre, de son véhicule pour les besoins de sa profession. Il aurait dû payer 800 €. Il dérape dans un virage alors qu'il effectuait le trajet pour revenir à son domicile.

  L'assureur aurait dû l'indemniser pour une somme de 2 400 € représentant les dommages subis par son véhicule.

  Du fait de la règle proportionnelle de primes, il percevra :

$$2\,400\ € \times \frac{600\ €}{800\ €} \quad \text{soit 1 800 €}$$

Observons que le sinistre n'est pas lié à l'usage professionnel non déclaré.

- **2e exemple** : un garagiste assuré en incendie paye un taux de prime de 1,20 %. Il n'a pas déclaré l'installation de postes d'essence avec stockage correspondant. Il aurait dû acquitter un taux de prime égal à 1,80 %. Le garagiste pensait que cette activité accessoire était forcément garantie. Il est victime d'un sinistre dû à l'installation électrique. Les dommages s'élèvent à 36 000 €. L'assureur versera :

$$\frac{36\,000\ € \times 1{,}20\ \%}{1{,}80\ \%} \quad \text{soit 24 000 €}$$

La formule de calcul en cas d'application de la règle proportionnelle de primes est :

$$\text{Règlement} = \text{Montant des dommages} \times \frac{\text{Prime payée}}{\text{Prime due}}$$

$$\text{Ou} \quad \frac{\text{Taux de prime payée}}{\text{Taux de prime dûe}}$$

Exception : en ce qui concerne les institutions de prévoyance, les dispositions précédentes ne s'appliquent pas aux opérations dépendant de la durée de la vie humaine qui comportent une valeur de rachat (CSS, art. L. 932-17).

III - L'obligation de déclaration des circonstances nouvelles en cours de contrat

Remarque préliminaire : les Codes de la mutualité et de la Sécurité sociale ne comportent pas de disposition spécifique sur les circonstances nouvelles en cours de contrat. Cela résulte des règles d'adhésion et de la nature des assurances pratiquées par les mutuelles et les institutions de prévoyance (pas d'assurances de biens et de responsabilité).

A - Les circonstances nouvelles à déclarer

Selon l'article L. 113-2, alinéa 3, du Code des assurances, le souscripteur doit déclarer, en cours de contrat, les circonstances nouvelles qui ont pour conséquence soit d'aggraver les risques, soit d'en créer de nouveaux, et rendent de ce fait inexactes ou caduques les réponses faites à l'assureur, notamment le formulaire de déclaration de risque (proposition d'assurance).

Deux sortes de circonstances nouvelles sont visées :

- celles qui aggravent le risque assuré ; par exemple le véhicule assuré pour des déplacements privés va être utilisé à titre professionnel ;
- celles qui créent un risque nouveau, comme l'adjonction d'une remorque au véhicule assuré, ou l'addition d'activités pour une assurance professionnelle.

Les circonstances nouvelles à déclarer doivent rendre inexactes ou caduques les réponses faites par l'assuré dans le questionnaire que lui soumet l'assureur au moment de la souscription du contrat. La problématique du questionnaire déjà évoquée au sujet de la preuve de la fausse déclaration intentionnelle du risque, se retrouve lorsqu'il s'agit d'établir l'existence d'une aggravation de risque qui aurait dû être déclarée à l'assureur.

Exemples : La Cour de cassation a cassé l'arrêt d'appel qui a privé d'effet le contrat d'assurance au motif que l'assuré n'avait pas déclaré à l'assureur, en cours de contrat, qu'il détenait, dans les lieux dans lequel l'incendie a pris naissance (une grange), un stock d'environ 3,7 tonnes d'armes et munitions datant de la première guerre mondiale qu'il collectionnait, dont 500 kg encore actives. La Cour d'appel aurait dû constater que l'absence de déclaration, en cours de contrat, des circonstances nouvelles avait pour effet d'aggraver les risques ou d'en créer de nouveaux,

et rendait inexactes ou caduques les réponses précédemment apportées aux questions posées par l'assureur (Civ. 2e, 22 nov. 2018, n° 17-26.355).
Dans l'hypothèse d'un accident de la circulation causé par le conducteur d'un scooter dont le moteur avait été débridé, la Cour de cassation relève que l'assureur n'a posé aucune question précise sur l'existence de transformations techniques apportées au véhicule assuré avant et après la souscription du contrat d'assurance. Elle juge, à l'instar de la Cour d'appel, que le changement du pot d'échappement n'avait pas eu pour conséquence d'aggraver les risques pris en charge par l'assureur liés à la puissance du cyclomoteur (Civ. 2e, 4 juill. 2019, n° 18-19.242).

B - Les modalités de déclaration des circonstances nouvelles

L'article L. 113-2 alinéa 3 du Code des assurances, impose une déclaration par lettre recommandée ou envoi recommandé électronique, dans un délai de quinze jours à partir du moment où le contractant a connaissance de la circonstance nouvelle.

C - Les conséquences de la déclaration

L'article L. 113-4 du Code des assurances prévoit deux possibilités pour l'assureur : soit résilier le contrat, soit augmenter la prime. Il est également toujours possible pour l'assureur d'accepter sans surprime le risque aggravé.

L'assureur a donc le choix entre trois solutions :

- donner acte par simple lettre, s'il estime pouvoir couvrir le risque aggravé au même prix ;
- résilier le contrat s'il n'accepte pas d'assurer le risque modifié. La résiliation prendra effet dix jours après notification, et le prorata de prime non couru devra être ristourné au souscripteur. Observons que le risque aggravé est nécessairement couvert jusqu'à la date de résiliation ;
- proposer un nouveau taux de prime. Il doit le faire par lettre recommandée en laissant un délai de trente jours à l'assuré pour accepter ou refuser la nouvelle prime ; le silence dans les trente jours vaut refus et entraîne la résiliation du contrat si l'assureur l'a expressément prévu en caractères apparents dans la lettre recommandée. Par analogie avec la situation précédente, le prorata de prime non couru doit être restitué.

NB : L'assureur, avisé d'une aggravation de risque, et qui entend soit résilier soit augmenter la cotisation, doit envoyer une lettre recommandée rappelant les dispositions de l'article L. 113-4.

D - Les sanctions encourues

En cas de non-déclaration des circonstances nouvelles dans le délai de 15 jours, l'article L. 113-2 (avant dernier alinéa) du Code des assurances prévoit que l'assuré s'expose à une déchéance pour déclaration tardive. La déchéance de garantie doit faire l'objet d'une clause dans le contrat, en caractères très apparents, et est subordonnée à la preuve, par l'assureur, que le retard dans la déclaration de l'assuré lui a causé un préjudice. En outre la déchéance ne peut être opposée dans tous les cas où le retard est dû à un cas fortuit ou de force majeure.

À la lecture des débats parlementaires, la déchéance apparaît comme une anomalie de rédaction, d'abord relevée et supprimée, puis réintroduite et votée. Surtout, la déchéance de garantie qui ne devrait sanctionner que des manquements à des obligations après sinistre, n'apparaît pas adaptée.

En pratique, les assureurs qui constatent l'absence de déclaration d'une aggravation du risque en cours de contrat, appliquent les mêmes sanctions que pour la mauvaise déclaration initiale des risques. Si la mauvaise foi est établie, ils invoquent la nullité (C. assur., art. L. 113-8) et à défaut ils retiennent la règle proportionnelle de primes après sinistre (C. assur., art. L. 113-9).

Cependant, si l'assureur a été avisé, de quelque façon que ce soit, de l'aggravation du risque, et qu'il a manifesté son consentement, notamment en continuant à percevoir les primes ou en payant un sinistre, il ne peut plus invoquer de sanction à l'égard de l'assuré car ce dernier a pu légitimement penser que l'assureur couvrait l'aggravation de risque sans surprime.

E - Les exceptions

L'obligation pour l'assuré de déclarer les circonstances nouvelles aggravant les risques ne concerne pas les assurances sur la vie et les assurances maladie pour les seules modifications relatives à l'état de santé de l'assuré. Ainsi, en assurance maladie, le changement de régime social, devenu moins favorable, ou l'augmentation du nombre de personnes à charge doit être déclaré.

IV - La diminution du risque

Remarque préliminaire : comme en matière de circonstances nouvelles, les Codes de la mutualité et de la Sécurité sociale ne comportent pas de disposition spécifique sur la diminution du risque. Selon l'article L. 113-4, alinéa 4, l'assuré a droit à une réduction de prime en cas de diminution du risque. En cas de refus de l'assureur, l'assuré a la possibilité de dénoncer le contrat, moyennant préavis de trente jours. Le prorata de prime non couru doit être ristourné. Comme en matière d'aggravation de risque en cours de contrat, l'assureur est tenu de rappeler les dispositions de la loi à l'assuré qui l'avise d'une diminution du risque. Le droit à diminution ne s'applique pas aux assurances sur la vie ni à l'assurance maladie en cas de modification de l'état de santé de l'assuré.

V - La prime ou la cotisation

Sont applicables les dispositions des articles :
- L. 113-3, R. 113-1, et R. 113-4 du Code des assurances ;
- L. 221-7 et L. 221-8 du Code de la mutualité ;
- L. 932-9 et L. 932-22 du Code de la Sécurité sociale.

A - Le paiement de la cotisation

1° Le débiteur de la cotisation

Celui à qui incombe le paiement (débiteur) est le souscripteur ou contractant ou preneur d'assurance. Mais il peut désigner une autre personne chargée du paiement, en avisant la société d'assurance.

2° Le moment du paiement

La cotisation est, par définition, payable d'avance et aux époques convenues, c'est-à-dire aux échéances. En fait, le souscripteur dispose d'un délai de 10 jours après la date d'échéance.

> **NB** : Par exception, certaines cotisations ne sont pas payables d'avance : elles sont dites à « terme échu », c'est-à-dire payées après la garantie et en général à l'expiration de chaque trimestre civil.

Mais l'assureur est tenu d'aviser le souscripteur de la date d'échéance et du montant à acquitter. C'est le principe de l'avis d'échéance que doit adresser l'assureur avant l'échéance (selon C. assur., art. R. 113-4).

Cet avis d'échéance indique :

- la date d'échéance ;
- le montant de la prime nette ;
- le montant des frais accessoires et des taxes diverses ;
- le total à payer ;
- les moyens de paiement.

3° Le lieu de paiement

La cotisation est « portable », c'est-à-dire payable chez l'assureur ou son mandataire désigné.

4° Les modalités du paiement

Le paiement peut être effectué en espèces, par prélèvement bancaire par virement ou encore par chèque bancaire. Ces possibilités sont rappelées sur l'avis d'échéance. Aujourd'hui, on constate une certaine généralisation des prélèvements bancaires automatiques. Cela permet des gains de temps et de coût considérables (qui sont répercutés sur le montant des primes demandées).

> **NB** : Les règlements en espèces sont de moins en moins utilisés. Les assureurs sont réticents à accepter ce mode de règlement au regard de leurs obligations en matière de lutte contre le blanchiment et le financement du terrorisme (LCB/FT).

B - Les conséquences du non-paiement de la cotisation

1° Principe

La loi institue une procédure stricte en assurances dommages en cas de non-paiement en imposant à l'assureur des délais minima. Pour que les sanctions produisent leurs effets, l'assureur est tenu de respecter les étapes et les formes prévues par le Code des assurances.

Les assurances sur la vie font l'objet en outre de dispositions particulières.

2° Le non-paiement en assurances dommages (non vie)

Dix jours au plus tôt après l'échéance, l'assureur a le droit d'envoyer au souscripteur qui n'a pas payé sa cotisation une lettre recommandée (LR) de mise en demeure de payer.

Selon l'ancien article R. 113-1 du Code des assurances, cette lettre recommandée devait préciser qu'il s'agit d'une mise en demeure. D'autre part, le texte de l'article L. 113-3 du Code des assurances devait y figurer afin que l'assuré connaisse bien les sanctions auxquelles il s'expose. L'assureur doit envoyer cette lettre au dernier domicile connu de l'assuré : il faut donc conseiller aux assurés de signaler tout changement de domicile, même pour l'assurance d'une résidence secondaire, et de prendre la précaution de faire suivre leur courrier pendant les vacances. En outre, la lettre de mise en demeure est valable que l'assuré l'ait reçue, ou refusée, ou ait négligé d'aller la chercher au bureau de poste. Notons que de nombreuses sociétés d'assurance envoient avant mise en demeure une lettre de rappel à leurs assurés (il s'agit d'une lettre aimable, facultative, à caractère commercial).

Le contrat d'assurance est automatiquement suspendu 30 jours après l'envoi de la lettre de mise en demeure, à défaut de paiement, jusqu'à la prochaine échéance annuelle (sauf en assurance sur la vie). Les effets de la suspension sont les suivants : le contrat existe toujours, l'assuré doit toujours la cotisation, mais les sinistres qui peuvent se produire n'ont pas à être pris en charge par l'assureur.

L'assureur peut résilier le contrat 40 jours après l'envoi de la lettre de mise en demeure, si la cotisation n'a toujours pas été acquittée. Sur un plan pratique, l'assureur a le choix entre deux solutions :

- ou bien il prévoit dans la première lettre recommandée la résiliation après la suspension (10 jours après). Il n'adressera donc qu'une seule lettre de mise en demeure et de résiliation. Cette première solution est en général retenue ;
- ou bien il ne prévoit pas la résiliation dans la première lettre de mise en demeure. Il doit alors adresser une deuxième lettre recommandée de résiliation, au plus tôt dix jours après la suspension (ou 40 jours après le premier envoi). La résiliation prendra effet le jour de l'envoi. Cette seconde solution, beaucoup plus onéreuse, est donc moins usitée.

NB : Ce choix, pour les assureurs, était expressément prévu à l'article R. 113-2 abrogé par le décret du 22 décembre 1992. La suppression de ce texte ne fait pas obstacle au maintien de la pratique antérieure.

Récapitulons sous forme de schéma les dispositions légales :

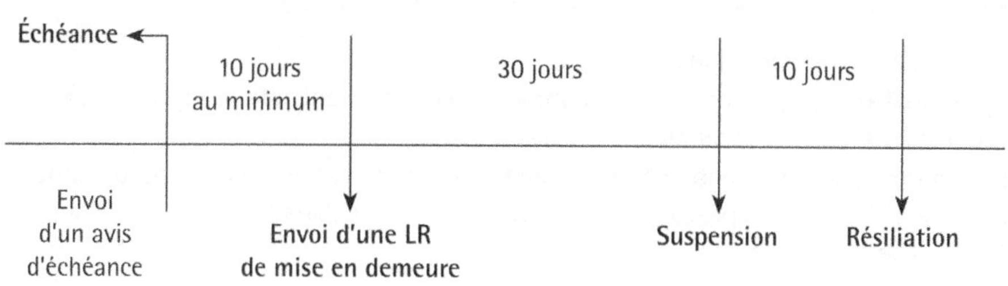

Dans le même temps, dès que les dix jours de délai de paiement, après l'échéance, ont expiré, l'assureur a le droit de poursuivre en justice le recouvrement de la cotisation impayée.

3° Régularisation de la situation en assurance dommages

Lorsque le souscripteur paie la cotisation après l'envoi de la mise en demeure, trois situations doivent être distinguées :

- **1re situation** : le paiement intervient avant la suspension ; le contrat est toujours en cours et la situation est régularisée (sous réserve du paiement éventuel des frais de mise en demeure, qui peut être exigé) ;
- **2e situation** : le paiement intervient après la suspension, mais avant la résiliation ; il y aura remise en vigueur automatique à midi, le lendemain du paiement de toutes les cotisations et frais dus (frais de mise en demeure et/ou de poursuites judiciaires) ;
- **3e situation** : le paiement intervient après la résiliation : il n'y a pas de remise en vigueur automatique. L'assureur est libre de refuser la reprise des garanties.

En IARD, il est d'usage d'établir une affaire nouvelle dans ce type de situation en exigeant, outre le paiement des sommes dues, le versement d'une cotisation annuelle complète.

4° Le problème des cotisations fractionnées en assurance dommages

En principe, la cotisation est annuelle. Toutefois, lorsqu'elle représente un montant élevé, l'assureur accepte un paiement semestriel ou trimestriel (ou rarement mensuel).

Il est important d'indiquer que le paiement fractionné de la cotisation annuelle (chaque semestre, chaque trimestre) n'est qu'une facilité consentie au souscripteur. La cotisation annuelle est juridiquement indivisible et due en intégralité. Cela signifie que l'assureur prévoit dans tous les contrats concernés, une clause stipulant qu'« en cas de défaut de paiement d'une fraction de la cotisation annuelle à son échéance, l'intégralité de la cotisation annuelle devient exigible ».

5° Le non-paiement en assurance vie

Les dispositions qui précèdent ne s'appliquent pas aux assurances sur la vie (C. assur., art. L. 113-3) et pour les institutions de prévoyance, aux opérations dépendant de la durée de la vie humaine qui comportent une valeur de rachat (CSS, art. L. 932-9 et L. 932-22).

Des règles spécifiques s'appliquent en cas de non-paiement d'une prime ou cotisation périodique en assurance vie (notamment C. assur., art. L. 132-20). Les modalités et conséquences précises seront analysées dans la 3e partie de l'ouvrage.

Retenons dans l'immédiat que :

- le paiement de la cotisation en assurance vie n'est pas obligatoire et que l'assureur ne peut pas poursuivre le souscripteur en justice ;
- l'assureur peut envoyer une lettre recommandée d'information 10 jours au plus tôt après l'échéance. Cette lettre prévoit qu'à défaut de paiement dans les 40 jours de son envoi, le contrat sera, selon le cas, soit résilié, soit réduit.

VI – La délimitation des risques couverts

Tout contrat d'assurance comporte des limites qui se traduisent par des exclusions de garanties mais également par des franchises et montants maximum de garantie.

A - Les exclusions de garantie

Les exclusions de garantie constituent des hypothèses de « non-assurance ». Elles peuvent être d'origine légale ou conventionnelle. C'est à l'assureur, en cas de sinistre, de prouver la réunion des conditions de fait de l'exclusion.

Les exclusions de garantie se distinguent des « conditions de garantie » dont la charge de la preuve pèse sur l'assuré.

1° Les exclusions légales

a) Assurances dommages

En matière d'assurances dommages (ou non vie), le Code des assurances prévoit deux exclusions légales : l'exclusion de la faute intentionnelle ou dolosive de l'assuré (C. assur., art. L. 113-1) ;

- la **faute intentionnelle** au sens de l'article L. 113-1 du Code des assurances est celle qui implique la volonté de l'assuré de créer le dommage tel qu'il est survenu.
- Par exemple, la Cour de cassation a jugé que les assurés qui incendient le bar qu'ils exploitent avec de l'essence, occasionnant la destruction de leur local mais également la dégradation des autres commerces et biens attenants, ont agi dans le but de détruire leur local, mais n'ont pas eu la volonté de créer le dommage tel qu'il était survenu. Dans cette affaire, la faute intentionnelle n'est pas caractérisée à l'égard des tiers (Civ. 2e, 8 mars 2018, n° 17-15.143). En revanche commet une faute intentionnelle la personne qui, suite à un conflit conjugal, allume cinq foyers différents dans sa maison qui est entièrement détruite par l'incendie. La volonté de commettre le dommage tel qu'il s'était réalisé est caractérisée (Civ. 2e, 28 avril 2011, n° 10-17.501).

  NB : Seule la faute intentionnelle de l'assuré lui-même est exclue, pas celle des personnes dont l'assuré doit répondre.

- la **faute dolosive** est celle qui fait perdre à l'opération d'assurance son caractère aléatoire. Pour la Cour de cassation, « La faute dolosive s'entend d'un acte délibéré de l'assuré commis avec la conscience du caractère inéluctable de ses conséquences dommageables » (Civ. 2e, 20 janv. 2022, n° 20-13.245).

Tel est le cas de l'assuré qui :

- franchit le cours d'une rivière avec un véhicule non adapté à cet usage (Civ. 2e, 12 sept. 2013, n° 12-24.650) ;
- persiste dans sa décision de ne pas entretenir la couverture de son immeuble et manifeste ainsi son choix délibéré d'attendre l'effondrement de celui-ci (Civ. 2e, 25 oct. 2018, n° 16-23.103) ;
- pour se suicider, utilise des moyens dépassant très largement ce qui est nécessaire en installant une cuisinière à gaz et deux bouteilles de gaz dans le séjour, et provoque la destruction d'une grande partie de l'immeuble (Civ. 2e, 20 mai 2020, n° 19-11.538) ;
- en sa qualité de gérant d'une société qui fabrique des steaks hachés commercialisés par les magasins de l'enseigne Lidl, a mis sciemment sur le marché de la viande hachée sur laquelle il a délibérément allégé les contrôles sanitaires et ne pouvait ignorer le caractère inéluctable du dommage qui s'ensuivrait (Civ. 2e, 19 sept. 2024, n° 22-19.698).

En dehors de la faute intentionnelle ou dolosive de l'assuré, il existe deux autres exclusions légales :

- l'exclusion des dommages résultant de la guerre étrangère, de la guerre civile, des émeutes, ou des mouvements populaires (C. assur., art. L. 121-8) ;

- cette exclusion n'est pas obligatoire. Les assureurs peuvent garantir certains de ces événements. De plus, la loi du 9 septembre 1986 a rendu la garantie des attentats obligatoire dans tous les contrats d'assurance de choses (quelle que soit l'origine des attentats). Particularité : l'assureur n'a pas à prouver l'exclusion due à la guerre étrangère. C'est à l'assuré d'apporter la preuve contraire ;
- l'exclusion des dommages résultant du vice propre de la chose assurée (C. assur., art. L. 121-7). Ce cas de non-assurance peut faire l'objet de dérogations dans les contrats d'assurance de biens.

b) Assurances vie

En matière d'assurance vie, deux exclusions sont prévues. Ces exclusions concernent l'assurance en cas de décès :
- le suicide pendant la première année du contrat d'assurance (C. assur., art. L. 132-7 et C. mut., art. L. 223-9) ;
- le meurtre de l'assuré par le bénéficiaire (C. assur., art. L. 132-24).

2° Les exclusions conventionnelles

a) Contrats soumis au Code des assurances

Pour être valables les clauses d'exclusion de garantie doivent figurer en caractères très apparents (C. assur., art. L. 112-4) et être libellées de manière formelle et limitée (C. assur., art. L. 113-1).

L'obligation de faire figurer les clauses d'exclusion en caractères « très apparents » n'est satisfaite qu'à la condition que la teneur de la clause ne puisse échapper à l'assuré. L'utilisation de caractères différents de ceux employés pour la plupart des autres clauses permet de répondre à cette exigence de forme. Les clauses d'exclusion pourront ainsi apparaître en caractères gras, ou dans des caractères plus gros que le reste du texte, ou en couleur. Tous les moyens peuvent être utilisés par l'assureur dès lors que la clause d'exclusion attire l'attention de l'assuré.

Le caractère formel et limité des clauses d'exclusion résulte d'une rédaction claire et précise qui ne laisse pas de place au doute. Une clause d'exclusion ne peut être « formelle et limitée » dès lors qu'elle doit être interprétée (Civ. 2e, 26 nov. 2020, n° 19-16.435). Par exemple, la clause qui exclut de la garantie « les dommages intentionnellement causés ou provoqués par toute personne assurée ou avec sa complicité » n'est pas formelle et limitée. Dans cette affaire la cour d'appel avait jugé qu'il se déduisait de cette clause que les dommages résultant d'un incendie intentionnellement déclenché par l'assuré sont exclus de la garantie de l'assureur, qu'ils aient été voulus, et donc causés par leur auteur, ou qu'ils soient une conséquence involontaire de l'incendie déclenché par l'auteur, qui les avaient ainsi provoqués. L'arrêt est cassé par la Cour de cassation qui affirme que la cour d'appel a procédé à l'interprétation d'une clause d'exclusion ambiguë (Civ. 2e, 20 janv. 2022, n° 20-10.529).

Une exclusion formelle est donc une exclusion non ambiguë et compréhensible pour l'assuré. Elle ne doit pas avoir plusieurs sens. Une exclusion limitée est une exclusion précise qui n'exclut pas un pan trop grand de la garantie.

Ainsi, n'est pas formelle et limitée, la clause du contrat souscrit par le syndicat des copropriétaires excluant « les dommages résultant d'un défaut permanent et volontaire d'entretien ou d'un manque de réparations indispensables incombant à l'assuré ». Cette clause ne se réfère pas à des critères précis et à des hypothèses limitativement énumérées (Civ. 2e, 26 nov. 2020, n° 19-20.509).

En revanche, est formelle et limitée, la clause d'un contrat d'assurance décès qui exclut « les conséquences d'un acte effectué dans un état d'imprégnation alcoolique caractérisé par un taux d'alcoolémie supérieur à la limite fixée par le Code de la route, de l'utilisation de drogues, de stupéfiants, tranquillisants non prescrits médicalement » (Civ. 2e, 25 oct. 2018, n° 17-31.296).

De même, est formelle et ne nécessite pas d'interprétation, la clause qui exclut « les dommages corporels, matériels et immatériels (consécutifs ou non), causés par l'amiante et ses dérivés » (Civ. 2e, 21 sept. 2023, n° 21-19.776 ; n° 21-19.801).

b) Contrats d'assurance délivrés par les institutions de prévoyance

En ce qui concerne les opérations individuelles, les clauses d'exclusion doivent figurer au bulletin d'adhésion ou au contrat en caractères très apparents (CSS, art. R. 932-2-1).

c) Contrats d'assurance délivrés par les mutuelles

En ce qui concerne les contrats d'assurances délivrés par les mutuelles, aucune disposition spécifique ne figure au Code de la mutualité.

3° Les conditions de garantie

L'assureur peut subordonner le bénéfice de la garantie de certains risques au respect de conditions précisées dans le contrat. C'est notamment le cas de l'assurance contre le vol. Le contrat peut ainsi imposer à l'assuré de faire vérifier trimestriellement son installation d'alarme. Cette vérification requise indépendamment des circonstances de la réalisation du risque, constitue une condition de garantie (Civ. 1re, 9 fév. 1999, n° 97-12.288). De même, les stipulations d'une clause qui posent, en préalable à l'existence de la garantie, l'installation d'un dispositif anti-vol agréé par l'assureur, constituent une condition de la garantie (Civ. 1re, 29 oct. 2002, n° 99-10.650).

La distinction entre une exclusion de garantie et une condition de garantie n'est pas toujours aisée. Elle est pourtant nécessaire car, contrairement aux exclusions de garantie, les conditions de garantie n'ont pas à être rédigées en caractères très apparents et ne sont pas soumises aux dispositions de l'article L. 113-1 du Code des assurances exigeant des clauses d'exclusion qu'elles soient libellées de manière formelle et limitée. De plus, s'il appartient à l'assureur de prouver la réunion des conditions de fait de l'exclusion, il appartient à l'assuré de prouver qu'il remplit les conditions de la garantie.

La distinction entre les deux clauses repose sur le principe posé par la Cour de cassation selon lequel « la clause qui prive l'assuré du bénéfice de la garantie des risques de vol en considération de circonstances particulières de réalisation du risque, s'analyse en une clause d'exclusion de garantie » (Civ. 1re, 26 nov. 1996, n° 94-16.058). Cette jurisprudence n'est pas limitée à la garantie du risque vol. La Cour de cassation a ainsi jugé que la clause d'un contrat d'assurance garantissant la responsabilité civile d'un assuré, par laquelle celui-ci s'engage « sous peine de non assurance (...) à respecter les normes de sécurité résultant des obligations légales et réglementaires en vigueur », ne subordonne pas la prise d'effet de la garantie à la réalisation d'une condition précisément définie, et revient à priver l'assuré du bénéfice des garanties en considération de circonstances particulières de réalisation du risque. Elle s'analyse donc en une clause d'exclusion (Civ. 2e, 27 avril 2017, n° 16-14.397).

B - Les montants des garanties et franchises

1° Les montants de garantie

Ils figurent aux conditions particulières et peuvent être stipulés par sinistre, par événement et/ou par année d'assurance.

Les montants sont exprimés en euros ou en un certain nombre de fois un indice de référence.

Ils constituent l'engagement maximal de l'assureur.

2° Les franchises

Le contrat peut prévoir que l'assuré reste obligatoirement son propre assureur pour une somme ou une quotité déterminée. Cela correspond à la franchise supportée par l'assuré et qui est déduite du règlement de sinistre. Il existe différentes sortes de franchises.

a) La franchise absolue

La franchise absolue est toujours déduite du montant de l'indemnité. Elle peut être fixée :
- selon un montant exprimé en euros ;
- selon un nombre de fois l'indice de référence ;
- proportionnellement au montant des dommages avec éventuellement un montant minimum et un maximum.

Exemple : dommages évalués à 5 000 €.
1er cas : si franchise 100 €, on règle 4 900 €.
2e cas : si franchise 1 fois l'indice FFB, on règle 5 000 € – 1 179,5 € (valeur 4e trimestre 2024), soit 3 820,5 €.
3e cas : si franchise 10 % minimum 100 € et maximum 400 €, on calcule 10 % des dommages, soit 500 €, mais on ne déduit que 400 €. Ainsi on règle 4 600 €.

Dans les contrats de prévoyance complémentaire, la franchise est fixée en jours. Par exemple, il peut être prévu contractuellement que pour la prise en charge de l'incapacité temporaire totale de travail, l'assureur n'intervient qu'à compter du 91e jour.

b) La franchise relative

La franchise relative – dite parfois franchise atteinte – n'est déduite que si le montant des dommages est inférieur ou égal au montant de la franchise. Autrement dit on ne règle pas les sinistres inférieurs ou égaux à la franchise et on règle intégralement tous ceux qui sont supérieurs.

Exemple : franchise relative de 15 % en incapacité permanente partielle ou totale (IPP ou IPT).
1er cas : IPP de 10 % : on ne règle rien.
2e cas : IPP de 20 % : on règle 20 % du capital assuré.

En assurances de dommages les franchises tendent à se généraliser afin de responsabiliser davantage les assurés et de réduire les cotisations.

3° L'indexation

Elle est quasi-systématique en assurances de biens et de responsabilité.

Indexer un contrat signifie faire varier périodiquement la cotisation, les montants de garanties et les franchises en fonction d'un critère de référence ayant nécessairement un lien avec le risque assuré.

En général, la variation périodique s'effectue à chaque échéance annuelle. En pratique, il convient de lire très attentivement la clause d'indexation insérée au contrat.

Par exemple, l'indice FFB (Fédération française du bâtiment – coût de la construction dans la région parisienne) est utilisé en assurance multirisques habitation.

VII - La modification du contrat

En principe, les modifications apportées au contrat d'assurance requièrent le consentement exprès des parties qui est formalisé par un avenant. Le Code des assurances permet cependant à l'assuré d'obtenir une modification de son contrat par suite d'un accord tacite de l'assureur.

A - L'avenant

Selon l'article L. 112-3 du Code des assurances, toute addition ou modification au contrat d'assurance primitif doit être constatée par un avenant signé des parties. L'avenant va donc formaliser l'accord des parties à modification du contrat. Lorsque l'avenant porte sur une augmentation des garanties, il importe peu que l'avenant ne soit pas signé de l'assuré. En revanche, lorsque l'avenant restreint la garantie, il doit nécessairement être signé de l'assuré pour pouvoir lui être opposé.

Les avenants font partie intégrante de la police.

Le Code de la mutualité prévoit que « Toute modification des prestations définies au bulletin d'adhésion et des montants de cotisations fait l'objet d'une notification au membre participant ou honoraire » (C. mut., art. L. 221-5). Concernant les institutions de prévoyance, il faut se reporter aux articles L. 932-3 et L. 932-19 du Code de la Sécurité sociale.

B - La proposition de modification du contrat par l'assuré

Selon l'article L. 112-2 alinéa 5 du Code des assurances : « Est considérée comme acceptée la proposition, faite par lettre recommandée, de prolonger ou de modifier un contrat ou de remettre en vigueur un contrat suspendu, si l'assureur ne refuse pas cette proposition dans les dix jours après qu'elle lui est parvenue ». Cette disposition ne s'applique pas aux assurances sur la vie.

Il résulte de ce texte que le silence gardé par l'assureur, pendant un délai de 10 jours, vaut acceptation par l'assureur de la proposition de l'assuré. Pour la jurisprudence, l'article L. 112-2 alinéa 5 ne fait aucune distinction entre les diverses modifications possibles de la police. La modification demandée peut ainsi porter sur l'adjonction d'un risque nouveau par rapport au contrat initial (Civ. 1re, 11 oct. 1994, n° 92-18.271 ; Civ. 1re, 9 déc. 1997, n° 95-19.663). Par ailleurs, l'acceptation tacite de la modification de la police demandée par l'assuré n'est pas subordonnée à la fixation de la prime (Civ. 1re, 14 nov. 1995, n° 93-16.650).

Il est cependant nécessaire que la proposition de modification de l'assuré soit complète et précise pour que l'accord de l'assureur soit donné par un seul acquiescement.

Par exemple, la Cour de cassation a relevé que la lettre de l'assuré, adressée à l'assureur, pour l'informer de l'acquisition de nouveaux locaux et de matériels en lui demandant de bien vouloir faire le nécessaire afin d'inclure « cette acquisition dans les contrats dommages et RC », tout en sollicitant un « prochain rendez-vous pour l'évaluation des lieux », ne précisait ni la consistance, ni la destination des nouveaux locaux et matériel dont la société demandait qu'ils soient inclus dans le contrat d'assurance. En conséquence, la cour d'appel qui a pu en déduire que le courrier de l'assuré ne constituait pas une proposition de modification du contrat permettant l'application des dispositions de l'article L. 112-2, alinéa 5 du Code des assurances (Civ. 2e, 4 juill. 2019, n° 18-19.843).

En principe, la modification demandée par l'assuré prend effet au terme du délai de 10 jours par l'acceptation tacite de l'assureur ; cependant, si un sinistre survient pendant le délai de 10 jours, il appartient à l'assureur qui entend refuser sa garantie d'établir qu'il a refusé la proposition de modification dans le délai de 10 jours, à défaut il est réputé l'avoir acceptée dans les termes et à compter de la demande de l'assuré (Civ. 1re, 14 nov. 1995, n° 93-16.650).

VIII - Les sinistres

A - Définitions

Le sinistre est la réalisation de l'événement dommageable prévu et garanti par le contrat. En ce qui concerne les assurances de responsabilité civile, l'article L. 124-1-1 créé par la loi n° 2003-706 du 1er août 2003, précise que constitue un sinistre tout dommage ou ensemble de dommages causés à des tiers, engageant la responsabilité de l'assuré, résultant d'un fait dommageable et ayant donné lieu à une ou plusieurs réclamations. Le fait dommageable est celui qui constitue la cause génératrice du dommage.

B - Les obligations de l'assuré

Remarque préliminaire : les Codes de la mutualité et de la Sécurité sociale ne comportent pas de dispositions spécifiques relatives aux sinistres, sans doute en raison de la nature des assurances visées. Seules sont analysées ici les dispositions du Code des assurances (C. assur., art. L. 113-2).

1° Contenu des obligations

a) Délais de déclaration du sinistre

L'assuré doit déclarer le sinistre dès qu'il en a eu connaissance, au plus tard dans le délai fixé par le contrat qui ne peut être inférieur à cinq jours ouvrés. Ce principe général admet quatre exceptions :

- en assurance sur la vie : aucun délai n'est prévu par la loi ;
- en assurance vol : le délai est ramené à deux jours ouvrés ;
- en assurance mortalité du bétail : il est de 24 heures ;
- en assurance grêle : le délai reste fixé à quatre jours de l'avènement du sinistre (C. assur., art. L. 123-1).

b) Modalités de déclaration du sinistre

La loi n'imposant pas de modalités particulières pour déclarer le sinistre et l'assureur ne peut imposer une forme déterminée. En général, le contrat précise plusieurs modalités de déclaration telles : la lettre recommandée, la déclaration orale contre récépissé et la télécopie.

De nombreuses entreprises d'assurance acceptent de prendre en compte les déclarations effectuées par téléphone dès lors qu'elles sont confirmées par courrier. Le mail est de plus en plus utilisé.

c) Autres obligations

Tous les contrats stipulent que l'assuré doit communiquer les documents et justificatifs relatifs au sinistre et qu'il doit fournir toute précision utile. Sur ce point également, il convient de se reporter aux clauses du contrat.

2° Sanction en cas de non-respect du délai de déclaration

L'article L. 113-2 du Code des assurances dispose que, lorsqu'elle est prévue par une clause du contrat, la déchéance pour déclaration tardive au regard des délais précités peut être opposée à l'assuré. L'assureur ne peut cependant invoquer cette déchéance que s'il établit que le retard dans la déclaration lui a causé un préjudice. Elle ne peut également être opposée à l'assuré si le retard est dû à un cas de force majeure ou cas fortuit.

L'application de la déchéance suppose l'existence d'une clause expresse au contrat en caractères très apparents (C. assur., art. L. 112-4). La déchéance emporte la perte du droit à indemnisation pour le sinistre déclaré tardivement. Cette sanction ne concerne que le sinistre en cause, et laisse le contrat en vigueur. De plus, la déchéance est inopposable aux tiers victimes en assurance de responsabilités (C. assur., art. R. 124-1) : l'assureur doit indemniser les tiers (qui sont ainsi protégés) et peut se retourner ensuite contre son propre assuré.

3° Sanction en cas de non-respect des autres obligations contractuelles

Pour sanctionner le non-respect des obligations de l'assuré, après sinistre, stipulées au contrat et autres que la déclaration du sinistre, l'assureur peut prévoir une clause de déchéance ou une sanction limitée au préjudice que ce manquement lui occasionne.

Le contrat d'assurance peut, par exemple, prévoir une clause de déchéance de garantie en cas de déclaration inexacte des circonstances du sinistre ou en cas d'exagération frauduleuse du montant du sinistre.

La pratique des clauses de déchéance est encadrée. Ainsi, le Code des assurances (C. assur., art. L. 113-11) et le Code de la mutualité (C. mut., art. L. 221-16) sanctionnent de nullité toute clause frappant de déchéance l'assuré pour simple retard de déclaration du sinistre aux autorités ou de production de pièces. L'assureur peut, toutefois, réclamer une indemnité proportionnée au dommage que ce retard lui a occasionné.

C - Les obligations et les droits de l'assureur

Comme précédemment, on observe que les Codes de la mutualité et de la Sécurité sociale ne comportent pas de dispositions spécifiques relatives aux obligations et droits de l'assureur en cas de sinistre. Seules sont analysées ici les dispositions du Code des assurances.

1° Les obligations de l'assureur

L'assureur doit verser la prestation promise dans le délai stipulé dans le contrat (C. assur., art. L. 113-5) ou prévu par la loi (des délais de règlement des prestations ont été fixés en assurance vie).

Il est tenu de garantir les dommages occasionnés par les personnes dont l'assuré est responsable, quelle que soit la gravité de leur faute (C. assur., art. L. 121-2).

2° Les droits de l'assureur

Si les conditions sont réunies, il peut appliquer les sanctions prévues par le Code des assurances : nullité du contrat, règle proportionnelle de primes ou déchéance de garantie, notamment. Il peut opposer les exclusions de garantie ou invoquer le non-respect, par l'assuré, des conditions de garantie.

Il peut résilier le contrat après chaque sinistre, s'il a prévu une clause à cet effet (C. assur., art. R. 113-10).

L'assureur n'a pas à justifier la résiliation qui doit être demandée par lettre recommandée et qui prend effet un mois après notification. Il doit alors rembourser le prorata de prime non courue.

L'assuré, en contrepartie, a le droit de résilier tous les autres contrats souscrits auprès du même assureur, moyennant préavis d'un mois et à condition qu'il formule sa demande de résiliation dans le délai d'un mois après réception de la lettre de l'assureur. Le prorata de prime non courue est remboursé. Mais l'assureur perd le droit à résiliation s'il accepte le paiement d'une prime sans réserve, plus d'un mois après sa connaissance du sinistre.

Exception : en assurance responsabilité civile automobile obligatoire, la résiliation après sinistre n'est possible que dans deux cas (C. assur., art. A. 211-1-2) :
- sinistre dû à l'état alcoolique du conducteur ;
- sinistre imputable à un conducteur sanctionné par une suspension du permis de conduire d'au moins un mois, ou par son annulation.

D – L'action directe de la victime

Selon l'article L. 124-3 du Code des assurances, le tiers, victime dispose d'un droit d'action directe à l'encontre de l'assureur garantissant la responsabilité civile de la personne responsable.

Ainsi, lorsque la responsabilité civile de l'auteur du dommage est établie, ou n'est pas contestée par son assureur, la victime peut réclamer directement à cet assureur la réparation de son préjudice.

Lorsque la responsabilité civile de l'auteur du dommage n'est pas établie, la victime peut quand même agir directement contre son assureur, sans qu'il soit nécessaire de mettre en cause l'auteur du dommage. Le Tribunal saisi se prononcera alors sur la responsabilité civile de la personne dont la responsabilité est recherchée, sur le droit à réparation de la victime, et sur l'indemnisation due par l'assureur de responsabilité civile en fonction des dispositions du contrat. En effet, l'assureur du responsable peut opposer aux tiers victimes toutes les exceptions opposables à l'assuré (nullité, exclusions de garanties, résiliation du contrat etc.), excepté la déchéance de garantie et la nullité du contrat en assurance automobile obligatoire.

En cas de décès de la victime, l'action directe est transmise à ses ayants droit.

La recevabilité de l'action directe de la victime contre l'assureur garantissant la responsabilité civile de la personne responsable n'est pas subordonnée à la déclaration préalable du sinistre par la victime auprès de son propre assureur (Civ. 2e, 16 déc. 2021, n° 20-16.340).

IX - Synthèse des obligations et des sanctions

A - Les obligations du souscripteur

CONTENU DE L'OBLIGATION	MODALITÉS DE L'OBLIGATION	SANCTIONS ENCOURUES
Déclarer le risque à la souscription	Répondre au questionnaire fermé de l'assureur	• Mauvaise foi prouvée : nullité • Absence de mauvaise foi : règle proportionnelle de primes après sinistre
Déclarer les aggravations en cours de contrat	Circonstances modifiant les réponses précédentes. Délai de 15 jours	
Payer la prime (ou cotisation)	Délai de 10 jours à compter de l'échéance	• Suspension au plus tôt 30 jours après envoi d'une LR • Résiliation au plus tôt 10 jours après suspension
Déclarer les sinistres	Délai de 5 jours ouvrables (sauf exception)	Déchéance si préjudice prouvé par l'assureur

B - Les sanctions encourues par le souscripteur et/ou l'assuré

Les sanctions encourues par le souscripteur et/ou l'assuré sont décrites dans le tableau ci-après.

DÉFINITION	CONDITIONS D'APPLICATION	OPPOSABILITÉ
Déchéance Perte du droit aux garanties du contrat	• Manquement aux obligations après sinistre • Selon clause expresse du contrat stipulée en caractères très apparents	Opposable à l'assuré mais non aux tiers-victimes en assurances de responsabilités
Nullité Anéantissement rétroactif du contrat (le contrat est réputé ne jamais avoir existé)	• Déclaration inexacte du risque de mauvaise foi (non-respect de conditions de validité communes à tous les contrats)	Opposable à tous sauf aux tiers victimes en assurance responsabilité civile automobile
Règle proportionnelle de primes Réduction des indemnités dues par l'assureur en fonction de la prime payée	• Déclaration inexacte du risque découverte après sinistre, sans mauvaise foi établie	Opposable à tous sauf aux tiers-victimes en assurance responsabilité civile automobile
Résiliation Fin de contrat qui a existé	• À la suite du non-paiement de la prime en IARD, après suspension • Dans de nombreuses autres hypothèses	Opposable à tous
Suspension La garantie ne s'applique plus alors que le contrat reste en cours	• À la suite du non-paiement de la prime en IARD	Opposable à tous

Section IV - Le principe indemnitaire en assurance de dommages

I - Exposé et justification du principe indemnitaire

A - Exposé du principe

En assurances dommages, le principe indemnitaire figure à l'article L. 121-1 du Code des assurances qui dispose : « l'assurance relative aux biens est un contrat d'indemnité ; l'indemnité due par l'assureur à l'assuré ne peut pas dépasser le montant de la valeur de la chose assurée au moment du sinistre ».

La référence à « la valeur de la chose assurée » semble limiter le principe issu de l'article L. 121-1 aux seules assurances de choses. Ne seraient donc pas concernées par ce texte, les assurances de responsabilité civile.

Concernant les assurances de responsabilité civile, le principe est celui de la réparation intégrale du préjudice subi par le tiers victime lequel peut disposer librement de l'indemnité due par l'assureur, sans être tenu de l'affecter à un usage déterminé (Civ. 2e, 29 juin 2017, n° 16-19.511).

L'article L. 121-1 ne s'applique pas en assurances de personnes régies par le principe forfaitaire. Par exception, si le contrat garantit le paiement de prestations à caractère indemnitaire, l'assureur pourra être subrogé dans les droits de l'assuré, dans les conditions fixées à l'article L. 131-2 du Code des assurances.

Le Code de la mutualité retient un principe indemnitaire à l'article L. 224-8, pour le remboursement des frais de soins, la protection juridique et l'assistance.

B - Justification du principe

Les assurances de dommages ont pour but de remettre l'assuré dans la situation où il se trouvait avant la survenance du sinistre. Elles visent le versement d'indemnités correspondant au préjudice subi. Elles ne peuvent donc constituer une source d'enrichissement pour l'assuré.

Le mécanisme de l'assurance consiste en une mutualité organisée au sein de laquelle l'équité est de règle.

En assurance de dommages, chaque membre de la mutualité cherche à se prémunir en cas de sinistre, c'est-à-dire à obtenir une juste réparation de son préjudice. L'assurance ne doit donc pas s'apparenter à une spéculation, ce qui fausserait les règles de la mutualité.

II - Les conséquences du principe indemnitaire

Afin de préserver le principe indemnitaire énoncé à l'article L. 121-1 du Code des assurances, trois règles ont été fixées :

- quand la valeur assurée est insuffisante (sous-assurance) ;
- quand la valeur assurée est excessive (surassurance) ;
- quand il y a plusieurs contrats d'assurance (cumul d'assurance).

A - La sous-assurance (C. assur., art. L. 121-5)

1° Principe

Lorsque la valeur de la chose assurée excède, au jour du sinistre, la somme garantie, l'assuré est considéré comme restant son propre assureur pour l'excédent et supporte une part proportionnelle du dommage. L'assuré n'est donc indemnisé que dans la proportion du capital assuré par rapport à la valeur réelle du bien. Il y a application de la règle proportionnelle de capitaux selon la formule suivante :

$$\text{Indemnités : montant des dommages} \times \frac{\text{valeur assurée}}{\text{valeur réelle}}$$

Cette règle s'applique aussi bien en cas de sinistre partiel qu'en cas de sinistre total. La bonne ou mauvaise foi de l'assuré n'a pas à être prise en considération : le client peut choisir de ne s'assurer que partiellement, et l'équité au sein de la mutualité exige pour chaque assuré une indemnisation toujours proportionnée à ses montants de garantie.

La règle proportionnelle de capitaux ne doit pas être confondue avec celle de primes (examinée précédemment). Deux différences fondamentales les distinguent :

- la règle proportionnelle de capitaux concerne le montant des garanties, celle de primes les aggravations de risque intervenant dans le calcul de la prime ;
- la bonne ou mauvaise foi de l'assuré est indifférente pour appliquer la règle proportionnelle de capitaux, contrairement à celle de primes qui suppose que la mauvaise foi n'a pas été établie.

Cela signifie aussi que les deux règles proportionnelles peuvent s'appliquer simultanément puisqu'elles sanctionnent deux aspects différents.

2° Application pratique

Un bâtiment est assuré en incendie pour une valeur de 300 000 €. À la suite d'un sinistre, l'expert détermine une valeur réelle de 400 000 €.

Si le sinistre est partiel, par exemple les dommages se chiffrant à 80 000 €, l'assureur réglera :

$$80\,000\text{ €} \times \frac{300\,000\text{ €}}{400\,000\text{ €}} \text{ soit } 60\,000\text{ €}$$

Si le sinistre est total, les dommages s'élevant alors à 400 000 €, les indemnités sont égales à :

$$400\,000\text{ €} \times \frac{300\,000\text{ €}}{400\,000\text{ €}} \text{ soit } 300\,000\text{ €}$$

On constate qu'en cas de sinistre total, l'indemnité est égale au montant de la valeur assurée. L'assuré reste bien son propre assureur pour l'excédent.

3° Dérogation à la règle proportionnelle

La règle proportionnelle de capitaux est difficilement admise par les assurés, surtout en cas de sinistre partiel. Il est vrai également qu'il est délicat de « sanctionner » un particulier qui aura mal estimé la valeur de son bien.

L'article L. 121-5 prévoit que cette règle s'applique « sauf convention contraire ». L'assureur peut donc prévoir une clause écartant ou corrigeant les effets de la règle proportionnelle de capitaux.

Ainsi, les formules d'assurance destinées aux particuliers abandonnent la règle proportionnelle de capitaux. On parle alors de garanties « au premier risque ».

Par exemple, dans un contrat « multirisque habitation », on couvrira le mobilier de l'assuré à concurrence de 15 000 €. Tous les sinistres n'excédant pas cette somme seront indemnisés intégralement (sans réduction proportionnelle), sans tenir compte de la valeur réelle du mobilier assuré. Bien entendu, si les dommages excèdent 15 000 €, l'indemnité sera limitée à cette somme.

Il faut remarquer que la valeur assurée doit être suffisante, non seulement à la souscription, mais également tout au long de la vie du contrat.

Pour limiter les risques d'oubli de réactualisation des montants garantis, la majorité des contrats sont aujourd'hui indexés.

B - La surassurance (C. assur., art. L. 121-3)

Deux situations se rencontrent :

1° Il y a eu fraude de la part de l'assuré ou de l'assureur

L'autre partie peut demander la nullité du contrat et réclamer, en plus, des dommages et intérêts ; cette hypothèse semble tout à fait théorique, surtout s'agissant de la fraude de la part de l'assureur.

2° Il n'y a pas eu fraude

En cas de sinistre, l'assureur ne doit pas une indemnité supérieure à la valeur réelle du bien. Il conserve les primes perçues en trop et établit un avenant de réduction des garanties et de la cotisation prenant effet au jour du sinistre.

C - Les assurances multiples cumulatives (C. assur., art. L. 121-4)

L'existence d'assurances cumulatives est caractérisée lorsqu'un même souscripteur a souscrit, auprès de plusieurs assureurs, des contrats d'assurance pour un même intérêt et contre un même risque (Civ. 1re, 21 nov. 2000, n° 98-11.891). Deux cas sont possibles :

1° Il y a eu fraude

Chaque partie peut demander la nullité de tous les contrats.

Rappelons que la fraude est difficile à établir, car elle suppose la preuve d'une intention de tromper l'autre partie.

2° Il n'y a pas eu fraude

Chaque contrat produit ses effets dans les limites convenues, mais sans que les indemnités puissent excéder le préjudice.

L'assuré a la faculté de s'adresser à l'assureur de son choix pour être indemnisé dans les limites de son contrat.

L'assureur qui a indemnisé l'assuré demande ensuite aux autres assureurs de contribuer au paiement des indemnités qu'il a versées. La répartition est effectuée en proportion des engagements de chacun par rapport au total des engagements.

En pratique, les clauses dites « d'antériorité » sont nulles (la clause d'antériorité stipule que, sauf fraude, en cas d'existence d'autres assurances pour le même objet et le même risque, les contrats joueront selon leur date de souscription ; le plus ancien devra d'abord intervenir puis en cas de besoin, le deuxième contrat souscrit et ainsi de suite jusqu'à règlement intégral du sinistre).

L'article L. 121-4 impose à l'assuré de faire connaître à chaque assureur l'existence d'autres assurances. Cette obligation légale vise à réduire les hypothèses de fraude.

III - La subrogation légale de l'assureur

A - Principe et justification

1° Principe

L'assureur dommages (assurances de biens, de responsabilité et de frais de soins), après versement des indemnités, bénéficie des droits et actions de son assuré pour exercer un recours contre les tiers responsables du sinistre (C. assur., art. L. 121-12). L'assureur prend la place et les droits de son assuré : il lui est légalement « subrogé ». Il a alors le droit de demander le remboursement de ce qu'il a versé et, lorsque le recours aboutit, conserve les sommes récupérées.

2° Justification

La subrogation légale est une autre conséquence du principe indemnitaire.

L'assuré ne doit pas bénéficier de deux indemnisations, l'une par son assureur, l'autre par le responsable.

Comme il est nécessaire d'appliquer les règles de responsabilité, c'est-à-dire d'exiger du responsable la réparation des dommages qu'il a occasionnés, on transfère les droits de l'assuré (victime) à l'assureur.

B - Modalités d'application

La subrogation légale n'intervient qu'après le versement des indemnités et à « due concurrence ». L'assureur ne peut récupérer plus qu'il n'a versé.

La subrogation suppose le désintéressement de l'assuré ou de la victime, c'est-à-dire son indemnisation complète. S'il y a un découvert, une franchise, une insuffisance de garantie, l'assuré (victime) conserve une priorité de recours contre le responsable pour la partie non indemnisée.

L'assureur ne peut exercer de recours contre les enfants, ascendants, descendants, alliés en ligne directe (conjoint, beaux-parents, gendre et bru), préposés et domestiques de l'assuré ainsi que contre toute personne vivant habituellement sous le toit de l'assuré, sauf si le sinistre est dû à un acte de malveillance de la part d'une de ces personnes.

> **Exemple** : M. Alain est assuré contre le bris de glaces pour sa vitrine de magasin. La vitrine est brisée par M. Charles (entièrement responsable). Le remplacement de la vitrine s'élève à 1 500 €. En raison des limitations du contrat, l'assureur de M. Alain lui verse 1 200 €. M. Alain a un découvert de 300 €. Il aura priorité sur l'assureur pour réclamer cette somme à M. Charles.

C - Prestations à caractère indemnitaire

1° Les dispositions du Code des assurances

En assurances de personnes, faute de principe indemnitaire, il n'y a pas subrogation légale de l'assureur (C. assur., art. L. 131-2).

La loi du 16 juillet 1992 a introduit une exception (2e alinéa de l'art. L. 131-2) autorisant le recours de l'assureur « pour le remboursement des prestations à caractère indemnitaire prévues au contrat ».

Cela vise, par exemple, des indemnités journalières calculées selon les revenus réels de l'assuré ou versées au titre de la GAV, garantie des accidents de la vie.

> **NB** : La GAV est une assurance soumise au principe indemnitaire, couvrant les conséquences d'un décès ou d'une invalidité à la suite d'un accident de la vie privée.

2° Les dispositions du Code de la mutualité

Pour les prestations à caractère indemnitaire, les mutuelles bénéficient de la subrogation légale contre les tiers responsables (C. mut., art. L. 224-9).

Les prestations indemnitaires visées sont celles prévues à l'article L. 224-8, c'est-à-dire celles liées aux remboursements de frais, à la protection juridique et à l'assistance.

Le recours s'exerce à due concurrence des sommes versées et de la part d'indemnité mise à charge du tiers et qui répare l'atteinte à l'intégrité physique de la victime, sauf préjudices à caractère personnel (sauf prix de la douleur, préjudices esthétique et d'agrément), à moins que la mutuelle n'ait indemnisé ces préjudices personnels.

En cas d'accident suivi de mort la subrogation ne concerne pas le préjudice moral subi par les ayants droit.

L'article L. 224-9 prévoit, en outre, la subrogation légale des mutuelles pour le paiement des indemnités journalières et des prestations d'invalidité.

IV - Synthèse sur les conséquences du principe indemnitaire

HYPOTHÈSES LIÉES AU PRINCIPE INDEMNITAIRE	CONSÉQUENCES
Sous-assurance valeur assurée < valeur réelle	Règle proportionnelle de capitaux en cas de sinistre, sauf abandon contractuel
Surassurance valeur assurée > valeur réelle	• Nullité si fraude prouvée • Sinon plafonnement des indemnités à la valeur réelle
Assurances multiples cumulatives plusieurs contrats d'assureurs différents	• Nullité si fraude prouvée • Sinon plafonnement des indemnités et répartition proportionnelle
Subrogation légale de l'assureur recours de l'assureur après versement des indemnités	Recours contre le tiers responsable sauf certaines personnes liées à l'assuré

Section V - La durée, la cessation et la transmission du contrat d'assurance de dommages

I - La durée du contrat et la faculté de résiliation

A - La durée du contrat

La durée du contrat est fixée par le contrat lui-même (C. assur., art. L. 113-12, C. mut., art. L. 221-9, L. 932-11 et CSS, art. L. 932-19). Elle doit être mentionnée en caractères très apparents. La police doit également mentionner que la durée de la tacite reconduction ne peut en aucun cas être supérieure à une année (C. assur., art. L. 113-15).

Pour tous les contrats de plus de trois ans délivrés, la durée doit être indiquée en caractères très apparents, juste au-dessus de la signature du souscripteur. À défaut, le contrat est résiliable annuellement (C. assur., art. A. 113-1).

Le législateur est intervenu pour permettre aux parties, et notamment à l'assuré, de se dégager périodiquement, c'est-à-dire de pouvoir résilier le contrat à l'expiration d'un délai d'un an, ce délai pouvant parfois être plus court.

B - La faculté annuelle de résiliation

1° Le principe applicable en assurances dommages

L'article L. 113-12 du Code des assurances institue une faculté annuelle réciproque de résiliation. Il dispose que l'assuré a le droit de résilier le contrat à l'expiration d'un délai d'un an, en adressant une notification à l'assureur au moins deux mois avant la date d'échéance de ce contrat.

Pour notifier la résiliation de son contrat, l'assuré dispose de plusieurs moyens prévus à l'article L. 113-14 du Code des assurances :
- soit par lettre, email, ou tout autre support durable ;
- soit par déclaration faite au siège social ou chez le représentant de l'assureur ;
- soit par acte extrajudiciaire ;
- soit, lorsque l'assureur propose la conclusion de contrat par un mode de communicationà distance, par le même mode de communication ;
- soit par tout autre moyen prévu par le contrat.

La loi n° 2022-1158 du 16 août 2022 dite loi pouvoir d'achat prévoit en outre la faculté pour l'assuré de résilier son contrat en ligne. L'article L. 113-14 du Code des assurances modifié par l'article 17 de cette loi dispose que lorsqu'un contrat d'assurance couvrant les personnes physiques en dehors de leurs activités professionnelles a été conclu par voie électronique ou a été conclu par un autre moyen et que l'assureur, au jour de la résiliation par le souscripteur, offre au souscripteur la possibilité de conclure des contrats par voie électronique, la résiliation est rendue possible selon cette même modalité. À cet effet, l'assureur met à la disposition de l'intéressé une fonctionnalité gratuite permettant d'accomplir, par voie électronique, la notification et les démarches nécessaires à la résiliation du contrat. Lorsque l'intéressé notifie la résiliation du contrat, l'assureur lui confirme la réception de la notification et l'informe, sur un support durable et dans des délais raisonnables, de la date à laquelle le contrat prend fin et des effets de la résiliation.

À partir du 1er juin 2023 au plus tard, les assureurs devront donc prévoir la possibilité de résilier en ligne par un simple « clic », que le contrat ait été conclu en ligne ou pas. Des dispositions semblables sont prévues dans le Code de la Sécurité sociale aux articles L. 932-12-2 et 932-21-3 ainsi que dans le Code de la mutualité à l'article L. 221-10-3.

Le décret n° 2023-182 du 16 mars 2023 précise les modalités d'accès et d'utilisation de la fonctionnalité de résiliation et de dénonciation par voie électronique des contrats et règlements prévue à l'article 17 de la loi n° 2022-1158 du 16 août 2022 portant mesures d'urgence pour la protection du pouvoir d'achat.

Il entre en vigueur le 1er juin 2023.

Le décret fixe les modalités d'accès et d'utilisation de la fonctionnalité de résiliation et de dénonciation des contrats ou des règlements par voie électronique prévue à l'article 17 de la loi n° 2022-1158 du 16 août 2022 portant mesures d'urgence pour la protection du pouvoir d'achat.

Le décret assure au souscripteur d'assurance, à l'adhérent et au membre participant la possibilité de notifier à l'organisme assureur, à la mutuelle ou à l'institution de prévoyance ou à leurs unions la résiliation d'un contrat ou la dénonciation d'un règlement, en lui garantissant un accès facile, direct et permanent à la fonctionnalité prévue par la loi.

Ainsi, depuis l'interface en ligne (notamment le site internet ou l'application mobile) mise à disposition des souscripteurs, des adhérents ou des membres participants, ces derniers accèdent directement à la fonctionnalité de résiliation ou de dénonciation. Le souscripteur, l'adhérent ou le membre participant est alors amené à renseigner les informations mentionnées par le présent décret permettant de l'identifier et de formuler sa demande de résiliation d'un contrat ou de dénonciation d'un règlement. Un rappel général des conditions et des conséquences de cette opération est présenté. Enfin, il est ensuite dirigé vers une dernière page récapitulative des informations fournies à partir de laquelle il notifie sa résiliation ou sa dénonciation.

Le délai de résiliation court à partir de la date figurant sur le cachet de la poste ou de la date d'expédition de la notification. Dans tous les cas, l'assureur doit confirmer par écrit la réception de la notification.

La faculté de résiliation annuelle est également ouverte à l'assureur, dans les mêmes conditions, lorsque l'assuré a souscrit un contrat à des fins professionnelles.

Dans les autres cas, l'assureur peut résilier le contrat à l'expiration d'un délai d'un an, à la condition d'envoyer une lettre recommandée à l'assuré au moins deux mois avant la date d'échéance du contrat. L'assureur doit, de plus, motiver cette résiliation unilatérale (C. assur., art. L. 113-12-1).

2° Extension de la faculté annuelle de résiliation à d'autres catégories d'assurance

Pour les adhérents à une mutuelle ou à une institution de prévoyance, le droit à résiliation annuelle de l'adhérent figure, respectivement, aux articles L. 221-10 du Code de la mutualité, L. 932-12 et L. 932-21 du Code de la Sécurité sociale. Toutefois, ce droit n'existe pas lorsque l'adhésion à l'institution de prévoyance résulte d'une obligation prévue dans une convention de branche ou un accord professionnel ou interprofessionnel (CSS, art. L. 932-12).

La loi n° 2019-733, du 14 juillet 2019, a étendu le droit de résiliation annuelle aux contrats complémentaire santé (C. ass., art. L. 113-15-2 et R. 113-11 ; C. mut., art. L. 220-10-2 ; CSS, art. L. 932-12-1 et L. 932-12-2). L'assuré peut désormais, après expiration d'un délai d'un an à compter de la première souscription, dénoncer l'adhésion ou résilier le contrat sans frais ni pénalités. La dénonciation de l'adhésion ou la résiliation du contrat prend effet un mois après que l'assureur, l'institution de prévoyance ou la mutuelle en a reçu notification par l'adhérent. Ce droit de résiliation doit être mentionné dans chaque bulletin d'adhésion ou contrat. Il est en outre rappelé avec chaque avis d'échéance de cotisation.

Dans le cas où l'assuré souhaite résilier afin de souscrire un nouveau contrat auprès d'un nouvel organisme, celui-ci effectue pour le compte de l'assuré les formalités nécessaires à l'exercice du droit de résiliation. Les organismes intéressés s'assurent de l'absence d'interruption de la couverture de l'assuré durant la procédure.

La résiliation peut être effectuée, au choix de l'assuré :

1° soit par lettre ou tout autre support durable ;

2° soit par déclaration faite au siège social ou chez le représentant de l'institution de prévoyance ;

3° soit par acte extrajudiciaire ;

4° soit, lorsque l'"assureur, l'institution de prévoyance ou la mutuelle propose la conclusion de contrat ou l'adhésion au règlement par un mode de communication à distance, par le même mode de communication ;

5° soit par tout autre moyen prévu par le contrat.

Le destinataire confirme par écrit la réception de la notification.

C - Les exceptions à la faculté annuelle de résiliation

Le Code des assurances prévoit trois exceptions :

- les assurances sur la vie ;
- les contrats individuels d'assurance maladie (lorsqu'ils ne comportent pas de garantie de remboursement des frais de soins) ;

– les assurances couvrant des risques autres que ceux des particuliers.

Les articles L. 932-12 et L. 932-21 du Code de la Sécurité sociale excluent les assurances vie, individuelles ou collectives à adhésion facultative, qui comportent une valeur de rachat.

Le Code de la mutualité ne prévoit pas d'exception.

D - La résiliation des contrats d'assurance en dehors de l'échéance annuelle

1° Dispositif issu de la loi Chatel

La loi du 28 janvier 2005 (JO du 1er février 2005), dite loi Chatel (nom du député à son origine) vise notamment à faciliter la résiliation des contrats (de toute nature) tacitement reconductibles.

Elle introduit trois nouveaux articles :
- L. 113-15-1 dans le Code des assurances ;
- L. 221-10-1 dans le Code de la mutualité ;
- L. 932-21-1 dans le Code de la Sécurité sociale.

La loi est entrée en vigueur le 28 juillet 2005 et elle s'applique aux contrats en cours, pour les reconductions intervenues à compter de cette date.

Sont concernés les seuls contrats couvrant des personnes physiques, en dehors de leur activité professionnelle et comportant une clause de tacite reconduction. Sont exclues les assurances sur la vie et les assurances de groupe relevant de l'article L. 141-1 du Code des assurances (pour les contrats relevant du Code de la mutualité et du Code de la Sécurité sociale, la dénonciation des contrats à tacite reconduction n'est possible que pour les opérations individuelles). La loi du 17 mars 2014 a réintégré les assurances collectives de dommages dans le champ d'application de l'article L. 113-15-1 du Code des assurances.

Pour les contrats visés, l'assureur doit rappeler, avec l'avis d'échéance, la date limite d'exercice par l'assuré (le souscripteur) du droit à dénonciation du contrat.

Si l'avis (avec cette mention) lui est adressé moins de quinze jours avant cette date ou après cette date, le souscripteur est informé qu'il dispose d'un délai de vingt jours après la date de cet envoi, selon le cachet de la Poste, pour dénoncer la reconduction du contrat.

À défaut d'information (pas d'avis ou avis d'échéance sans mention de la date limite), l'assuré peut résilier à tout moment par lettre recommandée, sans pénalités, à partir de la date de tacite reconduction. La résiliation prend effet le lendemain de la date d'envoi figurant sur le cachet de la Poste. Le souscripteur est tenu de payer la cotisation calculée au prorata de la durée de garantie, c'est-à-dire pour la période comprise entre les dates de tacite reconduction et de résiliation.

S'il y a lieu, l'assureur doit rembourser, dans le délai de trente jours après la résiliation, le prorata de cotisation non couru, sous peine d'intérêts au taux légal.

2° Dispositif issu de la loi Hamon (résiliation infra-annuelle)

La loi relative à la consommation du 17 mars 2014, a introduit un nouvel article L. 113-15-2 dans le Code des assurances spécifique à la résiliation des contrats à tacite reconduction.

Il est désormais prévu que pour les contrats d'assurance à tacite reconduction couvrant les personnes physiques en dehors de leur activité professionnelle et relevant des branches définies par décret en Conseil d'État, l'assuré peut, à l'expiration d'un délai d'un an à compter de la première souscription, résilier son contrat quand il le souhaite. La résiliation prend effet un mois après la réception par l'assureur de la notification de la résiliation (cette résiliation n'est pas conditionnée à l'envoi d'une lettre recommandée).

Le décret publié le 31 décembre 2014 est venu préciser que cette nouvelle faculté de résiliation infra-annuelle concerne les contrats d'assurance automobile, habitation et les assurances dites affinitaires proposées en complément d'un bien ou d'un service vendu par un fournisseur. Le décret n° 2020-1438 du 23 novembre 2020 est venu ajouter à cette liste les contrats de complémentaire santé (C. assur., art. R. 113-11).

L'assureur devra rappeler cette faculté de résiliation infra-annuelle dans chaque contrat concerné ainsi que dans chaque avis d'échéance de prime. En cas d'exercice de cette faculté, l'assureur doit rembourser le prorata de cotisation non couru dans le délai de 30 jours, sous peine d'intérêts au taux légal.

Le détail des modalités de résiliation est précisé à l'article R. 113-12 du Code des assurances.

3° Dispositif issu de la loi Lemoine (résiliation à tout moment)

La loi n° 2022-270 du 28 février 2022 « pour un accès plus juste, plus simple et plus transparent au marché de l'assurance emprunteur », dite loi Lemoine, institue, à compter du 1er septembre 2022, la possibilité pour l'emprunteur de changer d'assurance à tout moment. La procédure de résiliation et de substitution d'assurance est décrite aux articles L. 113-12-2 du Code des assurances et L. 221-10 du Code de la mutualité. L'accord du prêteur doit être requis.

E - La résiliation résultant de changements dans la situation de l'assuré

Sont concernés les articles L. 113-16 du Code des assurances et L. 221-17 du Code de la mutualité.

1° Principe

Des possibilités de résiliation réciproque sont accordées aux parties dans le cas où un changement survient dans la situation de l'assuré, à condition que le contrat ait pour objet la garantie de risques en relation directe avec la situation antérieure et qui ne se retrouvent pas dans la situation nouvelle.

Cinq cas sont prévus :

- changement de domicile ;
- changement de situation matrimoniale (mariage, divorce…) ;
- changement de régime matrimonial (le régime de séparation de biens remplaçant le régime légal, par exemple) ;
- changement de profession ;
- retraite professionnelle ou cessation définitive d'activité.

Ces dispositions ne s'appliquent pas aux assurances sur la vie.

2° Modalités de mise en œuvre

Pour l'assuré, la résiliation doit être demandée dans un délai de 3 mois à compter de l'événement. Pour l'assureur, le délai est de 3 mois à compter du jour où il a reçu notification du changement.

La résiliation prend effet 1 mois après notification à l'autre partie, par lettre recommandée avec accusé de réception. L'assureur doit rembourser le prorata non couru. Les clauses prévoyant une indemnité en faveur de l'assureur, lorsque l'assuré résilie le contrat, sont interdites depuis le 1er mai 1990.

L'assuré qui entend résilier doit fournir toute précision relative à l'événement en question (C. assur., art. R. 113-6). Il doit prouver que le changement a un lien direct avec les garanties et qu'il entraîne une réelle modification du risque (selon le principe évoqué ci-dessus).

Exemples :
- un assuré change de profession, il devient artisan alors qu'il était employé de bureau. Il ne peut résilier son assurance habitation, mais peut résilier son contrat « d'assurance santé » ;
- un assuré change de domicile, il occupe un appartement plus grand dans la même ville. Il ne peut résilier son assurance auto, mais peut demander la cessation de son contrat incendie ;
- assuré en incendie pour son habitation cesse son activité professionnelle. Cela ne permet pas la résiliation de ce contrat, mais celle de la police responsabilité civile chef d'entreprise est possible.

II - La cessation du contrat

En dehors des hypothèses de résiliation du contrat précédemment étudiées, le contrat d'assurance peut prendre fin en raison :
- de l'arrivée du terme ;
- de la disparition du risque.

L'incidence de la liquidation judiciaire de l'assuré ou de l'assureur sur le contrat d'assurance est encadrée par la loi.

A - La venue à expiration du terme

Le contrat est souscrit pour une durée ferme, sans tacite reconduction. Il cesse alors de plein droit, sans autre avis, à l'expiration du délai prévu.

Cette disposition vise spécialement les assurances dites « temporaires » souscrites pour quelques jours, semaines ou mois.

B - La disparition du risque

Selon l'article L. 121-9 du Code des assurances : « En cas de perte totale de la chose assurée résultant d'un événement non prévu par la police (c'est-à-dire d'un « sinistre » non garanti) l'assurance prend fin de plein droit ». L'assureur doit restituer le prorata de prime non-courue.

Exemple : des marchandises sont assurées contre l'incendie. Si elles sont détruites par une inondation ou si elles sont volées (le vol n'étant pas assuré), il y a disparition du risque, au sens de l'article L. 121-9.

C - Le redressement et la liquidation judiciaires

On doit distinguer :
- le redressement judiciaire qui permet le maintien de l'entreprise en difficultés financières ;
- la liquidation judiciaire de biens qui correspond à la disparition de l'entreprise.

1° Le redressement et la liquidation judiciaires de l'assuré/adhérent

L'assurance continue au profit de l'ensemble des créanciers (dénommé la « masse »).

Avant la loi n° 2005-845 du 26 juillet 2005 de sauvegarde des entreprises, en application du premier alinéa de l'article L. 113-6 du Code des assurances, l'administrateur (ou le chef d'entreprise), en cas de redressement judiciaire, avait la faculté de résilier le contrat dans un délai de 3 mois à compter du jugement décidant du sort de l'entreprise. Le liquidateur, en cas de liquidation de biens, disposait de ce même droit.

L'assureur pouvait également résilier dans les 3 mois.

L'article L. 932-10 du Code de la Sécurité sociale prévoit une faculté de résiliation dans les mêmes conditions.

Le législateur ne précise pas le délai de préavis avant résiliation. Selon la jurisprudence, il apparaît que la résiliation demandée par l'assureur ne peut intervenir que dix jours après notification. En ce qui concerne l'administrateur ou le liquidateur l'effet peut être immédiat ou à la date convenue par accord des parties. Dans tous les cas, le prorata de cotisation non couru est remboursé par l'assureur.

L'article 176 de la loi du 26 juillet 2005 a abrogé le premier alinéa de l'article L. 113-6 du Code des assurances. En conséquence, c'est l'article L. 622-13 du Code de commerce qui s'applique en cas de procédure collective ouverte contre l'assuré. En application de cette disposition, le contrat continu de plein droit et l'administrateur a seul la faculté d'exiger l'exécution du contrat en cours en fournissant la prestation promise au cocontractant du débiteur. L'assureur peut toutefois mettre en demeure l'administrateur de prendre parti sur la poursuite du contrat. En l'absence de réponse dans le délai d'un mois (sauf prorogation du délai accordée par le juge commissaire qui ne peut excéder deux mois), le contrat est résilié de plein droit. De même, si l'administrateur ne paye pas les primes venant à échéance après le jugement d'ouverture de la procédure collective et si l'assureur ne souhaite pas poursuivre les relations contractuelles, le contrat est résilié de plein droit.

La résiliation peut également être prononcée par le juge commissaire à la demande de l'administrateur.

> **Remarque** : la loi du 26 juillet 2005 n'est applicable qu'aux procédures collectives ouvertes après le 1er janvier 2006 (date d'entrée en vigueur de la loi). La loi du 26 juillet 2005 n'a pas abrogé l'article L. 932-10 du Code de la Sécurité sociale dont les dispositions restent donc applicables.

2° La liquidation judiciaire de l'assureur

La liquidation judiciaire de l'assureur est prévue par les articles L. 113-6 du Code des assurances, L. 212-20 du Code de la mutualité et L. 931-21-3 du Code de la Sécurité sociale.

En cas de liquidation judiciaire de l'assureur, les dispositions relatives au retrait d'agrément s'appliquent. Il y a cessation de plein droit des contrats d'assurance le quarantième jour à midi qui suit la publication, au Journal officiel, de l'arrêté prononçant le retrait d'agrément.

On prévoit, toutefois, des possibilités d'aménagement pour les assurances vie (C. assur., art. L. 326-13, C. mut., art. L. 212-21 et CSS, art. L. 931-21-4).

Les souscripteurs des contrats sont avisés dans le délai de 20 jours à compter du lendemain de la publication au Journal officiel. L'information est aussi adressée aux assurés et bénéficiaires lorsqu'ils sont différents du souscripteur (C. assur., art. R. 326-1, C. mut., art. R. 211-15-1 et CSS, art. L. 931-18).

Nous verrons par la suite, en analysant les principes régissant les différents organismes d'assurance, que le retrait d'agrément équivaut à un retrait de l'autorisation de pratiquer des opérations d'assurance.

> **Remarque** : En cas de redressement judiciaire de l'assureur, les Codes des assurances, de la mutualité et de la Sécurité sociale ne prévoient aucune disposition affectant la continuation des contrats en cours.

> **NB** : Seuls les principaux cas de cessation du contrat ont été examinés. D'autres situations ouvrent droit à résiliation : citons les hypothèses de réquisition des biens assurés, d'augmentation du tarif ou de transfert du portefeuille de l'assureur.

III - La transmission du contrat en cas de décès de l'assuré ou d'aliénation de la chose assurée

A - Le cas général

Selon l'article L. 121-10 du Code des assurances :

- en cas de décès de l'assuré ou d'aliénation de la chose assurée (le bien garanti) l'assurance continue de plein droit au profit de l'héritier ou de l'acquéreur ;
- le terme « aliénation » signifie transfert volontaire de propriété, c'est-à-dire vente, donation, échange. Il s'agira, dans l'immense majorité des cas, d'une vente. La commission d'amélioration du langage de l'assurance préconise le remplacement du mot « aliénation » par « cession ». Cette règle est justifiée par le fait que l'assurance est liée au patrimoine assuré et qu'elle doit suivre le sort de ce patrimoine. La Cour de cassation a précisé que l'article L. 121-10 du Code des assurances qui ne distingue pas selon que le transfert de propriété porte sur un bien mobilier ou immobilier, corporel ou incorporel, ni selon le mode d'aliénation de la chose assurée, s'applique en cas de cession d'un fonds de commerce ordonnée lors d'une procédure de redressement judiciaire (Civ. 2e, 24 oct. 2019, n° 18-15.994) ;
- l'héritier, ou l'acquéreur, est tenu d'exécuter toutes les obligations incombant au souscripteur. Il doit demander l'établissement d'un avenant de transfert à son nom ;
- chaque partie a ensuite la faculté de résilier le contrat.

La résiliation est demandée par lettre recommandée, pour prendre effet :

- après notification à l'assureur par le nouvel assuré ;
- 10 jours après notification à l'assuré par l'assureur.

L'assureur doit envoyer sa lettre dans le délai de trois mois à compter du jour où l'héritier, ou l'acquéreur, a demandé l'établissement de l'avenant à son nom. Si l'assureur résilie, il doit rembourser au prorata temporis la portion de prime non courue. Il en est de même lorsque le nouveau titulaire du contrat use de sa faculté de résiliation.

L'héritier ou l'acquéreur perd le droit à résiliation s'il accepte expressément la continuation du contrat ou tacitement en payant une prime venue à échéance ou en déclarant un sinistre.

NB : Les sociétés d'assurance mutuelle sont parfois tenues de résilier lorsque leurs statuts imposent des conditions professionnelles aux adhérents et que ces conditions ne sont pas remplies par le nouveau titulaire de l'assurance. Observons toutefois que la garantie est acquise, automatiquement, selon la loi, au jour du transfert de propriété, et qu'elle ne cessera qu'au moment de la résiliation.

B - Les cas particuliers

1° L'aliénation (cession) d'un véhicule terrestre à moteur

Selon l'article L. 121-11 du Code des assurances :

- « en cas d'aliénation d'un véhicule terrestre à moteur (ou de ses remorques ou semi-remorques) le contrat est suspendu le lendemain à zéro heure du jour de l'aliénation » ;

NB : Il n'y a donc pas de lien entre l'assureur et l'acquéreur.

- l'assureur doit être avisé par lettre recommandée de la date de cession. Dans cette lettre, le souscripteur (vendeur) peut demander la résiliation qui prendra effet 10 jours après notification ;
- l'assureur dispose aussi de la faculté de résiliation, moyennant lettre recommandée et préavis de 10 jours ;
- à défaut de remise en vigueur (et de résiliation) dans les six mois qui suivent la suspension, il y a résiliation automatique.

Avant la loi du 31 décembre 1989, l'assureur avait la possibilité d'introduire dans le contrat une clause stipulant des indemnités en sa faveur dans deux cas :

- 1er cas : l'assuré a oublié d'aviser l'assureur de l'aliénation (dans un délai normal) ;
- 2e cas : la résiliation est le fait de l'assuré ou intervient automatiquement après six mois. Ces indemnités sont désormais interdites et les clauses figurant dans les contrats deviennent nulles.

NB : L'exception de l'article L. 121-11 ne vise que la cession du véhicule assuré. En cas de décès de l'assuré, le contrat d'assurance automobile est transféré de plein droit aux héritiers (application du cas général).

2° L'aliénation (cession) d'un bateau de plaisance

En cas d'aliénation d'un bateau de plaisance, quel que soit son mode de propulsion (donc même pour un voilier), on applique les mêmes dispositions que celles prévues pour un véhicule terrestre à moteur (C. assur., art. L. 121-11, dernier paragraphe).

3° Cas particulier de l'assurance grêle

Pour mémoire, relevons que, selon l'article L. 123-3 du Code des assurances, des dispositions spécifiques s'appliquent en cas de cession des récoltes ou de l'immeuble assuré.

Section VI - Les litiges nés du contrat d'assurance

La mise en place d'un dispositif généralisé de médiation, depuis le 1er octobre 1993, a limité sensiblement le nombre des dossiers dits « contentieux », c'est-à-dire soumis aux tribunaux. La saisine du médiateur n'implique pas l'abandon du droit à agir en justice (droit « d'ester »).

I - La compétence des tribunaux

A - Compétence d'attribution

Il s'agit de déterminer quelle est la juridiction qui doit être saisie en cas de litige entre l'assureur et l'assuré. On applique les règles générales du droit, c'est-à-dire que le tribunal compétent dépend de la nature du contrat d'assurance, qui peut être civil, commercial ou les deux à la fois, et de la qualité du demandeur (celui qui agit).

Le particulier s'adressera nécessairement au Tribunal judiciaire, s'il est assuré auprès d'une société mutuelle ou à forme mutuelle. Pour les litiges dont les demandes n'excèdent pas 10 000 €, le Tribunal de Proximité qui est une chambre du Tribunal judiciaire sera compétent. Si le litige excède 10 000 €, c'est une chambre civile du Tribunal judiciaire qui jugera l'affaire.

S'il est assuré par une société anonyme d'assurance, il pourra choisir entre le Tribunal de commerce et le Tribunal judiciaire. Le commerçant assuré pour son commerce auprès d'une société anonyme devra saisir le Tribunal de commerce.

B - Compétence territoriale

Selon l'article R. 114-1 du Code des assurances, en cas de litige entre l'assuré et l'assureur, le tribunal auquel le demandeur doit s'adresser est celui du domicile de l'assuré.

Deux exceptions :

- s'il s'agit d'une assurance portant sur un immeuble ou sur des objets mobiliers, le tribunal compétent est celui de la situation des biens assurés (pour faciliter les expertises, les référés, etc.) ;
- s'il s'agit d'une assurance « accidents », le tribunal compétent peut être celui de l'endroit où s'est produit l'accident. Le choix appartient au seul assuré.

> **Remarque** : Les Codes de la mutualité et de la Sécurité sociale ne comportent pas de disposition spécifique relative à la compétence territoriale ; on doit faire application des dispositions du droit commun (soit les règles prévues par l'article 42 du Code de procédure civile).

II - La prescription

Les articles L. 114-1 et L. 114-2 du Code des assurances, L. 212-11 et L. 932-13 du Code de la Sécurité sociale sont consacrés à la prescription.

A - Principes

La prescription est l'extinction automatique d'un droit ou d'une obligation, lorsqu'un certain délai s'est écoulé sans qu'il y ait eu de réclamation d'une des parties concernées. En matière de contrats d'assurance, la prescription est de deux ans dans les rapports entre assureur et assuré.

La prescription peut être interrompue, en particulier par la désignation d'experts à la suite d'un sinistre. L'interruption de la prescription peut, en outre, résulter de l'envoi d'une lettre recommandée avec accusé de réception adressée :

- par l'assureur à l'assuré, en ce qui concerne l'action en paiement des primes ;
- par l'assuré à l'assureur, en ce qui concerne le règlement de l'indemnité.

En application de l'article R. 112-1 du Code des assurances, le contrat d'assurance doit rappeler les règles relatives à la prescription des actions dérivant du contrat d'assurance. Le contrat doit en conséquence rappeler les dispositions des articles L. 114-1 et L. 114-2 du Code des assurances sous peine d'inopposabilité à l'assuré du délai de prescription biennal (Civ. 3e, 28 avr. 2011, n° 10-16.269). Ajoutant à ces textes, la Cour de cassation a jugé que le contrat d'assurance devait également rappeler les causes ordinaires d'interruption de la prescription sous peine d'inopposabilité à l'assuré du délai de prescription biennal (Civ. 2e, 18 avril 2013, n° 12-19.519).

Le point de départ de la prescription doit également être rappelé. En revanche, l'assureur n'est pas tenu de préciser qu'en application de l'article 2243 du Code civil, l'interruption de prescription est non avenue si le demandeur se désiste de sa demande, laisse périmer l'instance ou si sa demande est définitivement rejetée (Civ. 2e, 9 févr. 2023, n° 21-19.498).

L'assureur qui n'a pas respecté les dispositions de l'article R. 112-1 du Code des assurances et qui ne peut de ce fait opposer la prescription biennale à son assuré, ne peut pas prétendre à l'application de la prescription de droit commun (Civ. 2e, 24 nov. 2022, n° 21-17.327).

B - Applications

Si une prime n'a pas été réclamée pendant deux ans, le souscripteur doit moralement la payer, mais on ne peut plus l'y forcer ; en revanche, l'envoi d'une lettre recommandée avec accusé de réception de mise en demeure interrompt la prescription. Le souscripteur qui a reçu au cours de ces deux ans une telle lettre de mise en demeure, ne peut pas refuser de payer la prime, car l'action de l'assureur n'est pas prescrite.

En cas de réticences, omissions, fausses déclarations ou déclarations incomplètes, la prescription ne commence que le jour où l'assureur en a eu connaissance.

De même, la prescription pour réclamer l'indemnisation d'un sinistre est de deux ans à partir du jour où l'assuré en a eu connaissance. Dans les assurances de responsabilité, la prescription ne commence à courir que quand la victime fait une réclamation à l'assuré, car c'est cette réclamation qui constitue véritablement le sinistre.

C - Cas particulier

La prescription est portée à dix ans au profit du bénéficiaire en assurance vie et des bénéficiaires ayants droit de l'assuré décédé en assurance accidents (C. assur., art. L. 114-1, C. mut., art. L. 221-11 et CSS, art. L. 932-13).

Elle est de 5 ans en ce qui concerne l'incapacité de travail pour les institutions de prévoyance (CSS, art. L. 932-13).

Elle est également de 5 ans en assurance vie dans les départements du Bas-Rhin, Haut-Rhin et de la Moselle (C. assur., art. L. 192-1).

III - Le traitement des réclamations

L'ACPR a publié en date du 2 juillet 2024 une recommandation sur le traitement des réclamations (Recommandation 2024-R-02 du 2 juillet 2024) :

1 - Contexte

Le traitement des réclamations est un enjeu de protection de la clientèle. Plusieurs textes, notamment de nature législative et réglementaire, imposent aux professionnels des secteurs de la banque et de l'assurance des obligations, en particulier d'information concernant le processus de réclamation et de recours à la médiation de la consommation. Certains professionnels proposent également un dispositif de médiation à leur clientèle agissant à des fins entrant dans le cadre de leur activité commerciale, industrielle, artisanale, libérale ou agricole.

Depuis 2011, l'Autorité de contrôle prudentiel et de résolution (ACPR) recommande à ces professionnels des bonnes pratiques dont l'objectif est de permettre :

- une information claire et transparente sur les modalités d'accès aux dispositifs de traitement des réclamations et de médiation ;
- un traitement des réclamations efficace, égal et harmonisé ;
- la mise en place d'actions correctives à partir des dysfonctionnements identifiés au travers des réclamations.

Certaines pratiques de marché, identifiées notamment à travers les informations reçues de la clientèle, conduisent l'ACPR à recommander aujourd'hui des bonnes pratiques qui, à l'instar des précédentes, visent à ce que l'ensemble des professionnels concernés se dotent d'une organisation simple et efficace permettant d'apporter aux réclamants, une réponse qualitative et motivée le plus rapidement possible, et en tout état de cause dans un délai n'excédant pas deux mois, sauf dispositions plus contraignantes.

2 - Champ d'application de la recommandation

Une réclamation se définit comme l'expression d'un mécontentement envers un professionnel quel que soit l'interlocuteur ou le service auprès duquel elle est formulée. Elle peut émaner de toute personne, y compris en l'absence de relation contractualisée avec le professionnel : clients (particuliers ou professionnels), anciens clients, bénéficiaires, personnes ayant sollicité du professionnel la fourniture d'un produit ou service ou qui ont été sollicitées par un professionnel, y compris leurs mandataires et leurs ayants droit.

Une demande de service ou de prestation, d'information ou d'avis n'est pas une réclamation.

La présente recommandation s'adresse :

- aux entreprises d'assurance, aux mutuelles ou unions de mutuelles, aux institutions de prévoyance ou unions d'institutions de prévoyance, aux fonds de retraite professionnelle supplémentaire, aux mutuelles ou unions de retraite professionnelle supplémentaire et aux institutions de retraite professionnelle supplémentaire,

- aux établissements de crédit, aux gestionnaires de crédits, aux sociétés de financement, aux établissements de paiement, aux prestataires de services d'information sur les comptes, aux établissements de monnaie électronique et aux émetteurs de jetons se référant à un ou des actifs mentionnés au a) du paragraphe 1 de l'article 16 du règlement (UE) 2023/1114 du Parlement européen et du Conseil du 31 mai 2023,
- aux intermédiaires d'assurance, aux intermédiaires en opérations de banque et en services de paiement et aux intermédiaires en financement participatif.

Ci-après « le ou les (s) professionnel(s) », y compris lorsqu'ils exercent leur activité en France au titre du régime de libre prestation de services ou de libre établissement.

S'agissant des prestataires de services d'information sur les comptes, le périmètre de la présente recommandation porte sur le traitement des réclamations liées à la sécurité des données collectées.

3 - Recommandation

Afin d'assurer l'efficacité du dispositif de traitement des réclamations et faciliter l'accès aux dispositifs de médiation proposés, l'ACPR recommande, conformément aux dispositions des articles L. 612-1 II 3° et L. 612-29-1 alinéa 2 du Code monétaire et financier, aux professionnels :

3.1. Sur l'organisation du traitement des réclamations et les moyens et procédures associés

3.1.1 De mettre en œuvre une organisation du traitement des réclamations permettant, quel que soit l'interlocuteur ou le service auprès duquel la réclamation a été formulée :

- d'identifier les réclamations formulées par la clientèle quel que soit leur canal d'expression (écrit ou oral) ;
- pour les réclamations formulées à l'oral (numéro de téléphone non surtaxé, lieu d'accueil de la clientèle...) ou par messagerie instantanée ne permettant pas au réclamant de disposer d'une copie datée de sa réclamation, d'inviter ce dernier à formaliser son mécontentement au moyen d'un support écrit durable s'il ne peut lui être donné immédiatement entière satisfaction ;
- lorsqu'un formulaire en ligne est proposé par le professionnel, de veiller à ce qu'il permette au réclamant de disposer d'une copie datée de sa réclamation ;
- de transmettre à l'interlocuteur ou au service compétent les réclamations écrites que le destinataire n'est pas habilité à traiter ;
- de transmettre aux médiateurs toutes les correspondances qui leur sont destinées ;
- d'accuser réception, par écrit, d'une réclamation écrite dans un délai maximal de dix jours ouvrables à compter de son envoi. Cet accusé de réception mentionne comment accéder à la page dédiée visée au 3.2.2 ou, à défaut, les informations énumérées au 3.2.1. Cet accusé de réception n'est toutefois pas nécessaire si le professionnel répond par écrit à la réclamation dans le délai susmentionné ;
- de répondre :
  - par écrit à toute réclamation écrite,
  - de façon claire, adaptée au cas d'espèce et argumentée,
  - dans le délai auquel le professionnel s'est engagé et, en tout état de cause, dans les deux mois à compter de l'envoi de la première manifestation écrite d'un mécontentement, sauf dispositions législatives ou réglementaires plus contraignantes.

- d'enregistrer les réclamations écrites, les réponses apportées et de suivre leur traitement, y compris lorsque celui-ci a été en tout ou partie délégué.

3.1.2 De veiller à ce que l'organisation du traitement des réclamations ne repose pas sur une multitude de circuits de traitements ou d'intervenants distincts pour les réclamants.

3.1.3 De veiller à ce que les délais de réponse appliqués soient cohérents avec l'objet du mécontentement exprimé, en particulier lorsque celui-ci porte sur un délai d'exécution.

3.1.4 De veiller à ce que les collaborateurs habituellement en relation avec la clientèle ou susceptibles de recevoir des réclamations :
- soient formés à l'identification des réclamations et à leur dispositif de traitement ;
- puissent à tout moment se référer à un support d'aide à l'identification et à l'orientation des réclamations adapté aux activités du professionnel et à la typologie des mécontentements exprimés par les réclamants.

3.1.5 De veiller à ce que les collaborateurs habilités à traiter les réclamations disposent des compétences adaptées à cette mission et en particulier d'une bonne connaissance des produits, services et contrats, de la réglementation applicable ainsi que des outils et procédures internes.

3.1.6 De prévoir les principes de responsabilités et délégations liées au traitement des réclamations.

3.1.7 De formaliser l'organisation du traitement des réclamations dans une (des) procédure(s) communiquée(s) à l'ensemble des collaborateurs concernés.

3.2. Sur l'information permettant d'accéder aux dispositifs de traitement des réclamations et de médiation

3.2.1 D'informer en langage clair et compréhensible :
- sur les modalités pratiques pour effectuer une réclamation (adresse postale, site internet, courriel...) ;
- que le réclamant est invité à formaliser son mécontentement au moyen d'une réclamation écrite s'il n'a pu lui être donné immédiatement entière satisfaction conformément au point 3.1.1 ;
- sur l'organisation retenue par le professionnel pour apporter une réponse à une réclamation et les délais de traitement auxquels il s'engage ;
- sur le (ou les) médiateur(s) compétent(s) selon les produits ou la nature des litiges ainsi que sur les modalités pratiques pour le(s) saisir. Il est notamment précisé lorsqu'il s'agit d'un médiateur de la consommation que celui-ci peut en tout état de cause être saisi deux mois après l'envoi d'une première réclamation écrite, quel que soit l'interlocuteur ou le service auprès duquel elle a été formulée et qu'il y ait été ou non répondu.

3.2.2 De rendre l'information visée au 3.2.1 aisément accessible, notamment dans les lieux d'accueil de la clientèle et sur une page dédiée du site internet du professionnel n'impliquant pas une identification préalable du réclamant.

3.2.3 Dans toute réponse, de mentionner, le médiateur pouvant être sollicité au cas d'espèce ainsi que les modalités pratiques de sa saisine. Il est notamment précisé si ce médiateur peut être saisi sans délai ou, si tel n'est pas le cas et qu'il s'agit d'un médiateur de la consommation, que ce dernier peut en tout état de cause être saisi deux mois après l'envoi de la première réclamation écrite qui a été adressée au professionnel, quel que soit l'interlocuteur ou le service auprès duquel elle a été formulée.

3.2.4 S'il y a lieu, de faire figurer les informations visées au 3.2.3 pour chaque médiateur compétent au cas d'espèce, en précisant pour chacun d'eux ce qui relève de leur compétence.

3.2.5 D'éviter toute appellation ou diffusion d'informations susceptibles d'entraîner une confusion sur les rôles respectifs d'un service d'un professionnel et d'un dispositif de médiation.

3.3. Sur le suivi, le contrôle du traitement des réclamations et la prise en compte des dysfonctionnements, manquements ou mauvaises pratiques identifiés à travers les réclamations

3.3.1 De mettre en place les moyens et procédures permettant :
- d'identifier, à travers les réclamations écrites et les demandes transmises par un médiateur, les dysfonctionnements, manquements à la réglementation ou mauvaises pratiques commerciales et de prendre, dans des délais raisonnables, les mesures correctives pour y remédier, notamment à l'égard des clients concernés par une application erronée d'une disposition légale, réglementaire ou contractuelle ;
- d'analyser la qualité du dispositif de traitement des réclamations mis en place en procédant notamment à l'examen de la volumétrie, de la nature, des délais de traitement des réclamations et de la qualité des réponses apportées ;
- de soumettre, au moins annuellement, aux instances de gouvernance appropriées du professionnel et de son groupe, une synthèse comportant une analyse de la qualité du dispositif mis en place, une description des éventuels dysfonctionnements, manquements à la réglementation ou mauvaises pratiques commerciales identifiés à travers les réclamations et des mesures correctives envisagées ou mises en œuvre.

3.3.2 De fixer les modalités de mise en œuvre, par les mandataires et délégataires habituellement en relation avec la clientèle ou susceptibles de recevoir des réclamations, des bonnes pratiques visées aux points 3.2.1 et 3.2.2 et de s'assurer de l'effectivité de celles-ci.

3.3.3 Pour les entités tenues de se doter d'un contrôle interne, d'intégrer également dans les dispositifs mis en œuvre les bonnes pratiques issues de la présente recommandation ainsi que les risques liés à la protection de la clientèle identifiés à travers les réclamations.

La présente recommandation abroge et remplace la recommandation 2022-R-01 du 9 mai 2022 à compter de sa publication.

Annexe : Illustrations de la notion de réclamation

Les réclamations, qui se caractérisent par l'expression d'un mécontentement, peuvent porter sur des sujets très divers. Cette annexe a pour ambition d'aider les professionnels à mieux les identifier en donnant quelques exemples concrets pour lesquels des difficultés d'identification ont pu être constatées. La liste des situations visées n'est donc pas exhaustive.

Est par exemple une réclamation, tout mécontentement portant sur :
- Les communications publicitaires, notamment leur réception ;
- Une technique de vente (acte de démarchage) ;
- La qualité du consentement donné ou son absence ;
- La teneur d'un discours commercial ;
- La qualité d'accueil ;

- L'information précontractuelle ou le conseil, y compris si le produit ou service n'a pas été souscrit (absence, qualité) ;
- L'absence ou le délai de traitement d'une demande d'informations ou de communication de documents ;
- La qualité d'une réponse apportée ;
- L'absence ou le délai d'exécution d'une opération ou de versement de prestations ;
- Le refus d'octroi ou de souscription d'un produit ou service, y compris par une personne n'étant par ailleurs pas cliente du professionnel ;
- La tarification d'un produit ou service (niveau, information...), y compris lorsque le professionnel dispose d'une liberté tarifaire ;
- L'indemnisation (refus de garantie, montant des prestations annoncé ou versé...) ;
- Une expertise (choix de l'expert, délai de réalisation, conclusions...) ;
- L'absence de remise d'une attestation de refus d'ouverture de compte ;
- L'absence ou le délai de traitement d'une demande de résiliation/clôture.
- En l'absence de tout mécontentement exprimé, les demandes suivantes ne sont pas des réclamations :
  - Demande de geste ou remise commercial(e) ;
  - Demande de communication de documents ;
  - Demande d'exécution du contrat (demande d'opération, de prestation...) ;
  - Demande d'information ou d'explications (clauses du contrat, fonctionnement du produit ou service, procédure pour souscrire ou mettre fin à un produit ou service, application de mesures gouvernementales...) ;
  - Demande d'avis ou de conseil : de type juridique, sur ses droits, sur le choix d'un contrat en fonction d'une situation de famille.

À cette même fin, les professionnels peuvent également se référer au questionnaire sur la protection de la clientèle et les pratiques commerciales ainsi qu'aux guides d'aide de remplissage associés.

Chapitre VIII

Les trois catégories d'organismes assureurs

Les développements du présent chapitre visent, en premier lieu, à caractériser les trois catégories d'organismes habilités à assurer des risques en France : les sociétés d'assurances (section I), les mutuelles (section II) et les institutions de prévoyance (section III).

Il s'agira, ensuite, d'expliciter le contrôle que l'État exerce sur ces organismes (section IV), puis d'analyser les modalités de l'agrément nécessaire à l'exercice des activités (section V), avant de décrire leur fonctionnement technique et financier (section VI).

Section I - Les différentes formes des sociétés d'assurance

I - Le cadre législatif

A - Les deux grandes formes de sociétés d'assurance

Le Code des assurances décide que toutes les entreprises françaises d'assurance sont soumises au contrôle de l'État et revêtent soit la forme de société anonyme (SA), soit la forme de société d'assurance mutuelle (SAM). On retrouve la distinction entre sociétés commerciales et sociétés civiles.

Précédemment, outre les sociétés anonymes, existaient notamment les sociétés à forme mutuelle, les sociétés mutuelles et les caisses d'assurances mutuelles agricoles. Malgré le principe énoncé au paragraphe précédent, ces trois dernières sortes de sociétés ne sont pas devenues des SAM soumises à un statut juridique unique. La loi prévoit, en effet, que les sociétés mutuelles d'assurance et les caisses d'assurances agricoles constituent des formes particulières de SAM. Ainsi, seules les sociétés à forme mutuelle changent réellement d'appellation et de statut.

B - Le principe de spécialisation

La spécialisation signifie qu'une même société ne peut pratiquer simultanément des opérations d'assurance IARD et des opérations d'assurances vie ou de capitalisation. Il s'agit de protéger les intérêts des bénéficiaires de contrats vie ou de bons de capitalisation, en distinguant les opérations gérées essentiellement en capitalisation de celles gérées en répartition. Mais cette règle admet deux atténuations :

- les sociétés vie peuvent proposer des garanties complémentaires maladie et accident à condition de dissocier la surprime et la gestion correspondantes, confiées à une société IARD ;
- en vertu des 3e directives européennes, des sociétés d'assurances dites mixtes sont autorisées à pratiquer simultanément les assurances vie et les assurances maladie et les accidents corporels. Là aussi, la gestion doit être distincte. Il existe aujourd'hui une trentaine de sociétés mixtes, tant sous forme de sociétés anonymes que sous forme de sociétés d'assurance mutuelle.

> **NB** : Le principe de spécialisation n'existe pas dans certains pays, tels le Royaume-Uni où nombre de sociétés dites composites opèrent en vie et non-vie.

II - Les sociétés anonymes d'assurance

A - Caractéristiques juridiques

Ce sont des sociétés commerciales, à but lucratif. Elles réunissent au minimum sept associés. Elles doivent avoir un capital social très élevé (minima exigés). En général, elles sont dirigées par un conseil d'administration qui élit un président directeur général.

B - Caractéristiques techniques

Elles peuvent pratiquer toutes les branches d'assurance (sous réserve du principe de la spécialisation). Elles n'ont pas de limitation territoriale. Elles travaillent avec des intermédiaires (agents généraux et courtiers). Elles émettent des primes, par définition, fixes.

C - Secteur privé et secteur nationalisé

La loi du 25 avril 1946 a nationalisé 34 sociétés qui ont été réunies en 1968 en 4 groupes de sociétés :

- UAP : Union des assurances de Paris ;
- AGF : Assurances générales de France ;
- GAN : Groupe des assurances nationales ;
- MGF : Mutuelle générale française (vie et accidents).

En 1987, la MGF a été privatisée. Il s'agit aujourd'hui du groupe des Mutuelles du Mans Assurances, devenues MMA et liées à la MAAF, appartenant au secteur des sociétés d'assurance mutuelle (avec intermédiaires).

En 1994, l'UAP a été également privatisée (groupe AXA aujourd'hui) ainsi que les AGF (propriété du groupe Allianz) en 1996 et le GAN en 1998 (racheté par Groupama). En revanche, la Caisse nationale de prévoyance – CNP Assurances – filiale de la Caisse des dépôts, appartient au secteur nationalisé depuis 1992.

III - Les sociétés d'assurance mutuelle

A - Caractéristiques juridiques

Ce sont des sociétés civiles sans but lucratif. Elles doivent réunir au minimum 500 adhérents. Chaque assuré est en même temps sociétaire. Les statuts définissent leur objet et leurs conditions d'adhésion. Ces sociétés doivent avoir un fonds d'établissement très important (minima exigés).

B - Caractéristiques techniques

Leurs cotisations sont fixes ou variables (selon les statuts). Elles peuvent pratiquer les assurances vie seulement lorsque les cotisations sont fixes. Elles n'ont pas de restriction territoriale. Elles peuvent travailler avec des intermédiaires (selon les statuts) rémunérés à la commission.

C - Les sociétés de groupe d'assurance mutuelle

Il existe également des sociétés de groupe d'assurance mutuelle (SGAM) qui sont des entités dépourvues de capital social.

Les SGAM permettent de créer des liens de solidarité financière entre des sociétés d'assurances mutuelles, des mutuelles, des institutions de prévoyance ou encore des coopératives européennes. Les SGAM publient des comptes combinés de leurs adhérents. Il existe actuellement cinq SGAM : Covéa (MAAF, MMA, GMF), MACSF-le Sou Médical, Macif SGAM et SGAM BTP, et AG2R-La Mondiale.

IV - Les formes particulières des sociétés d'assurance mutuelle

A - Les sociétés mutuelles d'assurance (SMA)

1° Caractéristiques juridiques

Ce sont des associations. Elles doivent réunir un minimum de 300 sociétaires. Elles n'ont pas de fonds d'établissement minimum exigé (C. assur., art. R. 322-99).

2° Caractéristiques techniques

Les cotisations sont toujours variables. Elles ne peuvent donc jamais pratiquer d'opérations impliquant une gestion en capitalisation, comme l'assurance vie. Les statuts prévoient nécessairement soit une limitation professionnelle, soit une limitation géographique.

Elles ne rémunèrent jamais d'intermédiaires.

3° Effectif

Les mutuelles d'assurance sont souvent qualifiées de mutuelles pures pour les différencier des sociétés à forme mutuelle. Elles sont par nature de petites « entreprises », mais peuvent se regrouper en « Union de mutuelles » pour leur réassurance. Par exception, la SMABTP (Société mutuelle d'assurance du bâtiment et des travaux publics) est une entreprise importante.

> **NB** : Il ne faut pas confondre les mutuelles d'assurance avec les « mutuelles » ou « sociétés mutualistes » garantissant des remboursements de frais de soins. Ces mutuelles relèvent du Code de la mutualité et sont souvent dénommées « mutuelles 45 ».

B - Les sociétés à forme tontinière

Les sociétés à forme tontinière, évoquées au chapitre 1 de l'ouvrage, subsistent aujourd'hui.

Il s'agit d'une forme particulière de société d'assurance mutuelle, ainsi définie par le Code des assurances (art. L. 322-26-1 et R. 322-139).

Définition : les sociétés à forme tontinière réunissent leurs adhérents en groupes distincts dénommés associations et répartissent, à l'expiration de chacune de ces associations (20 ans en pratique), les fonds provenant de la capitalisation en commun de leurs cotisations, déduction faite des frais de gestion, entre les survivants en cas de vie ou entre les ayants droit en cas de décès, en tenant compte de l'âge des adhérents et de leurs versements.

On distingue ainsi les associations ou tontines en cas de survie et celles en cas de décès.

Le minimum du fonds d'établissement des sociétés à forme tontinière est fixé à 160 000 €. Chaque association doit réunir au minimum 200 d'adhérents et avoir une durée comprise entre 10 et 25 ans.

La société tontinière la plus connue est Le Conservateur (la dénomination exacte est « Les assurances mutuelles Le Conservateur »).

CARACTÉRISTIQUES	FORME JURIDIQUE		
	SOCIÉTÉ ANONYME	SOCIÉTÉS D'ASSURANCE MUTUELLES	
		ORDINAIRE	SOCIÉTÉ MUTUELLE D'ASSURANCE
Nature juridique	Commerciale (recherche de bénéfices)	Civile pas de but lucratif	Association pas de but lucratif
Capitaux propres	Capital social minima exigés	Fonds d'établissement minima exigés	Pas de fonds d'établissement minima exigés
Nombre « d'associés » minimum	7 associés	500 adhérents (assurés)	300 adhérents (assurés)

CARACTÉRISTIQUES	FORME JURIDIQUE		
	SOCIÉTÉ ANONYME	SOCIÉTÉS D'ASSURANCE MUTUELLES	
		ORDINAIRE	SOCIÉTÉ MUTUELLE D'ASSURANCE
Contribution des « assurés »	Prime fixe	Cotisations fixes ou variables (selon statuts)	Cotisations variables
Nature des opérations pratiquées	Toutes branches avec principe de la spécialisation	Toutes branches seulement si cotisations fixes (avec spécialisation)	Seulement assurances gérées en répartition (jamais assurance vie)
Étendue des opérations pratiquées	Pas de limitation territoriale ou professionnelle	Pas de limitation, sauf conditions statutaires d'adhésion	Limitation soit territoriale soit professionnelle
Intermédiaires rémunérés	Autorisés	Possibles (selon statuts)	Interdits
Distinctions utiles	Secteur nationalisé et secteur privé	Mutuelle sans intermédiaires (MSI) ou avec intermédiaires	Ne pas confondre avec les sociétés mutualistes, dites « Mutuelles 1945 »

Section II - Les mutuelles

I - Définitions et distinctions utiles

A - Définitions

1° La mutuelle

Une mutuelle est une personne morale de droit privé à but non lucratif, inscrite au registre national des mutuelles (C. mut., art. L. 111-1) et soumise au Code de la mutualité (pour aller plus loin, V. Code de la mutualité commenté, éd. L'Argus). Les mutuelles mènent, notamment au moyen des cotisations versées par leurs membres, et dans l'intérêt de ces derniers et de leurs ayants droit, des actions de prévoyance, de solidarité et d'entraide. Elles peuvent réaliser les opérations d'assurance suivantes :
- dommages corporels suite accidents ou maladie ;
- vie et capitalisation ;
- chômage ;
- protection juridique et assistance ;
- caution.

2° L'union de mutuelles

Une union de mutuelles est une personne morale de droit privé à but non lucratif créée par plusieurs mutuelles ou unions (C. mut., art. L. 111-2). Elle peut assumer les mêmes missions que les mutuelles ou grouper des moyens pour faciliter l'action de ses mutuelles adhérentes.

3° L'union de groupe mutualiste

Une union de groupe mutualiste (UGM) est une personne morale de droit privé à but non lucratif qui regroupe des mutuelles, des unions de mutuelles, ou encore des institutions de prévoyance et des sociétés mutuelles d'assurance. L'UGM permet de mettre en commun des moyens et des services pour mettre en œuvre une même politique technique, commerciale et financière.

Par exemple, Harmonie Mutuelles regroupe Prévadiès, Harmonie mutualité, Releya et MNAM.

NB : Les unions jouent très souvent un rôle déterminant en matière de réassurance.

B - Distinctions utiles

On peut distinguer, notamment, des mutuelles :
- d'entreprise ou inter-entreprises : par exemple Michelin ;
- professionnelles ou interprofessionnelles : par exemple la MIP (Mutuelle de l'industrie du pétrole) ;
- territoriales, comme La Mutuelle familiale d'Île de France ;
- nationales, telle la ME (Mutuelle étudiants, ancienne MNEF).

On parle aussi de « mutuelles de substitution » lorsque la mutuelle, par le biais d'une convention, a transféré le risque qu'elle assure à une autre mutuelle ou à une union de mutuelles. Les adhérents sont informés de cette substitution.

En pratique, on différencie également les mutuelles, dites « publiques » ou de « droit public », qui protègent les agents de la fonction publique et qui sont les plus importantes, et les mutuelles dites « de droit privé ».

II - Le fonctionnement des mutuelles

A - Le principe de spécialité

Les mutuelles sont soumises à un double principe de spécialité :
- une même mutuelle ne peut à la fois exercer des activités d'assurance et des actions de prévention, d'œuvres sociales ou sanitaires ou de gestion d'un régime obligatoire de Sécurité sociale (C. mut., art. L. 111-1, II) ;
- les activités d'assurances vie et non-vie doivent être dissociées (C. mut., art. R. 211-4) sauf pour des opérations complémentaires (accessoires) et sauf régime dit « mixte », à l'instar des sociétés d'assurances (vie et assurances accidents et maladie autorisées pour une même mutuelle).

B - La gouvernance des mutuelles

Une assemblée générale des sociétaires doit être réunie une fois par an. Elle élit ou renouvelle un conseil d'administration qui élit, en son sein, un bureau. Le Conseil d'administration comprend au minimum 10 membres élus pour six ans au plus (C. mut., art. L. 114-16). En pratique, les statuts précisent les modalités et conditions de ces élections.

Tout sociétaire est électeur et éligible (s'il a plus de 18 ans). La règle fondamentale de gouvernance des mutuelles se résume en un principe démocratique : une personne = une voix.

Pour les unions de mutuelles, les membres du conseil d'administration sont élus parmi les délégués des mutuelles siégeant à l'assemblée générale (C. mut., art. L. 114-16).

Le conseil d'administration gère la mutuelle. Les dirigeants salariés assistent à chacune de ses réunions.

Section III - Les institutions de prévoyance

I - Définitions et distinctions utiles

A - Définitions

Une institution de prévoyance (IP) est une personne morale de droit privé ayant un but non lucratif et administrée paritairement par les représentants des employeurs et des salariés (CSS, art. L. 931-1).

Elles ont pour objet de réaliser les opérations d'assurance suivantes :
- vie et capitalisation ;
- dommages corporels suite accidents ou maladie ;
- chômage.

Les institutions de prévoyance peuvent aussi mettre en œuvre une action sociale. Elles sont constituées essentiellement sur la base d'une convention ou d'un accord collectif.

Les institutions de prévoyance peuvent constituer des unions pour mutualiser ou couvrir leurs risques ou pour les réassurer intégralement (CSS, art. L. 931-2).

B - Distinctions utiles

On distingue les institutions de prévoyance :
- d'entreprises, telles CREA (Elf Aquitaine) ;
- professionnelles qui concernent une branche ou une profession ou encore une catégorie professionnelle : par exemple IPSA (salariés de l'automobile) ;
- interprofessionnelles, les plus nombreuses, recouvrant plusieurs branches, professions, catégories professionnelles ou entreprises : par exemple AG2R.

En pratique, beaucoup d'IP appartiennent à un groupe de protection sociale comportant, outre les IP, une institution de retraite complémentaire, une mutuelle, voire une société d'assurance.

> **NB** : Les IP sont juridiquement distinctes des institutions de retraite complémentaires dont elles peuvent porter le nom avec l'adjonction du mot « prévoyance ».

II - Le fonctionnement des institutions de prévoyance

A - Spécialité et fonds d'établissement

Une même IP ne peut pratiquer les assurances vie et couvrir les risques chômage (CSS, art. L. 931-1).

Les IP ou les unions d'IP doivent constituer un fonds d'établissement d'un montant minimum différent selon qu'elles pratiquent ou non les assurances vie et la capitalisation (CSS, art. R. 931-1-6).

B - La gouvernance des IP

La règle fondamentale en matière de gouvernance des institutions de prévoyance est la parité, soit une égale représentation des employeurs et des salariés.

Les institutions de prévoyance et les unions d'IP sont gérées par un Conseil d'administration paritaire dotés de pouvoirs les plus étendus (CSS, art. R. 931-3-11). Les administrateurs sont désignés ou élus selon des modalités fixées aux statuts et variables en fonction de la nature des IP (CSS, art. R. 931-3-2). Leur nombre peut varier de 10, au minimum, à 30 au plus (CSS, art. R. 931-3-1), et leur mandat limité à six, avec renouvellement possible (CSS, art. R. 931-3-4).

Le Conseil d'administration élit en alternance un président et un vice-président appartenant obligatoirement à des collèges différents (CSS, art. R. 931-3-15).

Le Conseil nomme et révoque le directeur général qui ne peut être un de ses membres. Il peut aussi constituer un Bureau (CSS, art. R. 931-3-11).

Dans les IP interprofessionnelles et les unions d'IP, une assemblée générale des délégués des salariés et des employeurs, à parité, doit être réunie au moins une fois par an.

Section IV - Le contrôle sur les trois catégories d'organismes assureurs

I - Le système de contrôle des organismes d'assurances

A - L'Autorité de contrôle prudentiel et de résolution

Jusqu'à la mise en place de la nouvelle autorité de contrôle par l'ordonnance n° 2010-76 du 21 janvier 2010, le contrôle des entreprises d'assurance, de réassurance et des intermédiaires relavait de la compétence de l'Autorité de contrôle des assurances et des mutuelles (Acam).

La nouvelle Autorité de contrôle prudentiel (ACP), devenue l'ACPR (Autorité de contrôle prudentiel et de résolution) depuis la loi n° 2013-672 du 26 juillet 2013, regroupe désormais les autorités de contrôle de la banque et de l'assurance. En conséquence, le Comité des entreprises d'assurance, le Comité des établissements de crédit et des entreprises d'investissement, l'Autorité de contrôle des assurances et des mutuelles et la Commission bancaire, autorités de contrôle et d'agrément des secteurs de la banque et de l'assurance, ont fusionné au sein de la nouvelle Autorité de contrôle prudentiel.

B - Les attributions de l'ACPR

L'article L. 612-1 du Code monétaire et financier définit les objectifs et les missions de l'Autorité de contrôle prudentiel et de résolution. Ainsi, elle « veille à la préservation de la stabilité du système financier et à la protection des clients, assurés, adhérents et bénéficiaires des personnes soumises à son contrôle. L'Autorité contrôle le respect par ces personnes des dispositions du Code monétaire et financier ainsi que des dispositions réglementaires prévues pour son application, du Code des assurances, du livre IX du Code de la Sécurité sociale, du Code de la mutualité, du livre III du Code de la consommation, des codes de conduite homologués ainsi que de toute autre disposition législative et réglementaire dont la méconnaissance entraîne celle des dispositions précitées ». Elle est ainsi notamment chargée :

« 1° D'examiner les demandes d'autorisations ou de dérogations individuelles qui lui sont adressées et de prendre les décisions prévues par les dispositions européennes, législatives et réglementaires applicables aux personnes soumises à son contrôle [...] ;

2° D'exercer une surveillance permanente de la situation financière et des conditions d'exploitation des personnes mentionnées au I de l'article L. 612-2 ; elle contrôle notamment le respect de leurs exigences de solvabilité ainsi que, pour les personnes mentionnées aux 1° à 4° et 8° à 10° du A du I de l'article L. 612-2, des règles relatives à la préservation de leur liquidité et, pour les personnes mentionnées aux 1° à 3°, 5°, 7° et 8° du B du I du même article, qu'elles sont en mesure de tenir à tout moment les engagements qu'elles ont pris envers leurs assurés, adhérents, bénéficiaires ou entreprises réassurées et les tiennent effectivement [...] ;

3° De veiller au respect par les personnes soumises à son contrôle des règles destinées à assurer la protection de leur clientèle, résultant notamment de toute disposition européenne, législative et réglementaire ou des codes de bonne conduite approuvés à la demande d'une association professionnelle ainsi que des bonnes pratiques de leur profession qu'elle constate ou recommande, ainsi qu'à l'adéquation des moyens et procédures qu'elles mettent en œuvre à cet effet ; elle veille également à l'adéquation des moyens et procédures que ces personnes mettent en œuvre pour respecter le livre Ier du Code de la consommation ; [...] ».

Il résulte de ces dispositions que l'ACPR poursuit un double objectif : la stabilité du système financier et la protection des assurés. Ce double objectif est en réalité lié. En effet, la protection des assurés dépend en grande partie de la solidité financière, nécessaire pour permettre aux entreprises de respecter leurs engagements à l'égard des assurés.

En outre, il résulte de ces dispositions que le contrôle comporte deux volets : un contrôle a priori, sous forme d'autorisations préalables portant notamment sur l'exercice de l'activité, le changement d'actionnariat ou des dirigeants, les modifications statutaires..., et un contrôle permanent a posteriori portant essentiellement sur la situation financière des entreprises et le niveau des provisions.

Enfin, l'ordonnance du 21 janvier 2010 renforce le rôle de l'ACP (devenue ACPR) en matière de protection des assurés, adhérents et bénéficiaires des contrats d'assurance, résultant notamment de toute disposition législative et réglementaire ou des règles de bonne pratique de leur profession, constatées ou résultant de ses recommandations. Cette disposition est suffisamment large pour permettre à l'Autorité de veiller au respect des contrats d'assurance. Cependant, cette disposition ne permet pas à l'Autorité de se substituer au juge pour trancher les éventuels litiges relatifs aux contrats d'assurance.

C - Les recommandations de l'ACPR

L'ACPR peut définir elle-même des règles de bonne pratique en matière de commercialisation et de protection des intérêts de la clientèle, des assurés, adhérents et bénéficiaires des personnes soumises à son contrôle. Ces recommandations sont prises à l'initiative de l'ACPR. Elles portent sur un thème identifié et consistent en des préconisations pratiques adressées aux personnes contrôlées. Elles peuvent regrouper des bonnes pratiques et, le cas échéant, décrire les mauvaises pratiques qu'elle proscrit, en particulier celles constatées à l'occasion de mises en garde individuelles.

Lorsque l'ACPR adopte et publie une recommandation, les bonnes pratiques qu'elle mentionne prennent une portée générale pour l'ensemble des personnes concernées par le champ d'application qu'elle mentionne. Elle précise, le cas échéant, la date à compter de laquelle la recommandation s'applique. L'ACPR veille au respect, pour l'avenir, des recommandations publiées.

La méconnaissance des bonnes pratiques constatées ou recommandées par l'ACPR ne donne pas directement lieu à sanction disciplinaire. Des mesures de police sont en revanche prévues : mise en garde individuelle lorsque l'ACPR constate qu'une personne contrôlée a des pratiques différentes, susceptibles de mettre en danger les intérêts de ses clients, assurés, adhérents ou bénéficiaires, le non-respect d'une mise en garde peut alors donner lieu à l'ouverture d'une procédure disciplinaire.

II - L'exercice du contrôle de l'ACPR

A - Étendue du contrôle

Dans le secteur de l'assurance, l'Autorité de contrôle prudentiel et de résolution exerce son contrôle sur les organismes suivants :

- les entreprises exerçant une activité d'assurance directe mentionnées à l'article L. 310-1 du Code des assurances ;
- les entreprises exerçant une activité de réassurance dont le siège social est situé en France ;
- les mutuelles et unions régies par le livre II du Code de la mutualité et les unions gérant les systèmes fédéraux de garantie mentionnés à l'article L. 111-6 du Code de la mutualité, ainsi que les unions mutualistes de groupe mentionnées à l'article L. 111-4-2 du même code ;
- les mutuelles et unions du livre Ier qui procèdent à la gestion des règlements mutualistes et des contrats pour le compte des mutuelles et unions relevant du livre II, pour les seules dispositions du titre VI du livre V du Code monétaire et financier ;
- les institutions de prévoyance, unions et groupements paritaires de prévoyance régis par le titre III du livre IX du Code de la Sécurité sociale ;
- les sociétés de groupe d'assurance et les sociétés de groupe mixte d'assurance mentionnées à l'article L. 322-1-2 du Code des assurances ;
- le fonds de garantie universelle des risques locatifs mentionné à l'article L. 313-20 du Code de la construction et de l'habitation ;
- les véhicules de titrisation portant des risques d'assurance mentionnés à l'article L. 310-1-2 du Code des assurances.

À côté de ces organismes qui relèvent de droit de l'Autorité de contrôle prudentiel et de résolution, cette dernière peut notamment soumettre à son contrôle toute personne ayant reçu d'une entreprise pratiquant des opérations d'assurance un mandat de souscription ou de gestion ou souscrivant à un contrat d'assurance de groupe, ou exerçant, à quelque titre que ce soit, une activité d'intermédiation en assurance ou en réassurance.

Par ailleurs, l'Autorité de contrôle prudentiel et de résolution est chargée de veiller au respect par les organismes précités exerçant en France en libre prestation de services ou libre établissement des dispositions qui leur sont applicables. Cependant, ce contrôle doit tenir compte de la surveillance exercée par les autorités compétentes de l'État membre où ils ont leur siège social qui sont seules chargées, conformément aux directives européennes, notamment de l'examen de leurs situation financière, solvabilité et de leur capacité à tenir à tout moment leurs engagements à l'égard de leurs assurés, adhérents, bénéficiaires et entreprises réassurées.

B - Modalités du contrôle

L'Autorité de contrôle prudentiel et de résolution dispose d'un large pouvoir de contrôle sur pièces et sur place. Le contrôle sur pièces permet à l'ACPR d'exercer une surveillance permanente des entreprises. L'article L. 612-24 du Code monétaire et financier prévoit qu'elle détermine elle-même la liste, le modèle, la fréquence et les délais de transmission des documents et informations qui doivent lui être remis périodiquement.

Le secrétaire général de l'Autorité de contrôle prudentiel et de résolution peut, en outre, demander aux personnes soumises à son contrôle tous renseignements, documents, quel qu'en soit le support ou la nature, et en obtenir la copie, ainsi que tous éclaircissements ou justifications nécessaires à l'exercice de sa mission. Il peut également convoquer et entendre toute personne soumise à son contrôle ou dont l'audition est nécessaire à l'exercice de sa mission de contrôle.

L'ordonnance du 21 janvier 2010 permet à l'Autorité de prononcer une injonction de produire les informations demandées. En effet, en cas de méconnaissance d'une obligation de déclaration ou de transmission d'états, de documents ou de données demandés par le secrétaire général ou une des formations de l'Autorité, l'ACPR peut prononcer une injonction assortie d'une astreinte dont le montant journalier ne peut dépasser quinze mille euros.

Le contrôle permanent porte généralement sur la situation financière de l'entreprise et le niveau des provisions et de la marge de solvabilité. Il permet de détecter les signes avant-coureurs de la dégradation de la situation de l'entreprise.

À côté de ce contrôle permanent, l'Autorité peut à tout moment diligenter un contrôle sur place par une lettre de mission. Le contrôle sur place porte souvent sur des points particuliers pour compléter ou confirmer le contrôle sur pièces. En outre, certains aspects nécessitent une vérification sur place. C'est le cas notamment du contrôle du respect de la réglementation de lutte contre le blanchiment, de l'existence des procédures de contrôle interne ou des taux d'intérêts servis aux contrats d'assurance sur la vie.

C - Conséquences du contrôle

La réglementation issue de l'ordonnance n° 2010-76 du 21 janvier 2010 accorde à l'Autorité de contrôle prudentiel et de résolution (ACPR) deux types de pouvoirs : un pouvoir de police administrative qui peut être exercé par une formation du collège de l'Autorité et un pouvoir de sanction exercé par la commission des sanctions.

L'ACPR dispose d'abord d'un pouvoir de mise en garde. En effet, l'article L. 612-30 du Code monétaire et financier lui permet de mettre en garde les dirigeants contre la poursuite des pratiques « susceptibles de mettre en danger les intérêts des clients, assurés, adhérents ou bénéficiaires ». L'Autorité a également le pouvoir de mettre en demeure les personnes contrôlées, de se conformer à leurs obligations dans un délai déterminé. L'ACPR peut en outre en vertu de l'article L. 612-32 du Code monétaire et financier, exiger de toute personne contrôlée, qu'elle « soumette à son approbation un programme de rétablissement comprenant toutes les mesures appropriées pour restaurer ou renforcer sa situation financière, améliorer ses méthodes de gestion ou assurer l'adéquation de son organisation à ses activités ou à ses objectifs de développement », et désigne un contrôleur chargé de suivre l'élaboration de ce programme et sa mise en œuvre. Ces mesures permettent à l'ACPR de « piloter » le rétablissement de l'entreprise lorsque ce rétablissement est encore possible.

Lorsque la solvabilité de l'entreprise ou les intérêts des assurés, adhérents ou bénéficiaires sont compromis ou susceptibles de l'être, l'Autorité de contrôle prudentiel et de résolution prend les mesures conservatoires nécessaires.

Elle peut notamment, à ce titre, placer la personne sous surveillance spéciale ; charger un ou plusieurs de ses agents d'exercer une mission de contrôle permanent au sein de la personne concernée afin d'y assurer un suivi rapproché de sa situation ; limiter ou interdire temporairement l'exercice de certaines opérations par cette personne, y compris l'acceptation de primes ou dépôts ; suspendre, restreindre ou interdire temporairement la libre disposition de tout ou partie des actifs de la personne contrôlée ; exiger de cette personne la cessation d'activités ; limiter le nombre des agences ou succursales de cette personne ; ordonner à une personne mentionnée aux 1°, 3° et 5° du B du I de l'article L. 612-2 (entreprises d'assurances, mutuelles du livre II et institutions de prévoyance) de suspendre ou limiter le paiement des valeurs de rachat, la faculté d'arbitrages, le versement d'avances sur contrat ou la faculté de renonciation ; décider d'interdire ou de limiter la distribution d'un dividende aux actionnaires, d'une rémunération des certificats mutualistes ou d'une rémunération des parts sociales aux sociétaires de ces personnes ; suspendre un ou plusieurs dirigeants de la personne contrôlée (C. mon. fin., art. L. 612-33).

L'article L. 612-34 du Code monétaire et financier permet enfin à l'ACPR de désigner un administrateur provisoire « auquel sont transférés tous les pouvoirs d'administration, de direction et de représentation de la personne morale. L'administrateur provisoire dispose des biens meubles et immeubles de celles-ci dans l'intérêt d'une bonne administration ». Cette désignation est faite soit à la demande des dirigeants, soit à l'initiative de l'Autorité de contrôle prudentiel et de résolution lorsque la gestion de l'entreprise ne peut plus être assurée dans des conditions normales ou en cas de suspension d'un ou plusieurs dirigeants.

Lorsque l'une des formations du collège décide d'ouvrir une procédure de sanction à l'encontre d'un organisme d'assurance, elle transmet la notification des griefs à la « Commission des sanctions ». Cette dernière « veille au respect du caractère contradictoire de la procédure ».

L'article L. 612-39 du Code monétaire et financier énumère les sanctions suivantes qui peuvent être prononcées à l'encontre des organismes d'assurance, selon la gravité du manquement :

- l'avertissement ;
- le blâme ;
- l'interdiction d'effectuer certaines opérations et toutes autres limitations dans l'exercice de l'activité ;
- la suspension temporaire d'un ou plusieurs dirigeants (...), avec ou sans nomination d'administrateur provisoire ;
- la démission d'office d'un ou plusieurs dirigeants (...), avec ou sans nomination d'administrateur provisoire ;
- le retrait partiel d'agrément ;
- le retrait total d'agrément ou la radiation de la liste des personnes agréées, avec ou sans nomination d'un liquidateur.

L'interdiction d'effectuer certaines opérations et la suspension temporaire d'un ou plusieurs dirigeants ne peuvent, dans leur durée, excéder dix ans.

D - Exemples de sanctions prononcées par l'ACPR

Par trois décisions (7 avril 2014, 31 octobre 2014 et 19 décembre 2014), la Commission des sanctions de l'ACPR a sévèrement sanctionné (blâme assorti d'une sanction pécuniaire allant de 10 à 50 millions d'euros) des assureurs qui n'avaient pas respecté correctement les dispositions de la loi du 17 décembre 2007 relatives à la recherche des bénéficiaires des contrats d'assurance sur la vie non réclamés, et qui n'avaient pas pleinement appliqué les dispositions de cette loi leur imposant de mettre en place un dispositif automatique de revalorisation des sommes dues au titre des capitaux décès.

Plus récemment, l'Autorité de contrôle prudentiel et de résolution (ACPR) a sanctionné un assureur filiale d'un groupe mutualiste pour ne pas avoir, entre autres, appliqué la réglementation sur les contrats en déshérence.

La commission des sanctions du régulateur a infligé un blâme et une amende de 8 millions d'euros à M... SA, société anonyme à la suite d'un contrôle mené du 17 septembre 2019 au 11 septembre 2020.

L'ACPR reproche notamment à M..., spécialisée en prévoyance collective, individuelle, épargne retraite et santé de ne pas avoir engagé les moyens nécessaires à l'application des dispositions prévues par les lois sur la recherche des bénéficiaires (loi du 17 décembre 2007 et loi du 13 juin 2014) concernant les contrats en déshérence.

a) Identification des personnes décédées et recherche des bénéficiaires

L'ACPR reproche à la société anonyme des « manquements aux obligations d'information » qu'elle qualifie de « graves », dans la mesure où ils ne permettent pas aux adhérents des contrats de savoir que « les prestations auxquelles ils ont droit peuvent être liquidées ». Par ailleurs, « M... ne pouvait ignorer l'importance de l'obligation que lui imposait la loi de se doter de dispositifs efficaces en matière de déshérence », relève l'ACPR en conclusion du rapport de sanction.

L'ACPR constate que M... a « mis en place tardivement un dispositif de consultation du répertoire national d'identification des personnes physiques (RNIPP) - en août 2015 pour les contrats du périmètre « épargne » (« contrats Madelin » et contrats « article 83 ») et, en octobre 2019 seulement, pour les contrats informatisés (...) En deuxième lieu, une fois mis en place, ce dispositif a été lacunaire puisque le décès d'au moins 203 adhérents (pour 2,2 millions d'euros de capitaux) n'a pas été détecté. », indique l'ACPR.

Selon l'ACPR, M... n'a pas non plus respecté son obligation de recherche des bénéficiaires après avoir eu connaissance du décès d'un assuré : « M... n'avait toujours pas, au moment du contrôle sur place, traité les contrats de 2 645 adhérents pour lesquels elle avait pourtant eu en 2017, après consultation, un retour positif de l'Agira, accumulant ainsi un retard de plus de deux ans. »

b) Des actions « tardives » engagées par M...

Dans son argumentation développée auprès de l'ACPR, M... ne conteste pas « le grief » mais demande que « sa portée soit relativisée ». La mutuelle indique avoir engagé des actions de remédiation qui portent notamment sur « l'information des assurés, sur la détection des décès, sur la recherche des bénéficiaires – avec, notamment, la mise à jour de la procédure de recherche des bénéficiaires et la définition d'outils de pilotage de la déshérence – ou encore sur l'amélioration de son dispositif de contrôle permanent. »

Des actions, « comme la consultation du RNIPP pour l'ensemble des adhérents en novembre 2021 » que l'ACPR qualifie de « tardives ».

c) Autres manquements retenus

Dans son rapport, l'ACPR relève également trois autres griefs liés indirectement à la déshérence. Premièrement, elle reproche à M... d'ignorer « de façon importante » ses obligations d'information des adhérents des contrats « article 83 ».

Section V - L'agrément des organismes d'assurance

I - Généralités sur la notion d'agrément

A - Définition

L'agrément est une autorisation administrative préalable demandée par les organismes d'assurance français et étrangers pour pouvoir présenter des opérations d'assurance sur le territoire français.

L'agrément se traduit par un arrêté publié au Journal Officiel.

B - Caractéristiques

L'agrément doit être demandé branche par branche. Il n'existe pas d'agrément global.

L'autorité compétente pour délivrer l'agrément diffère pour les trois catégories d'organismes habilités à assurer en France. Il s'agit :

- pour les sociétés d'assurances (SA, SAM et SMA), du Comité des entreprises d'assurances (C. assur., art. L. 321-1) ;
- pour les mutuelles, du ministre chargé de la Mutualité de manière générale, et du préfet de région si l'agrément porte exclusivement sur l'assurance maladie (C. mut., art. R. 211-7) ;
- pour les institutions de prévoyance, du ministre chargé de la Sécurité sociale (CSS, art. L. 931-4).

On distingue trois sortes d'agrément : l'agrément administratif, l'agrément spécial et l'agrément de libre prestation de services.

C - Agrément unique européen

La mise en place du marché unique des assurances au 1er juillet 1994, se traduit par le principe dit de « l'agrément unique ». On parle également de « licence unique » ou même de « passeport européen ».

Cela signifie qu'une entreprise d'assurances agréée dans un pays de l'Union européenne, peut intervenir librement sur tout le territoire communautaire, sans solliciter d'autorisation dans les États étrangers concernés.

En pratique les sociétés d'assurances qui souhaitent exercer en libre prestations de services (LPS), ou par le biais d'une succursale, sur le territoire d'autres pays de l'Union européenne doivent respecter un minimum de formalités auprès des autorités de contrôle de leur pays d'origine.

II - L'agrément administratif

A - Principes

Il est appelé aussi agrément « technique » et concerne tous les organismes et toutes les entreprises d'assurances, françaises ou étrangères mais non communautaires. En ce qui concerne les sociétés étrangères dont le siège social est situé dans un pays n'appartenant pas à l'Union européenne, il doit être complété par un agrément spécial. L'agrément technique ne peut être refusé sans motivation expresse (dossier incomplet, solvabilité insuffisante...). L'agrément administratif permet à l'autorité administrative compétente de vérifier, a priori, la bonne solvabilité et la viabilité de la société d'assurance.

B - Application

Les organismes et entreprises français déposent un dossier en deux exemplaires comportant un certain nombre de documents obligatoires (statuts, branches concernées, programme d'activité, liste des dirigeants, etc.). Les sociétés étrangères non communautaires doivent compléter leur dossier par des documents relatifs à leurs activités et à leur solvabilité dans leur pays d'origine. De plus un dépôt de cautionnement est exigé. Relevons que les sociétés d'assurances françaises qui souhaitent bénéficier de la LPS, ou de la liberté d'établissement en ouvrant une succursale étrangère, sont en outre tenues de se soumettre à une procédure de notification particulière.

III - L'agrément spécial

A - Principes

Les sociétés d'assurances étrangères non communautaires doivent solliciter, en plus de l'agrément technique, un agrément spécial qualifié parfois d'agrément politique (C. assur., art. L. 321-9). Cet agrément est discrétionnaire : il peut être refusé sans motivation particulière.

B - Application

L'agrément spécial concerne la personne du mandataire général qui représentera en France la société demanderesse. Des informations précises sont exigées quant à l'honorabilité et les qualifications professionnelles du représentant de l'assureur étranger.

C - Exception

Les sociétés d'assurances étrangères non communautaires, mais dont le siège social est situé dans un pays membre de l'Espace économique européen et qui souhaitent ouvrir une succursale en France, ne sont pas soumises à la procédure de l'agrément spécial.

Seul l'agrément administratif est requis. L'Espace économique européen résulte d'un accord signé en 1992, entre la Communauté européenne et l'Association européenne de libre échange (AELE). Aujourd'hui, l'Espace économique européen regroupe les pays de l'Union, l'Islande, le Liechtenstein et la Norvège. Observons que la Suisse n'a pas ratifié l'accord de 1992. Elle fait l'objet de dispositions spécifiques.

IV - L'agrément de libre prestation de services

Depuis le 1er juillet 1994 l'agrément de libre prestation de services concerne les seules sociétés d'assurances étrangères non communautaires, mais ressortissantes d'un pays ayant signé l'accord sur l'Espace économique européen (C. assur., art. L. 321-8). Cet agrément vise les risques de masse en assurances de dommages, par opposition aux grands risques qui sont déjà en LPS pour ces pays.

En assurance vie l'agrément concerne la LPS dite active, c'est-à-dire lorsque l'assureur prend l'initiative de démarcher la clientèle. La LPS passive existe déjà.

> **NB** : Les dispositions concernant les pays de l'AELE revêtent un caractère transitoire car l'Espace économique européen permettra bientôt une LPS totale.

Section VI - Le fonctionnement technique et financier des sociétés d'assurance

Compte-tenu de l'objectif de l'ouvrage, seuls les aspects fondamentaux du régime financier des sociétés d'assurances sont exposés dans cette section.

I - Les provisions techniques obligatoires

Il importe que les sociétés d'assurances puissent à tout moment honorer leurs garanties. En conséquence, les trois Codes de référence exigent la constitution de provisions dites techniques (C. assur., art. R. 331-1, C. mut., art. L. 212-1, CSS, art. R. 931-10-12). Les provisions techniques sont des sommes d'argent mises en réserve et destinées à couvrir les engagements de l'assureur vis-à-vis des assurés et des bénéficiaires de contrats.

A - Les provisions techniques des assurances gérées en répartition

Pour l'essentiel, les organismes délivrant des assurances gérées en répartition doivent constituer deux sortes de provisions techniques : pour primes non acquises et pour sinistres à payer (C. assur., art. R. 331-6, C. mut., art. R. 212-23, CSS, art. R. 931-10-14).

1° Les provisions pour primes ou cotisations non acquises

Les provisions pour primes ou cotisations non acquises sont destinées à couvrir les risques et les frais généraux afférents, pour chacun des contrats à primes payables d'avance, à la période comprise entre la date de l'inventaire (31 décembre) et la prochaine échéance.

Exemples :
- un contrat à échéance annuelle du 1er mars implique la mise en réserve, au moment du bilan, de la portion de prime pure et des chargements de gestion correspondant à la période du 1er janvier au 28 février inclus ;
- un contrat à échéance semestrielle, les 1er juin et 1er décembre, nécessite la mise en réserve d'une certaine somme pour la période du 1er janvier au 31 mai inclus.

NB : Les frais accessoires, les taxes et les chargements d'acquisition n'ont pas à être mis de côté puisqu'ils sont « dépensés » à l'échéance.

Les trois Codes de référence imposent des règles de calcul strictes, favorables aux assurés, pour ces provisions.

2° Les provisions pour sinistres ou prestations à payer

Les provisions pour sinistres ou prestations à payer sont destinées à couvrir les sinistres survenus avant la clôture de l'exercice (31 décembre), mais qui n'ont pas encore été payés.

Il s'agit de « la valeur estimative des dépenses en principal et en frais, tant internes qu'externes nécessaires au règlement de tous les sinistres survenus et non payés » (C. assur., art. R. 331-6, C. mut., art. R. 212-23, CSS, art. R. 931-10-14). Les provisions englobent expressément les frais futurs de gestion.

N'oublions pas que la procédure de règlement nécessite un certain délai. Pour des dossiers graves, notamment en matière de sinistres corporels, les délais vont parfois être importants (il faut attendre la guérison et/ou la consolidation pour fixer définitivement le montant des préjudices).

En pratique, en attendant la liquidation du sinistre, on procède à des évaluations permettant d'arrêter les sommes à provisionner.

Les trois Codes de référence, là aussi, imposent des normes de calcul sévères et favorables aux assurés. En assurance automobile, des dispositions particulières sont prévues quant au calcul de ces provisions pour sinistres à payer.

> **NB** : En assurances de biens et de responsabilité les provisions pour sinistres à payer constituent l'essentiel des provisions techniques. Leur montant est 8 à 9 fois supérieur à celui des provisions pour primes non acquises.

B - Les provisions techniques des assurances gérées en capitalisation

Pour l'essentiel, il s'agit des provisions mathématiques (C. assur., art. R. 331-3, C. mut., art. R. 212-26, CSS, art. R. 931-10-17).

1° Définition

Les provisions mathématiques sont égales à la « différence entre les valeurs actuelles des engagements respectivement pris par l'assureur et par les assurés ».

2° Justification

Comme nous aurons l'occasion de le préciser lors de l'étude des assurances de personnes (3e partie de l'ouvrage), les provisions mathématiques correspondent pour l'essentiel à la partie « épargne » des primes payées par les souscripteurs.

L'assureur doit mettre de côté, pour le compte du client, les « primes d'épargne » afin de pouvoir honorer ses engagements dans l'avenir, comme par exemple, verser un capital dans x années.

Les sommes épargnées sont placées et bénéficient d'intérêts composés : on dit qu'elles sont capitalisées.

> **NB** : Pour une part moins importante, les provisions mathématiques correspondent à l'aspect « nivellement des primes ».

Comme toutes les provisions, les provisions mathématiques sont calculées selon des normes strictes imposées par les textes. Plus précisément, leur calcul s'effectue à partir des tables de mortalité et des tables financières. Cela explique leur qualification de « mathématiques ».

II - La représentation des provisions techniques à l'actif

A - Principes

Les provisions techniques sont des dettes de l'assureur. Elles figurent au passif du bilan. En contrepartie, elles doivent être représentées à l'actif du bilan par des valeurs équivalentes en placements.

Afin de garantir la solvabilité des sociétés d'assurance, les Codes des assurances, de la mutualité et de la Sécurité sociale ne se contentent pas de réglementer le calcul des provisions. Ils imposent des normes relatives aux placements figurant à l'actif du bilan, en contrepartie des provisions techniques.

Les règles prévues sont minutieuses et se traduisent par :
- une liste limitative des placements autorisés ;
- des proportions à respecter pour chaque catégorie de placement ;
- des normes d'évaluation des placements.

B - Application

On distingue quatre grandes catégories de placements et plus précisément de valeurs admises à l'actif du bilan ; on parle de valeurs réglementaires. Ces valeurs sont au nombre de quinze, classées en trois catégories.

1° Les valeurs mobilières et titres assimilés

Pour l'essentiel, ce sont des actions, des obligations, ainsi que des valeurs émises ou garanties par l'État. On admet également les obligations garanties par l'un quelconque des pays de l'OCDE (Organisation de coopération et de développement économique regroupant 24 pays développés).

Les actions ne doivent pas dépasser 65 % de l'actif.

2° Les valeurs immobilières

Ce sont des immeubles bâtis ou non bâtis (terrains) ou des parts de sociétés immobilières.

L'ensemble des valeurs immobilières ne doit pas excéder 40 % de l'actif, et un seul immeuble ne peut dépasser 10 %.

3° Les prêts et les dépôts

Ce sont les prêts hypothécaires, les prêts aux organismes publics ou encore aux entreprises industrielles ou commerciales. Les prêts sont plafonnés à 10 %.

En pratique ils représentent environ 1 % des placements (moyenne nationale). Cette catégorie englobe aussi les fonds en banque, les bons du Trésor, et certaines créances.

C - Précisions utiles

On observe que, par le biais de ces règles relatives à la nature des placements, et à leur proportion, l'État prend en compte les grands objectifs économiques à atteindre, en orientant les investissements vers certains secteurs.

> **NB** : Les provisions et leur représentation à l'actif ne tiennent pas compte de la réassurance, car seul l'assureur direct est responsable vis-à-vis des assurés.

III - Les règles de solvabilité

A - Principes

Les règles examinées précédemment peuvent se révéler insuffisantes pour la protection des assurés et bénéficiaires :
- les provisions techniques risquent d'être sous-évaluées ;
- les tarifs peuvent être insuffisants ;
- les placements se déprécient parfois.

Les organismes d'assurance sont donc tenus de respecter une marge de solvabilité proportionnelle au volume global des affaires réalisées. La marge de solvabilité correspond à la richesse propre de l'entreprise.

> **NB** : Les règles de solvabilité sont l'expression la plus caractéristique de la réglementation européenne, imposée à toutes les sociétés et organismes d'assurance de l'Union européenne.

B - Application

1° La marge de solvabilité dans les sociétés et organismes d'assurance IARD (non vie)

Elle résulte d'une directive européenne de 1973, mise en œuvre en 1976. Les entreprises et organismes d'assurance IARD doivent disposer en permanence de fonds propres (et non de fonds gérés pour le compte des assurés) d'un montant suffisant, proportionné à leurs engagements. La marge de solvabilité est calculée en fonction des primes ou cotisations et en fonction des sinistres. On retient la somme la plus élevée. En cas de non-respect du montant de la marge de solvabilité, des mesures très contraignantes sont imposées par l'ACPR. La vérification s'effectue sur pièces, grâce aux documents comptables annuels.

2° La marge de solvabilité dans les sociétés et organismes d'assurance sur la vie

Elle a été instaurée en 1984, à la suite d'une directive européenne de 1979. Le principe est le même qu'en assurance IARD.

La marge se calcule, pour l'essentiel, en fonction des provisions mathématiques des contrats, de l'importance des capitaux décès et des garanties complémentaires.

3° Le fonds de garantie

Si la marge de solvabilité est inférieure à un minimum dénommé « fonds de garantie », et exprimé en euros, des mesures draconiennes et à très court terme s'imposeront.

Le montant du fonds de garantie diffère selon les branches pratiquées.

C - Solvabilité II

Solvabilité II est un ensemble de règles fixant le régime de solvabilité applicables aux entreprises d'assurances dans l'Union européenne.

Solvabilité II est en vigueur depuis le 1er janvier 2016. Les dispositions sont organisées en piliers et niveaux de texte.

1° Les piliers

Les règles prudentielles de Solvabilité II se répartissent en 3 piliers d'exigences applicables aux entreprises d'assurance.

Pilier 1 : Exigences quantitatives

Le pilier I de Solvabilité II regroupe les exigences quantitatives, c'est-à-dire les règles de valorisation des actifs et des passifs, ainsi que les exigences de capital et leur mode de calcul.

Pilier 2 : Exigences qualitatives

Le pilier II de Solvabilité II regroupe les exigences qualitatives, en premier lieu les règles de gouvernance et de gestion des risques, et l'évaluation propre des risques de la solvabilité.

Pilier 3 : Informations à destination du public et du superviseur

Le pilier 3 de Solvabilité II concerne la communication d'informations au public et aux autorités de contrôle. Le but est d'harmoniser au niveau européen les informations publiées par les organismes d'assurance ainsi que celles remises aux superviseurs.

Ces informations, à la fois quantitatives et qualitatives, sont à remettre à une fréquence annuelle et, pour certaines, trimestrielles..

2° Les niveaux de textes

Les dispositions établissant ces exigences sont réparties en 3 niveaux : les textes dits de niveau 1 fixent des principes généraux, dont les conditions d'application sont précisées par des textes et normes de niveau 2 et 3.

Textes de niveau 1

La directive Solvabilité II 2009/138/CE publiée le 25 novembre 2019 modifiée par la directive 2014/51/UE (directive Omnibus 2).

La directive Solvabilité II prévoit les grands principes du régime prudentiel applicable aux entreprises d'assurance.

La directive Omnibus II, publiée le 16 avril 2014, a amendé la directive Solvabilité II sur plusieurs points, notamment en y introduisant les prérogatives de l'autorité européenne des assurances et des pensions.

Les directives Solvabilité II et Omnibus II ont été transposées en droit national par l'ordonnance n° 2015-378 du 2 avril 2015 et le décret n°2015-513 du 7 mai 2015.

Textes de niveau 2

Le niveau 2 de Solvabilité II est constitué par le règlement délégué du 10 octobre 2014, adopté par la Commission européenne. En tant que règlement européen, ce texte est d'application directe et ne nécessite pas de transposition dans les textes de loi nationaux.

Textes de niveau 3

Il s'agit des normes techniques d'exécution et orientations de l'autorité européenne des assurances.

La directive et le règlement délégué sont complétés par deux types de textes de niveau 3.

D'une part, les normes techniques d'exécution qui sont proposées par l'autorité européenne des assurances puis adoptés par la Commission européenne. Elles sont d'application directe.

D'autre part, les orientations qui sont adoptées par l'autorité européenne de l'assurance. Dans chaque état, elles sont soumises à une procédure selon laquelle les autorités nationales doivent mettre en œuvre ces orientations pour leur marché, ou expliquer à l'autorité européenne de l'assurance pourquoi elles ne le font pas.

Chapitre IX

La distribution d'assurances

Section I - La directive du 20 janvier 2016 sur la distribution d'assurances

La directive (UE) 2016/97 du Parlement européen et du Conseil du 20 janvier 2016 sur la distribution d'assurances a pour objet d'harmoniser les dispositions nationales relatives à la distribution d'assurances, de permettre aux consommateurs de bénéficier du même niveau de protection, quelles que soient les différences entre les canaux de distribution et de favoriser les échanges transfrontaliers.

I - Champ d'application

La directive s'applique à toute personne physique ou morale qui est établie dans un État membre de l'Union européenne ou souhaite s'y établir pour accéder aux activités de distribution de produits d'assurance et de réassurance et exercer ces activités.

La directive ne s'applique pas aux intermédiaires d'assurance à titre accessoire. Elle précise certaines définitions :

Distribution d'assurances

Toute activité consistant à fournir des conseils sur des contrats d'assurance, à proposer des contrats d'assurance ou à réaliser d'autres travaux préparatoires à leur conclusion, à conclure de tels contrats, ou à contribuer à leur gestion et à leur exécution, notamment en cas de sinistre, y compris la fourniture d'informations sur un ou plusieurs contrats d'assurance selon des critères choisis par le client sur un site internet ou par d'autres moyens de communication.

Intermédiaire d'assurance

Toute personne physique ou morale autre qu'une entreprise d'assurance ou de réassurance, ou leur personnel, et autre qu'un intermédiaire d'assurance à titre accessoire, qui, contre rémunération, accède à l'activité de distribution d'assurances ou l'exerce.

La directive encadre également la rémunération des intermédiaires et autres distributeurs. Les États doivent veiller à ce que les distributeurs de produits d'assurance ne soient pas rémunérés ou ne rémunèrent pas ni n'évaluent les performances de leur personnel d'une façon qui aille à l'encontre de leur obligation d'agir au mieux des intérêts de leurs clients. Un distributeur de produits d'assurance ne prend en particulier aucune disposition sous forme de rémunération, d'objectifs de vente ou autre qui pourrait l'encourager, ou encourager son personnel, à recommander un produit d'assurance particulier à un client alors que le distributeur de produits d'assurance pourrait proposer un autre produit d'assurance qui correspondrait mieux aux besoins du client.

Produit d'investissement fondé sur l'assurance

La directive définit également ce qu'est un produit d'investissement fondé sur l'assurance. Il s'agit d'un produit d'assurance comportant une durée de vie ou une valeur de rachat qui est totalement ou partiellement exposée, de manière directe ou indirecte, aux fluctuations du marché, hormis :

a) les produits d'assurance non-vie énumérés à l'annexe I de la directive 2009/138/CE (par branches d'assurance non-vie, ce qui exclut essentiellement les bons de capitalisation et les opérations d'assistance) ;

b) les contrats d'assurance vie lorsque les prestations prévues par le contrat sont payables uniquement en cas de décès ou d'incapacité due à un accident, à une maladie ou à une infirmité ;

c) les produits de retraite qui sont reconnus par le droit national comme ayant pour objectif principal de fournir à l'investisseur un revenu lorsqu'il sera à la retraite et qui lui donnent droit à certaines prestations :
   - L. 116-1 à L. 116-4, L. 116-5 du Code de la mutualité ;
   - L. 932-40 à L. 932-51 du Code de la Sécurité sociale.

Observons que les Codes de la mutualité et de la Sécurité sociale édictent des principes et renvoient au Code des assurances pour le détail des dispositions.

II - L'obligation de conseil et d'information dans la directive

La directive renforce l'obligation de conseil et d'information et prévoit qu'avant la conclusion d'un contrat d'assurance, le distributeur de produits d'assurance précise, sur la base des informations obtenues auprès du client, les exigences et les besoins de ce client et fournit au client des informations objectives sur le produit d'assurance sous une forme compréhensible afin de lui permettre de prendre une décision en connaissance de cause.

Tout contrat proposé est cohérent avec les exigences et les besoins du client en matière d'assurance.

On peut remarquer que la jurisprudence la plus récente avait déjà un niveau d'exigence en matière de conseil qui se rapprochait des nouvelles exigences de la directive distribution.

La directive prévoit également que lorsque des conseils sont fournis avant la conclusion d'un contrat spécifique, le distributeur de produits d'assurance fournit au client une recommandation personnalisée expliquant pourquoi un produit particulier correspondrait le mieux à ses exigences et à ses besoins.

Les précisions sont modulées en fonction de la complexité du produit d'assurance proposé et du type de client.

Selon la directive, lorsqu'un intermédiaire d'assurance informe le client qu'il fonde ses conseils sur une analyse impartiale et personnalisée, il fonde ces conseils sur l'analyse d'un nombre suffisant de contrats d'assurance offerts sur le marché de façon à pouvoir recommander de manière personnalisée, en fonction de critères professionnels, le contrat d'assurance qui serait adapté aux besoins du client.

En conséquence, l'intermédiaire d'assurance doit proposer, parmi une palette de contrats, celui qui répond le mieux aux besoins du client et sa responsabilité pourrait être engagée s'il s'avère ultérieurement, par exemple en raison d'un sinistre non garanti, que le contrat proposé n'était pas celui qui était le mieux adapté à la situation du client et qu'un autre contrat aurait permis d'éviter une non garantie.

Toujours selon la directive, le distributeur de produits d'assurance fournit au client les informations pertinentes sur le produit d'assurance sous une forme compréhensible afin de lui permettre de prendre une décision en connaissance de cause, tout en tenant compte de la complexité du produit d'assurance et du type de client.

Des exigences supplémentaires visent la distribution d'assurances liée à la vente de produits d'investissement fondés sur l'assurance.

L'intermédiaire ou l'entreprise d'assurance se procure également les informations nécessaires sur les connaissances et l'expérience du client ou du client potentiel dans le domaine d'investissement dont relève le type spécifique de produit ou de service, la situation financière de cette personne, y compris sa capacité à subir des pertes, et ses objectifs d'investissement, y compris sa tolérance au risque, pour être ainsi en mesure de recommander au client ou au client potentiel les produits d'investissement fondés sur l'assurance adéquats et, en particulier, ceux qui sont adaptés à sa tolérance au risque et à sa capacité à subir des pertes.

La directive prévoit également que l'intermédiaire ou l'entreprise d'assurance fournit au client, sur un support durable, des informations adéquates sur le service fourni. Ces informations consistent notamment en des communications périodiques à ses clients, qui tiennent compte du type et de la complexité des produits d'investissement fondés sur l'assurance concernés et de la nature des services fournis au client, et incluent, lorsqu'il y a lieu, les coûts liés aux transactions effectuées et aux services fournis au nom du client.

Lorsqu'il ou elle fournit des conseils sur un produit d'investissement fondé sur l'assurance, l'intermédiaire ou l'entreprise d'assurance fournit au client, avant la conclusion du contrat, une déclaration d'adéquation sur un support durable, précisant les conseils fournis et la manière dont ceux-ci répondent aux préférences, aux objectifs et aux autres caractéristiques du client.

Un de principaux aspects de la directive est d'avoir mis en place un document d'information sur le produit d'assurance. Il s'agit d'un nouveau document a remettre pour les contrats d'assurance portant sur un risque autre que l'assurance vie. L'ordonnance du 16 mai 2018 a ajouté les alinéas 4 et 5 à l'article L. 112-2 du Code des assurances pour intégrer ce document dans la législation nationale.

Ce document :

a) est un document succinct et autonome ;

b) présenté et mis en page d'une manière claire et facile à lire, avec des caractères d'une taille lisible ;

c) n'est pas moins compréhensible lorsque, l'original ayant été imprimé en couleur, il est imprimé ou photocopié en noir et blanc ;

d) rédigé dans les langues officielles, ou dans l'une des langues officielles, utilisées dans la partie de l'État membre dans laquelle le produit d'assurance est proposé ou, si le consommateur et le distributeur en conviennent, dans une autre langue ;

e) exact et non trompeur ;

f) fait figurer le titre « Document d'information sur le produit d'assurance » en haut de la première page ;

g) comprend une mention indiquant que des informations précontractuelles et contractuelles sur le produit sont fournies dans d'autres documents.

Toute information fournie aux clients est communiquée sur support papier.

Elles peuvent être fournies en recourant à l'un des supports suivants :

a) sur un support durable autre que le papier, si le client s'est vu proposer de recevoir l'information soit sur support papier, soit sur un support durable, et il a choisi ce dernier support ;

b) au moyen d'un site internet si elles sont adressées personnellement au client ou si les conditions suivantes sont remplies :
- le client a accepté que lesdites informations lui soient fournies au moyen d'un site internet ;
- le client s'est vu notifier par voie électronique l'adresse du site internet, ainsi que l'endroit, sur le site internet, où lesdites informations peuvent être trouvées ;
- l'accès auxdites informations sur le site internet est garanti pendant une période telle que le client peut raisonnablement être amené à les consulter.

La fourniture d'informations sur un support durable autre que le papier ou au moyen d'un site internet est réputée appropriée eu égard aux opérations commerciales qui ont lieu entre le distributeur de produits d'assurance et le client s'il existe des éléments montrant que le client dispose d'un accès régulier à internet. La fourniture, par le client, d'une adresse électronique aux fins de ces opérations commerciales constitue un élément de preuve à cet égard.

Les États veillent à ce que toutes les informations en lien avec l'objet de la directive, y compris les communications publicitaires, adressées par le distributeur de produits d'assurance à des clients ou à des clients potentiels soient correctes, claires et non trompeuses. Les communications publicitaires doivent toujours être clairement identifiables en tant que telles.

Section II - L'ordonnance du 16 mai 2018

L'ordonnance n° 2018-361 du 16 mai 2018 relative à la distribution d'assurances introduit dans le Code des assurances la directive distribution. De nombreux articles du Code des assurances sont modifiés et d'autres sont créés pour la circonstance.

Les dispositions de cette ordonnance sont entrées en vigueur le 1er octobre 2018.

L'ordonnance a été complétée par un décret n° 2018-431 du 1er juin 2018.

Cet ensemble constitue désormais le droit de la distribution en assurance.

I - Les activités entrant dans la distribution d'assurances

L'article 4 de l'ordonnance du 16 mai 2018 modifie l'article L. 511-1 I du Code des assurances et reprend la définition donnée par la directive. Il précise que la distribution d'assurances ou de réassurances est l'activité qui consiste à fournir des recommandations sur des contrats d'assurance ou de réassurance, à présenter, proposer ou aider à conclure ces contrats ou à réaliser d'autres travaux préparatoires à leur conclusion, ou à contribuer à leur gestion et à leur exécution, notamment en cas de sinistre.

Est également considérée comme de la distribution d'assurances la fourniture d'informations sur un ou plusieurs contrats d'assurance selon des critères choisis par le souscripteur ou l'adhérent sur un site internet ou par d'autres moyens de communication et l'établissement d'un classement de produits d'assurance comprenant une comparaison des prix et des produits, ou une remise de prime, lorsque le souscripteur ou l'adhérent peut conclure le contrat directement ou indirectement au moyen du site internet ou par d'autres moyens de communication.

II - Les activités n'étant pas de la distribution d'assurances

Les activités suivantes ne sont pas considérées comme de la distribution d'assurances ou de réassurances :

1° La fourniture d'informations à titre occasionnel dans le cadre d'une autre activité professionnelle lorsque :
- Le fournisseur ne prend pas d'autres mesures pour aider à conclure ou à exécuter un contrat d'assurance ;
- Ces activités n'ont pas pour objet d'aider le souscripteur ou l'adhérent à conclure ou à exécuter un contrat de réassurance ;

2° L'activité consistant exclusivement en la gestion, l'évaluation et le règlement des sinistres ;

3° La simple fourniture de données et d'informations sur des preneurs d'assurance potentiels à des intermédiaires d'assurance ou de réassurance, des entreprises d'assurance ou de réassurance, lorsque le fournisseur ne prend pas d'autres mesures pour aider le souscripteur ou l'adhérent à conclure un contrat d'assurance ou de réassurance ;

4° La simple fourniture d'informations sur des produits d'assurance ou de réassurance, sur un intermédiaire d'assurance ou de réassurance, une entreprise d'assurance ou de réassurance à des preneurs d'assurance potentiels, lorsque le fournisseur ne prend pas d'autres mesures pour aider le souscripteur ou l'adhérent à conclure un contrat d'assurance ou de réassurance.

III - Distribution des contrats : Communiqué de presse du 3 mai 2022 de l'ACPR

L'ACPR appelle les distributeurs de contrats d'assurance vie à mieux respecter le devoir de conseil auprès des clients financièrement fragiles ou en difficulté. À la suite de plusieurs contrôles sur place, l'Autorité de contrôle prudentiel et de résolution (ACPR) a relevé des défaillances en matière de commercialisation de contrats d'assurance vie auprès de clients financièrement fragiles ou en difficulté. Ces contrats sont susceptibles d'aggraver leur situation financière, dès lors qu'ils ne disposent pas d'une épargne de précaution pour faire face à leurs besoins de trésorerie de court terme. Ils peuvent ainsi être exposés à des frais d'entrée et de gestion particulièrement pénalisants s'ils sont contraints de racheter rapidement leur contrat d'assurance vie par manque de liquidités alors que ces contrats ont vocation à constituer une épargne stable de long terme. De plus, lorsque les contrats sont adossés à des unités de compte, une allocation à caractère risqué ne peut pas être adaptée aux besoins de clients dont la situation financière est fragile au moment de la souscription. En effet, cette situation ne permettrait pas d'absorber d'éventuelles pertes en capital. L'ACPR est particulièrement attentive à la protection des clientèles fragiles et rappelle que les distributeurs de contrats d'assurance-vie en unités de compte ont l'obligation de prendre en compte la situation financière des souscripteurs, dans le cadre de leur devoir de conseil et de vérifier que le contrat proposé est cohérent avec l'ensemble des exigences et besoins des clients. Les distributeurs d'assurances doivent ainsi se conformer aux exigences de l'article L. 522-5 du Code des assurances et vérifier le caractère approprié du contrat à l'égard de la situation financière du client, tout en tenant compte notamment de son éventuelle fragilité, de ses difficultés financières et de son niveau d'épargne liquide, la cohérence des contrats et allocations proposés avec l'ensemble des exigences et besoins exprimés par le client, y compris le niveau de risque maximal souhaité par celui-ci, ainsi que ses connaissances et expériences en matière financière. L'ACPR sera particulièrement vigilante pour assurer le respect de ces dispositions qui constituent, pour les assureurs, le socle d'une gouvernance adéquate de la surveillance des produits, notamment en matière de marché cible.

IV - Les différents intermédiaires

Les articles L. 511-1 et suivants du Code des assurances, modifiés par l'ordonnance n° 2018-361 du 16 mai 2018 définissent l'activité d'intermédiaire d'assurance et en précisent les modalités d'exercice. Est un intermédiaire d'assurance ou de réassurance toute personne physique ou morale autre qu'une entreprise d'assurance ou de réassurance et son personnel et autre qu'un intermédiaire d'assurance à titre accessoire, qui, contre rémunération, accède à l'activité de distribution d'assurances ou de réassurances ou l'exerce.

Cette définition renvoie donc à la notion de distribution d'assurances introduite dans le droit français suite à la transposition de la directive sur la distribution d'assurances.

À côté des intermédiaires d'assurances dont l'activité principale consiste à faire de la « distribution d'assurances » nous trouvons des intermédiaires à titre accessoire.

L'ordonnance du 16 mai 2018 précise qu'est un intermédiaire d'assurance à titre accessoire toute personne autre qu'un établissement de crédit, qu'une entreprise d'investissement ou qu'une société de financement qui, contre rémunération, accède à l'activité de distribution d'assurances ou l'exerce pour autant que les conditions suivantes soient remplies (art. L. 511-1 I du Code des assurances) :

1° La distribution d'assurances ne constitue pas l'activité professionnelle principale de cette personne ;

2° La personne distribue uniquement des produits d'assurance qui constituent un complément à un bien ou à un service ;

3° Les produits d'assurance concernés ne couvrent pas de risques liés à l'assurance vie ou de responsabilité civile, à moins que cette couverture ne constitue un complément au bien ou au service fourni dans le cadre de l'activité professionnelle principale de l'intermédiaire.

L'article R. 511-1 du Code des assurances, modifié par le décret n° 2018-431 du 1er juin 2018, précise qu'est considérée comme présentation, proposition ou aide à la conclusion d'une opération d'assurance, le fait pour toute personne physique ou morale de solliciter ou de recueillir la souscription d'un contrat ou l'adhésion à un tel contrat, ou d'exposer oralement ou par écrit à un souscripteur ou un adhérent éventuel, en vue de cette souscription ou adhésion, les conditions de garantie d'un contrat.

Les travaux préparatoires à la conclusion d'un contrat d'assurance comprennent, d'une part, tous travaux d'animation de réseaux de distributeurs de produits d'assurance ou de réassurance ou d'organisation par un intermédiaire d'assurance du réseau d'intermédiaires d'assurance et, d'autre part, tous travaux d'analyse et de conseil réalisés en vue de la présentation, de la proposition ou de la conclusion d'un contrat.

Les intermédiaires d'assurances sont :

1° Les courtiers d'assurance ou de réassurance, personnes physiques et sociétés immatriculées au registre du commerce pour l'activité de courtage d'assurance.

2° Les agents généraux d'assurance, personnes physiques ou personnes morales, titulaires d'un mandat ou chargées à titre provisoire pour une durée de deux ans au plus non renouvelable des fonctions d'agent général d'assurance.

3° Les mandataires d'assurance, personnes physiques non salariées et personnes morales autres que les agents généraux d'assurance, mandatées à cet effet par une entreprise d'assurance.

4° Les mandataires d'intermédiaires d'assurance.

Pour les deux catégories de mandataires, leur activité est limitée à la présentation, la proposition ou l'aide à la conclusion d'une opération d'assurance et éventuellement à l'encaissement matériel des primes ou cotisations, et, en outre, en ce qui concerne l'assurance sur la vie et la capitalisation, à la remise matérielle des sommes dues aux assurés ou bénéficiaires.

Il existe cependant des dérogations prévues à l'article R. 511-2 du Code des assurances.

V - La réforme du courtage

La loi n° 2021-402 du 8 avril 2021 relative à la réforme du courtage de l'assurance et du courtage en opérations de banque et en services de paiement a ajouté plusieurs articles dans le Code des assurances (art. L. 513-3 et s. du Code des assurances).

Désormais, pour leur immatriculation les courtiers d'assurance doivent adhérer à une association professionnelle agréée, chargée du suivi de l'activité et de l'accompagnement de ses membres.

Cette association offre à ses membres un service de médiation ; vérifie les conditions d'accès et d'exercice de leur activité ainsi que leur respect des exigences professionnelles et organisationnelles ; offre un service d'accompagnement et d'observation de l'activité et des pratiques professionnelles.

Cette obligation ne concerne pas les agents généraux qui ne sont donc pas soumis à l'obligation d'adhésion à une association professionnelle.

La demande d'adhésion à l'association professionnelle donne lieu à une réponse dans un délai de deux mois à compter de la date de réception par l'association d'un dossier complet. Dans le cas où l'association refuse une adhésion, elle motive sa décision. La décision de refus d'adhésion peut faire l'objet d'un recours devant le tribunal judiciaire dans le ressort duquel se trouve le siège de l'association.

Les associations professionnelles sont agréées par l'Autorité de contrôle prudentiel et de résolution, qui vérifie leur représentativité, la compétence et l'honorabilité de leurs représentants légaux et de leurs administrateurs, ainsi que l'impartialité de leur gouvernance.

Une association peut mettre fin à l'adhésion d'un de ses membres à sa demande. Le retrait de la qualité de membre peut également être décidé d'office par l'association, si le courtier ne remplit plus les conditions ou les engagements auxquels était subordonnée son adhésion, s'il n'a pas commencé son activité dans un délai de douze mois à compter de son adhésion, s'il n'exerce plus son activité depuis au moins six mois ou s'il a obtenu l'adhésion par de fausses déclarations ou par tout autre moyen irrégulier.

La décision de retrait peut faire l'objet d'un recours devant le tribunal judiciaire dans le ressort duquel se trouve le siège de l'association.

Les intermédiaires pourront opter pour l'association professionnelle de leur choix, dès lors qu'elle est bien agréée pour leur activité (intermédiation en assurance et/ou en opération de banque et service de paiement). Pour délivrer l'agrément, l'ACPR a notamment examiné les moyens humains, matériels et financiers engagés par les associations pour exercer leurs missions, ainsi que les procédures mises en œuvre pour assurer leur indépendance, leur impartialité et l'absence de conflit d'intérêt.

Lors de sa séance du 22 mars 2022, le Collège de l'ACPR a ainsi délivré l'agrément à sept associations, dont six en qualité d'associations professionnelles de courtiers en banque et assurance (CNCEF, La Compagnie des CGP, ENDYA, l'AFIB, la CNCGP et l'ANACOFI) et une association en seule qualité d'association professionnelle de courtiers en assurance (Votrasso).

Outre la vérification factuelle du respect du critère de représentativité à l'issue d'une période de deux ans, l'ACPR s'attachera à s'assurer que les autres engagements pris lors du dossier d'agrément sont intégralement respectés, notamment ceux liés à l'indépendance et aux conflits d'intérêts, et que la mission d'accompagnement des courtiers adhérents est correctement mise en place.

Section III – Les nouvelles exigences professionnelles

I – L'obligation de formation continue

Le législateur prévoit que les distributeurs de produits d'assurance et de réassurance et leur personnel dont les activités consistent à fournir des recommandations sur des contrats d'assurance ou de réassurance, à présenter, à proposer ou à aider à conclure ces contrats ou à réaliser d'autres travaux préparatoires à leur conclusion, possèdent, préalablement au commencement de leur activité, les connaissances et aptitudes appropriées leur permettant de mener à bien leurs missions et de satisfaire à leurs obligations de manière adéquate.

Ils doivent respecter les exigences en matière de formation et de développement professionnels continus, afin de maintenir un niveau de performance adéquat correspondant à la fonction qu'ils occupent et au marché concerné.

Ils doivent être en mesure de justifier par tout moyen du respect des exigences qui leur sont applicables ou qui sont applicables à leur personnel en matière de formation et de développement professionnels continus.

La durée de cette formation continue ne peut être inférieure à 15 heures par an. Il s'agit là d'une des principales innovation de la directive introduite en droit français et qui renforce considérablement l'obligation de formation continue d'une partie du personnel des intermédiaires et entreprises d'assurances qui vont devoir suivre une formation annuelle de 15 heures minimum. Cette formation étant très encadrée comme nous allons le voir ci-après.

La formation ou le développement professionnel continu peuvent donner lieu à des prestations dispensées sur place ou à distance, organisées en une ou plusieurs séquences, consécutives ou non. Ils peuvent être assurés par un organisme de formation, une entreprise d'assurance ou de réassurance, un intermédiaire d'assurance, un établissement de crédit ou une société de financement. Ils doivent permettre d'actualiser régulièrement les compétences nécessaires à l'exercice des fonctions occupées.

II - Le contenu de la formation

Les compétences nécessaires à l'exercice des fonctions ainsi que les actions de formation ou de développement professionnel continus correspondantes, sont :

« **1° Au titre des compétences professionnelles générales :**

a) Appréhender l'activité et l'environnement de la distribution d'assurances et ses évolutions au regard des fonctions exercées :

- maîtriser les conditions d'accès et d'exercice de l'activité de distributeur ;
- appréhender les différents acteurs de la distribution d'assurances ;
- maîtriser les règles de gouvernance et de surveillance des produits, de protection de la clientèle, d'information et de conseil, de gestion des conflits d'intérêts, de rémunération, de traitement des réclamations, ainsi que le dispositif de médiation ;
- identifier les évolutions juridiques, économiques, financières, démographiques, technologiques ou sociétales, et leurs impacts sur la distribution d'assurances ;
- tirer les conséquences de ces évolutions sur son activité en matière de distribution d'assurances.

b) Maîtriser la relation client :

- maîtriser l'information sur les produits présentés au client ;
- appréhender l'ensemble des composantes de la situation du client ;
- identifier et analyser les besoins du client, le conseiller et proposer une solution cohérente ou appropriée ;
- maîtriser le processus de la recommandation personnalisée ;
- formaliser l'information et le conseil, notamment la traçabilité du questionnement du client sur ses besoins et demandes ainsi que des solutions proposées, et la traçabilité de l'ensemble des informations et documents remis au client ;
- identifier et prendre en compte les évolutions de la situation et des besoins du client nécessitant une évolution du contrat.

c) Mettre en œuvre les mesures de prévention et de conformité :

- appliquer les règles en matière de contrôle interne, de prévention des risques, de protection des données personnelles, de lutte contre la fraude, de lutte contre le blanchiment et le financement du terrorisme et de lutte contre la corruption ;
- appliquer les règles déontologiques.

d) S'adapter aux évolutions organisationnelles et technologiques :

- maîtriser les outils de l'environnement de travail dont les outils du parcours client y compris les outils digitaux ;
- s'approprier la culture de l'entreprise en vue de favoriser l'intérêt du client tout au long du processus de distribution.

e) Développer un portefeuille dans le respect de la réglementation :
- prospecter, commercialiser et négocier de manière adaptée à la clientèle concernée ;
- traiter les données des clients en vue d'adapter l'offre ;
- maîtriser les règles applicables en matière de collecte, mise à jour, gestion et exploitation des données client.

2° Au titre des compétences professionnelles spécifiques à la nature des produits distribués :

a) Assurance de personnes : vie et capitalisation :
- appréhender les marchés des produits d'épargne pertinents ;
- appréhender les régimes matrimoniaux, successoraux et fiscaux applicables ;
- apprécier les avantages et risques liés aux différentes options d'investissement.

b) Assurances de personnes : prévoyance, santé, retraite :
- appréhender les règles du droit fiscal, social et du travail ;
- appréhender les marchés de produits santé, prévoyance et retraite pertinents et maîtriser l'articulation entre la protection sociale obligatoire et les garanties distribuées ;
- maîtriser les mécanismes de l'assurance collective.

c) Assurance dommages aux biens et responsabilités :
- appréhender le marché des produits d'assurance de biens et responsabilités pertinents ;
- comprendre les règles spécifiques applicables notamment celles relatives à la protection de la clientèle.

3° Au titre des compétences professionnelles spécifiques à certains modes de distribution :
- maîtriser les spécificités et les règles applicables au démarchage ;
- maîtriser les spécificités et les règles applicables à la vente à distance ;
- maîtriser les techniques et les outils permettant de gérer les différentes étapes de la relation client à distance.

4° Au titre des compétences professionnelles spécifiques à certaines fonctions :

a) Intermédiaires personnes physiques et mandataires sociaux des intermédiaires personnes morales, en contact direct avec la clientèle ou qui encadrent habituellement des personnes en contact direct avec la clientèle :
- concevoir ou mettre en œuvre un plan d'actions commerciales ;
- adapter la commercialisation à l'évolution de l'environnement économique, de la réglementation applicable ou le cas échéant de l'offre de produits ;
- encadrer et animer les activités des salariés assurant des fonctions de distribution ;
- connaître les procédures de l'Autorité de contrôle prudentiel et de résolution en matière de contrôle et de sanction ou les procédures de contrôle interne déclinées au sein de l'entité.

b) Personnes directement responsables d'un bureau de production ou de l'animation d'un réseau de personnes en lien direct avec la clientèle :
- concevoir ou mettre en œuvre un plan d'actions commerciales ;
- adapter l'organisation interne et la commercialisation à l'évolution de l'environnement économique, de l'offre de produits le cas échéant, ou le droit applicable ;
- mettre en place ou appliquer les règles des procédures internes ;
- encadrer et animer les activités des salariés assurant des fonctions de distribution placés sous sa responsabilité ;

- connaître les procédures de l'Autorité de contrôle prudentiel et de résolution en matière de contrôle et de sanction ou les procédures de contrôle interne déclinées au sein de l'entité ».

III - Le contrôle de la formation

Avant l'entrée en vigueur de ces nouvelles dispositions, l'ACPR avait déjà prononcé des sanctions pour insuffisances de formation.

Elle avait relevé que « les obligations réglementaires en matière de tenue et de remise d'un livret de stage n'étaient pas, à la date du contrôle, respectées par la société U. (grief 1) :

- que celle-ci ayant choisi de recruter des collaborateurs dont une partie ne disposait pas de la capacité professionnelle requise pour exercer une activité d'intermédiation en assurance, il lui appartenait de mettre en place une formation respectant les obligations réglementaires ci-dessus rappelées ; qu'à la date du contrôle, ce n'était pas le cas ; que ses nouveaux salariés recevaient tous la même formation, qu'il aient ou non la capacité professionnelle ; que la conception et la mise en œuvre de cette formation, principalement élaborée à partir de l'étude des produits maison, ne répondait pas correctement aux dispositions applicables qui en fixent la durée et le contenu (grief 2) ;
- qu'il n'est, en revanche, pas établi en l'état du dossier que des stagiaires aient exercé une activité d'intermédiation en assurance sans disposer de la capacité professionnelle requise (grief 3).

Dans la détermination de la sanction, de tenir compte de ce qu'il n'est pas démontré ni même soutenu par la poursuite que les carences en matière de formation aient eu des conséquences dommageables pour les clients ; que le grief relatif aux faits qui auraient été les plus graves, la commercialisation de produits d'assurance par des personnes ne disposant pas de la capacité professionnelle, a été écarté faute d'éléments probants suffisants (grief 3) ; que la société U. a, dès le contrôle, fourni des éléments sur l'amélioration de son dispositif de formation ; que, dans ces conditions, il sera prononcé à son encontre un avertissement ; qu'eu égard au montant des fonds propres de la société U. et à l'évolution de ses résultats, une sanction pécuniaire de 200 000 euros sera également prononcée.

Au regard de la nature des manquements retenus par la Commission, la publication de la présente décision sous une forme nominative, même si elle peut avoir des conséquences négatives pour la société U. vis-à-vis de ses clients et de ses salariés ou futurs salariés, n'est pas de nature à lui causer un préjudice disproportionné au sens de l'article L. 612-41 du Code monétaire et financier ; qu'elle sera donc publiée sous cette forme » (ACPR Décision n° 2015-05 du 14 avril 2016).

Section IV - Les distributeurs agissent dans l'intérêt des souscripteurs

I - Les informations doivent être claires, exactes et non trompeuses

Aux termes des textes, les distributeurs de produits d'assurance agissent de manière honnête, impartiale et professionnelle et ce, au mieux des intérêts du souscripteur ou de l'adhérent.

Toutes les informations, y compris les communications publicitaires adressées par le distributeur de produits d'assurance à un souscripteur ou à un adhérent éventuel doivent être claires, exactes et non trompeuses. Les communications publicitaires doivent être clairement identifiables en tant que telles.

Nous pouvons constater que « l'intérêt des souscripteurs et adhérents » est rappelé par plusieurs dispositions de la directive introduite en droit français. Cela renforce l'idée que le nouveau droit de la distribution a été pensé dans l'intérêt du client qui doit se voir proposer non seulement le contrat le mieux adapté à ses besoins mais qui doit aussi être informé le plus précisément possible sans qu'il puisse y avoir la moindre ambiguïté sur la nature des informations remises. Un document publicitaire ne doit pas pouvoir être confondu par l'assuré avec un document contractuel.

De même l'ordonnance du 16 mai 2018, reprenant les dispositions de la directive, précise que les distributeurs de produits d'assurance ne sont pas rémunérés ou ne rémunèrent pas ni n'évaluent les performances de leur personnel d'une façon qui contrevienne à leur obligation d'agir au mieux des intérêts du souscripteur ou de l'adhérent. Un distributeur de produits d'assurance ne prend en particulier aucune disposition sous forme de rémunération, d'objectifs de vente ou autre qui pourrait l'encourager ou encourager son personnel à recommander un produit d'assurance particulier à un souscripteur ou à un adhérent éventuel alors que ce distributeur pourrait proposer un autre produit d'assurance correspondant mieux aux exigences et aux besoins du souscripteur éventuel ou de l'adhérent éventuel (C. assur., art. L. 521-1-III).

II – Exigences de connaissances professionnelles et d'honorabilité

Les distributeurs de produits d'assurance et de réassurance et leur personnel doivent respecter les exigences en matière de formation et de développement professionnels continus, afin de maintenir un niveau de performance adéquat correspondant à la fonction qu'ils occupent et au marché concerné.

Ils doivent être en mesure de justifier par tout moyen du respect des exigences qui leur sont applicables ou qui sont applicables à leur personnel en matière de formation et de développement professionnels continus.

Ils doivent également respecter des conditions d'honorabilité.

Les intermédiaires d'assurance ou de réassurance et les intermédiaires d'assurance à titre accessoire définis à l'article L. 511-1, III du Code des assurances, doivent être immatriculés sur un registre unique des intermédiaires, qui est librement accessible au public.

L'immatriculation, renouvelable chaque année, est subordonnée au paiement préalable, auprès de l'organisme, de frais d'inscription annuels fixés par arrêté du ministre chargé de l'Économie, dans la limite de 250 euros.

Ces frais d'inscription sont recouvrés par un organisme qui est soumis au contrôle général économique et financier de l'État. Leur paiement intervient au moment du dépôt de la demande d'inscription ou de la demande de renouvellement.

Lorsque la demande d'inscription ou de renouvellement est déposée sans le paiement correspondant, l'organisme dresse au redevable par courrier recommandé avec accusé de réception une lettre l'informant qu'à défaut de paiement dans les trente jours suivant la date de réception de cette lettre la demande d'inscription ne pourra être prise en compte. Dans le cas d'une demande de renouvellement, le courrier indique que l'absence de paiement entraîne la radiation du registre.

Section V - Le démarchage téléphonique

I - La loi du 8 avril 2021

La loi n° 2021-402 du 8 avril 2021 relative à la réforme du courtage de l'assurance et du courtage en opérations de banque et en services de paiement a modifié les dispositions relatives à la vente par téléphone ajoutant un article L. 112-2-2 dans le Code des assurances.

Désormais, lorsqu'un distributeur contacte par téléphone un souscripteur en vue de conclure un contrat d'assurance qui n'entre pas dans le cadre de l'activité commerciale ou professionnelle du souscripteur, il recueille au début de la conversation l'accord préalable du souscripteur à la poursuite de la communication. À défaut d'accord explicite de ce dernier, le distributeur met fin à l'appel sans délai et s'abstient de le contacter à nouveau.

Le distributeur doit mettre fin sans délai à l'appel dès lors que le souscripteur manifeste une absence d'intérêt. Dans un tel cas, le distributeur s'abstient de le contacter à nouveau.

Le distributeur s'assure que le souscripteur peut résilier son contrat en cours concomitamment à la prise d'effet du contrat proposé si son offre concerne un risque déjà couvert.

Il s'assure, avant la conclusion à distance du contrat, de la bonne réception par le souscripteur de tous les documents d'informations.

Le distributeur est tenu de respecter un délai minimal de vingt-quatre heures entre la réception par le souscripteur des documents et informations et tout nouveau contact par téléphone fixé après accord exprès du souscripteur.

Le souscripteur ne peut consentir au contrat qu'en le signant. Cette signature ne peut être que manuscrite ou électronique. Elle ne peut intervenir au cours d'un appel téléphonique et moins de vingt-quatre heures après la réception des documents et informations.

Dans tous les cas, un distributeur ne peut signer un contrat pour le compte du souscripteur ou de l'adhérent éventuel.

À la suite de la signature du contrat, le distributeur informe sans délai le souscripteur par écrit ou sur tout autre support durable, de son engagement, des dates de conclusion et de prise d'effet du contrat, de son éventuel droit de renonciation et des modalités d'exercice de ce droit, notamment l'adresse à laquelle la notification de la renonciation doit être envoyée.

Les distributeurs enregistrent, conservent et garantissent la traçabilité de l'intégralité des communications téléphoniques intervenues avant la conclusion du contrat d'assurance, pendant une période de deux années.

L'ensemble de ces dispositions ne sont pas applicables lorsque le distributeur est lié au souscripteur par un contrat en cours ou lorsque le souscripteur a sollicité l'appel ou a consenti à être appelé, en engageant de manière claire, libre et sans équivoque une démarche expresse en ce sens.

II - Le décret du 18 janvier 2022

Le décret précisant les modalités d'encadrement du démarchage téléphonique a été publié le 18 janvier 2022. Ces nouvelles dispositions entrent en vigueur le 1er avril prochain.

Le décret précise les conditions d'application des IV et V de l'article L. 112-2-2 du Code des assurances, notamment les modalités de conservation des enregistrements des appels de vente et d'information des salariés et des prospects.

Ainsi le décret précise que les conversations devront être conservées pendant une durée de deux ans à compter de la signature du contrat. Le client peut demander à recevoir une copie de cet enregistrement. S'il ne souhaite pas être enregistré, le distributeur doit mettre fin immédiatement à l'appel. Outre le client, seul les agents de l'ACPR peuvent avoir accès à ces enregistrements. « Les distributeurs s'assurent que l'enregistrement et la conservation des communications téléphoniques sont effectués dans des conditions garantissant leur intégrité et leur sécurité. Ils veillent également à leur caractère exploitable, ce qui implique que ces communications puissent être écoutées, copiées et exportées sans que leur enregistrement original ne puisse être modifié ou effacé, même lorsque le contrat n'est plus en vigueur à la suite notamment d'une renonciation ou d'une résiliation ».

Si le client refuse l'appel téléphonique ou bien si aucun contrat n'est signé dans un délai d'un mois suite à une proposition commerciale, les enregistrements doivent être détruits.

II - Les sanctions prononcées par la direction générale de la concurrence contre des courtiers

a) DGCCRF 10 octobre 2022 : Amende administrative d'un montant total de 45 000 € à l'encontre de la société B…

À la suite d'une enquête des services de la concurrence, consommation et répression des fraudes (CCRF), le directeur départemental de la protection des populations des Bouches-du-Rhône a prononcé une amende administrative d'un montant total de 45 000 € à l'encontre de la société B… pour :

- avoir démarché des consommateurs inscrits sur la liste d'opposition au démarchage téléphonique (26 978 appels passés),
- n'avoir pas fait expurger ses listes de prospects dans le cadre du dispositif BLOCTEL,
- ne pas s'être mis en conformité avec la réglementation malgré la mesure d'injonction administrative ordonnée.

b) DGCCRF 27.10.22 : Amende administrative d'un montant total de 51 600 € à l'encontre de la S.A.S.U. O…

La DDPP de la Haute-Garonne a prononcé une amende de 51 600 € à l'encontre de la S.A.S.U. O… ASSURANCE pour démarchage téléphonique de consommateurs inscrits sur la liste d'opposition au démarchage téléphonique BLOCTEL.

Section VI - Le contrôle par l'ACPR

I - Le contrôle des intermédiaires d'assurance

A - Objet et modalités du contrôle

Le contrôle réalisé par l'ACPR porte sur le respect des dispositions législatives et réglementaires relatives à l'intermédiation en assurance et à la lutte contre le blanchiment des capitaux et le financement du terrorisme (titre VI du livre V du Code monétaire et financier). Dans ce contexte, le contrôle du respect de l'obligation d'information et de conseil est un des plus importants en terme de fréquence et de sanctions prononcées.

Ainsi, les vérifications peuvent notamment porter sur :
- l'inscription sur le registre ORIAS ;
- la compétence professionnelle : vérification de la capacité professionnelle des intermédiaires d'assurance et de leurs salariés ;
- la communication aux clients des informations légales et réglementaires relatives à l'intermédiaire et à l'opération d'assurance ;
- les conditions de commercialisation d'un produit d'assurance ;
- les partenaires de l'intermédiaire d'assurance (ex : fournisseurs et apporteurs d'affaires) ;
- le dispositif de lutte contre le blanchiment des capitaux et le financement du terrorisme mis en place par l'intermédiaire d'assurance ;
- le respect de l'obligation de conseil tel qu'il ressort de l'ordonnance transposant la directive distribution.

Il s'agit d'un contrôle sur place réalisé par des agents de l'ACPR. Ce contrôle peut être complété, le cas échéant, par des échanges de documents.

Ce contrôle est suivi d'un projet de rapport et à la suite d'une réunion de restitution et d'échanges entre l'intermédiaire contrôlé et les agents de l'ACPR, les contrôleurs établissent leur rapport définitif.

B - Échelle des sanctions

Le contrôle peut aboutir à des sanctions disciplinaires. En fonction de la gravité des manquements, la commission des sanctions de l'ACPR peut prononcer une ou plusieurs sanctions disciplinaires à l'encontre d'un intermédiaire d'assurance, « de ses dirigeants, associés ou tiers ayant le pouvoir de gérer ou d'administrer » ; elle peut prononcer soit à la place, soit en sus, une sanction pécuniaire au plus égale à un million d'euros.

Les sanctions énumérées à l'article L. 612-41 du Code monétaire et financier sont :
- l'avertissement ;
- le blâme ;
- l'interdiction d'effectuer certaines opérations d'intermédiation ou toutes autres limitations dans l'exercice de cette activité (sans pouvoir excéder 10 ans) ;
- la suspension temporaire d'un ou plusieurs dirigeants d l'organisme qui exerce une activité d'intermédiation (sans pouvoir excéder 10 ans) ;
- la démission d'office d'un ou plusieurs dirigeants de l'organisme qui exerce une activité d'intermédiation ;
- la radiation du registre ORIAS (sans pouvoir excéder 10 ans) ;
- l'interdiction de pratiquer l'activité d'intermédiation (sans pouvoir excéder 10 ans).

L'ACPR porte à la connaissance du procureur de la République les infractions susceptibles de recevoir une qualification pénale constatées lors d'un contrôle (la pratique de l'intermédiation en assurance en dehors du cadre fixé par la législation ; l'intermédiation pour le compte d'un organisme d'assurance non autorisé à opérer en France ; la communication au public d'informations mensongères ; escroquerie ; faux...).

Ainsi, dans une décision du 18 juin 2013, l'Autorité de contrôle prudentiel a sanctionné un courtier pour défaut d'information et de conseil par un avertissement et une amende de 150 000 euros. Il a été relevé que des commerciaux ne respectaient pas leur obligation de conseil. Entre autres, les dossiers sondés incluaient notamment une « fiche patrimoniale », celle-ci n'était pas systématiquement renseignée et comportait de nombreuses imprécisions sur la composition du patrimoine du souscripteur, le montant de ses revenus, de ses charges et de ses dettes. En outre, la méthodologie utilisée par les commerciaux pour déterminer la capacité d'épargne des souscripteurs éventuels, omettant certaines charges importantes (dépenses alimentaires, eau, électricité), conduisait à surestimer leur capacité d'épargne (ACP, décision du 18 juin 2013).

L'ACPR prononce à l'égard de la société S une mesure d'interdiction temporaire d'exercice de l'activité de distribution de contrats d'assurance

Afin de protéger les intérêts des clients, l'Autorité de contrôle prudentiel et de résolution (ACPR) a pris, à l'encontre de la société S, une mesure conservatoire d'interdiction temporaire de distribution de tout contrat d'assurance, à compter du 25 avril 2023, en application de l'article L. 612-33 du Code monétaire et financier.

S est un courtier d'assurance français, détenu par le groupe I., distribuant auprès de particuliers des contrats d'assurance de dommages dits « affinitaires » couvrant des produits de téléphonie, multimédias ou électroménagers, ainsi que d'autres prestations de services liées. Cette distribution était effectuée par l'intermédiaire d'un réseau de magasins partenaires, dont ceux appartenant au groupe sous l'enseigne HS, mais également par les téléconseillers salariés de la société.

Les pratiques portant sur le processus de commercialisation mis en place par S constatées par l'ACPR sont susceptibles de compromettre les intérêts des clients et ont déjà donné lieu à un nombre important de réclamations.

La mesure d'interdiction prononcée par l'ACPR sera levée lorsque la société aura pu justifier auprès de l'ACPR qu'elle respecte les exigences réglementaires qui lui sont applicables.

Communiqué de presse, Paris, le 27 avril 2023.

II - Le contrôle des entreprises d'assurances

A - Les missions de contrôle

L'Autorité de contrôle prudentiel et de résolution veille à la préservation de la stabilité du système financier et à la protection des clients, assurés, adhérents et bénéficiaires des personnes soumises à son contrôle.

L'Autorité contrôle le respect par ces personnes des dispositions européennes qui leur sont directement applicables, des dispositions du Code monétaire et financier ainsi que des dispositions réglementaires prévues pour son application, et du Code des assurances.

Elle est chargée, entre autres, de veiller au respect par les personnes soumises à son contrôle des règles destinées à assurer la protection de leur clientèle, résultant notamment de toute disposition européenne, législative et réglementaire ou des codes de conduite approuvés à la demande d'une association professionnelle, ainsi que des bonnes pratiques de leur profession qu'elle constate ou recommande, ainsi qu'à l'adéquation des moyens et procédures qu'elles mettent en œuvre à cet effet. Elle contrôle également le respect, par les entreprises d'assurances, de ses recommandations.

L'obligation d'information et de conseil des entreprises distributrices d'assurances entre dans la mission de contrôle de l'ACPR.

B - Les sanctions

Si l'une des personnes contrôlées a enfreint une disposition législative ou réglementaire au respect de laquelle l'Autorité a pour mission de veiller ou des codes de conduite homologués applicables à sa profession, n'a pas tenu compte d'une mise en garde, n'a pas déféré à une mise en demeure, la commission des sanctions peut prononcer l'une ou plusieurs des sanctions disciplinaires suivantes, en fonction de la gravité du manquement :

- l'avertissement ;
- le blâme ;
- l'interdiction d'effectuer certaines opérations et toutes autres limitations dans l'exercice de l'activité ;
- la suspension temporaire d'un ou plusieurs dirigeants ou, dans le cas d'un établissement de paiement exerçant des activités hybrides, des personnes déclarées responsables de la gestion des activités de services de paiement, avec ou sans nomination d'administrateur provisoire ;
- la démission d'office d'un ou plusieurs dirigeants ou, dans le cas d'un établissement de paiement exerçant des activités hybrides, des personnes déclarées responsables de la gestion des activités de services de paiement, avec ou sans nomination d'administrateur provisoire ;
- le retrait partiel d'agrément ;
- le retrait total d'agrément ou la radiation de la liste des personnes agréées, avec ou sans nomination d'un liquidateur.

La commission des sanctions peut prononcer, soit à la place, soit en sus de ces sanctions, une sanction pécuniaire au plus égale à cent millions d'euros.

Deuxième partie

Les assurances de biens et de responsabilité

Chapitre I

NOTIONS DE RESPONSABILITÉ

Section I - Généralités sur les responsabilités

I - Distinction responsabilité pénale et responsabilité civile

A - Responsabilité pénale

La responsabilité pénale d'une personne se trouve engagée lorsqu'elle commet une infraction à une règle de droit. La responsabilité est qualifiée de pénale car elle se traduit par une peine.

Le terme « infraction » désigne tout acte expressément interdit par les textes répressifs. Selon la gravité de l'acte, il s'agira, soit d'une contravention, soit d'un délit, soit d'un crime.

> **Exemple** : l'article 311-1 du Code pénal dispose : « Le vol est la soustraction frauduleuse de la chose d'autrui ».

Le vol simple est un délit. La responsabilité pénale fait l'objet de sanctions qui vont de la simple amende à la prison. Les sanctions de la responsabilité pénale ne sont pas assurables.

B - Responsabilité civile

La responsabilité civile est l'obligation de réparer le dommage causé à autrui.

> **Exemple** : un chien surgissant sur la chaussée renverse un cycliste : le propriétaire du chien est responsable civilement vis-à-vis du cycliste et il doit réparer son dommage (Civ. 2e, 22 févr. 1984, n° 82-17.601).

Les conséquences de la responsabilité civile, c'est-à-dire la réparation du préjudice causé, sont assurables.

La responsabilité civile a pour objet de réparer un dommage, alors que la responsabilité pénale a pour objet de sanctionner l'auteur d'une infraction.

La suite de cette étude concernera la seule responsabilité civile.

C - Intérêt de la distinction pour les assureurs

La responsabilité civile peut faire l'objet d'une assurance : les différents contrats garantissent différentes hypothèses de responsabilité civile.

La réparation du dommage est donc prise directement en charge par l'assureur du responsable.

La responsabilité pénale ne peut faire l'objet d'une assurance : l'intervention des assureurs se trouve limitée à la défense des assurés devant les tribunaux. La sanction éventuelle frappant l'assuré, auteur de l'infraction, doit être directement supportée par celui-ci.

Aucun texte n'interdit expressément l'assurance de la responsabilité pénale ; mais l'inassurabilité des condamnations pénales est admise par l'ensemble de la doctrine.

Cette inassurabilité se rattache aux règles générales du droit pénal, et spécialement à la fonction même de la peine, qui doit s'appliquer au coupable, sans possibilité de transfert qui mettrait en péril l'ordre public. C'est dans cet esprit qu'en 1992 le ministre de l'Économie et des Finances a prohibé l'assurance de « retrait de permis de conduire » consistant à garantir certaines pertes pécuniaires (L'Argus, 21 février 1992-16, G. Defrance).

Les contrats d'assurance de responsabilité civile ne contiennent pas, en règle générale, d'exclusion directe de la responsabilité pénale. La non-garantie résulte d'une exclusion indirecte : l'assureur définit l'objet de la garantie par référence aux seules « conséquences pécuniaires de la responsabilité civile encourue par l'assuré ». Autrement dit, l'objet de l'assurance est limité à la responsabilité civile.

En revanche, demeurent assurables les conséquences civiles d'un fait constitutif d'une infraction pénale, sauf, pour l'assureur, à invoquer l'exclusion légale de la faute intentionnelle prévue à l'article L. 113-1 du Code des assurances.

> **Exemple** : si un chirurgien commet une faute à l'origine du décès de son patient, il peut être condamné pénalement pour homicide involontaire et civilement pour les préjudices subis par les ayants droit de la victime. Son assureur de responsabilité civile pourra prendre en charge ces préjudices.

II - Les conditions de la responsabilité civile

Trois éléments composent la responsabilité civile :
- un dommage ou préjudice ;
- un fait dommageable ;
- un lien de causalité, ou de cause à effet, entre le fait dommageable et le dommage.

A - Le dommage

Le dommage peut être corporel, matériel ou moral.

1° Dommage corporel

Le dommage corporel atteint l'intégrité physique ou psychique de la victime.

L'évaluation du dommage corporel nécessite de déterminer les préjudices de la victime, puis d'évaluer chacun de ces préjudices. La première étape de l'évaluation du préjudice corporel est l'expertise médicale. C'est sur la base de cette expertise que les préjudices indemnisables seront déterminés puis évalués.

a) La détermination des préjudices indemnisables

La nomenclature Dintilhac qui a vu le jour en 2005 suite aux travaux du groupe de travail dirigé par Monsieur Jean-Pierre Dintilhac, Président de la deuxième chambre civile de la Cour de cassation identifie et définit les différents postes de préjudices indemnisables suite à un dommage corporel. Cette nomenclature est utilisée par la jurisprudence. Elle n'est cependant pas limitative et le juge peut toujours indemniser un poste de préjudice ne figurant pas dans la nomenclature.

La nomenclature Dintilhac distingue les préjudices patrimoniaux, des préjudices extrapatrimoniaux ; ces préjudices pouvant être temporaires (avant consolidation) ou permanents (après consolidation).

Les préjudices patrimoniaux sont ceux qui affectent le patrimoine de la victime. Ils correspondent à une perte subie (par exemple, dépenses de santé ou perte de gains professionnels) ou à un gain manqué (perte de gains professionnels futurs).

Les préjudices extrapatrimoniaux sont dépourvus de toute incidence patrimoniale ; ils ne font donc pas partie de l'assiette du recours des tiers payeurs dont la Sécurité sociale. Il s'agit, notamment, avant consolidation, du déficit fonctionnel temporaire (DFT), des souffrances endurées, du préjudice esthétique temporaire, et après consolidation, du déficit fonctionnel permanent (DFP), du préjudice d'agrément, du préjudice esthétique permanent, préjudice sexuel etc.

b) L'évaluation des préjudices

Pour l'évaluation des préjudices de la victime d'un dommage corporel, il n'existe pas de barème d'indemnisation unique, mais des référentiels, par exemple, celui de l'Office National d'Indemnisation des Accidents Médicaux (ONIAM), ou encore le référentiel indicatif d'indemnisation des cours d'appel. Ce dernier référentiel est repris dans un document élaboré par Monsieur Benoît Mornet, Conseiller à la Cour de cassation. Le référentiel Mornet mis à jour en septembre 2024, favorise une harmonisation de l'indemnisation mais ne lie pas le juge. Il peut évidemment servir de base à l'évaluation du préjudice corporel de la victime.

2° Dommage matériel

Le dommage matériel atteint les biens de la victime ou affecte son patrimoine.

S'agissant des animaux, l'article 515-14 du Code civil précise que : « Les animaux sont des êtres vivants doués de sensibilité. Sous réserve des lois qui les protègent, les animaux sont soumis au régime des biens ». Il en résulte que les dommages atteignant les animaux sont considérés comme des préjudices matériels.

3° Dommage moral

Le dommage moral, contrairement aux dommages corporels et matériels, n'affecte pas le patrimoine de la victime. Le préjudice moral est consécutif à un préjudice corporel (voir ci-avant la détermination des préjudices indemnisables).

Il existe plusieurs préjudices moraux suite à un dommage corporel. La nomenclature Dintilhac déjà évoquée recense, notamment :
- le *pretium affectionis* (prix de l'affection) : douleur morale éprouvée du fait du décès ou de l'infirmité d'un proche ;
- le *pretium doloris* (prix de la douleur) : souffrances physiques de la victime ;
- le préjudice esthétique : cicatrice, mutilation ;
- le préjudice d'agrément : impossibilité de poursuivre une activité sportive ou culturelle à la suite d'un accident ;
- le préjudice sexuel : préjudice lié à l'acte sexuel et à la perte de fertilité ;
- le préjudice d'établissement : perte d'espoir et de chance de réaliser un projet de vie familiale en raison de la gravité du handicap.

Le préjudice moral peut également être consécutif à un dommage matériel, tel le vol de bijoux de famille ou la mort d'un animal. Les tribunaux peuvent allouer des dommages et intérêts destinés à compenser la valeur sentimentale, pour la disparition de bijoux, ou la tristesse éprouvée suite à la perte d'un animal.

B - Le fait dommageable

Le fait dommageable se définit comme le fait à l'origine du dommage. Il peut s'agit d'une faute.

La faute consiste en un acte contraire au droit, dans une acception large. Le fait illicite peut consister en un acte positif ou en une abstention. Par exemple, le défaut d'interdiction d'accès à un lieu dangereux, l'absence de signalement d'un risque, l'absence d'entretien ou de défaut de réparations, peuvent être constitutifs de fautes. La faute peut donc être commise volontairement, ou par négligence.

En matière de responsabilité civile, le degré de gravité de la faute ne détermine pas, d'une manière générale, l'étendue de l'obligation. Une faute légère comme une faute grave engendre la responsabilité civile et donne droit, pour la victime, à la réparation intégrale de son préjudice direct, sauf si la victime a elle-même commis une faute ayant contribué à la réalisation de son dommage.

Le fait dommageable peut également être constitué d'un simple fait. C'est notamment le cas dans les régimes de présomption de responsabilité comme la responsabilité des parents du fait des enfants mineurs. Les parents sont présumés responsables des dommages imputables « au fait » de leur enfant. Il n'est pas nécessaire de prouver la faute de l'enfant. Il en est de même pour la responsabilité du fait des choses. Le « gardien » de la chose est responsable du « fait » de la chose alors même qu'il n'a pas commis de faute.

C - Le lien de causalité

La responsabilité ne peut être engagée que si la relation entre le fait dommageable et le dommage est établie. L'appréciation de l'existence du lien de cause à effet (ou lien de causalité) est parfois difficile à établir et de nombreux contentieux en résultent, que ce soit pour fixer la responsabilité ou pour déterminer les dommages à indemniser par le responsable.

Le principe est que le lien de causalité doit être « direct et certain ». Il arrive cependant que les magistrats jugent que doit être réputée causale, la faute ou le fait sans lequel le dommage ne se serait pas produit. Ils appliquent « la théorie de l'équivalence des conditions ».

Exemples :

- à la suite d'un accident de la circulation occasionnant des blessures à la colonne vertébrale, la victime subit une intervention chirurgicale qui provoque la cécité d'un œil. Selon la Cour de cassation, il y a relation de cause à effet entre l'accident et la cécité car l'opération a été rendue nécessaire par l'accident (Civ. 2e, 27 janv. 2000, n° 97-20.889, JCP 2000. IV. 1 458) ;
- une enfant âgée de 7 ans est confiée par ses parents aux voisins (époux Y) qui organisent une fête pour l'anniversaire de leur fils. Les enfants jouent au ballon dans le jardin et la petite fille, sortie du jardin pour aller chercher le ballon, est percuté par une voiture. L'assureur de l'automobiliste indemnise les préjudices subis par la fillette et ses parents, puis effectue un recours contre les époux Y et leur assureur afin d'obtenir le remboursement d'une partie des indemnités versées. Pour la Cour de cassation, la présence de la fillette sur la route départementale, sans laquelle l'accident ne se serait pas produit, était due au défaut de surveillance des époux Y, de sorte qu'il existait un lien de causalité direct et certain entre cette faute et le dommage subi par la victime (Civ. 2e, 18 avr. 2013, n° 12-13.579).

III – L'importance de la jurisprudence

Les exemples précédents, choisis pour illustrer le lien de causalité, sont extraits de la jurisprudence qui peut se définir comme l'ensemble des décisions de justice qui appliquent et interprètent le droit.

En matière de responsabilité civile, la jurisprudence joue un rôle capital pour appliquer des textes et des principes généraux à une quasi-infinité de situations concrètes. Elle permet de déterminer comment la règle de droit va régir un cas précis. La jurisprudence évolue au cours du temps.

La portée de la jurisprudence est différente selon la nature de la juridiction dont elle émane : tribunal, cour d'appel ou Cour de cassation. Compte tenu que la Cour de cassation est en France la plus haute juridiction, sa jurisprudence, qui correspond à des arrêts, a naturellement une portée plus importante.

Reprenons les références du premier exemple : Civ. 2e, 27 janv. 2000, n° 97-20.889, JCP 2000. IV. 1 458 ; Civ. 2e désigne la 2e chambre civile de la Cour de cassation, suivi de la date de la décision. Le numéro 97-20.889 désigne le numéro de pourvoi. Il est possible de retrouver la décision sur le site www.legifrance.gouv.fr à partir du seul numéro de pourvoi. JCP 2000. IV. 1458 désigne la revue où l'on peut trouver l'arrêt : Jurisclasseur périodique, dénommé aussi semaine juridique, au IV et au n° indiqué.

IV – Les cas d'exonération

Dans certaines hypothèses, que nous préciserons lors des développements, le responsable peut dégager sa responsabilité (c'est-à-dire s'exonérer) en prouvant que le dommage résulte d'une cause étrangère, c'est-à-dire soit d'un cas de force majeure, soit d'une faute de la victime soit du fait d'un tiers.

A - Le cas de force majeure

Le cas de force majeure est un événement imprévisible et irrésistible.

La foudre par exemple présente ces trois caractéristiques.

B - Le fait de la victime

La jurisprudence admet que le comportement de la victime peut exonérer totalement la personne mise en cause, à condition qu'il revête les caractères de la force majeure, imprévisible et irrésistible.

Si la victime a, par sa faute, contribué à la réalisation du dommage, l'exonération de l'auteur du dommage sera partielle, dans une proportion qui est fonction de la gravité de la faute commise par la victime.

C - Le fait d'un tiers

Le dommage subi par la victime a pu être provoqué par un tiers. Le fait du tiers n'est exonératoire que s'il présente les caractéristiques de la force majeure. Si le tiers a contribué à la réalisation du dommage, ce fait du tiers n'exonère pas le responsable à l'égard de la victime, mais autorise le responsable à exercer un recours contre le tiers pour obtenir le remboursement d'une partie de l'indemnité qu'il a versée.

V - Distinction responsabilité civile contractuelle et responsabilité civile extracontractuelle

La responsabilité civile se subdivise en responsabilité civile extracontractuelle et en responsabilité civile contractuelle. Certains régimes de responsabilité sont cependant autonomes ou exclusifs et ne relèvent pas de cette distinction classique entre la responsabilité contractuelle et la responsabilité extracontractuelle.

A - Définition de la responsabilité civile contractuelle

La responsabilité civile est dite contractuelle lorsque le dommage dont se plaint la victime résulte de l'inexécution, ou de la mauvaise exécution d'un contrat par un des contractants.

Le contrat n'est pas nécessairement écrit ; il peut être oral ou tacite.

Victime et responsable sont l'une et l'autre parties à un même contrat. La victime est créancière d'une obligation non respectée par son débiteur.

La responsabilité civile contractuelle varie ainsi en fonction du contenu du contrat. Selon l'article 1103 du Code civil, « les contrats légalement formés tiennent lieu de loi à ceux qui les ont faits ».

Exemple : il s'établit entre l'hôtelier et son client un contrat qui oblige chacune des parties. L'hôtelier est tenu d'une obligation de sécurité à l'égard de ses clients et sa responsabilité peut être engagée en cas de faute prouvée à son encontre. Le client doit payer le prix de sa réservation de chambre.

B - Définition de la responsabilité civile extracontractuelle

Antérieurement à l'ordonnance n° 2016-131 du 10 février 2016, la responsabilité extracontractuelle était qualifiée de « délictuelle » si elle résultait d'un fait volontaire ou « quasi-délictuelle » dans les autres hypothèses. Ceci explique notamment que la jurisprudence antérieure à l'ordonnance de 2016 et les annotations du Code civil se réfèrent à la responsabilité délictuelle, quasi-délictuelle.

La responsabilité civile est dite extracontractuelle en l'absence de contrat entre la victime et l'auteur du dommage, mais également lorsqu'il existe un contrat mais que le dommage ne résulte pas de l'inexécution, ou de la mauvaise exécution du contrat.

Exemples :

- un voyageur chute sur le quai de la gare alors qu'il s'apprêtait à prendre son train. Bien que le voyageur soit muni d'un titre de transport, il doit rechercher la responsabilité extracontractuelle de la SNCF. En effet, en dehors de l'exécution du contrat de transport (c'est-à-dire à partir du moment où le voyageur commence à monter dans le véhicule jusqu'au moment où il achève d'en descendre), la responsabilité du transporteur à l'égard du voyageur est soumise aux règles de la responsabilité quasi-délictuelle (Civ. 1re, 7 mars 1989, n° 87-11.493). Il en résulte que le voyageur devra agir sur le fondement de la responsabilité du fait des choses (C. civ., art. 1242, alinéa 1er) ;
- un client chute dans un magasin en libre-service. La responsabilité d'un commerçant à l'égard de ses clients quant à l'organisation et au fonctionnement d'un établissement dont l'entrée est libre est de nature quasi-délictuelle (Civ. 2e, 5 juin 1991, n° 88-20.132)

Les fondements de la responsabilité civile extracontractuelle sont prévus aux articles 1240 à 1244 du Code civil. Avant l'ordonnance du 10 février 2016, il s'agissait des articles 1382 à 1386 du Code civil

C - Intérêts de la distinction responsabilité contractuelle/extracontractuelle

Les règles d'application de la responsabilité civile contractuelle diffèrent de celles de la responsabilité civile extracontractuelle. La distinction entre ces deux responsabilités est donc fondamentale pour le choix des règles applicables et pour l'application du contrat d'assurance.

1° La règle du non-cumul

Les responsabilités civiles contractuelles et extracontractuelles ne peuvent se cumuler. Cette règle fondamentale est régulièrement rappelée par la Cour de cassation. Le principe du non-cumul implique également l'impossibilité, pour la victime, de choisir le fondement de son action. Ainsi, s'il existe un contrat entre l'auteur du dommage et la victime et que le préjudice dont la victime demande réparation résulte de la mauvaise exécution du contrat, la victime ne peut agir sur le terrain de la responsabilité extracontractuelle pour échapper aux dispositions du contrat qui lui seraient défavorables, par exemple si le contrat prévoit une indemnisation forfaitaire du dommage. La victime doit déterminer avec exactitude la nature de la responsabilité à invoquer, sous peine de voir sa demande échouer.

2° La prescription

La prescription désigne le délai maximum dans lequel la victime doit agir. Ce délai différait, avant la loi du 17 juin 2008, selon qu'il s'agisse de responsabilité civile contractuelle ou de responsabilité civile extracontractuelle.

Depuis, cette loi, le Code civil ne distingue plus entre les deux catégories de responsabilité, et dispose que :

- les actions se prescrivent par cinq ans (C. civ., art. 2224), d'une manière générale ;
- la prescription est portée à dix ans pour les dommages corporels, à partir de la consolidation (C. civ., art. 2226).

Toutefois, la distinction entre la responsabilité contractuelle et la responsabilité extracontractuelle reste pertinente car un certain nombre de contrats font l'objet de dispositions spécifiques. Tel est le cas du contrat d'assurances pour lequel la prescription est de deux ans.

3° L'application de la distinction en assurance

Certains contrats d'assurance de responsabilité civile garantissent la responsabilité civile extracontractuelle et non la responsabilité civile contractuelle ou vice-versa, ou encore couvrent simultanément les deux sortes de responsabilité civile. La distinction se révèle, là encore, fondamentale pour l'application du contrat d'assurance.

De manière générale, l'assurance de la responsabilité civile contractuelle qui concerne les professionnels, fait l'objet de limites et clauses particulières.

Il s'agit, pour l'assureur, de délimiter le risque à caractère aléatoire qu'il entend couvrir, et, a contrario, de ne pas assurer certains engagements contractuels de son assuré.

D - Les régimes de responsabilité autonomes

La loi peut créer des régimes de responsabilité dits autonomes ou exclusifs qui s'appliquent indépendamment de la distinction responsabilité civile contractuelle/responsabilité civile extracontractuelle. On peut citer, principalement, le régime d'indemnisation des victimes d'accidents de la circulation (loi Badinter), la responsabilité du fait des produits défectueux, la réparation du préjudice écologique.

1° L'indemnisation des victimes d'accidents de la circulation

La loi n° 85-677 du 5 juillet 1985, dite loi Badinter, s'applique aux victimes d'un accident de la circulation dans lequel est impliqué un véhicule terrestre à moteur ainsi que ses remorques ou semi-remorques, même lorsqu'elles sont transportées en vertu d'un contrat. Cette loi s'applique donc, tant au passager d'un bus ou d'un taxi, contractuellement lié avec le transporteur, qu'au piéton heurté par un véhicule qui demande réparation au conducteur du véhicule impliqué.

Il s'agit d'un régime exclusif, l'indemnisation de la victime d'un accident de la circulation ne peut être fondée que sur les dispositions de la loi du 5 juillet 1985. Une exception demeure pour les chemins de fers et tramways circulant sur des voies qui leur sont propres. Ainsi, les passagers des chemins de fer et tramways doivent demander la réparation de leur préjudice sur le fondement de la responsabilité civile contractuelle. De même, en cas de collision entre un véhicule avec un train à un passage à niveau, la loi Badinter ne s'appliquera pas aux dommages subis par l'automobiliste (Civ. 2e, 17 nov. 2016, n° 15-27.832).

En cas d'accident impliquant entre un véhicule et un tramway, la loi Badinter ne s'appliquera pas si l'accident survient alors que le tramway circule sur une voie propre (Civ. 2e, 18 oct. 1995, n° 93-19.146).

> **NB** : Pour l'indemnisation des victimes d'accidents de la circulation, se reporter au chapitre sur l'assurance automobile.

2° La responsabilité du fait des produits défectueux

La loi n° 98-389 du 19 mai 1998 transpose en droit français la directive européenne n° 85-274 du 25 juillet 1985. Elle insère dans le Code civil, un chapitre consacré à la responsabilité du fait des produits défectueux aux articles 1386-1 à 1386-18 devenus 1245 à 1245-17 depuis l'ordonnance n° 2016-131 du 10 février 2016.

Selon l'article 1245 du Code civil « Le producteur est responsable du dommage causé par un défaut de son produit, qu'il soit ou non lié par un contrat avec la victime ».

> **NB** : Le régime de responsabilité du fait des produits défectueux est exposé en section IV du présent chapitre.

3° La réparation du préjudice écologique

La réparation du préjudice écologique s'est longtemps heurtée à la difficulté de trouver un fondement juridique approprié, l'article 1382 du Code civil, devenu 1240, ne permettant pas de répondre de manière satisfaisante au besoin de réparation. La Cour de cassation avait fini par admettre la réparation du préjudice écologique pur dans l'affaire ERIKA, du nom du navire citerne ayant provoqué une « marée noire » sur plusieurs centaines de kilomètres de côtes françaises (Crim., 25 sept. 2012, n° 10-82.938). C'est finalement la loi n° 2016-1087 du 8 août 2016 codifiée aux articles 1246 à 1252 du Code civil, qui prévoit que toute personne responsable d'un préjudice écologique est tenue de le réparer (art. 1246). La réparation du préjudice écologique s'effectue par priorité en nature (art. 1249).

Section II - La responsabilité civile extracontractuelle

La responsabilité civile extracontractuelle peut être :
- une responsabilité personnelle ;
- une responsabilité du fait d'autrui ;
- une responsabilité du fait des choses ;
- une responsabilité du fait des animaux ;
- une responsabilité du fait des bâtiments.

Elle est régie par les articles 1240 à 1244 du Code civil reproduits ci-après en fin d'analyse.

I - La responsabilité civile du fait personnel

Le Code civil pose les principes de cette responsabilité dans ses articles 1240 et 1241.

A - L'article 1240 du Code civil

Article 1240 du Code civil : « Tout fait quelconque de l'homme qui cause à autrui un dommage oblige celui par la faute duquel il est arrivé à le réparer ».

Cet article (ancien 1382 du Code civil) concerne ce qui était communément appelé, avant l'ordonnance du 10 février 2016, « le délit civil » c'est-à-dire le dommage causé volontairement à une autre personne.

Exemple : un enfant mineur âgé de 15 ans est jugé coupable de coups et blessures volontaires sur un tiers ayant entraîné une incapacité temporaire totale de plus de huit jours. Ce fait, constitutif d'un délit pénal, engage également la responsabilité civile du mineur. En effet, la responsabilité civile des parents du mineur (voir le II ci-après) ne fait pas obstacle à la condamnation personnelle du mineur sur le fondement de l'article 1382 devenu 1240 du Code civil (Civ. 2e, 11 sept. 2014, n° 13-16.897).

Dans le cadre de la pratique d'un sport, l'existence d'une faute grossière caractérisée par un excès d'engagement ou la brutalité d'un joueur envers un autre joueur, est un comportement constitutif d'une violation des règles du jeu, et de nature à engager la responsabilité de l'auteur du dommage, sur le fondement de l'article 1240 du Code civil. Tel est le cas, lors d'un match de football, du tacle d'un joueur à l'encontre d'un joueur de l'équipe adverse qui a subi une fracture ouverte du tibia et du péroné (Civ. 2e, 29 août 2019, n° 18-19.700).

B - L'article 1241 du Code civil

À la différence de l'article 1240, l'article 1241 (article 1383 du Code civil avant l'ordonnance du 10 février 2016) concerne le dommage causé involontairement. Le fait de heurter involontairement une personne dans la rue peut engager la responsabilité civile sur le fondement de l'article 1241, s'il en résulte des dommages. La faute, au sens de l'article 1241, peut également consister en une faute par abstention ou un défaut de précaution.

Exemples :

- un adolescent, monté sur le toit d'un bâtiment désaffecté chute au travers d'une plaque de PVC. Blessé, il demande réparation à la société propriétaire du bâtiment. La société a négligé d'empêcher l'accès au bâtiment désaffecté du toit duquel l'adolescent a chuté, ce dont il résultait que l'accident ne se serait pas produit sans cette négligence, qui était ainsi en relation de causalité certaine avec le dommage subi par la victime (Civ. 2e, 5 oct. 2006, n° 05-14.825) ;
- une personne circulant en cyclomoteur dérape sur une nappe de boue provenant d'un champ cultivé par un exploitant agricole qui avait transporté des betteraves avec des tracteurs-remorques la veille. La responsabilité civile de l'exploitant est engagée pour ne pas avoir enlevé sur la chaussée la boue qui se détachait des roues de ses tracteurs (Civ. 1re, 15 janv. 1980, n° 78-13806).

La victime qui invoque, contre l'auteur du dommage, l'article 1240 ou 1241 du Code civil doit prouver la faute qu'aurait commise l'auteur, ainsi que l'existence du dommage et du lien de causalité.

La minorité de l'auteur du dommage n'exclut pas sa responsabilité personnelle (Civ. 2e, 20 oct. 2016, n° 15-25.465). Par ailleurs les juges ne sont pas tenus de vérifier si le mineur était capable de discerner les conséquences de son acte (Ass. plén. 9 mai 1984, n° 80-93.031 ; Civ. 2e, 28 févr. 1996, n° 94-13.084). Par ailleurs, selon l'article 414-3 du

Code civil, celui qui est sous l'empire d'un trouble mental peut être personnellement responsable sur le plan civil, alors que sa responsabilité pénale ne peut être retenue.

II - La responsabilité civile du fait d'autrui

L'article 1242 du Code civil pose le principe de la responsabilité du fait d'autrui. Les personnes concernées sont les parents, les commettants, les artisans et les instituteurs. La jurisprudence est venue allonger cette liste en instituant une nouvelle responsabilité du fait d'autrui à la charge de certaines associations.

A - Responsabilité civile des père et mère

1° Principes de la responsabilité parentale

Article 1242 alinéa 4 du Code civil : « Le père et la mère, en tant qu'ils exercent l'autorité parentale, sont solidairement responsables du dommage causé par leurs enfants mineurs habitant avec eux ».

La loi du 4 mars 2002 (loi n° 2002-305) a substitué la notion d'autorité parentale à la notion de « droit de garde » figurant dans l'ancien texte. Il convient désormais de déterminer à qui incombe l'autorité parentale et non plus qui a le droit de garde de l'enfant, pour identifier le ou les parents présumés responsables.

Cette responsabilité ne peut être étendue à aucune autre personne que le père et la mère. Ainsi, le tuteur ou les grands-parents peuvent voir leur responsabilité engagée pour un dommage causé par un enfant dont ils auraient la garde, en se fondant sur l'article 1240 et 1241 du Code civil et non sur l'article 1242 alinéa 4.

La responsabilité du père et de la mère disparaît dès que l'enfant devient majeur ou est émancipé.

2° Conditions de la responsabilité des parents

La responsabilité civile des parents du fait de leurs enfants mineurs repose sur plusieurs conditions cumulatives :

- l'enfant doit avoir commis un acte qui est la cause directe du dommage ; il n'est pas nécessaire qu'il s'agisse d'une faute. En effet, pour que la responsabilité de plein droit des père et mère puisse être recherchée, il suffit que le dommage invoqué par la victime ait été directement causé par le fait, même non fautif, du mineur (Ass. plén., 13 déc. 2002, n° 01-14.007 et n° 00-13.787 ; Civ. 2e, 17 févr. 2011, n° 10-30.439, n° 332 P + B) ;
- l'enfant est mineur, non émancipé ;
- les parents disposent de l'autorité parentale ;
- l'enfant doit cohabiter au domicile de ses parents ou de l'un d'eux :
  - Concernant le critère de cohabitation, la jurisprudence avant posé en principe que la condition de cohabitation n'est remplie qu'à l'égard du parent chez lequel la résidence habituelle de l'enfant a été fixée par un juge (Civ. 2e, 20 janv. 2000, n° 98-14.479), de sorte que la responsabilité d'un dommage causé par l'enfant mineur incombe au parent chez lequel la résidence habituelle de l'enfant a été fixée quand bien même l'autre parent, bénéficiaire d'un droit de visite et d'hébergement, exerce conjointement l'autorité parentale (Crim., 6 novembre 2012, n° 11-86.857) et que le fait dommageable de l'enfant a eu lieu pendant cet exercice.

- La Cour de cassation a cependant relevé que cette jurisprudence est de nature à susciter des difficultés dans les situations, de plus en plus fréquentes, où les enfants résident alternativement chez l'un et l'autre de leurs parents, ou encore celles où ces derniers conviennent du lieu de résidence des enfants sans saisir le juge. Elle a également pour effet de décharger de sa responsabilité de plein droit le parent chez lequel la résidence habituelle de l'enfant n'a pas été fixée.
- Ayant effectué ce constat, la Cour de cassation opère un revirement de jurisprudence et affirme dans un important arrêt rendu en assemblée plénière le 28 juin 2024 que « les deux parents, lorsqu'ils exercent conjointement l'autorité parentale à l'égard de leur enfant mineur, sont solidairement responsables des dommages causés par celui-ci dès lors que l'enfant n'a pas été confié à un tiers par une décision administrative ou judiciaire » (Ass. Plén. 28 juin 2024, n° 22-84760). La Cour précise que désormais la notion de cohabitation s'interprète en ce sens qu'elle est la conséquence de l'exercice conjoint de l'autorité parentale, laquelle emporte pour chacun des parents un ensemble de droits et de devoirs, et juge que leur cohabitation avec un enfant mineur à l'égard duquel ils exercent conjointement l'autorité parentale ne cesse que lorsque des décisions administrative ou judiciaire confient ce mineur à un tiers.

La cohabitation est donc désormais liée à l'exercice de l'autorité parentale et ne cesse que si une décision administrative ou judiciaire confie l'enfant à un tiers. Par exemple, si dans le cadre d'une mesure d'assistance éducative prise en application des articles 375 et suivants du Code civil, l'enfant mineur est confié à une association chargée, par décision d'un juge des enfants, d'organiser et contrôler à titre permanent le mode de vie du mineur, c'est l'association qui répondra des dommages causés par l'enfant mineur (voir E ci-après) et non les parents en raison de la rupture de cohabitation de l'enfant avec ses parents résultant d'une décision administrative (Civ. 2e, 6 juin 2002, n° 00-15.606).

Lorsque les conditions précisées ci-dessus se trouvent réunies, la victime n'a pas à prouver la faute des parents ; il s'agit d'une responsabilité de plein droit.

La Cour de cassation a longtemps considéré que la responsabilité des parents, recherchée sur la base de ce texte, reposait sur une présomption de faute, les parents pouvant s'exonérer en prouvant qu'ils n'avaient pas commis de faute d'éducation et de surveillance. Mais dans un arrêt du 19 février 1997, la deuxième chambre civile opère un important revirement de jurisprudence (arrêt Bertrand c/Domingues, Bull. civ. II, n° 56). Elle affirme que les père et mère sont responsables, de plein droit, des dommages causés par leur enfant mineur habitant avec eux et qu'ils ne peuvent échapper à cette responsabilité que par la preuve de la force majeure ou la faute de la victime. Les parents ne peuvent donc plus s'exonérer en prouvant qu'ils n'ont pas commis de faute d'éducation et de surveillance.

B – Responsabilité civile des artisans

Article 1242 alinéa 6 : « Les artisans et les instituteurs sont responsables du dommage causé par leurs apprentis et leurs élèves pendant le temps qu'ils sont sous leur surveillance ».

L'artisan est présumé fautif du dommage causé par son apprenti. La victime n'a donc pas à prouver la faute de l'artisan. Ce dernier peut essayer de dégager sa responsabilité en démontrant qu'il n'a pas commis de faute.

> **NB** : Bien que la jurisprudence ne se soit pas prononcée, on admet, aujourd'hui, que la RC des artisans du fait des apprentis doit être calquée sur la RC parentale. Cela signifie que la présomption de faute serait une présomption de responsabilité, sans possibilité pour l'artisan de s'exonérer par la preuve de l'absence de faute.

C - Responsabilité civile des commettants

Article 1242 alinéa 5 : « Les maîtres et les commettants sont responsables du dommage causé par leurs domestiques et préposés dans les fonctions auxquelles ils les ont employés ».

1° Les conditions de la responsabilité du commettant

La responsabilité du commettant repose sur l'existence d'un lien de subordination. Ce lien suppose que le commettant a le droit de faire acte d'autorité en donnant à ses préposés des ordres ou des instructions sur la manière de remplir, à titre temporaire ou permanent, avec ou sans rémunération, les emplois qui leur ont été confiés, pour un temps et un objet déterminé (Crim., 7 nov. 1968, n° 68-90.118).

La responsabilité du commettant n'a lieu que si le préposé a agi dans l'exercice de ses fonctions. Ainsi, le salarié qui occupe un logement de fonction dans les locaux de l'entreprise et qui provoque un incendie endommageant le bâtiment par suite d'une casserole d'huile laissée sur le feu, a recouvré la libre disposition de son temps, de ses loisirs, et la faculté d'organiser sa vie privée en toute indépendance. Il n'est plus dans les liens de subordination découlant du contrat de travail (Civ. 2e, 10 juin 1999, n° 97-19.614).

Si cette condition est remplie la victime doit démontrer la faute du préposé au sens des articles 1240 et 1241 du Code civil, ce qui a pour effet de rendre automatiquement responsable le commettant.

Le commettant est ainsi responsable sur le fondement de l'article 1242 alinéa 5 (antérieurement 1384 alinéa 5) en cas de :

- vol commis par un préposé d'une société de nettoyage au détriment d'un client à l'occasion de ses fonctions relatives à l'entretien des locaux (Civ. 2e, 22 mai 1995, n° 92-19.172) ;
- détournement de fonds par un inspecteur salarié d'une entreprise d'assurances qui avait pour attribution de démarcher la clientèle à domicile, de conclure les contrats relatifs aux produits proposés par son employeur agi dans l'exercice de ses fonctions (Civ. 1re, 13 mai 2003, n° 00-16604), même solution pour un préposé d'une société de courtage faisant souscrire des contrats pour le compte d'une société d'assurance (Civ. 1re, 15 mai 2019, n° 17-21.643) ;
- viols et agressions sexuelles commis par un professeur de musique employé par l'Institut de rééducation des jeunes sourds et aveugles, les viols et agressions sexuelles ayant été commis sur des mineurs du centre de rééducation sur le temps et le lieu de son travail et dans l'exercice de ses fonctions (Civ. 2e, 17 mars 2011, n° 10-14.468).

2° L'exonération du commettant

Le commettant présumé responsable des agissements de son préposé ne s'exonère que s'il apporte une triple preuve : que le préposé a agi :

- hors des fonctions auxquelles il était employé ;
- sans autorisation ;
- à des fins étrangères à ses attributions.

Ce principe a été posé par la Cour de cassation dans un arrêt rendu en Assemblée Plénière (Ass. Plén., 19 mai 1988, n° 87-82.654, D. 88-513, note Larroumet).

Il a, par exemple, été admis que le commettant s'exonère si l'infraction a été commise dans les locaux de la société, à l'occasion d'un « pot » organisé sur le lieu du travail de son auteur et de la victime, le premier a agi en dehors de ses fonctions de dessinateur, sans autorisation et à des fins étrangères à ses attributions (Crim., 30 janv. 2007, n° 06-83.405).

D - Responsabilité civile des instituteurs

Article 1242 alinéa 6 : « Les artisans et les instituteurs sont responsables du dommage causé par leurs apprentis et leurs élèves pendant le temps qu'ils sont sous leur surveillance ».

Le terme d'instituteur désigne tout enseignant tant public que privé, mais à l'exclusion des professeurs de l'enseignement supérieur. Sont concernées toutes les personnes qui enseignent une science ou un art, et notamment les professeurs de collège ou de lycée.

La faute de l'instituteur doit être prouvée. Cette faute consiste généralement en un défaut de surveillance. Par exemple, commet une faute :
- l'enseignant qui laisse, après son cours, ses élèves emprunter sans surveillance l'escalier menant à la cour de récréation (Civ. 2e, 8 juill. 1998, n° 96-18.519) ;
- le professeur d'éducation physique qui ne veille pas à la sécurité de ses élèves en s'abstenant de toute initiative pour écarter le danger présenté par la présence d'un rouleau de lignes de flotteurs posé à même le sol au bord du bassin de la piscine où évoluaient ses élèves (Civ. 2e, 23 oct. 2003, n° 02-14.359).

Rappelons qu'en cas de dommage causé par un enfant mineur dans l'enceinte de l'établissement scolaire, les parents de l'auteur du dommage demeurent responsables sur le fondement de l'article 1242 alinéa 4 du Code civil (voir notamment Civ. 2e, 10 mai 2001, n° 99-11.287).

Lorsque la faute de l'instituteur est établie, la responsabilité de l'État se substitue à celle de l'instituteur, pour indemniser les victimes.

E - Responsabilité particulière du fait d'autrui

En dehors des quatre hypothèses prévues expressément aux alinéas 4, 5 et 6 de l'article 1242 du Code civil, la Cour de cassation, a posé le principe d'une responsabilité du fait d'autrui fondé sur l'article 1242 alinéa 1 (Ass. Plén., 29 mars 1991, n° 89-15.231, arrêt Blieck, D. 91-324, note Larroumet).

Dans cette affaire, la Cour a retenu, sur le fondement de l'article 1384 alinéa 1er du Code civil, devenu 1242 alinéa 1, la responsabilité d'une association gérant un centre d'aide par le travail, pour un incendie de forêt provoqué par une personne handicapée mentale.

Depuis 1991, un certain nombre de décisions ont confirmé ce nouveau cas de responsabilité civile du fait d'autrui qui s'applique :
- aux associations sportives ayant pour mission d'organiser, de diriger et de contrôler l'activité de leurs membres, sont responsables des dommages qu'ils causent à cette occasion, dès lors qu'une faute caractérisée par une violation des règles du jeu est imputable à un ou plusieurs de leurs membres, même non identifiés (Ass. Plén. 29 juin 2007, n° 06-18.141 ; Civ. 2e, 5 juill. 2018, n° 17-19.957) ;
- aux associations chargées par décision d'un juge des enfants d'organiser et de contrôler à titre permanent le mode de vie d'un mineur. Ces associations sont responsables de plein droit même lorsque celui-ci habite avec ses parents à l'occasion d'un séjour autorisé, dès lors qu'aucune décision judiciaire n'a suspendu ou interrompu cette mission éducative (Civ. 2e, 6 juin 2002, n° 00-15.606).

Lorsque les conditions d'application de l'article 1242 alinéa 1er sont réunies, les associations sont responsables de plein droit, sauf à rapporter la preuve de la cause étrangère (force majeure, fait d'un tiers ou fait de la victime).

Cette responsabilité du fait d'autrui n'est pas applicable :
- aux grands-parents pour le fait de leurs petits-enfants qu'ils hébergent pendant les vacances scolaires (Civ. 2e, 18 sept. 1996, n° 94-20.580) ;
- au tuteur ou l'administrateur légal sous contrôle judiciaire des agissements de la personne protégée (Civ. 2e, 25 févr. 1998, n° 95-20.419) ;
- à un syndicat du fait de ses adhérents (Civ. 2e, 26 oct. 2006, n° 04-11.665) ;
- aux associations communales ou intercommunales de chasse du fait des chasseurs (Civ. 2e, 11 sept. 2008, n° 07-15.842).

III - La responsabilité du fait des choses

A - Domaine et textes de référence

Les choses désignent tout objet concret et tout animal par opposition à la personne humaine.

Pour la jurisprudence, la responsabilité civile du fait des choses est régie par un texte de portée générale et trois textes spécifiques.

Le texte de portée générale est l'alinéa 1er de l'article 1242. Les textes spécifiques sont :
- les alinéas 2 et 3 de l'article 1242 relatifs à la communication d'incendie ;
- l'article 1243 concernant la responsabilité civile du fait des animaux ;
- l'article 1244 afférant à la responsabilité civile des propriétaires de bâtiment.

Dans la pratique du droit de la responsabilité civile on doit déterminer précisément le texte visé par chaque situation : soit, elle relève d'un des trois textes particuliers dans les limites exactes qu'il prévoit, soit elle ressortit au domaine du texte de portée générale. On ne choisit pas le fondement le plus favorable.

B - Responsabilité civile générale du fait des choses

Article 1242, alinéa 1 : « On est responsable non seulement du dommage que l'on cause par son propre fait, mais encore de celui qui est causé par le fait des personnes dont on doit répondre, ou des choses que l'on a sous sa garde ».

1° Personne responsable

La responsabilité du fait des choses incombe au gardien, c'est-à-dire celui qui a l'usage, la direction et le contrôle de la chose (Ch. réunies 2 déc. 1941, Franck).

Ce n'est donc pas nécessairement le propriétaire de la chose qui en a la garde au sens de cet alinéa. Le propriétaire de la chose est cependant présumé en être le gardien. Il lui appartient de démontrer qu'il a confié la chose à un tiers, dans le cadre d'un prêt par exemple, ce qui confère à ce tiers les pouvoirs d'usage, de direction et de contrôle qui caractérisent la garde.

Exemple : M. X qui rendait visite à un ami, M. Y lequel était en train d'aménager un hangar, a voulu lui montrer comment procéder pour peindre. M. X est monté sur une échelle, s'est retourné pour donner des explications, a perdu l'équilibre et est tombé. Blessé, il a demandé réparation de son préjudice à M. Y. Pour la Cour d'appel aucune convention d'assistance n'est intervenue entre les parties ; c'est M. X qui a pris lui-même l'initiative de monter sur l'échelle ; M. Y observait seulement sa manière de procéder, sans surveiller ni diriger le travail, et sans tenir l'échelle au pied de laquelle il était simplement resté. La Cour d'appel a pu déduire que la garde de l'échelle avait été transférée à M. X (Civ. 2e, 10 juin 1998, n° 96-21.228).

La qualité de gardien peut être reconnue à toute personne physique ou morale. Comme indiqué précédemment, à propos de la responsabilité civile personnelle, la capacité de discernement n'est pas requise. Un dément ou un enfant, même en très bas âge, peut être gardien d'une chose.

2° Rôle de la chose

L'article 1242, alinéa 1er vise toutes les choses, qu'elles soient immobilières ou mobilières, animées ou inertes, dangereuses ou non. Seules demeurent exclues les choses relevant d'un texte spécial (incendie, animaux...).

Il convient de rappeler que la loi du 5 juillet 1985, dite loi Badinter, exclut l'application de l'article 1242 alinéa 1er pour les accidents de la circulation dans lesquels un véhicule terrestre à moteur est impliqué.

La victime doit apporter la preuve du rôle actif de la chose. Le rôle actif de la chose est présumé lorsque la chose est en mouvement (par ex. un ballon, un escalator). S'agissant des choses inertes (sol, escalier, meuble) la victime doit établir l'anormalité de la chose, par exemple que le sol est anormalement glissant, que l'escalier n'est pas éclairé, que la chose occupait une position anormale ou était en mauvais état.

Exemples de rôle actif de la chose inerte engageant la responsabilité du gardien de la chose :

- sol d'un hall rendu glissant par une flaque d'huile (Civ. 2e, 16 févr. 1994, n° 97-17.344) ;
- présence anormale de feuilles mortes dans le sas d'entrée d'un bureau de poste (Civ. 2e, 18 mars 1999, n° 97-12.518) ;
- bris d'une baie vitrée (Civ. 2e, 24 févr. 2006, n° 03-13.536).

3° Exonération du gardien

Le gardien est présumé responsable. Il peut s'exonérer en prouvant soit :

- le cas de force majeure (événement imprévisible et irrésistible) : le cas de force majeure est totalement exonératoire. Il peut s'agir d'un événement climatique qui répondrait aux caractères d'imprévisibilité et irrésistibilité, comme un orage d'une violence exceptionnelle n'ayant pas été prévu ;
- la faute de la victime : seul le fait de la victime à l'origine exclusive de son dommage fait obstacle à l'examen de la responsabilité du gardien de la chose (Civ. 2e, 7 avr. 2022, n° 20-19.746). En dehors de cette hypothèse, la faute de la victime peut être totalement exonératoire si elle présente les caractéristiques de la force majeure (Ass. Plén., 14 avr. 2006, n° 04-18.902). La Cour de cassation rappelle qu'un événement n'est constitutif de la force majeure que s'il est imprévisible, irrésistible et extérieur. Par exemple, la simple modification de sa trajectoire par un skieur engagé dans une épreuve de ski-

cross, ne constitue pas un événement imprévisible pour un autre concurrent (Civ. 2e, 19 sept. 2024, n° 23-10.638) ;

- la faute de la victime peut également être partiellement exonératoire si elle a contribué à la réalisation du dommage. Dans ce dernier cas, il importe de déterminer, en fonction de la gravité de la faute commise par la victime, dans quelle proportion elle diminue le droit à réparation de la victime ;
- le fait d'un tiers : le fait d'un tiers n'est totalement exonératoire que s'il est constitutif d'un cas de force majeure (événement imprévisible et irrésistible). Si le fait du tiers a « simplement » concouru à la réalisation du dommage, le gardien de la chose présumé responsable doit indemniser la victime et peut ensuite exercer un recours en contribution à l'encontre du tiers en partie responsable (Civ. 2e, 11 juin 2009, n° 08-14.287).

C - Le cas particulier de la communication d'incendie

1° Principe

Le législateur a considéré que la présomption de responsabilité pesant sur le gardien d'une chose était trop lourde pour le gardien d'un bien dans lequel un incendie prend naissance et se communique à un bien voisin.

La loi du 7 novembre 1922 a atténué cette responsabilité en insérant dans le Code civil un alinéa 2 à l'article 1242.

Article 1242 alinéa 2 : « Toutefois, celui qui détient, à un titre quelconque, tout ou partie de l'immeuble ou des biens mobiliers dans lesquels un incendie a pris naissance ne sera responsable, vis-à-vis des tiers, des dommages causés par cet incendie que s'il est prouvé qu'il doit être attribué à sa faute ou à la faute des personnes dont il est responsable ».

2° Conditions d'application

La loi ne distingue pas selon que la cause première de l'incendie a été ou non déterminée ; il est nécessaire et suffisant pour l'application de l'article 1242 alinéa 2 que l'incendie ait pris naissance dans l'immeuble ou les biens mobiliers de son détenteur (Ass. Plén. 25 févr. 1966, n° 61-13.628).

L'article 1242 alinéa 2 (ancien 1384 alinéa 2) implique la réunion de deux conditions cumulatives :

- un incendie prenant naissance dans des biens non détenus par la victime ;
- une communication aux biens voisins.

La victime doit établir que soit la naissance de l'incendie, soit son aggravation ou son extension, sont imputables à la faute du détenteur du bien dans lequel l'incendie prend naissance.

Ce texte vise tous les dommages, quelle que soit leur nature : corporels, matériels ou immatériels et ne concerne que les incendies communiqués par un bien mobilier ou immobilier.

Lorsque les dégâts sont dus à des explosions qui ont précédé l'incendie lequel n'en a été que la conséquence, les effets de l'incendie étant indissociables de ceux des explosions, la responsabilité pour faute prévue à l'article 1242 alinéa 2 est écartée au profit de la responsabilité présumée de l'article (Civ. 2e, 5 déc. 1984, n° 83-12.745).

En cas d'explosion sans incendie, la présomption de responsabilité prévue à l'article 1242 alinéa 1er du Code civil s'applique.

La responsabilité prévue à l'article 1242 alinéa 2 du Code civil ne s'applique pas dans les rapports propriétaires-locataires régis par un contrat. L'alinéa 3 de l'article 1242 précise en effet que « cette disposition ne s'applique pas aux rapports entre propriétaires et locataires, qui demeurent régis par les articles 1733 et 1734 du Code civil ».

2° Exonération

L'exonération est possible par la preuve de la force majeure, du fait exclusif d'un tiers constituant un cas de force majeure, ou de la faute de la victime totalement ou partiellement exonératoire.

Dans l'hypothèse d'un incendie criminel, la Cour de cassation a pu juger que le détenteur du bien ne pouvait s'exonérer en raison des nombreuses carences fautives dues au stockage de palettes de bois dans un lieu non clôturé, l'absence de surveillance humaine ou automatique, l'absence de moyens de lutte préventifs ou curatifs contre l'incendie. Ces manquements sont en relation de causalité avec la naissance, le développement et la propagation de l'incendie (Civ. 2e, 8 févr. 2001, n° 99-14.636).

IV - La responsabilité civile du fait des animaux

A - Conditions de la responsabilité

Article 1243 du Code civil : « Le propriétaire d'un animal, ou celui qui s'en sert pendant qu'il est à son usage, est responsable du dommage que l'animal a causé, que l'animal fût sous sa garde, soit qu'il fût égaré ou échappé ».

Cette responsabilité pèse sur le propriétaire de l'animal ou sur celui qui l'utilise. Le transfert de garde de l'animal peut résulter de l'existence d'un contrat, par exemple :

- un contrat de dépôt lorsque l'animal est placé en pension (chenil) ou confié à un vétérinaire qui le garde en observation ;
- un contrat de soins lorsque le vétérinaire apporte des soins à l'animal, ou le maréchal-ferrant s'occupe des pieds du cheval (ferrure, parage) ;
- un contrat d'entreprise, si l'animal est confié à un éducateur ou, dans le cas d'un cheval, à un entraîneur ou un cavalier ;
- un prêt de l'animal : un chasseur prête son chien à un autre chasseur.

En dehors de l'existence d'un contrat, le transfert de garde est difficile à établir. Par exemple, il n'y a pas de transfert de garde lorsqu'une personne s'occupe de l'animal de son père (cheval) dans l'intérêt de ce dernier et dans le cadre d'une entraide familiale (Civ. 2e, 15 févr. 2007, n° 05-21.287).

L'article 1243 s'applique à tous les animaux appropriés par opposition aux animaux sauvages vivant en liberté, comme le gibier.

Les animaux visés sont aussi bien ceux domestiques, que ceux sauvages (et capturés). Ainsi, sont englobés les fauves d'une ménagerie ou les abeilles d'une ruche, ou les pigeons provenant d'un pigeonnier.

Pour le gibier, les victimes ne peuvent invoquer l'article 1243. Leur action en responsabilité civile doit être fondée sur l'article 1240 ou 1241 du Code civil.

La responsabilité du gardien de l'animal suppose que le fait de l'animal soit établi, par exemple la morsure du chien ou le coup de pied d'un cheval. En l'absence de contact entre l'animal et la victime, le comportement anormal de l'animal doit être caractérisé. Par exemple, une cavalière est victime d'une chute de cheval alors qu'elle s'était engagée dans une impasse, au pas, avec un autre cavalier. La chute de la cavalière est imputable à la présence de deux gros chiens non tenus en laisse qui jouaient ensemble et se sont soudain mis à courir vers les cavaliers, affolant leur monture. Le fait que les gros chiens ne se soient pas approchés à moins de dix mètres des cavaliers et n'aient montré aucune agressivité est sans incidence (Civ. 2e, 17 janv. 2019, n° 17-28.861).

B - Limites de la responsabilité

Le gardien est présumé responsable et ne peut dégager sa responsabilité qu'en prouvant le cas de force majeure, la faute de la victime ou le fait d'un tiers dans les mêmes conditions que pour l'article 1242, alinéa 1.

V - La responsabilité civile des propriétaires de bâtiment

A - Conditions de la responsabilité

Article 1244 du Code civil : « Le propriétaire d'un bâtiment est responsable du dommage causé par sa ruine, lorsqu'elle est arrivée par une suite du défaut d'entretien ou par le vice de sa construction ».

Sont concernés les bâtiments, c'est-à-dire toute construction réalisée par l'homme et incorporée au sol de façon durable. Ainsi sont exclus les arbres, les simples baraquements, les mobil-homes ou les simples palissades.

Ce texte vise la ruine d'un bâtiment, laquelle doit s'entendre non seulement de sa destruction totale, mais encore de la dégradation partielle de tout ou partie de la construction ou de tout élément mobilier ou immobilier qui y est incorporé de façon indissoluble.

Les éléments indissociables du bâtiment sont également visés ; par exemple les balcons, les canalisations, les rampes d'escaliers ou les portes.

La victime doit prouver que la ruine a pour cause un vice de construction ou un défaut d'entretien, et que le dommage en résulte directement.

Lorsque les conditions de la responsabilité civile du fait des bâtiments sont réunies, le propriétaire du bâtiment est responsable, même si l'immeuble est occupé par un locataire.

Devant les difficultés posées par la mise en œuvre de cette responsabilité, la jurisprudence a admis que l'article 1244 du Code civil (ancien 1386) n'exclut pas que les dispositions de l'article 1242 alinéa 1er soient invoquées à l'encontre du gardien non propriétaire (Civ. 2e, 23 mars 2000, n° 97-19.991). De même, lorsque les dommages n'ont pas été causés dans les circonstances fixées à l'article 1244 du Code civil, ils peuvent néanmoins être réparés sur le fondement des dispositions de l'article 1242 alinéa 1er (Civ. 2e, 16 oct. 2008, n° 07-16.967).

B - Limites de la responsabilité

Cette preuve faite, le propriétaire est présumé responsable et ne peut dégager sa responsabilité qu'en prouvant le cas de force majeure, tel que l'ouragan, le fait de la victime ou encore le fait d'un tiers.

Articles 1240 à 1244 du Code civil

Article 1240 : Tout fait quelconque de l'homme qui cause à autrui un dommage, oblige celui par la faute duquel il est arrivé à le réparer.

Article 1241 : Chacun est responsable du dommage qu'il a causé, non seulement par son fait, mais encore par sa négligence ou par son imprudence.

Article 1242 (alinéa 1) : On est responsable non seulement du dommage que l'on cause par son propre fait, mais encore de celui qui est causé par le fait des personnes dont on doit répondre, ou des choses que l'on a sous sa garde.

(alinéas 2 et 3) : Toutefois, celui qui détient à titre quelconque tout ou partie de l'immeuble ou des biens mobiliers dans lesquels un incendie a pris naissance ne sera responsable, vis-à-vis des tiers, des dommages causés par cet incendie que s'il est prouvé qu'il doit être attribué à sa faute ou à la faute des personnes dont il est responsable. Cette disposition ne s'applique pas aux rapports entre propriétaires et locataires, qui demeurent régis par les articles 1733 et 1734 du Code civil.

(alinéa 4) : Le père et la mère, en tant qu'ils exercent l'autorité parentale, sont solidairement responsables du dommage causé par leurs enfants mineurs habitant avec eux.

(alinéa 5) : Les maîtres et les commettants, du dommage causé par leurs domestiques et préposés dans les fonctions auxquelles ils les ont employés.

(alinéa 6) : Les instituteurs et les artisans, du dommage causé par leurs élèves et apprentis pendant le temps qu'ils sont sous leur surveillance.

(alinéa 7) : La responsabilité ci-dessus a lieu, à moins que les père et mère et les artisans ne prouvent qu'ils n'ont pu empêcher le fait qui donne lieu à cette responsabilité.

(alinéa 8) : En ce qui concerne les instituteurs, les fautes, imprudences ou négligences invoquées contre eux comme ayant causé le fait dommageable, devront être prouvées, conformément au droit commun, par le demandeur, à l'instance.

Article 1243 : Le propriétaire d'un animal, ou celui qui s'en sert, pendant qu'il est à son usage, est responsable du dommage que l'animal a causé, soit que l'animal fût sous sa garde, soit qu'il fût égaré ou échappé.

Article 1244 : Le propriétaire d'un bâtiment est responsable du dommage causé par sa ruine, lorsqu'elle est arrivée par suite du défaut d'entretien ou par vice de sa construction.

Section III – La responsabilité civile contractuelle

I – Les principes de la responsabilité contractuelle

A – La responsabilité contractuelle de droit commun

La responsabilité civile contractuelle de droit commun est celle qui s'applique en l'absence de régime spécial prévu par la loi.

La responsabilité civile contractuelle résulte de la mauvaise exécution ou de l'inexécution d'un contrat.

Selon l'article 1217 du Code civil :

« La partie envers laquelle l'engagement n'a pas été exécuté, ou l'a été imparfaitement, peut :

- refuser d'exécuter ou suspendre l'exécution de sa propre obligation ;
- poursuivre l'exécution forcée en nature de l'obligation ;
- solliciter une réduction du prix ;
- provoquer la résolution du contrat ;
- demander réparation des conséquences de l'inexécution.

Les sanctions qui ne sont pas incompatibles peuvent être cumulées ; des dommages et intérêts peuvent toujours s'y ajouter ».

La demande d'allocation de dommages et intérêts destinés à réparer les conséquences de l'inexécution du contrat sera fondée sur l'article 1231-1 du Code civil lequel dispose que « le débiteur est condamné, s'il y a lieu, au paiement de dommages et intérêts soit à raison de l'inexécution de l'obligation, soit à raison du retard dans l'exécution, s'il ne justifie pas que l'exécution a été empêchée par la force majeure ».

La mise en jeu de la responsabilité dépend de la nature de l'obligation inexécutée. En effet, les principes applicables reposent sur une distinction selon la nature de l'obligation contractuelle, qui est qualifiée soit d'obligation de résultat soit d'obligation de moyens (cf. II et III ci-après).

Dans tous les cas, la victime doit établir la preuve de son dommage et l'existence d'un lien de causalité entre le dommage et l'obligation mal exécutée ou non exécutée.

Ces sanctions sont atténuées en cas de force majeure.

Il y a force majeure en matière contractuelle lorsqu'un événement échappant au contrôle du débiteur, qui ne pouvait être raisonnablement prévu lors de la conclusion du contrat et dont les effets ne peuvent être évités par des mesures appropriées, empêche l'exécution de son obligation par le débiteur.

Si l'empêchement est temporaire, l'exécution de l'obligation est suspendue à moins que le retard qui en résulterait ne justifie la résolution du contrat. Si l'empêchement est définitif, le contrat est résolu de plein droit et les parties sont libérées de leurs obligations (art. 1218 du Code civil).

La Cour de cassation a admis l'existence d'un cas de force majeure lorsque le débiteur de l'obligation a été empêché de l'exécuter par la maladie, dès lors que cet événement présentait un caractère imprévisible lors de la conclusion du contrat et irrésistible dans son exécution. En l'espèce, l'infection et la maladie grave du débiteur, survenues après la conclusion du contrat, présentait un caractère imprévisible, et la chronologie des faits ainsi que les attestations relatant la dégradation brutale de l'état de santé faisaient la preuve d'une maladie irrésistible (Ass. Plén., 14 avr. 2006, n° 02-11.168).

B – Les régimes spéciaux prévus pour certains contrats

Certains contrats font l'objet d'une législation spécifique.

Par exemple, le contrat d'assurance, pour lequel le législateur est intervenu essentiellement par l'importante loi du 13 juillet 1930, afin de protéger les assurés souscripteurs et bénéficiaires de contrats.

Le contrat de bail fait également l'objet d'une réglementation particulière. La responsabilité du locataire est prévue aux articles 1732 à 1735 du Code civil, celle du propriétaire figurant aux articles 1719 et suivants du même code. De nombreux autres contrats font l'objet d'une réglementation adaptée : il en est ainsi du contrat de travail, du contrat de vente.

II - L'obligation de résultat

A - Définition et exemple

L'obligation est dite de résultat lorsqu'un contractant s'engage à obtenir un résultat précis, déterminé à l'avance.

L'obligation du transporteur illustre parfaitement cette situation. Le contrat de transport, commence à partir du moment où le voyageur commence à monter dans le véhicule (train) et jusqu'au moment où il achève d'en descendre (Civ. 1re, 1er juill. 1969). Le transporteur ferroviaire est tenu envers les voyageurs d'une obligation de sécurité de résultat (Ch. mixte, 28 nov. 2008, n° 06-12.307). Concernant l'exploitant d'un télésiège, la jurisprudence a précisé que l'obligation de sécurité pesant sur l'exploitant d'un télésiège est de résultat pendant le trajet ; elle n'est plus que de moyens lors des opérations d'embarquement et de débarquement, en raison du rôle actif qu'y tiennent les usagers (Civ. 1re, 10 mars 1998, n° 96-12.141).

Dans le cas particulier d'une convention d'assistance bénévole qui est un contrat tacite, à titre gratuit, se caractérisant par l'aide ou le « coup de main » apporté par une personne (l'assistant) à un tiers (l'assisté) bénéficiaire de l'aide, la jurisprudence a précisé que la convention d'assistance emporte nécessairement pour l'assisté l'obligation de réparer les conséquences des dommages corporels subis par celui auquel il avait fait appel (Civ. 1re, 16 juill. 1997, n° 95-17.880). Il s'agit donc d'une obligation de résultat. Une telle convention comporte nécessairement l'obligation, pour l'assisté, de garantir l'assistant de la responsabilité par lui encourue, sans faute de sa part, à l'égard de la victime d'un accident éventuel, que cette victime soit ou non un autre assistant (Civ. 1re, 17 déc. 1996, n° 94-21.838). En revanche, toute faute de l'assistant, fût-elle d'imprudence, ayant causé un dommage à l'assisté est susceptible d'engager la responsabilité de l'assistant (Civ. 1re, 5 janv. 2022, n° 20-20.331).

B - Situation de la victime

Lorsque l'obligation est de résultat, la responsabilité se trouve engagée dès que le résultat n'est pas atteint et ce, même en l'absence de faute du contractant : la faute n'a pas à être prouvée.

Celui sur qui pèse l'obligation de résultat peut essayer de dégager sa responsabilité en prouvant que le dommage résulte d'une cause étrangère, constituée d'un des trois cas suivants :

- la force majeure : événement irrésistible et imprévisible tel la foudre qui aurait endommagé les marchandises transportées ;
- la faute de la victime : s'agissant du contrat de transport, la jurisprudence a posé en principe que le transporteur ferroviaire, tenu envers les voyageurs d'une obligation de sécurité de résultat, ne peut s'exonérer de sa responsabilité en invoquant la faute d'imprudence de la victime que si cette faute, quelle qu'en soit la gravité, présente les caractères de la force majeure (Ch. mixte, 28 nov. 2008, n° 06-12.307) ;
- dans le cadre d'une convention d'assistance bénévole toute faute de l'assistant, quelle que soit sa nature, peut décharger l'assisté de son obligation, dans la mesure où elle a concouru à la réalisation du dommage (Civ. 1re, 13 janv. 1998, n° 96-11.223). La Cour de cassation rappelle ce principe dans un arrêt rendu le 28 février 2024 et rejette le pourvoi formé contre l'arrêt d'appel qui avait relevé une faute d'imprudence de l'assistant limitant son droit à réparation à hauteur de 50 % (Civ. 1re, 28 févr. 2024, n° 22-24.025). En l'es-

pèce un voisin avait prêté son concours à une personne pour la réfection du toit d'un abri de jardin et avait fait une chute à l'origine de graves blessures. Sa faute d'imprudence consistait dans le fait d'être monté sur le toit alors qu'il était blessé à un doigt ce qui ne lui aurait pas permis de conserver une agilité manuelle ordinaire et d'assurer normalement ses prises ;
- le fait d'un tiers : par exemple, une automobile, en panne à un passage à niveau, oblige le train à un arrêt brusque provoquant des blessures aux voyageurs.

Rappelons cependant que le « fait du tiers » n'est exonératoire que s'il est imprévisible et irrésistible. Or la Cour de cassation a jugé que si la présence d'un véhicule automobile constitue pour la SNCF un fait irrésistible, il n'est nullement imprévisible ; en effet, l'imprudence des conducteurs automobiles est malheureusement fréquente au point que chaque année de nombreux accidents surviennent malgré l'abaissement des barrières ou la présence d'autres véhicules bloqués sur la voie et ce, en contravention avec le Code de la route (Civ. 2e, 10 nov. 2009, n° 08-20.971). En conséquence, dans l'exemple cité, le fait du tiers ne constitue pas un cas de force majeure exonératoire pour le transporteur, mais lui permet d'exercer un recours pour récupérer une partie des indemnités versées aux voyageurs.

III - L'obligation de moyens

A - Définition et exemples

Contrairement à l'hypothèse précédente, le contractant ne s'engage pas à obtenir un résultat défini. Il ne promet pas d'arriver au résultat espéré, mais s'engage seulement à mettre en œuvre tous les moyens pour essayer d'arriver à un résultat.

L'obligation de moyens est particulièrement présente dans le domaine du sport et des loisirs, le participant ayant un rôle actif. Ainsi, un moniteur de sport est tenu d'une obligation de sécurité de moyens (Civ. 1re, 4 juin 2014, n° 12-28.368) ; de même le club de sport est tenu d'une obligation de sécurité de moyens vis-à-vis de ses adhérents qui pratiquent la gymnastique sous le contrôle de ses entraîneurs, avec son matériel et dans ses locaux (Civ. 1re, 3 févr. 2021, n° 19-13.113) ; cette obligation est appréciée avec plus de rigueur lorsqu'il s'agit d'un sport dangereux (Civ. 1re, 16 oct. 2001, n° 99-18.221). Un club nautique est débiteur d'une obligation de moyens (Civ. 1re, 9 mai 2019, n° 18-18.127).

S'agissant des médecins, la jurisprudence avait posé en principe « qu'il se forme entre le médecin et son client un véritable contrat comportant, pour le praticien, l'engagement, sinon, bien évidemment, de guérir le malade, du moins de lui donner des soins, non pas quelconques, mais consciencieux, attentifs et, réserve faite de circonstances exceptionnelles, conformes aux données acquises de la science » (arrêt Mercier, Civ., 20 mai 1936). Il en résultait que la responsabilité civile contractuelle du médecin pouvait être recherchée en cas de faute prouvée.

Longtemps fondée sur la responsabilité civile contractuelle de droit commun (art. 1147 du Code civil devenu 1231-1), les règles dégagées par la jurisprudence dans le domaine de la responsabilité médicale ont été pour l'essentiel reprises par la loi n° 2002-303 du 4 mars 2002, dite loi Kouchner, et intégrées dans le Code de la santé publique.

Selon l'article L. 1142-1 du Code de la santé publique, « hors le cas où leur responsabilité est encourue en raison d'un défaut d'un produit de santé, les professionnels de santé mentionnés à la quatrième partie du présent code, ainsi que tout établissement, service ou organisme dans lesquels sont réalisés des actes individuels de prévention, de diagnostic ou de soins ne sont responsables des conséquences dommageables d'actes de prévention, de diagnostic ou de soins qu'en cas de faute. Les établissements, services et organismes susmentionnés sont responsables des dommages résultant d'infections nosocomiales, sauf s'ils rapportent la preuve d'une cause étrangère ».

Le principe de la responsabilité pour faute, quelle que soit sa nature, est donc repris par le législateur, tandis que celui de la responsabilité sans faute est expressément fixé dans la loi pour le défaut des produits de santé et les infections nosocomiales.

B - Situation de la victime

La victime doit prouver la faute du contractant sur qui pèse une obligation de moyens. Ainsi, le patient dont l'état de santé s'est aggravé n'obtiendra réparation que si le médecin a commis une faute dont la preuve est établie.

Section IV - La responsabilité du fait des produits défectueux

La responsabilité du fait des produits défectueux issue de la loi n° 98-389 du 19 mai 1998 ayant transposé en droit français la directive européenne n° 85-274 du 25 juillet 1985 est prévue aux articles 1245 à 1245-17 du Code civil (anciens articles 1386-1 à 1386-17). Elle repose sur la responsabilité du producteur qui répond du dommage causé par un défaut de sécurité du produit mis en circulation.

I - Les conditions de la responsabilité du producteur

A - Le producteur

1° Définition

Le producteur est défini à l'article 1245-5 du Code civil. Est producteur, lorsqu'il agit à titre professionnel, le fabricant d'un produit fini, le producteur d'une matière première, le fabricant d'une partie composante.

Est assimilée à un producteur toute personne agissant à titre professionnel :

1/ Qui se présente comme producteur en apposant sur le produit son nom, sa marque ou un autre signe distinctif ;

2/ Qui importe un produit dans la Communauté européenne en vue d'une vente, d'une location, avec ou sans promesse de vente, ou de toute autre forme de distribution.

Ne sont pas considérées comme producteurs, les personnes dont la responsabilité peut être recherchée sur le fondement des articles 1792 à 1792-6 et 1646-1.

> **Exemple** : Dans le cadre de l'affaire « Mosanto », la Cour de cassation a jugé que cette société était bien producteur au sens de l'article 1386-6, alinéa 2, 1°, devenu 1245-5, alinéa 2, 1°, du Code civil, après avoir constaté que, sur le conditionnement du produit, figurent la mention « fabriqué en Belgique », ainsi qu'en petits caractères, les mentions « Monsanto Europe Sa » et « marque déposée de Monsanto company USA ». La cour d'appel a relevé que l'étiquette met en avant le fait que le « Lasso », écrit en gros caractères blancs sur noir, est un désherbant sélectif du maïs grain, semence et fourrage, du soja, avec la mention « un herbicide Monsanto », suivi de « siège social Monsanto agriculture France SAS » avec l'adresse de la société à Lyon et le numéro d'inscription

au registre du commerce et des sociétés de Lyon. La société Monsanto agriculture France se présentait bien comme le producteur sur l'étiquette du produit, de sorte que la cour d'appel a pu en déduire qu'elle devait être assimilée au producteur (Civ. 1re, 21 oct. 2020, n° 19-18.689 P).

2° Absence d'identification du producteur

Si le producteur ne peut être identifié, le vendeur est responsable du défaut de sécurité du produit, dans les mêmes conditions que le producteur, à moins qu'il ne désigne son propre fournisseur ou le producteur, dans un délai de trois mois à compter de la date à laquelle la demande de la victime lui a été notifiée (art. 1245-6).

La responsabilité du vendeur peut donc être recherchée, au lieu et place du producteur, mais uniquement si le vendeur ne fournit pas à la victime les éléments lui permettant d'identifier le fournisseur ou le producteur dans le délai de trois mois à compter de la demande par la victime.

3° Étendue de la responsabilité du producteur

Le producteur est responsable de plein droit du dommage causé par un défaut de son produit, qu'il soit ou non lié par un contrat avec la victime (art. 1245). La victime doit cependant prouver le dommage, le défaut et le lien de causalité entre le défaut et le dommage (art. 1245-8).

Le préjudice indemnisable est celui qui résulte d'une atteinte à la personne. S'agissant des dommages matériels, à la différence des règles d'indemnisation existant jusqu'à présent en droit français reposant sur le principe de la réparation intégrale du préjudice, l'article 1245-1 du Code civil prévoit, d'une part, que le produit défectueux lui-même n'est pas indemnisé, d'autre part, que seule la réparation du dommage supérieur à 500 euros est prise en charge.

La Cour de cassation admet cependant que la victime puisse agir à l'encontre du producteur, sur le fondement de la garantie de vices cachés (C. civ., art. 1641), pour la réparation du dommage résultant d'une atteinte au produit lui-même (Civ. 1re, 19 avr. 2023, n° 21-23.726 P).

B - La notion de produit défectueux

1° Définition du produit

Le produit est défini à l'article 1242-2 du Code civil comme tout bien meuble, même s'il est incorporé dans un immeuble, y compris les produits du sol, de l'élevage, de la chasse et de la pêche. L'électricité est considérée comme un produit.

2° Définition du produit défectueux

Selon l'article 1245-3 du Code civil, un produit est défectueux lorsqu'il n'offre pas la sécurité à laquelle on peut légitimement s'attendre. Dans l'appréciation de la sécurité à laquelle on peut légitimement s'attendre, il doit être tenu compte de toutes les circonstances et notamment de la présentation du produit, de l'usage qui peut en être raisonnablement attendu et du moment de sa mise en circulation. Un produit ne peut être considéré comme défectueux par le seul fait qu'un autre, plus perfectionné, a été mis postérieurement en circulation.

La jurisprudence a retenu la défectuosité d'un produit en raison de l'insuffisance d'information sur les précautions à prendre pour l'utilisation du produit (Civ. 1re, 7 nov. 2006, n° 05-11.604), ou en cas d'absence de mise en garde sur la dangerosité particulière du produit « Lasso » herbicide commercialisé par la société Mosanto Agriculture France, lequel ne présentait pas la sécurité à laquelle on pouvait légitimement s'attendre et était dès lors défectueux (Civ. 1re, 21 oct. 2020, n° 19-18.689 P). La défectuosité peut également résulter de la présentation du produit dans le cas d'une bouteille de propane dépourvue de connectique spécifique, ce qui permettait de la brancher sur une installation destinée au gaz butane (Civ. 1re, 4 févr. 2015, n° 13-19.781).

Dans le domaine médical, la jurisprudence a retenu qu'une prothèse de hanche qui présentait une rupture de la tête fémorale dans un très court délai après la pose, ne présentait pas la sécurité à laquelle le patient peut légitimement s'attendre. La responsabilité du producteur de la prothèse est engagée pour l'ensemble des dommages consécutifs à la rupture de la prothèse soit l'opération de reprise mais aussi de tous les actes chirurgicaux subséquents et des dommages successifs qui en ont résulté pour le patient (Civ. 1re, 2 févr. 2022, n° 20-15.526).

II - Exonération et prescription

A - Les cas d'exonération du producteur

Parmi les cas d'exonération prévus aux articles 1245-11 et 1245-12 du Code civil, on retrouve les hypothèses classiques correspondant au cas fortuit ou de force majeur, la faute de la victime et le fait d'un tiers.

1° Le cas fortuit ou de force majeure

L'article 1245-11 du Code civil énumère un grand nombre d'hypothèses assimilables au cas fortuit ou de force majeure. Il s'agit, pour le producteur, d'apporter la preuve :

- Qu'il n'avait pas mis le produit en circulation ;
- Que, compte tenu des circonstances, il y a lieu d'estimer que le défaut ayant causé le dommage n'existait pas au moment où le produit a été mis en circulation par lui ou que ce défaut est né postérieurement ;
- Que le produit n'a pas été destiné à la vente ou à toute autre forme de distribution ;
- Que l'état des connaissances scientifiques et techniques, au moment où il a mis le produit en circulation, n'a pas permis de déceler l'existence du défaut, ce cas d'exonération est aussi nommé « risque de développement » ;
- Ou que le défaut est dû à la conformité du produit avec des règles impératives d'ordre législatif ou réglementaire.

L'exonération pour risque de développement a été écartée par la Cour de cassation dans l'affaire du Médiator. La Cour retient que l'état des connaissances scientifiques et techniques, au moment de la mise en circulation des produits administrés à la victime entre 2003 et 2009, permettait de déceler l'existence du défaut du Mediator (Civ. 1re, 22 nov. 2017, n° 16-23.804 et 16-24.719). De même, à propos de l'herbicide Lasso commercialisé par la société Mosanto, la cour de cassation affirme que : les réglementations sur le fondement desquelles l'existence d'un défaut a été retenue ainsi que la fiche toxicologique établie par l'INRS en 1997 précitée établissent qu'en juillet 2002, date de mise en circulation du produit, la société Monsanto agriculture France avait toute latitude pour connaître le défaut lié à l'étiquetage du produit et à l'absence de mise en garde sur la dangerosité particulière des travaux, de sorte que la société ne pouvait bénéficier de l'exonération de responsabilité pour risque de développement (Civ. 1re, 21 oct. 2020, n° 19-18689 P).

Remarque : La possibilité d'exonération par le risque de développement est exclue pour les dommages causés par un élément du corps humain ou par les produits issus de celui-ci (C. civ., art. 1386-12 devenu 1245-11).

2° La faute de la victime

La responsabilité du producteur peut être réduite ou supprimée, compte tenu de toutes les circonstances, lorsque le dommage est causé conjointement par un défaut du produit et par la faute de la victime ou d'une personne dont la victime est responsable (C. civ., art. 1245-12).

3° Le fait du tiers

La responsabilité du producteur envers la victime n'est pas réduite par le fait d'un tiers ayant concouru à la réalisation du dommage (C. civ., art. 1245-12).

B - La prescription

La loi prévoit un système original avec un délai butoir au-delà duquel le producteur ne peut plus voir sa responsabilité de plein droit recherchée. Ainsi, la responsabilité du producteur est éteinte dix ans après la mise en circulation du produit (art. 1245-15).

La mise en circulation du produit correspond au moment où le producteur se dessaisit volontairement du produit (art. 1245-4). Cela correspond schématiquement à la date de « sortie d'usine » du produit.

La Cour de Justice de l'Union Européenne a précisé qu'un produit doit être considéré comme ayant été mis en circulation, au sens de l'article 11 de la directive, lorsqu'il est sorti du processus de fabrication mis en œuvre par le producteur et qu'il est entré dans un processus de commercialisation dans lequel il se trouve en l'état offert au public aux fins d'être utilisé ou consommé (CJCE, 9 févr. 2006, n° C-127-04).

La règle des 10 ans précitée est comparable au régime existant dans le domaine de la construction à propos de la responsabilité décennale obligeant le constructeur à répondre, pendant 10 ans à compter de la réception de l'ouvrage, des dommages de nature décennale.

Outre ce délai de 10 ans, la loi prévoit un délai d'action : l'action en réparation se prescrit dans un délai de trois ans à compter de la date à laquelle le demandeur a eu ou aurait dû avoir connaissance du dommage, du défaut et de l'identité du producteur (art. 1245-16). La Cour de cassation a ainsi jugé que l'action intentée plus de trois ans après la connaissance de l'origine électrique du sinistre, était prescrite (Civ. 1re, 11 juill. 2018, n° 17-20154).

III - Le caractère exclusif des dispositions sur la responsabilité en raison du produit défectueux

A - Le principe

Selon l'article 1245-17 du Code civil, les dispositions figurant aux articles 1245 et suivants « ne portent pas atteinte aux droits dont la victime d'un dommage peut se prévaloir au titre du droit de la responsabilité contractuelle ou extracontractuelle ou au titre d'un régime spécial de responsabilité ».

La question se posait de savoir si la victime pouvait, selon son choix, agir notamment sur le fondement de la garantie des vices cachés prévue à l'article 1641 du Code civil, ou était tenue de mettre en cause le producteur sur le fondement des articles 1245 et suivants du même Code.

La Cour de Justice de l'Union Européenne a répondu à cette question en affirmant que l'article 13 de la Directive 85/374 doit être interprété en ce sens que les droits conférés par la législation d'un état membre aux victimes d'un dommage causé par un produit défectueux, au titre d'un régime général de responsabilité ayant le même fondement que celui mis en place par la directive, peuvent se trouver limités ou restreints à la suite de la transposition de la directive dans l'ordre juridique interne de l'Etat (CJCE 25 avr. 2002, n° C-183/000). Autrement dit, lorsque le dommage dont la victime demande réparation trouve son origine dans un défaut de sécurité du produit au sens de l'article 1245-3 du Code civil, la victime sera tenue d'agir sur le fondement des articles 1245 et suivants.

Dans un arrêt rendu le 11 juillet 2018, la Cour de cassation rappelle que si, selon l'article 1245-17 du Code civil, le régime de responsabilité du fait des produits défectueux ne porte pas atteinte aux droits dont la victime d'un dommage peut se prévaloir au titre du droit de la responsabilité contractuelle ou extra contractuelle ou au titre d'un régime spécial de responsabilité, c'est à la condition que ceux-ci reposent sur des fondements différents, tels la garantie des vices cachés ou la faute (CJCE, arrêt du 25 avril 2002, González Sánchez, C-183/00, point 31) ; tel n'est pas le cas de l'action en responsabilité du fait des choses, prévue à l'article 1242, alinéa 1, du Code civil qui, lorsqu'elle est invoquée à l'encontre du producteur après la mise en circulation du produit, procède nécessairement d'un défaut de sécurité (Civ. 1re, 11 juill. 2018, n° 17-20.154 P).

B - La subsistance des régimes existants

Le régime mis en place par la Directive n'exclut cependant pas l'application d'autres régimes de responsabilité contractuelle ou extracontractuelle reposant sur des fondements différents, tels que la garantie des vices cachés ou la faute si la victime de la défaillance du produit, qui invoque l'existence d'une faute, établit que le dommage subi résultait d'une faute distincte du défaut de sécurité du produit en cause (Civ. 1re, 10 déc. 2014, n° 13-14.314).

Il résulte des décisions précitées que la victime n'a pas le choix de son action en responsabilité.

Si le dommage est imputable à un défaut de sécurité du produit, la victime devra mettre en cause le producteur sur le fondement des articles 1245 et suivants du Code civil. Dans l'hypothèse d'un vice caché qui rend la chose impropre à l'usage auquel elle est destinée, le vendeur et/ou le fabricant devront en répondre des dommages sur le fondement des articles 1641 et suivants du Code civil. L'action en non-conformité de la chose vendue, qui constitue un manquement à l'obligation de délivrance du vendeur, reste évidemment possible sur le fondement de l'article 1604 du Code civil. L'action en responsabilité pour faute, sur le fondement de l'article 1240 du Code civil sera l'ultime recours de la victime si aucun des fondements précédemment énoncés ne trouve à s'appliquer.

Section V - La responsabilité médicale

La responsabilité médicale est encadrée par la loi n° 2002-303 du 4 mars 2002 dite loi Kouchner dont les dispositions sont codifiées aux articles L. 1142-1 et suivants du Code de la santé publique. Cette loi reprend les principes fondamentaux posés par la jurisprudence antérieure, à savoir, le principe d'une responsabilité pour faute du médecin et d'une responsabilité sans faute des établissements de soins en cas d'infection nosocomiale. Elle détermine également les conditions dans lesquelles la solidarité nationale prend en charge certains dommages notamment ceux consécutifs à un aléa thérapeutique. Elle institue enfin des Commissions Régionales de Conciliation et d'Indemnisation (CRCI) devenues Commissions de Conciliation et d'Indemnisation (CCI) destinées à favoriser le règlement amiable des litiges.

I - Le principe de la responsabilité pour faute du médecin

A - Un principe posé par la jurisprudence

L'arrêt Mercier rendu par la Cour de cassation le 20 mai 1936, constitue le premier arrêt de principe sur la responsabilité du médecin. La Cour de cassation affirme qu'il « se forme entre le médecin et son client un véritable contrat comportant pour le praticien l'engagement, sinon, bien évidemment, de guérir le malade, du moins de lui donner des soins consciencieux, attentifs et conformes aux données acquises de la science » (Civ., 20 mai 1936, DP 1936.1.88, rapp. Josserand). Le principe d'une responsabilité contractuelle du médecin qui rend le médecin débiteur d'une obligation de moyens sur le fondement de l'article 1147 devenu 1231-1 du Code civil, est posé. Le patient doit prouver la faute du médecin qui est appréciée en fonction des données acquises de la science au moment de l'acte médical. Ce principe n'a cessé d'être confirmé par la jurisprudence postérieure.

B - Un principe inscrit dans la loi

L'article L. 1142-1, I du Code de la santé publique issu de la loi Kouchner du 4 mars 2002 dispose que « les professionnels de santé mentionnés à la quatrième partie du présent code, ainsi que tout établissement, service ou organisme dans lesquels sont réalisés des actes individuels de prévention, de diagnostic ou de soins ne sont responsables des conséquences dommageables d'actes de prévention, de diagnostic ou de soins qu'en cas de faute ». Le principe d'une responsabilité pour faute prouvée des professionnels de santé est donc désormais inscrit dans la loi. Il concerne les actes de prévention, de diagnostic ou de soins pratiqués individuellement.

La faute peut, par exemple, consister en :
- une erreur de diagnostic, cependant l'erreur de diagnostic n'est pas nécessairement fautive. Elle peut s'expliquer par la complexité des symptômes et la difficulté de leur constatation ou interprétation. En revanche le diagnostic rendu impossible par des négligences, notamment par l'omission d'un examen de routine, est constitutif d'une faute (Civ. 1re, 30 sept. 2010, n° 09-68.372) ;
- une erreur dans le choix du traitement, toutefois il n 'y a pas de faute du médecin qui, en présence alternatives thérapeutiques, choisit l'une d'entre elles, alors que rien ne permettait de la privilégier privilégiée ou au contraire de la déconseiller quant à ses résultats espérés (Civ. 1re, 6 juin 2000, n° 98-19.295) ;

– une maladresse dans l'exécution de l'acte (Civ. 1re, 9 avr. 2002, n° 00-21.014). À ce sujet, la Cour de cassation a jugé que l'atteinte portée par un chirurgien à un organe ou un tissu que son intervention n'impliquait pas, est fautive en l'absence de preuve par celui-ci d'une anomalie rendant l'atteinte inévitable ou de la survenance d'un risque inhérent à cette intervention qui, ne pouvant être maîtrisé, relève de l'aléa thérapeutique. La Cour ajoute que l'application de cette présomption de faute implique qu'il soit tenu pour certain que l'atteinte a été causée par le chirurgien lui-même en accomplissant son geste chirurgical (Civ. 1re, 26 févr. 2020, n° 19-13.423).

II - L'indemnisation des infections nosocomiales

La loi Kouchner reprend le principe d'une responsabilité sans faute des établissements de soins en cas d'infection nosocomiale qui avait été posé par la jurisprudence antérieure (Civ. 1re, 29 juin 1999, n° 97-14.254). La loi n° 2002-1577 du 30 décembre 2002 viendra cependant mettre à la charge de la solidarité nationale les dommages les plus graves. L'indemnisation des dommages résultant d'infections nosocomiales contractées dans les établissements de santé est ainsi répartie entre les assureurs des établissements de soins et l'ONIAM en fonction de la gravité du dommage.

A - La responsabilité sans faute des établissements de soins

Aux termes de l'article L. 1142-1, I. alinéa 2 du Code de la santé publique, les établissements, services et organismes dans lesquels sont réalisés des actes individuels de prévention, de diagnostic ou de soins, sont responsables des dommages résultant d'infections nosocomiales, sauf s'ils rapportent la preuve d'une cause étrangère. Les médecins ne sont pas visés par l'article L. 1142-1, I. alinéa 2 du Code de la santé publique et ne répondent par conséquent des infections nosocomiales qu'en cas de faute prouvée à leur encontre.

La Cour de cassation a précisé qu'une société civile de moyens ne constitue pas l'une des structures auxquelles s'applique un régime de responsabilité de plein droit pour les infections nosocomiales qui y sont survenues (Civ. 1re, 12 oct. 2016, n° 15-16.894, cas de l'infection nosocomiale contractée dans un centre de radiologie). En revanche, une installation autonome de chirurgie esthétique constitue un service de santé. Dès lors, le chirurgien esthétique ayant pratiqué une intervention dans cette installation autonome est tenu d'indemniser sa patiente des préjudices consécutifs à l'infection nosocomiale contractée dans les locaux de l'installation autonome de chirurgie esthétique dirigée par le chirurgien (Civ. 1re, 8 déc. 2021, n° 19-26.191).

Selon la jurisprudence, doit être regardée comme présentant un caractère nosocomial une infection qui survient au cours ou au décours de la prise en charge d'un patient et qui n'était ni présente, ni en incubation au début de celle-ci, sauf s'il est établi qu'elle a une autre origine que la prise en charge (Civ. 1re, 6 avr. 2022, n° 20-18.513).

B - La prise en charge par la solidarité nationale des dommages les plus graves

L'article L. 1142-1-1 du Code de la santé publique issu de la loi n° 2002-1577 du 30 décembre 2002 met à la charge de la solidarité nationale, les dommages résultant d'infections nosocomiales correspondant à un taux d'incapacité physique ou psychique supérieur à 25 % déterminé par référence au barème d'évaluation des taux d'incapacité des victimes d'accidents médicaux, d'affections iatrogènes ou d'infections nosocomiales. Il en est de même en cas de décès provoqués par ces infections nosocomiales.

Le patient victime ou ses ayants droit sont indemnisés par l'Office national d'indemnisation des victimes d'accidents médicaux, des affections iatrogènes et des infections nosocomiales (ONIAM) à l'issue de la procédure prévue à l'article L. 1142-17 du Code de la santé publique. Ce même texte institue au profit de l'ONIAM un recours subrogatoire en cas de faute de l'établissement de soins à l'origine du dommage, notamment le manquement caractérisé aux obligations posées par la réglementation en matière de lutte contre les infections nosocomiales.

III - L'indemnisation de l'aléa thérapeutique

Lorsqu'aucune responsabilité ne peut être engagée, le patient victime, ou ses ayants droit en cas de décès de celui-ci, peuvent obtenir la réparation de leurs préjudices au titre de la solidarité nationale, c'est à dire par l'ONIAM, si les conditions cumulatives fixées par l'article L. 1142-1, I du Code de la santé publique sont remplies. Ainsi, l'accident médical doit :

- être directement imputable à des actes de prévention, de diagnostic ou de soins ;
- avoir eu pour le patient des conséquences anormales au regard de son état de santé comme de l'évolution prévisible de celui-ci ;
- présenter un caractère de gravité fixé à l'article D. 1142-1 du Code de la santé publique à savoir : un taux d'AIPP (atteinte à l'intégrité physique ou psychique) de 24 %, ou un arrêt temporaire des activités professionnelles ou des gênes temporaires constitutives d'un déficit fonctionnel temporaire supérieur ou égal à un taux de 50 % pendant une durée au moins égale à six mois consécutifs ou à six mois non consécutifs sur une période de douze mois ;
- à titre exceptionnel, le caractère de gravité peut être reconnu lorsque la victime est déclarée définitivement inapte à exercer l'activité professionnelle qu'elle exerçait avant la survenue de l'accident médical, ou lorsque l'accident médical occasionne des troubles particulièrement graves, y compris d'ordre économique, dans ses conditions d'existence.

La jurisprudence a précisé que la condition d'anormalité du dommage doit être regardée comme remplie lorsque l'acte médical a entraîné des conséquences notablement plus graves que celles auxquelles le patient était exposé par sa pathologie de manière suffisamment probable en l'absence de traitement et que, dans le cas contraire, les conséquences de l'acte médical ne peuvent être considérées comme anormales sauf si, dans les conditions où l'acte a été accompli, la survenance du dommage présentait une probabilité faible (Civ. 1re, 6 avr. 2022, n° 21-12.825).

Il a, par exemple, été jugé, pour une patiente atteinte d'une hémiplégie droite à la suite de l'ablation d'un kyste épidermoïde intracranien, qu'il s'agissait d'une complication prévisible de l'exérèse de ce kyste et qu'à défaut d'intervention de graves difficultés médicales constituant un risque mortel étaient possibles. La patiente avait dû subir, dans l'espoir d'obtenir une amélioration de son état de santé, une intervention indispensable présentant un risque important lié à sa pathologie et qui s'est réalisé. Les conséquences aussi graves qu'elles soient ne présentaient pas de caractère anormal au regard de son état de santé comme de l'évolution prévisible de celui-ci. L'indemnisation du dommage subi ne relevait donc pas de la solidarité nationale (Civ. 1re, 2 juill. 2014, n° 13-15.750). En revanche, concernant une personne opérée à la suite d'une fracture d'un fémur consécutive à une chute et qui présente à la suite de la première intervention à la suite de la première intervention, une inégalité de longueur de ses jambes, la Cour de cassation a jugé qu'un tel allongement constitue un événement exceptionnel ne relevant pas d'un échec thérapeutique dans la mesure où l'opération pratiquée a eu pour objectif de réduire la fracture fémorale afin de permettre sa consolidation et qu'il caractérise un aléa thérapeutique dont les conséquences doivent être prises en charge par l'ONIAM au titre de la solidarité nationale (Civ. 1re, 14 nov. 2018, n° 17-18.687).

IV – Les commissions de conciliation et d'indemnisation

Dans chaque région, une ou plusieurs commissions de conciliation et d'indemnisation sont chargées de faciliter le règlement amiable des litiges relatifs aux accidents médicaux, aux affections iatrogènes et aux infections nosocomiales, ainsi que des autres litiges entre usagers et professionnels de santé, établissements de santé, services de santé ou organismes ou producteurs de produits de santé.

La commission peut être saisie par toute personne s'estimant victime d'un dommage imputable à une activité de prévention, de diagnostic ou de soins, ou, le cas échéant, par son représentant légal lorsqu'il s'agit d'un mineur. Elle peut également être saisie par les ayants droit d'une personne décédée à la suite d'un acte de prévention, de diagnostic ou de soins. Si la victime est un majeur faisant l'objet d'une mesure de protection juridique avec représentation, la personne chargée de cette mesure peut également saisir la commission (CSP, art. L. 1142-7).

Lorsque les dommages subis présentent le caractère de gravité prévu au II de l'article L. 1142-1 (voir II ci-avant), la commission émet un avis sur les circonstances, les causes, la nature et l'étendue des dommages, ainsi que sur le régime d'indemnisation applicable (responsabilité d'un professionnel de santé, prise en charge par l'ONIAM ou rejet). L'avis de la commission régionale est émis dans un délai de six mois à compter de sa saisine. Il est transmis à la personne qui l'a saisie ainsi qu'à toutes les personnes intéressées par le litige et à l'ONIAM.

Si la commission de conciliation et d'indemnisation reconnait un droit à indemnisation, elle identifie le payeur (assureur ou ONIAM) qui dispose d'un délai de 4 mois à compter de la réception de l'avis pour présenter une offre d'indemnisation au demandeur. La procédure d'offre et d'indemnisation est prévue aux articles L. 1142-14 et L. 1142-15 du Code de la santé publique.

L'avis de la commission n'a cependant pas de portée obligatoire. Si l'assureur refuse de suivre l'avis de la commission ou reste silencieux au-delà de 4 mois après avoir reçu l'avis, la victime peut adresser à l'ONIAM une demande d'indemnisation par substitution. L'ONIAM n'est pas davantage lié par l'avis de la CCI. Le demandeur n'a donc pas d'autre possibilité que de saisir le juge compétent, soit s'il entend contester l'avis de la CCI, soit lorsqu'il a un avis favorable mais que l'assureur ou l'ONIAM ne font pas d'offre suite à l'avis de la CCI, soit enfin lorsqu'il refuse l'offre qui lui est faite.

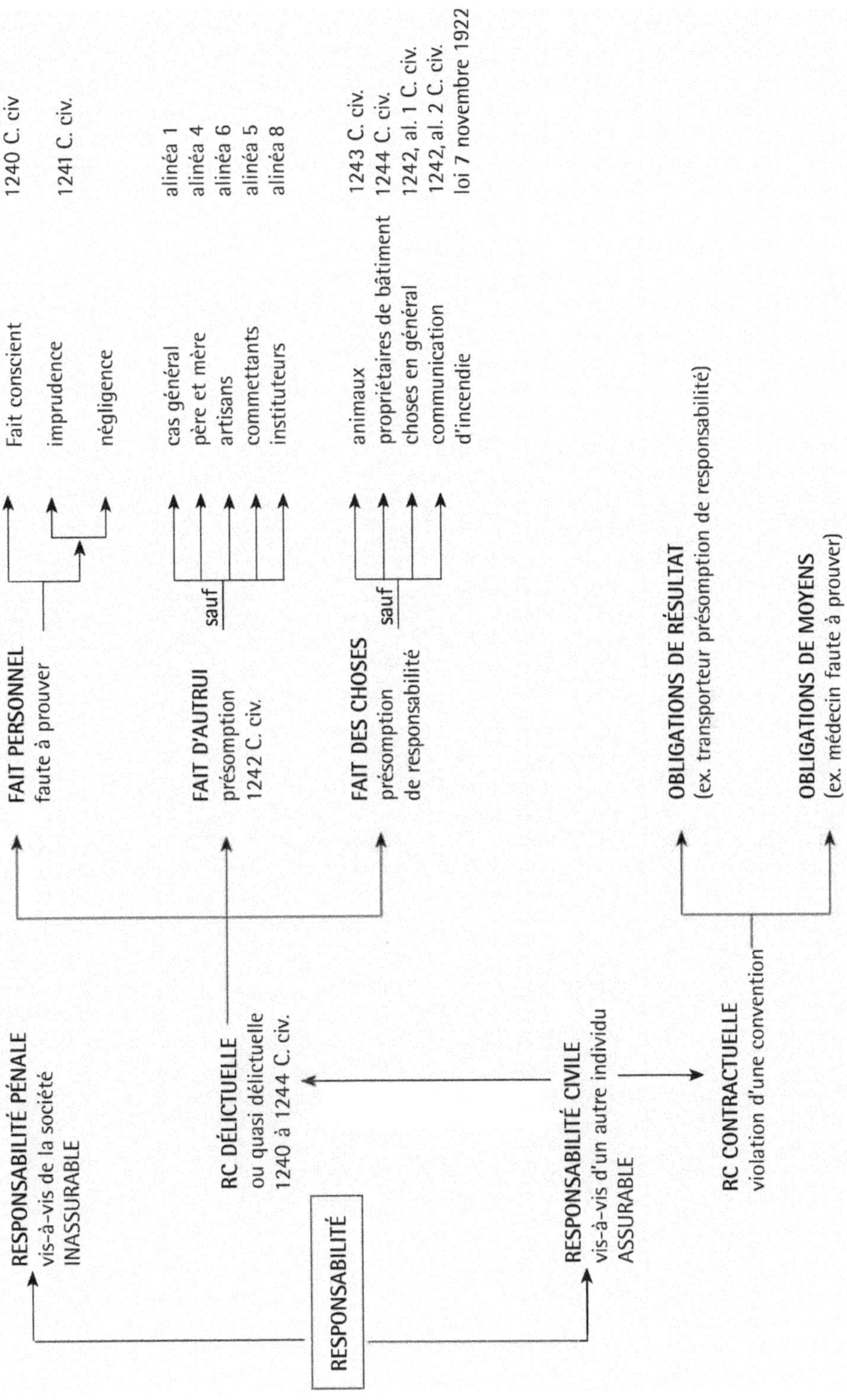
RESPONSABILITÉ
RESPONSABILITÉ PÉNALE
vis-à-vis de la société
INASSURABLE
RESPONSABILITÉ CIVILE
vis-à-vis d'un autre individu
ASSURABLE
RC DÉLICTUELLE
ou quasi délictuelle
1240 à 1244 C. civ.
RC CONTRACTUELLE
violation d'une convention
FAIT PERSONNEL
faute à prouver
Fait conscient
1240 C. civ
imprudence
négligence
1241 C. civ.
FAIT D'AUTRUI
présomption
1242 C. civ.
sauf
cas général
alinéa 1
père et mère
alinéa 4
artisans
alinéa 6
commettants
alinéa 5
instituteurs
alinéa 8
FAIT DES CHOSES
présomption
de responsabilité
sauf
animaux
1243 C. civ.
propriétaires de bâtiment
1244 C. civ.
choses en général
1242, al. 1 C. civ.
communication
d'incendie
1242, al. 2 C. civ.
loi 7 novembre 1922
OBLIGATIONS DE RÉSULTAT
(ex. transporteur présomption de responsabilité)
OBLIGATIONS DE MOYENS
(ex. médecin faute à prouver)

Chapitre II

LES ASSURANCES DE RESPONSABILITÉ

Section I - Généralités sur les assurances de responsabilité

I - Les assurances obligatoires

Les assurances obligatoires portent atteinte à la liberté contractuelle essentiellement dans l'intérêt des tiers. Ceux-ci se trouvent protégés par l'intervention du législateur dans les conditions souhaitées par les pouvoirs publics. La protection des victimes est l'objectif poursuivi par la plupart des obligations d'assurances.

La multiplication des assurances obligatoires constitue une des caractéristiques les plus frappantes du droit moderne des assurances.

Dans la majorité des cas, elles visent la responsabilité civile professionnelle. Concrètement, cela signifie que pour l'exercice de certaines professions il faut justifier d'une assurance garantissant la responsabilité encourue à la suite de dommages causés aux clients ou aux tiers, lors de l'exercice de la profession considérée.

L'intervention des pouvoirs publics, soucieux de protéger les victimes, s'est étendue au point qu'il existe aujourd'hui un peu plus de 130 assurances obligatoires.

La France est en Europe le leader du nombre d'assurances obligatoires. Leur nombre est si élevé que, depuis plusieurs années, il n'existe aucun récapitulatif officiel de l'ensemble de ces assurances obligatoires dans le Code des assurances, ni même sur le site du ministère de l'Économie et des Finances. La dernière tentative de recensement de l'ensemble de ces assurances obligatoires avait été l'objet d'un travail spontané du ministère de l'Économie et des Finances datant de 2008.

La liste en comptabilisait 107 qui couvraient les domaines les plus larges, dont les assurances de responsabilité qui étaient de 87. Aujourd'hui, il en existe ainsi environ 130.

II - Les particularités des assurances de responsabilité

A - Définition du sinistre

Le sinistre, dans les assurances de responsabilité, est constitué par la réclamation de la victime.

Cette théorie trouve son fondement dans l'article L. 124-1 du Code des assurances : « Dans les assurances de responsabilité, l'assureur n'est tenu que si, à la suite du fait dommageable prévu au contrat, une réclamation amiable ou judiciaire est faite à l'assuré par le tiers lésé ».

L'article L. 124-1-1 du Code des assurances dispose que « constitue un sinistre tout dommage ou ensemble de dommages causés à des tiers, engageant la responsabilité de l'assuré, résultant d'un fait dommageable et ayant donné lieu à une ou plusieurs réclamations. Le fait dommageable est celui qui constitue la cause génératrice du dommage. Un ensemble de faits dommageables ayant la même cause technique est assimilé à un fait dommageable unique ».

B - Inopposabilité des déchéances

L'assuré peut se voir appliquer une déchéance lorsqu'il manque à ses obligations après sinistre :

- en cas de déclaration tardive du sinistre ou de non déclaration, lorsque l'assureur prouve qu'il a subi un préjudice, du fait de cette déclaration tardive (C. assur., art. L. 113-2) ;
- en cas de manquement à ses autres obligations après sinistre, selon stipulations du contrat et moyennant clause expresse rédigée en caractères très apparents (C. assur., art. L. 112-4).

La déchéance signifie que l'assuré perd ses droits sur le sinistre concerné. Cette déchéance est inopposable aux victimes (C. assur., art. R. 124-1), quelle que soit l'assurance de responsabilité concernée : RC automobile, RC incendie, RC générale, RC construction...

Cette règle est fondamentale : elle vise à protéger les tiers victimes, et fixe leurs droits au moment du sinistre, afin qu'ils ne subissent pas les conséquences de manquements de l'assuré à ses obligations après sinistre.

C - Inopposabilité des reconnaissances de responsabilité

L'assureur de responsabilité peut insérer au contrat une clause qui interdit à l'assuré de reconnaître sa responsabilité. La sanction de cette interdiction est l'inopposabilité à l'assureur. Par exemple, si l'assuré s'est reconnu entièrement responsable alors qu'il ne l'est que partiellement, l'assureur n'interviendra que pour partie.

Ce principe trouve son fondement dans l'article L. 124-2 du Code des assurances qui dispose : « L'assureur peut stipuler qu'aucune reconnaissance de responsabilité, aucune transaction, intervenues en dehors de lui, ne lui sont opposables. L'aveu de la matérialité d'un fait ne peut être assimilé à la reconnaissance d'une responsabilité ».

D - L'action directe de la victime

L'action directe est le droit reconnu à la victime d'agir directement contre l'assureur du responsable. Plutôt que d'intenter une action en responsabilité contre l'auteur du dommage, la victime a intérêt à agir directement contre l'assureur du responsable, dont la solvabilité est la meilleure garantie de son indemnisation.

Cette possibilité offerte à la victime trouve son fondement dans l'article L. 124-3 du Code des assurances : « L'assureur ne peut payer à un autre que le tiers lésé tout ou partie de la somme due par lui, tant que ce tiers n'a pas été désintéressé, jusqu'à concurrence de ladite somme, des conséquences pécuniaires du fait dommageable ayant entraîné la responsabilité de l'assuré ».

L'action directe de la victime, reconnue par la Cour de cassation depuis 1939, résulte ainsi du droit propre que lui reconnaît la loi sur l'indemnité due par l'assureur du responsable.

Le tiers, non-contractant par définition, peut se prévaloir d'un contrat qu'il n'a pourtant pas signé. Il se voit conférer un droit personnel, lui permettant de percevoir effectivement les indemnités d'assurance et lui évitant d'être en concurrence avec d'autres créanciers de l'assuré responsable.

III - La durée de la garantie dans le temps

A - Problématique

En assurance de responsabilité, la notion de sinistre est liée à la réclamation de la victime (C. assur., art. L. 124-1-1).

Les parties ont la faculté de définir leur période de garantie soit par rapport à la date du dommage, soit par rapport à celle de la réclamation, soit même en fonction des deux !

Pour les assureurs de responsabilité civile, la solution la plus satisfaisante qui a prévalu pendant longtemps, était d'exiger que les deux dates soient situées pendant la période de validité (de V à V').

Schématiquement, la situation ressort ainsi :

Schéma n° 1

D = date du dommage ; R = date de la réclamation ; V = début de validité ; V ' = fin de validité

1er cas :

```
       V      D                 R        V'
-------|-------|----------------|----------|----
```

La garantie est acquise.

2e cas :

```
D      V                       R          V'
|-------|----------------------|-----------|---
```

La garantie n'est pas acquise.

3e cas :

```
V      D                        V '  R
----|-------|-------------------------|----|----
```

La garantie n'est pas acquise.

Ce principe, selon lequel la garantie n'est acquise que pour les réclamations présentées pendant la période d'assurance et se rapportant à des faits dommageables situés dans cette même période, est dénommé « claims made » (claim signifie réclamation en anglais).

En cas de changement d'assureur cela engendrait des difficultés.

Soit :

Schéma n° 2

```
          VX      D      V 'X                  R
     -----|------|------|---------------|-------|----
                    VY                          V 'Y
```

Pour l'assureur X, pas de garantie car la réclamation est postérieure à la cessation du contrat.

Pour l'assureur Y, pas de prise en charge car le dommage est survenu avant la prise d'effet.

Conclusion : le client assuré sans discontinuité n'est pas garanti pour un sinistre survenu alors qu'il était titulaire d'un contrat.

Pour éviter la non-garantie dans le deuxième cas du schéma n° 1, la solution consiste à accorder une extension dite « reprise du passé ».

La reprise du passé consiste à couvrir les réclamations formulées pendant la période de validité mais afférentes à des dommages survenus avant la prise d'effet des garanties (sous réserve de leur non-connaissance par l'assuré à la souscription).

De même, pour garantir le sinistre évoqué dans le troisième cas du schéma n° 1, il faut accorder une extension dite « garantie subséquente ».

La garantie subséquente a pour objet de couvrir des réclamations formulées après la cessation du contrat mais afférentes à des dommages survenus pendant la période de validité.

> **NB** : À partir du schéma n° 2, il est aisé d'observer que la garantie subséquente de l'assureur X devient la reprise du passé de l'assureur Y.

B – Le fonctionnement de la garantie dans le temps

1° Les assurances concernées

Toutes les assurances de responsabilité, y compris l'assurance automobile et la garantie RC incluse dans un contrat multirisques (habitation ou professionnel).

En revanche, sont exclues les assurances maritimes, fluviales ou lacustres.

2° L'obligation d'information de l'assureur

La loi complète l'article L. 112-2 du Code des assurances, en instaurant une obligation à la charge de l'assureur (V. p. 88 et s.).

Avant la conclusion du contrat, l'assureur doit remettre au futur souscripteur, une fiche d'information décrivant le fonctionnement de la garantie dans le temps de l'assurance de responsabilité.

Le modèle de la fiche a été fixé par arrêté (C. assur., art. A. 112).

3° Le choix entre « base fait dommageable » et « base réclamation »

L'article L. 124-5 du Code des assurances précise que la durée de la garantie dans le temps doit être formulée en se référant :
- soit à la date de survenance du fait dommageable ;
- soit à la date de la réclamation de la victime.

Toutefois, pour les assurances de responsabilité couvrant les personnes physiques en dehors de toute activité professionnelle (vie privée) seule la base fait dommageable peut être retenue.

a) Base fait dommageable

L'assureur couvre les sinistres dont le fait dommageable se situe pendant la période de validité du contrat, quelle que soit la date des dommages ou de la réclamation.

b) Base réclamation

L'assureur couvre toutes les réclamations intervenant pendant la période de validité du contrat, y compris celles concernant des faits antérieurs à la prise d'effet et non connus de l'assuré au moment de la souscription (reprise du passé inconnu). En outre, l'assureur doit accorder une garantie subséquente au minimum égale à 5 ans. Il doit ainsi couvrir les réclamations présentées dans ce délai et se rapportant à des faits dommageables antérieurs à l'expiration du contrat.

L'assureur doit faire figurer au contrat le texte de l'article L. 124-5 définissant, soit la garantie de base fait dommageable (alinéa 3) soit la garantie base réclamation (alinéa 4).

Cette obligation d'insertion vise tant les nouveaux contrats que ceux en portefeuille lors de leur reconduction.

C - Dispositions spécifiques à l'assurance RC médicale obligatoire

La loi du 1er août 2003 confirme la loi About du 30 décembre 2002 qui avait autorisé les clauses « base réclamation » dans les contrats d'assurance RC médicale.

L'article L. 251-2 du Code des assurances prévoit ainsi que tout contrat d'assurance conclu en application de l'article L. 1142-2 du Code de la santé publique garantit l'assuré contre les conséquences pécuniaires des sinistres pour lesquels la première réclamation est formée pendant la période de validité du contrat, quelle que soit la date des autres éléments constitutifs du sinistre, dès lors que le fait dommageable est survenu dans le cadre des activités de l'assuré garanties au moment de la première réclamation.

Une garantie dite « subséquente » est prévue. Ainsi, aux terme de l'article L. 251-2 du Code des assurances, le contrat d'assurance garantit également les sinistres dont la première réclamation est formulée pendant un délai fixé par le contrat, à partir de la date d'expiration ou de résiliation de tout ou partie des garanties, dès lors que le fait dommageable est survenu pendant la période de validité du contrat et dans le cadre des activités garanties à la date de résiliation ou d'expiration des garanties, quelle que soit la date des autres éléments constitutifs du sinistre. Ce délai ne peut être inférieur à cinq ans.

L'hypothèse de la cessation d'activité professionnelle ou du décès du professionnel de santé est prévue par la loi. Le dernier contrat conclu, avant la cessation d'activité professionnelle ou le décès, du professionnel de santé exerçant à titre libéral, garantit les sinistres pour lesquels la première réclamation est formulée pendant un délai fixé par le contrat, à partir de la date de résiliation ou d'expiration de tout ou partie des garanties, dès lors que le fait dommageable est survenu pendant la période de validité du contrat ou antérieurement à cette période dans le cadre des activités de l'assuré garanties à la date de résiliation ou d'expiration des garanties, quelle que soit la date des autres éléments constitutifs du sinistre. Ce délai ne peut être inférieur à dix ans. Cette garantie ne couvre pas les sinistres dont la première réclamation est postérieure à une éventuelle reprise d'activité. Le contrat ne peut prévoir pour cette garantie un plafond inférieur à celui de l'année précédant la fin du contrat.

Dans tous les cas, le contrat ne garantit pas les sinistres dont le fait dommageable était connu de l'assuré à la date de la souscription.

L'article L. 251-2 du Code des assurances précise enfin que lorsqu'un même sinistre est susceptible de mettre en jeu la garantie apportée par plusieurs contrats successifs, il est couvert en priorité par le contrat en vigueur au moment de la première réclamation, sans qu'il soit fait application des dispositions des quatrième et cinquième alinéas de l'article L. 121-4 du Code des assurances.

D - Dispositions spécifiques aux assurances couvrant les activités professionnelles

Le décret du 26 novembre 2004, pris pour l'application de la loi du 1er août 2003, prévoit des dispositions intéressant les assurances responsabilités professionnelles dont la durée de garantie est basée sur la réclamation. Il introduit les articles R. 124-2 à R. 124-4 dans le Code des assurances.

Il prévoit, notamment, que la durée minimum de la garantie subséquente doit être portée à dix ans, lorsque le contrat :

- concerne une des activités énumérées à l'article R. 124-2 du Code des assurances : administrateur de biens, administrateur judiciaire, avocat, avoué, commissaire au compte, courtier d'assurance, huissier, notaire, syndic de copropriété... On observe que cette liste englobe un nombre important de professions faisant l'objet d'une obligation d'assurance RC professionnelle ;
- est souscrit par une personne physique pour son activité professionnelle et prend fin pour cessation d'activité ou décès (C. assur., art. R. 124-3).

Section II - Contenu d'un contrat d'assurance responsabilité civile

I - L'objet du contrat

La formulation employée par l'assureur pour définir l'objet du contrat RC varie selon les sociétés d'assurance et le type de contrat, mais le sens général est conforme à la rédaction ci-après : « L'assureur garantit les conséquences pécuniaires de la responsabilité civile pouvant incomber à l'assuré à la suite de dommages corporels, matériels et immatériels causés aux tiers au cours :

- soit de sa vie privée ;
- soit de son activité telle que définie aux conditions particulières ».

Cette formulation appelle plusieurs observations.

D'une part, la référence à la responsabilité civile, sans autre précision, implique la garantie de toute responsabilité civile, sous réserve des exclusions de garantie. La garantie est large, compréhensible par tous les assurés et s'apparente à une couverture « tout sauf » : tous les cas de responsabilité sont, a priori, couverts sauf exclusion.

> **NB** : Les contrats qui se réfèrent à des articles précis, notamment du Code civil, sont plus restrictifs.

D'autre part, l'assurance met en présence trois parties : « l'assureur », « l'assuré » et le « tiers ». La situation se révèle inhabituelle : l'assuré est bien la personne garantie mais ce n'est pas lui qui a vocation à toucher les indemnités d'assurance, contrairement aux assurances de choses. Ainsi, être « assuré » signifie bénéficier d'une assurance qui intervient à sa place pour indemniser le tiers victime en cas de sinistre.

On aboutit à la situation suivante : l'assuré n'est jamais celui à qui on verse des indemnités. C'est le tiers, par opposition à l'assuré, qui perçoit les sommes dues par l'assureur.

II - Les notions d'assuré et de tiers

Les notions d'assuré et de tiers sont déterminantes dans une assurance de responsabilité civile.

Les définitions retenues varient d'un contrat à un autre.

A - L'assuré

L'assuré est, en principe, le souscripteur ainsi que toute personne pour le compte de laquelle il a stipulé suivant mention expresse aux conditions particulières.

Souvent, la qualité d'assuré est étendue à d'autres personnes, par exemple au conjoint et aux enfants vivant au foyer de l'assuré en assurance responsabilité civile vie privée.

B - Le tiers

Le tiers se définit, a contrario, comme toute personne autre que l'assuré et autre qu'un certain nombre d'individus limitativement énumérés.

En général, ne sont pas considérés comme tiers :
- le conjoint, les ascendants et les descendants de l'assuré ;
- les préposés, salariés ou non, de l'assuré dans l'exercice de leurs fonctions.

Mais on prévoit une exception en ce qui concerne les recours des organismes de Sécurité sociale. C'est-à-dire que l'on garantira l'assuré pour les dommages subis par son conjoint, ses ascendants, ses descendants ou ses préposés lorsque sa responsabilité pourra être engagée par les organismes sociaux. Il s'agit d'hypothèses bien précises et exceptionnelles.

> **NB** : La situation est loin d'être simple et uniforme. En pratique, il convient de se référer expressément aux définitions de l'assuré et des tiers de chaque contrat.

III - Les dommages garantis

Sont couverts les dommages corporels, matériels et immatériels causés à autrui. Ces trois sortes de dommages sont nécessairement définies au contrat, dans des termes identiques ou très proches de ceux ci-après :

- dommage corporel : toute atteinte corporelle subie par une personne physique ;
- dommage matériel : toute détérioration ou destruction d'une chose ou substance, toute atteinte physique à des animaux ;
- dommage immatériel : tout préjudice pécuniaire résultant de la privation de jouissance d'un droit, de l'interruption d'un service rendu par une personne ou par un bien meuble ou immeuble ou de la perte d'un bénéfice et qu'entraîne directement la survenance de dommages corporels ou matériels garantis.

Les assureurs de responsabilités ne garantissent, souvent, que les dommages immatériels consécutifs à des dommages corporels ou matériels couverts, sauf extension expresse ou contrat particulier.

IV - Les principales exclusions

A - La faute intentionnelle ou dolosive de l'assuré (C. assur., art. L. 113-1)

Cette exclusion, liée au caractère aléatoire du contrat d'assurance, est d'ordre public, c'est-à-dire impérative. Mais elle reçoit une application restrictive afin de sauvegarder les droits des victimes.

1re restriction : seule la faute intentionnelle ou dolosive de l'assuré lui-même est exclue. Cette première limite résulte de l'article L. 121-2 du Code des assurances : « L'assureur est garant des pertes et dommages causés par des personnes dont l'assuré est civilement responsable en vertu de l'article 1384 du Code civil, quelles que soient la nature et la gravité des fautes de ces personnes ».

2e restriction : l'exclusion suppose la réunion de deux conditions : la conscience de l'acte et la volonté de provoquer le dommage. Cette acception extrêmement restrictive de la notion de faute intentionnelle résulte d'une jurisprudence constante.

B - Guerre, émeutes, terrorisme et autres événements collectifs

Cette exclusion reprend et complète les dispositions prévues par l'article L. 121-8 du Code des assurances.

L'interdiction de l'exclusion des dommages résultant d'actes de terrorisme ou d'attentats, instaurée par la loi du 9 septembre 1986, n'est pas applicable. L'obligation de garantir les actes de terrorisme et les attentats concerne les seules assurances de biens et non pas les assurances de responsabilités (C. assur., art. L. 126-2).

C - Les événements catastrophiques

Sont exclus les dommages causés par les ouragans, trombes, cyclones, inondations, tremblements de terre et autres phénomènes naturels à caractère catastrophique.

Cette exclusion mérite trois commentaires :

- la loi du 13 juillet 1982, relative à la garantie des catastrophes naturelles, par extension obligatoire, ne concerne pas les assurances de responsabilités (C. assur., art. L. 125-1) ;
- la loi du 25 juin 1990, obligeant l'assureur à couvrir les effets du vent dû aux tempêtes, ouragans et cyclones, vise les seuls contrats d'assurance incendie, pour les dommages aux biens et les pertes d'exploitation (C. assur., art. L. 122-7) ;
- la survenance de l'un de ces événements n'est pas nécessairement constitutive d'un cas de force majeure exonératoire de responsabilité civile.

D - Les risques atomiques

L'exclusion concerne les dommages résultant de risques à caractère nucléaire.

Des dérogations partielles, limitées, sont possibles au titre de certains contrats et, par exemple, pour les radiologues en assurance responsabilité médicale. Lorsque le risque est important, on doit contacter le Pool des Risques atomiques – Assuratome – qui est un GIE (Groupement d'Intérêt Économique) regroupant plusieurs sociétés d'assurances.

E - Les amendes

Les amendes, y compris celles qui seraient assimilées à des réparations civiles et notamment les astreintes, ne sont pas prises en charge.

L'exclusion des amendes pénales ou fiscales est inéluctable et superflue, car une telle assurance aurait un objet illicite. Mais sa mention expresse au contrat facilite la compréhension du contrat par le client.

La non-garantie des astreintes a été validée par la jurisprudence.

F - Les biens appartenant ou confiés à l'assuré

En général, sont exclus les dommages subis par tous biens meubles, immeubles, ou animaux, appartenant à l'assuré ou qui lui ont été confiés à quelque titre que ce soit.

Pour les biens appartenant à l'assuré l'exclusion est parfaitement logique : le contrat garantit les dommages causés aux tiers par l'assuré et non pas ceux qu'il subit.

Pour les biens qui lui sont confiés, l'exclusion se justifie par la nécessité de conserver un caractère aléatoire au contrat et donc de ne pas garantir a priori des biens que l'assuré détient.

Cette exclusion des biens « confiés » est source de discussions, voire de litiges, entre l'assuré et l'assureur. En effet, le client est responsable en cas de dommages subis par un bien qui ne lui appartient pas et il a du mal à admettre que son assurance de responsabilité ne joue pas.

En pratique, et notamment dans les contrats responsabilité civile chef d'entreprise, on déroge partiellement à l'exclusion en garantissant certains biens confiés mais dans des limites étroites, afin de maintenir un nécessaire aléa.

G - Les dommages causés par certains véhicules ou engins

Afin de ne pas garantir des risques relevant des assurances automobile, maritime, fluviale ou aérienne, les contrats excluent les dommages causés :

- par tous véhicules terrestres à moteur, y compris les engins de chantier automoteurs, qu'ils fonctionnent comme véhicules ou comme outils ;

- par tous véhicules terrestres construits en vue d'être attelés à un véhicule terrestre à moteur et destinés au transport de personnes ou de choses ;
- par tous appareils terrestres attelés à un véhicule terrestre à moteur ;
- par tous engins flottants ou aériens, tous véhicules aériens, maritimes ou fluviaux ou lacustres, dont l'assuré ou les personnes dont il est civilement responsable ont la propriété, la conduite, la garde ou l'usage.

En pratique, pour éviter des trous de garantie, des dérogations partielles existent, selon les contrats. Par exemple, le contrat responsabilité civile vie privée garantira les dommages causés par une planche à voile ou une petite barque, ou encore le véhicule à moteur d'un tiers utilisé par un enfant mineur à l'insu de ses parents.

H - Les dommages matériels et immatériels résultant d'incendie, d'explosion ou de l'action des eaux

1° Le principe

Sont exclus les dommages matériels et immatériels causés par les incendies, les explosions, les phénomènes d'ordre électrique ou les eaux. Cette exclusion de principe se justifie par l'existence de contrats spécifiques garantissant les risques énumérés.

Les contrats d'assurance de responsabilité civile couvrent cependant les dommages corporels résultant d'incendie, d'explosion, d'incident électrique ou de l'action des eaux.

2° La nécessaire extension

La répartition des dommages entre la branche « responsabilité civile générale » et les branches « incendie et risques divers » soulève cependant un très sérieux problème de trou de garanti.

En effet, au titre de l'incendie et des risques divers, seuls sont couverts les dommages dont le point de départ se situe dans les locaux assurés et désignés au contrat.

Le résultat est que les dommages matériels et immatériels résultant d'incendie et autres événements, prenant naissance hors des locaux occupés à titre habituel par l'assuré ne sont automatiquement garantis ni par la branche « responsabilité », ni par la branche « incendie ».

Exemple : un chef d'entreprise est titulaire d'un contrat responsabilité civile et d'un contrat incendie et risques accessoires.

Un des préposés de l'assuré, lors d'une livraison, jette un mégot et provoque un incendie chez le client de l'entreprise. Aucun des deux assureurs n'interviendrait. L'assureur responsabilité se prévaudrait de l'exclusion de garantie et l'assureur garantissant l'incendie refuserait de prendre en charge le sinistre au titre de la garantie recours des voisins et des tiers limitée aux dommages matériels prenant naissance dans les locaux de l'entreprise assurée et se communiquant aux voisins !

C'est pourquoi, les assureurs de responsabilité civile étendent leur garantie de base aux dommages matériels et immatériels résultant d'incendie, d'explosion, de phénomènes d'ordre électrique ou de l'action des eaux lorsqu'ils prennent naissance hors des locaux occupés à titre habituel par l'assuré.

Section III - L'assurance de la responsabilité civile du particulier

I - L'assurance responsabilité civile vie privée (ou familiale)

L'assurance responsabilité civile vie privée intéresse toutes les personnes qui, au cours de leur vie privée, peuvent causer des dommages à autrui.

> **Exemples** : L'assuré percute un autre skieur en descendant une piste à ski ; l'enfant mineur de l'assuré blesse un de ses camarades lors d'un jeu ou renverse un piéton en circulant à bicyclette sur le trottoir ; le chien de l'assuré mord un visiteur...

La garantie responsabilité civile vie privée est très souvent incluse dans l'assurance multirisque habitation. Mais elle peut également être assurée par un contrat distinct.

A - Garantie de base

L'assurance responsabilité civile vie privée garantit l'assuré contre les conséquences pécuniaires de sa responsabilité civile dans le cadre de sa vie familiale et privée. Elle garantit également les recours de la Sécurité sociale.

Elle n'est pas obligatoire mais devrait être souscrite par toute personne soucieuse de protéger son patrimoine et respectueuse des autres.

Au titre de cette garantie, l'assureur indemnise les dommages corporels, matériels et immatériels causés à autrui par l'assuré responsable.

Sont considérés comme assuré, en général :

- le souscripteur ;
- son conjoint, son partenaire au PACS, son concubin ;
- ses enfants mineurs ;
- ses enfants majeurs domiciliés avec le souscripteur et n'ayant pas de revenus personnels.

En pratique, la définition des personnes assurées varie selon les contrats.

B - Extensions de garantie

Parmi de très nombreuses extensions possibles, en voici six exemples couramment pratiqués :

- la garantie des dommages survenant à un tiers alors qu'il apporte une aide bénévole à l'assuré ;
- la garantie des dommages causés par les enfants mineurs et animaux de l'assuré engageant la responsabilité civile des personnes les gardant occasionnellement et bénévolement ;
- les dommages causés par les personnes à la charge de l'assuré et vivant sous son toit ;
- la garantie protection juridique. Au titre de cette garantie, l'assureur s'engage à prendre en charge les frais de procédure ou à fournir des services dans les limites fixées au contrat, en cas de différend ou de litige opposant l'assuré à un tiers ;

- la garantie des dommages corporels subis par les enfants à la suite d'accidents survenant à l'école, sur le trajet du domicile à l'établissement scolaire, et, selon option, hors scolarité et trajet. Cette extension nécessite une cotisation supplémentaire ;
- assurance RC d'une résidence secondaire (moyennant surprime en général).

C - Exclusions de garantie spécifiques

Outre les exclusions communes à toute assurance de responsabilité civile, sont notamment exclus :

- les dommages atteignant le souscripteur, son conjoint, ses ascendants et descendants et toute personne ayant la qualité d'assuré (sauf pour les recours des organismes sociaux). L'assurance de responsabilité civile couvre les dommages causés aux tiers ; les personnes mentionnées ci-dessus n'ayant pas cette qualité, leurs dommages se trouvent donc exclus ;

  NB : Les assurances de type GAV (Garantie des accidents de la vie) permettent de couvrir la famille en cas d'accident. Ce sont des assurances de personnes à caractère indemnitaire dont il faut conseiller la souscription.

- les dommages résultant de l'inexécution ou de la mauvaise exécution d'un contrat ;
- les dommages résultant d'une activité professionnelle ;
- les dommages résultant de la pratique de la chasse (cette assurance obligatoire fait l'objet d'un contrat spécifique) ;
- les dommages résultant de la pratique des sports en compétition et des sports dangereux.

II - L'assurance de la responsabilité civile chasse

A - L'obligation d'assurance

1° Principe

L'assurance obligatoire de la responsabilité du chasseur a été instaurée par la loi du 8 novembre 1955. Cette loi a été complétée par la loi du 14 mars 1975 et le décret du 30 juin 1975. Ces derniers textes ont remplacé le permis de chasse par un permis de chasser délivré après examen théorique. Depuis le 1er juillet 1976, tout nouveau chasseur doit subir des épreuves comparables à celles prévues pour le Code de la route au titre du permis de conduire.

Depuis 1993, la plupart des dispositions inhérentes à l'obligation d'assurance figurent au Code de l'environnement.

Article L. 423-16 du Code de l'environnement : « Le chasseur doit avoir souscrit auprès d'une entreprise admise à pratiquer en France l'assurance des risques liés à l'exercice de la chasse une assurance qui garantisse sa responsabilité civile pour une somme illimitée et sans qu'aucune déchéance soit opposable aux victimes ou à leurs ayants droit, en raison des accidents corporels occasionnés par tout acte de chasse ou tout acte de destruction d'animaux nuisibles. L'assurance doit aussi couvrir, dans les mêmes conditions, la responsabilité civile encourue par le chasseur du fait de ses chiens ».

Il existe un modèle type d'attestation à respecter (annexe à C. assur., art. A. 230-6).

2° Limites

L'obligation ne vise que les actes de chasse ou de destruction d'animaux nuisibles.

Seule, la garantie des dommages corporels est obligatoire, sans limitation de somme.

La garantie des dommages corporels subis par les membres de la famille était obligatoire jusqu'à la suppression en 1993 de l'article A. 230-3 du Code des assurances. Les assureurs continuent toutefois de prévoir la responsabilité encourue par l'assuré (souscripteur) du fait des dommages corporels causés à ses propres parents, ascendants, descendants et conjoint notamment.

Cet aspect mérite attention, car contrairement à la plupart des contrats responsabilité vie privée, les membres de la famille de l'assuré sont considérés comme tiers. La situation est comparable à celle de l'assurance automobile obligatoire.

L'obligation d'assurance incombe au chasseur à titre personnel, et non pas à la société de chasse à laquelle il peut appartenir.

B - Le contenu des formules d'assurance

1° La garantie de base

Tous les assureurs proposent une garantie de base, indissociable, plus étendue que l'obligation de l'assurance.

On relève en général les extensions suivantes :
- dommages matériels et immatériels consécutifs ;
- dommages corporels, matériels et immatériels causés à l'occasion de la chasse. On englobe ainsi les trajets pour les dommages causés par les armes ou les chiens dont l'assuré à la garde ;
- dommages occasionnés par le démontage et le nettoyage de l'arme ;
- dommages résultant de la participation à un tir aux pigeons ;
- responsabilité civile organisateur de chasse à titre occasionnel ;
- protection juridique.

2° Les extensions facultatives

- Les assureurs proposent, moyennant surprime, nombre d'extensions parmi lesquelles nous avons choisi trois exemples significatifs :
- garantie perte accidentelle du chien ;
- garantie individuelle accident au profit du souscripteur ;
- garantie du fusil.

3° Les exclusions

En assurance chasse on ne retrouve pas toutes les exclusions habituelles, en raison de la nature du contrat, limité au risque chasse.

On retrouve les exclusions classiques : faute intentionnelle de l'assuré et dommages subis par les préposés en service.

On exclut les dommages subis par l'assuré ou par tous les biens dont il a la garde.

On exclut les dommages causés par tout véhicule à moteur ainsi que la participation à toute course, pari ou concours (sauf ball-trap).

Enfin, sont exclus les dommages survenus alors que le permis de chasser a été refusé, suspendu ou retiré.

C - La forme du contrat

L'assurance chasse peut être délivrée :
- soit individuellement, de manière classique ;
- soit au titre d'un contrat collectif souscrit, en général, par une société de chasse.

Dans ce deuxième cas, le contrat comporte deux volets : un premier volet pour garantir la responsabilité de la société de chasse et un second permettant l'adhésion individuelle. Quand le chasseur ne souscrit pas un contrat « individuel », il doit renouveler son adhésion chaque année.

D - Le Fonds de garantie chasse

La loi du 11 juillet 1966 a étendu aux dommages corporels résultant d'accidents de chasse, la compétence du Fonds de garantie automobile (devenu depuis la loi du 1er août 2003, dite sécurité financière, Fonds de garantie des assurances obligatoires de dommages).

Cet organisme se substitue à l'auteur du dommage afin d'indemniser la victime lorsque l'auteur est :
- soit inconnu ;
- soit non assuré et insolvable.

L'auteur de l'accident se trouve exclu du bénéfice du Fonds de garantie. Lorsque l'auteur de l'accident n'est pas identifié, la victime doit s'adresser au Fonds de garantie par lettre recommandée avec accusé de réception dans un délai de trois ans à compter de l'accident.

Lorsque l'auteur est connu mais non assuré, la victime dispose d'un délai d'un an ; ce délai peut être prorogé si la victime apporte la preuve qu'il lui était impossible de savoir que le responsable n'était pas assuré.

Le Fonds de garantie est alimenté par différentes ressources :
- chaque assuré contre les risques de la chasse paie une contribution de 0,02 euro (valeur au 1er juillet 2007) reversée au fonds ;
- les assureurs prennent en charge 1 % des dépenses du Fonds de garantie ;
- le Fonds de garantie effectue des recours contre les auteurs connus et non assurés.

Section IV - L'assurance de la responsabilité civile du chef d'entreprise

L'entreprise peut être responsable de dommages causés à 3 catégories de personnes :
- les tiers, en application des articles 1240 à 1244 du Code civil (responsabilité extracontractuelle) et 1245 à 1245-17 du Code civil ;
- les clients, en application des articles 1240 à 1244 et 1231-1 et suivants du Code civil (responsabilité extracontractuelle et contractuelle). La responsabilité de l'entreprise peut également être engagée du fait des produits livrés sur le fondement des articles 1641 à 1648, 1245 à 1245-17 et 1604 du Code civil ;

– les préposés, en application de certaines dispositions du Code de la Sécurité sociale en cas d'accident du travail.

I - La classification des entreprises et des formules d'assurance

A - La classification des entreprises

La notion d'entreprise recouvre des centaines de milliers d'entités dont la forme juridique, la dimension et les activités varient considérablement. En dissociant les entreprises très spécifiques comme les exploitations agricoles, les prestataires de services et les professions libérales, on peut admettre une classification des entreprises en trois grandes catégories :

– les entreprises du bâtiment et des travaux publics.
– Ce sont tous les entrepreneurs participant à des travaux du bâtiment ou à des travaux publics, quel que soit le corps de métier. Dans cette catégorie, on distingue souvent les entreprises artisanales des autres entreprises.
– les artisans et les commerçants (sauf bâtiment et annexes).
– Cette catégorie englobe les commerçants et les petites entreprises ne relevant pas du secteur de la construction.
– les entreprises industrielles et commerciales.
– Sont visées les entreprises d'une certaine importance et ne ressortissant pas au secteur du bâtiment et des travaux publics.

> **NB** : La classification retenue n'a aucun caractère officiel ou obligatoire.

B - La classification des formules d'assurance

Aux trois catégories d'entreprises distinguées précédemment correspondent, en général, trois sortes de contrat d'assurance responsabilité civile.

> **NB** : Très fréquemment, pour les artisans et les commerçants, l'assurance RC chef d'entreprise est incluse dans un contrat global, couvrant les biens et les responsabilités, de type « multirisque professionnelle ».

La distinction suprême en matière de risques d'entreprise est celle que l'on a coutume d'opérer entre l'assurance pendant l'exercice des activités et l'assurance après la livraison des produits ou la fin des travaux.

La garantie de base de n'importe quelle entreprise consiste en la couverture des responsabilités encourues pendant l'exercice de ses activités.

S'il s'agit d'une entreprise du bâtiment ou de travaux publics, on parlera de risques et d'assurance responsabilité civile pendant travaux. À défaut, on retiendra la notion d'assurance responsabilité civile pendant exploitation.

En plus de la garantie de base, on pourra assurer les risques encourus après la livraison des produits ou la fin des travaux.

Pour les entreprises du bâtiment ou des travaux publics, l'assurance est dite responsabilité civile après travaux, alors que pour les autres entreprises elle est qualifiée d'assurance responsabilité civile après livraison, ou encore responsabilité civile produits livrés.

En simplifiant à l'extrême, les professionnels précisent assurance « RC après » par opposition à l'assurance « RC pendant ».

NB : Il existe aussi des contrats RC chefs d'entreprise où les risques pendant et après sont couverts globalement, à partir d'une formulation très large de l'objet de l'assurance.

II - La garantie responsabilité civile pendant exploitation

A - La garantie de base

L'assureur couvre la responsabilité civile encourue par l'assuré à la suite de dommages corporels, matériels et immatériels causés aux tiers et résultant des activités de son entreprise telles que définies aux conditions particulières.

Lorsque le contrat est moderne, la référence aux articles du Code civil est abandonnée.

L'assuré est :

- le souscripteur et toute personne précisée aux conditions particulières ;
- s'il s'agit d'une personne morale : cette dernière et son président, ses administrateurs, ses directeurs généraux et ses gérants dans l'exercice de leurs fonctions.

Les tiers sont toute personne autre que :

- l'assuré et, à l'occasion de leurs activités communes, ses associés ;
- les conjoints, ascendants et descendants de l'assuré ;
- les préposés de l'assuré dans le cadre de leurs fonctions.

Les notions de livraison et d'achèvement des travaux sont nécessairement définies au contrat.

B - Les extensions

Voici les principales extensions prévues, en général d'office, par les assureurs.

1° Dommages corporels subis par les préposés

On relève quatre extensions nécessaires au chef d'entreprise :

- **1re extension** : faute intentionnelle d'un préposé à l'origine d'un accident du travail (ou d'une maladie professionnelle). On couvre les recours exercés par le salarié victime et les caisses de Sécurité sociale, contre l'assuré pris en sa qualité de commettant civilement responsable. La faute intentionnelle de l'assuré lui-même reste formellement exclue.
- **2e extension** : faute inexcusable à l'origine d'un accident du travail (ou d'une maladie professionnelle). On couvre les recours que peut subir l'employeur à la suite de sa propre faute inexcusable ou de celle d'une personne substituée dans la direction.

NB : Cette extension revêt une importance capitale au regard de la jurisprudence instaurée par la Cour de cassation le 28 février 2002 et qui posent le principe d'une obligation de sécurité de résultat à charge de l'employeur (Soc., 28 fév. 2002, n° 99-18.389, D. 2002 IR p. 1009).

- **3e extension** : accident de trajet. Sont garantis les recours exercés contre l'assuré lorsqu'il est, soit personnellement, soit en qualité de commettant, civilement responsable d'un accident de trajet subi par un préposé.
- **4e extension** : maladies professionnelles non reconnues. Sont garantis les recours exercés par les préposés contre l'assuré à la suite de maladies ou infections contractées par eux, par le fait ou à l'occasion du travail et non reconnues par la Sécurité sociale comme maladies professionnelles.

2° Dommages matériels subis par les préposés

On couvre la responsabilité encourue par l'assuré à la suite de dommages matériels et immatériels consécutifs causés aux préposés pendant l'exercice de leurs fonctions.

L'extension formulée aussi largement englobe notamment, les dommages vestimentaires et les véhicules des salariés stationnés sur les parkings de l'entreprise.

3° Dommages corporels subis par des préposés occasionnels

On garantit la responsabilité civile qui peut incomber à l'assuré à la suite de dommages corporels subis par des candidats à l'embauche effectuant des essais, stagiaires, aides bénévoles.

4° Dommages concernant l'utilisation de véhicules terrestres à moteur

Deux extensions intéressent le chef d'entreprise :

- **1re extension** : « besoins du service »

  On assure la responsabilité civile du commettant encourue par l'assuré lorsqu'un de ses préposés utilise, pour les besoins de l'entreprise, un véhicule terrestre à moteur dont il n'a ni la propriété ni la garde.
- **2e extension** : « véhicules déplacés »

  L'assureur couvre la responsabilité incombant à l'assuré à la suite de déplacements de véhicules dont il n'a ni la propriété ni la garde, sur la distance nécessaire pour qu'ils ne fassent plus obstacle aux activités de l'entreprise.

5° Intoxications alimentaires

Sont visés les dommages corporels causés aux préposés ou aux tiers par suite d'absorption de boissons ou de produits alimentaires, soit dans les cantines, soit dans les locaux de l'entreprise.

6° Biens confiés

L'extension aux biens confiés, dénommée parfois « existants-objets confiés » est très caractéristique des formules destinées aux entreprises du bâtiment et annexes, mais elle intéresse nombre d'autres entreprises.

Les définitions des biens confiés varient considérablement selon les assureurs.

L'assureur accorde toujours sa garantie dans des limites précises.

7° Atteinte accidentelle à l'environnement

Deux garanties sont proposées afin de couvrir les atteintes accidentelles à l'environnement :
- La garantie responsabilité civile atteinte à l'environnement (RCAE) : elle couvre les conséquences pécuniaires de la responsabilité civile de l'assuré en cas de dommages corporels, matériels et immatériels consécutifs causés aux tiers en cas de pollution accidentelle. La pollution est dite accidentelle lorsqu'elle est soudaine et se manifeste immédiatement après un accident (par ex. rupture d'une pièce, fausse manœuvre). En principe le contrat ne couvre pas la pollution lente ou graduelle imputable par exemple à la corrosion.
- La garantie responsabilité environnementale (RE) : la responsabilité environnementale permet la mise en œuvre du principe « pollueur-payeur » en obligeant l'entreprise à prévenir ou réparer les dommages causés à l'environnement. Les mesures de prévention et de réparation sont prévues aux articles L. 162-1 à L. 162-12 du Code de l'environnement. Cette garantie repose essentiellement sur une réparation en nature des dommages causés à l'environnement. La garantie responsabilité environnementale couvre les frais de prévention et de réparation des dommages environnementaux incombant à l'entreprise.

8° Protection juridique

Voir développements p. 301 et s.

9° Autres extensions possibles

Ces extensions concernent :
- les dommages immatériels non consécutifs ;
- le fait des sous-traitants ;
- l'embranchement SNCF.

C - Les principales exclusions

Outre les exclusions examinées précédemment, il faut noter l'exclusion de tous dommages :
- survenant après la livraison des produits ou l'achèvement des travaux ;
- résultant d'engagements contractuels particuliers pris par l'assuré, dans la mesure où les obligations qui en résultent excèdent celles auxquelles il est tenu en vertu des règles de droit commun sur la responsabilité.

III - L'assurance RC après livraison ou travaux

A - L'objet de la garantie

L'assureur couvre la responsabilité civile pouvant incomber à l'assuré en raison des dommages corporels, matériels et immatériels causés aux tiers – y compris les acquéreurs – et imputables aux produits qu'il a livrés ou aux travaux qu'il a exécutés.

Dans tous les contrats, les garanties sont strictement limitées aux activités et parfois aux produits précisés aux conditions particulières.

B - Les extensions possibles

Les assureurs proposent, notamment, les extensions suivantes :
- frais de retrait des produits ;
- frais de pose et de repose des produits défectueux ;
- dommages immatériels non consécutifs à des dommages corporels ou matériels garantis.

C - Les exclusions spécifiques

Sont exclus les dommages :
- subis par les produits livrés ou les travaux exécutés (exclusion très importante) ;
- résultant d'un défaut de performance des produits ;
- résultant d'engagements contractuels particuliers ;
- imputables à un non-respect des normes en vigueur ;
- relevant des responsabilités prévues aux articles 1792, 1792-1 à 1792-6 du Code civil (RC construction).

D - Les autres aspects de la garantie

Le problème de la période de garantie revêt ici une importance cruciale. L'assureur, depuis la loi du 1er août 2003, a la possibilité de choisir entre la base « fait générateur » et la base « réclamation » (C. assur., art. L. 124-5).

L'étendue géographique de l'assurance mérite, également, une attention particulière lorsque l'entreprise assurée travaille à l'exportation. Certains pays, tels les USA ou le Canada nécessitent des aménagements particuliers...

On relève encore la nécessité d'adapter le montant des garanties « après livraison » à l'importance des risques et des entreprises.

Section V - Les assurances de responsabilité civile professionnelle

I - Règles communes aux assurances de RC professionnelle

A - La notion de RC professionnelle

1° Les activités concernées

Au sens habituel, cette responsabilité et son assurance, visent d'une part les professions à caractère juridique ou libéral, et d'autre part les entreprises prestataires de services comme les sociétés de travail intérimaire, de nettoyage, de surveillance, de prestations informatiques, de publicité, etc.

Toutes ces activités se caractérisent par un risque important de dommages immatériels (pertes financières notamment) pouvant être occasionnés à leurs clients (et plus rarement aux tiers). C'est l'essence même de l'assurance dite RC professionnelle.

> **NB** : Les professions médicales sont dissociées des autres professions en raison des risques particuliers qu'elles génèrent, dommages corporels en particulier.

2° L'objet de l'assurance RC professionnelle

Pour les professions juridiques ou libérales – sauf activités médicales –, l'assurance responsabilité professionnelle consiste à couvrir les conséquences de fautes, d'erreurs, omissions, inexactitudes ou négligences commises au cours des activités professionnelles au détriment des clients et des tiers.

> **NB** : L'assurance RC professionnelle correspond, dans un grand nombre de cas, à une obligation d'assurance.

B - L'articulation des contrats

Beaucoup de contrats s'articulent à partir d'une assurance responsabilité civile pendant exploitation, à laquelle vient se superposer l'assurance de la responsabilité professionnelle spécifique concernée.

Schématiquement, les contrats regroupent trois séries de garanties :

- l'assurance responsabilité civile pendant l'exploitation avec ses différentes extensions et, notamment, toutes celles relatives aux préposés ;
- l'assurance responsabilité professionnelle ;
- l'extension protection juridique.

Concrètement, ces garanties peuvent être présentées de deux manières :

- soit les garanties sont dissociées comme indiqué ci-dessus et dans ce cas on utilise des imprimés « assurance pendant exploitation » que l'on complète par les garanties spécifiques nécessaires ;
- soit globalisées, sans distinction de la nature des responsabilités assurées.

II - Notions sur les assurances construction

L'assurance construction a fait l'objet de nombreuses réformes, issues en particulier de la loi Spinetta du 4 janvier 1978 qui modifie d'une part le régime de responsabilités en matière de construction et d'autre part, le régime de l'assurance.

Les dernières modifications résultent de l'ordonnance n° 2005-658 du 8 juin 2005 (JO du 9 juin 2005).

A - Étude de la responsabilité en matière de construction

Articles 1792 et suivants du Code civil.

1° La responsabilité décennale (10 ans)

La responsabilité décennale concerne les constructeurs au sens large du terme. Sont notamment soumis à cette responsabilité :

- l'architecte,
- l'entrepreneur,
- le promoteur,
- le fabricant d'éléments destinés à la construction ou à l'équipement.

> **NB** : L'ordonnance du 8 juin 2005 précise que la responsabilité du contrôleur technique n'est engagée que dans les limites des missions qui lui sont confiées.

Cette responsabilité de 10 ans s'exerce dans trois hypothèses :
- en cas de dommages affectant la solidité de la construction ;
- en cas de dommages affectant la solidité des éléments d'équipements indissociables des éléments de construction (escalier, par exemple), sauf les équipements à finalité professionnelle (selon l'ordonnance du 8 juin 2005) ;
- en cas d'événement rendant l'immeuble impropre à sa destination (ventilation défectueuse, par exemple).

Le point de départ de la responsabilité décennale est la réception de l'ouvrage, c'est-à-dire l'acte juridique par lequel le maître de l'ouvrage (le propriétaire) déclare accepter l'ouvrage avec ou sans réserves (C. civ., art. 1792-6).

2° La garantie biennale (2 ans)

Les hypothèses n'entrant pas dans la responsabilité décennale sont soumises à la garantie biennale.

Cette garantie concerne donc les dommages provenant d'éléments d'équipement dissociables, comme un lavabo non scellé, par exemple. L'ordonnance du 8 juin 2005 précise très utilement que :
- le point de départ de la garantie biennale de bon fonctionnement est la date de réception de l'élément d'équipement dissociable de l'ouvrage ;
- sont exclus de la garantie biennale les équipements à finalité professionnelle dissociables de l'ouvrage.

3° La garantie de parfait achèvement

Il s'agit d'une responsabilité mise à la charge de l'entrepreneur qui l'oblige à effectuer dans de brefs délais les réparations concernant les dommages apparus au cours de la première année ou au moment de la réception des travaux.

4° Nature de l'obligation des constructeurs

L'article 1792 du Code civil qualifie la responsabilité des constructeurs de « responsabilité de plein droit », ce qui signifie qu'il s'agit d'une obligation de résultat.

Le constructeur est présumé responsable, il lui appartient d'essayer de dégager sa responsabilité en prouvant que les dommages proviennent d'une cause étrangère, constituée par un des trois éléments suivants :
- le cas de force majeure, irrésistible, imprévisible et extérieure ;
- le fait d'un tiers ;
- la faute de la victime.

Exemple : défaut d'entretien d'un ascenseur.

NB : Ces cas d'exonération ne concernent pas les garanties biennales et de parfait achèvement.

B - L'assurance des risques de la construction

1° La double obligation d'assurance

La loi Spinetta de 1978 a mis en place un mécanisme original de préfinancement des travaux articulé en deux obligations d'assurances.

La première obligation d'assurance, dénommée « dommages-ouvrage » incombe au maître de l'ouvrage (le propriétaire). Elle permet de préfinancer rapidement les dommages de nature décennale, mais sans recherche de responsabilités.

La deuxième obligation concerne l'assurance de la responsabilité décennale et incombe à tous « les constructeurs ».

Ainsi, l'assureur dommages-ouvrage intervient en premier, dans des délais strictement réglementés, et exerce ensuite un recours contre le constructeur responsable et son assureur RC décennale.

> **NB** : Une importante convention professionnelle dénommée CRAC (Convention de Règlement Assurance Construction) a été conclue en 1983 pour réduire les coûts et les délais de recours. Elle instaure, notamment, une expertise commune et une absence de recours jusqu'à un certain montant dénommé ticket modérateur.

L'ordonnance du 8 juin 2005 a précisé le champ d'application des deux obligations d'assurance (art. modifiés C. assur., L. 241-1, L. 241-2 et L. 242-1). Elles visent désormais tous les ouvrages de construction immobilière, à l'exclusion de ceux limitativement énumérés par l'article L. 243-1-1 du Code des assurances :

- les ouvrages de génie civil (sauf s'ils sont accessoires à un ouvrage soumis à obligation) tels les ouvrages maritimes, portuaires, fluviaux, lacustres, ferroviaires aéroportuaires ou encore les voiries, les parcs de stationnement, les canalisations ou les ouvrages sportifs non couverts ;
- les ouvrages existant avant l'ouverture du chantier sauf ceux totalement incorporés dans l'ouvrage neuf.

> **NB** : L'ordonnance du 8 juin 2005 apporte une amélioration considérable à la délimitation du champ des obligations d'assurance, car précédemment, le Code des assurances se référait à la notion de travaux de bâtiment sans la définir.

2° L'assurance « dommages-ouvrage »

Il s'agit d'une assurance obligatoire devant être souscrite par toute personne faisant réaliser des travaux de construction.

C'est une véritable assurance de choses protégeant l'assuré de tous les désordres affectant son immeuble.

> **Exemple** : Une personne achète un appartement, souscrit la garantie « dommages-ouvrage ». Des fissures apparaissent dans les murs ; son propre assureur dommages-ouvrage va l'indemniser et se retournera ensuite contre l'assureur du responsable.

Aux termes de l'article L. 242-1 du Code des assurances, la personne physique ou morale, qui agit en qualité de propriétaire, de mandataire du propriétaire, ou de vendeur de l'ouvrage doit souscrire l'assurance de dommages avant l'ouverture du chantier. Sont concernés le promoteur, l'entrepreneur, le constructeur de maisons individuelles. Quant à celui qui fait construire une maison pour lui-même ou pour l'un de ses proches, il est tenu de souscrire une telle assurance même s'il n'encourt pas les sanctions prévues par la loi en cas de défaut d'assurance (C. assur., art. L. 243-3).

L'assurance souscrite est transmise aux propriétaires successifs ; dès lors, l'inexistence de l'assurance sera ressentie sur le marché comme un facteur négatif de nature à conférer au bien une moins-value.

L'assureur garantit, en dehors de toute recherche de responsabilité, le paiement des travaux de réparation des dommages, même résultant d'un vice du sol, de la nature de ceux dont sont responsables les constructeurs. Sont donc couverts par la garantie dommages-ouvrage les seuls dommages de nature décennale.

Les exclusions sont prévues de façon limitative par la loi (clauses types Annexe II C. assur., art. A. 243-1) et toute exclusion supplémentaire prévue par l'assureur serait réputée non écrite.

Il s'agit des exclusions de risque traditionnelles : fait intentionnel, dol (C. assur., art. L. 113-1), usure normale, défaut d'entretien, causes étrangères notamment incendie, explosion (sauf s'ils sont la conséquence du dommage garanti), phénomènes naturels à caractère catastrophique.

La garantie commence au plus tôt à la fin de la garantie de parfait achèvement sauf dans les cas ci-après :

- si, avant réception et après mise en demeure infructueuse faite par le maître de l'ouvrage, il y a eu résiliation du contrat d'entreprise pour inexécution de celui-ci ;
- si après réception et avant l'expiration du délai de parfait achèvement, lorsque, après mise en demeure restée infructueuse, l'entrepreneur n'a pas exécuté ses obligations.

La garantie prend fin 10 ans après la réception.

Toutefois, elle est limitée au montant du coût total de construction déclaré aux conditions particulières, revalorisé selon les modalités prévues à ces mêmes conditions particulières pour tenir compte de l'évolution générale des coûts de construction entre la date de souscription du contrat et celle de la réparation du sinistre. La garantie peut être reconstituée après sinistre selon les modalités également prévues aux conditions particulières.

La franchise est illicite sur la garantie obligatoire.

L'obligation d'assurance ne s'applique pas, d'une part aux personnes morales de droit public, d'autre part, aux personnes morales exerçant une activité dont l'importance dépasse celle des grands risques lorsqu'elles font réaliser pour leur compte des travaux de bâtiment pour un usage autre que l'habitation.

3° L'assurance de responsabilité

a) L'assurance obligatoire

L'assurance obligatoire concerne la responsabilité civile décennale.

Elle doit être souscrite par toute personne dont la responsabilité civile peut être engagée sur le fondement des articles 1792 et suivants du Code civil, c'est-à-dire par les architectes, entrepreneurs, promoteurs...

Le contrat d'assurance de responsabilité décennale garantit le paiement des travaux de réparation de l'ouvrage à la réalisation duquel l'assuré a contribué, lorsque la responsabilité de ce dernier est engagée sur le fondement de la présomption établie par les articles 1792 et suivants du Code civil à propos de travaux de construction immobilière, et dans les limites de cette responsabilité. Les travaux de réparation, comprennent également les travaux de démolition, déblaiement, dépose ou démontage, éventuellement nécessaires.

La garantie doit couvrir les travaux ayant fait l'objet d'une ouverture de chantier, pendant la période de validité du contrat fixée aux conditions particulières. Les polices d'assurance doivent prévoir que la garantie est maintenue dans le temps, pour une période correspondant à la durée de la responsabilité (soit 10 ans à compter de la réception).

L'assurance RC décennale garantit le montant intégral des travaux, sans plafonnement de la garantie. Toutefois, la loi du 30 décembre 2006 (loi de finances rectificative) introduit un article L. 243-9 dans le Code des assurances ainsi libellé : « Les contrats d'assurance souscrits par les personnes assujetties à l'obligation d'assurance de responsabilité (...) peuvent, pour des travaux de construction destinés à un usage autre que l'habitation, comporter des plafonds de garantie ». Le décret n° 2008-1466 du 22 décembre 2008 a fixé ce plafond à 150 millions d'euros (C. assur., art. R. 243-3).

> **Remarque** : Cette modification fait suite aux difficultés d'assurance RC décennale du nouveau musée du quai Branly.

Par ailleurs, la loi impose, sous le vocable « franchise », ce qui est en réalité un découvert obligatoire. Une somme doit être prévue aux conditions particulières, qui reste toujours à la charge de l'assuré, et qui n'est pas assurable auprès d'un autre assureur. Ce découvert obligatoire n'est pas opposable aux bénéficiaires d'indemnités (c'est-à-dire aux maîtres d'ouvrages et à leurs assureurs subrogés).

b) L'assurance facultative

L'assurance facultative concerne la garantie biennale de « bon fonctionnement ».

Elle peut être souscrite par les constructeurs, ainsi que par les fabricants d'éléments d'équipement.

Chapitre III

L'ASSURANCE AUTOMOBILE

Section I - Généralités sur l'assurance automobile

I - La loi Badinter du 5 juillet 1985

La loi Badinter n° 85-677 du 5 juillet 1985, entrée en vigueur au 1er janvier 1986, a un double objet :
- améliorer l'indemnisation des victimes d'accidents de la circulation ;
- accélérer les procédures.

A - Domaine d'application de la loi

La loi s'applique aux victimes d'un accident de la circulation dans lequel est impliqué un véhicule terrestre à moteur ainsi que ses remorques ou semi-remorques. La notion de véhicule terrestre à moteur englobe de nombreux véhicules :
- les voitures de tourisme ;
- les camionnettes et fourgonnettes ;
- les camions ;
- les bus ;
- les cars ;
- les voitures à usages particuliers, taxi, ambulance, etc. ;
- les tracteurs et autres engins agricoles ;
- les motoculteurs à siège ;
- les engins de chantier ;
- les mobylettes, cyclomoteurs et motocyclettes ;

- les trottinettes électriques (cf. décret n° 2019-1082 du 23 octobre 2019 relatif à la réglementation des engins de déplacement personnel).

Cette liste n'est pas exhaustive : en fait, tout engin muni d'un moteur et circulant sur le sol entre dans le champ d'application de la loi Badinter. La loi Badinter ne s'applique pas aux chemins de fer et tramways circulant sur les voies qui leur sont propres.

La Cour de cassation a précisé que ne constitue pas un véhicule terrestre à moteur au sens de la loi Badinter un fauteuil roulant électrique, dispositif médical destiné au déplacement d'une personne en situation de handicap (Civ. 2e, 6 mai 2021, n° 20-14.551). La personne se déplaçant sur un tel fauteuil n'a donc pas la qualité de conducteur.

La notion d'implication est très large : il suffit que le véhicule soit intervenu d'une manière ou d'une autre dans l'accident.

S'agissant enfin de la notion d'accident de la circulation, la Cour de cassation a précisé que l'incendie provoqué par un véhicule terrestre à moteur est régi par les dispositions de la loi Badinter et non par les dispositions de l'article 1242, alinéa 2 du Code civil (Civ. 2e, 22 nov. 1995, n° 93-21.221, n° 94-10.046 et n° 94-10.054 ; Civ. 2e, 8 janv. 2009, n° 08-10074).

Ne constitue pas un accident de la circulation, celui qui est volontairement provoqué par le conducteur ou un tiers, et ne présente pas, de ce fait, un caractère fortuit (Civ. 2e, 15 févr. 2024, n° 21-22.319). L'incendie volontaire d'un véhicule ne constitue donc pas un accident de la circulation (Civ. 2e, 30 mars 2023, n° 21-21.204). Ainsi, la loi Badinter ne s'appliquera pas lorsque le dommage résulte d'une infraction volontaire, tel un dommage causé par une voiture bélier ou lorsque le véhicule est utilisé comme une arme.

La Cour de cassation a également précisé que la loi Badinter n'est pas applicable entre concurrents d'une compétition sportive (Civ. 2e, 28 févr. 1996, n° 93-17.457 ; Civ. 2e, 4 janv. 2006, n° 04-14841). En revanche, les spectateurs blessés par un concurrent peuvent invoquer l'application de la loi Badinter (Civ. 2e, 10 mars 1988, n° 87-11087). Il en est de même lorsque des spectateurs sont blessés par un véhicule effectuant des cascades sur une scène de tournage d'un film (Civ. 2e, 14 juin 2012, n° 11-13347).

B - Le droit à indemnisation des victimes

Le gardien ou le conducteur du véhicule impliqué est tenu d'indemniser toutes les victimes pour tous leurs dommages. Seule la faute de la victime peut permettre une exonération de responsabilité, dans les conditions exposées ci-après. Il convient de distinguer les dommages corporels des dommages matériels.

1° Dommages corporels

Les dommages corporels sont indemnisés différemment selon qu'il s'agit du conducteur ou d'une autre victime.

a) Conducteur

Sa faute a pour effet de limiter ou d'exclure l'indemnisation des dommages qu'il a subis. Le droit à réparation du conducteur est donc fonction de la gravité de la faute qu'il commet. De plus, pour entraîner la limitation ou l'exclusion de son droit à réparation, la faute de la victime conductrice doit avoir joué un rôle causal dans la réalisation de son préjudice. Par exemple :

- Commet une faute excluant toute droit à réparation, l'automobiliste qui s'engage dans un carrefour alors que le feu vient de passer à l'orange pour lui, signal qui ne lui permettait le passage qu'en cas d'impossibilité de s'arrêter dans des conditions suffisantes de sécurité pour lui-même et les autres passagers (Civ. 2e, 15 nov. 2001, n° 99-19.459) ; ou celui qui entre en collision avec le véhicule venant en face après avoir franchi la ligne continue dès lors qu'il n'établit les raisons de nature à justifier sa manœuvre (Civ. 2e, 29 mars 2012, n° 11-16.996) ; ou encore, celui qui perd le contrôle de son véhicule à la suite d'un défaut de maitrise dont l'imputabilité ne peut être attribuée à un fait extérieur (Civ. 2e, 14 déc. 2017, n° 16-18.492).

- Commet une faute limitant son droit à réparation de moitié, le conducteur d'un scooter qui, ayant pris du cannabis moins de trois heures avant l'accident, ce qui a eu une influence sur son attention et ses réflexes, aborde un virage sur une route de montagne, sans précaution suffisante et sans serrer sur sa droite, et vient heurter un bus circulant en sens inverse (Civ. 2e, 13 sept. 2018, n° 17-22.000) ; le droit à indemnisation a pu être fixé à 40 % pour le conducteur d'une moto-cross qui heurte une automobile à l'intersection d'une route départementale avec un chemin de terre car il est établi que le motard circulait au milieu de la chaussée de sorte qu'il a vu arriver trop tard le véhicule, le heurtant sur son avant gauche (Civ. 2e, 10 févr. 2022, n° 20-18.547).

b) Autres victimes

Il s'agit des victimes non-conducteurs, à savoir les piétons, passagers et cyclistes. La loi distingue les victimes bénéficiant d'une protection absolue (notamment en raison de leur âge ou leur handicap), des autres victimes non-conducteurs dont le comportement fautif peut être pris en considération dès lors qu'il répond aux critères fixés par la loi :

- victimes bénéficiant d'une protection absolue : il s'agit des victimes de moins de 16 ans, de plus de 70 ans ou atteintes d'une invalidité de 80 % minimum. Ces victimes sont indemnisées en toutes circonstances, sauf évidemment si elles ont volontairement recherché le dommage qu'elles ont subi. Cette hypothèse correspond à un suicide ou tentative de suicide. Dans ce cas, le non conducteur ou ses ayants droit ne perçoivent aucune indemnité ;
- autres victimes non conducteurs : ces victimes sont toujours indemnisées de leurs dommages corporels sauf si elles ont volontairement recherché le dommage qu'elles ont subi, ou si elles ont commis une faute inexcusable qui doit en outre être la cause exclusive de l'accident. La faute inexcusable se définit comme une faute volontaire, d'une exceptionnelle gravité, exposant sans raison valable son auteur à un danger dont il aurait dû avoir conscience.

Par exemple, constitue une faute inexcusable le fait, pour un piéton, de traverser une autoroute, une voie à grande circulation en surgissant à la sortie d'un tunnel ou en franchissant les glissières de sécurité ou un terre-plein planté de haies.

Commet une faute inexcusable, le piéton :

- en état d'ébriété, qui traverse de nuit un boulevard interdit à la circulation des piétons alors qu'un passage souterrain se trouvait à proximité, a traversé la première double voie, a enjambé les rails de sécurité et a surgi brusquement devant le véhicule (Civ. 2e, 10 déc. 1998, n° 96-22.093) ;
- fuyant une patrouille de police, dévale de nuit un talus en pente abrupte conduisant à un boulevard à 4 voies de circulation séparé par un terre-plein central et dont l'accès était protégé par un grillage, ayant escaladé le grillage débouche en courant sur la chaussée (Civ. 2e, 5 fév. 2004, n° 02-18.587).

En revanche, la faute inexcusable n'est pas caractérisée à l'égard des non conducteurs dans les cas suivants :

- le piéton en complet état d'ivresse, chancelant et continuant à boire du pastis directement à la bouteille, s'est accroupi sur la chaussée d'un chemin départemental, hors agglomération, de nuit par temps de brouillard réduisant la visibilité à 30 mètres, au milieu du couloir de marche de l'automobile (Civ. 2ᵉ, 6 nov. 1996, n° 95-12428) ;
- deux cyclistes âgés de 16 et 17 ans qui empruntent de nuit de la route départementale au lieu de la piste cyclable pour rentrer plus vite alors qu'ils circulaient sur des bicyclettes dépourvues de tout éclairage et sans aucun équipement lumineux ou réfléchissant (Civ. 2ᵉ, 28 mars 2019, n° 18-14.125) ;
- une personne âgée de 18 ans qui est percutée par un automobiliste alors qu'elle évolue sur une planche à roulettes, à très vive allure, dans une rue à forte déclivité, sans avoir arrêté sa progression en bas de cette rue, dans une ville très touristique, au mois d'août, à une heure de forte circulation, en étant démuni de tout système de freinage ou d'équipement de protection. La victime s'est élancée sans égards pour la signalisation lumineuse présente à l'intersection située au bas de la rue ni pour le flux automobile perpendiculaire à son axe de progression (Civ. 2ᵉ, 21 déc. 2023, n° 22-18480).

2° Indemnisation des dommages matériels

Toutes les victimes se trouvent placées dans la même situation, aucune catégorie ne bénéficie d'une protection particulière.

Ainsi, la faute de la victime a pour effet de limiter ou d'exclure l'indemnisation des dommages matériels qu'elle a subis.

> **Exemple** : le motocycliste fautif à 50 %, sera indemnisé pour moitié des éventuels dommages atteignant sa moto.

II – Présentation du contrat d'assurance automobile

A – Contrats « monovéhicule » et contrats « flotte »

Les contrats « monovéhicule » garantissent le véhicule désigné au contrat. Ces contrats concernent les particuliers. Les critères pris en considération par l'assureur sont essentiellement les caractéristiques du véhicule et celles du conducteur. Les contrats « flotte » garantissent un ensemble de véhicules appartenant, par exemple, à une entreprise.

Les critères retenus par l'assureur sont essentiellement liés aux caractéristiques des véhicules puisque les conducteurs varient.

Des critères subjectifs comme les relations commerciales avec l'entreprise et le poids que représente celle-ci sur le marché interviennent également.

B – Distinction de trois catégories de garanties

Il faut distinguer :

- la garantie obligatoire qui concerne la responsabilité civile du conducteur ;
- les garanties facultatives couvrant les dommages au véhicule assuré ;
- les autres garanties facultatives et en particulier la protection juridique et les dommages subis par le conducteur.

Loi Badinter – Exonération du conducteur ou du gardien du véhicule terrestre à moteur impliqué

DOMMAGES CORPORELS y compris fournitures et appareils délivrés sur prescription médicale				
Cas d'exonération / Qualité de la victime	Cas de force majeure ou fait d'un tiers	Faute de la victime		
		Simple	Inexcusable	Volontaire
Non conducteur + 16 ans – 70 ans pas d'IPP ≥ 80 %	NON ADMIS	NON ADMIS	Exonération totale si faute cause exclusive	Exonération totale même si faute non exclusive
Non conducteur soit – 16 ans soit + 70 ans soit pas d'IPP ≥ 80 %	NON ADMIS	NON ADMIS	NON ADMIS	Exonération totale même si faute non exclusive
Conducteur	NON ADMIS	Exonération partielle ou totale		
Victime par ricochet	NON ADMIS	Admission selon la qualité de la victime principale – opposabilité		

DOMMAGES MATÉRIELS		
Cas d'exonération / Qualité de la victime	Cas de force majeure ou fait d'un tiers	Faute de la victime directe
Non conducteur + 16 ans – 70 ans pas d'IPP ≥ 80 %	NON ADMIS	Exonération partielle ou totale
Non conducteur soit – 16 ans, soit + 70 ans soit pas d'IPP ≥ 80 %	NON ADMIS	Exonération partielle ou totale
Conducteur	NON ADMIS	Exonération partielle ou totale
Victime par ricochet	NON ADMIS	Admission selon la qualité de la victime principale – opposabilité

Section II - L'assurance responsabilité civile automobile obligatoire

I - Le domaine de l'obligation d'assurance

A - Les personnes assujetties

Il s'agit de toutes les personnes physiques ou morales dont la responsabilité civile peut être engagée du fait de l'utilisation d'un véhicule terrestre à moteur, seul l'État est dispensé de l'obligation d'assurance.

B - Les véhicules assujettis

Il s'agit de tous les véhicules terrestres à moteur, c'est-à-dire tout véhicule automoteur destiné à circuler sur le sol et qui peut être actionné par une force mécanique sans être lié à une voie ferrée, ainsi que toute remorque, même non attelée. Sont concernés : les voitures, camions, autocars, motos, vélomoteurs, cyclomoteurs, tracteurs, engins de chantiers, engins agricoles, chariots élévateurs… Les chemins de fer et tramways ne sont pas soumis à l'obligation d'assurance. Les remorques, semi-remorques et caravanes doivent être également assurées et ce, de façon permanente.

II - Le contenu de l'obligation d'assurance

A - Garanties de base

L'obligation d'assurance automobile existe depuis la loi du 27 février 1958 et concerne la garantie de la responsabilité civile automobile pour les dommages corporels et matériels causés à autrui.

B - Montant des garanties

L'assurance doit être souscrite sans limitation de somme en ce qui concerne les dommages corporels et peut être limitée à 1 000 000 euros pour les dommages matériels.

En pratique, la garantie accordée est, le plus souvent, illimitée quelle que soit la nature des dommages.

C - Limites territoriales

La garantie est étendue à l'ensemble des États membres de l'Union européenne ainsi qu'aux territoires de tout État tiers pour lequel les bureaux nationaux de tous les États membres de la Communauté européenne se portent individuellement garants du règlement des sinistres survenus sur leur territoire et provoqués par la circulation des véhicules ayant leur stationnement habituel dans cet État tiers.

L'assurance auto ne peut être résiliée et sa prime ne peut être modifiée au motif d'un séjour du véhicule dans un État membre de la Communauté européenne autre que la France pendant la durée du contrat.

Lorsqu'elle est appelée à jouer hors du territoire français, la garantie est accordée par l'assureur dans les limites et conditions prévues par la législation nationale de l'État sur le territoire duquel s'est produit le sinistre ou par celle de l'État où le véhicule à son stationnement habituel lorsque la couverture d'assurance y est plus favorable.

III - Contrôle et sanctions de l'obligation d'assurance

A - Contrôle

1° La Consultation du Fichier des Véhicules Assurés (FVA)

Tout conducteur d'un véhicule terrestre à moteur est présumé avoir satisfait à l'obligation d'assurance. Les fonctionnaires ou agents procédant à un contrôle vérifient le respect de l'obligation d'assurance en consultant le Fichier des Véhicules Assurés.

Ainsi, depuis le 1er avril 2024, en application du décret n° 2023-1152 du 8 décembre 2023, les assureurs ne délivrent plus d'attestation d'assurance et de certificat d'assurance (vignette verte qui était apposée sur le pare-brise du véhicule).

2° L'attestion provisoire

Aux termes de l'article R 211-14-0-1 du Code des assurances, l'entreprise d'assurance délivre sans frais à l'assuré à chaque souscription d'une police d'assurance couvrant un véhicule un document comportant les indications suivantes :

1° La dénomination et l'adresse de l'entreprise d'assurance ;

2° Les nom, prénoms et adresse du souscripteur du contrat ;

3° Le numéro de la police d'assurance ;

4° La date de délivrance du document ;

5° La date d'effectivité de la garantie ;

6° Le numéro d'immatriculation du véhicule ;

7° La marque et le modèle du véhicule ;

8° Si la garantie du contrat s'applique à la fois à un véhicule à moteur et à ses remorques ou semi-remorques, une mention du type des remorques ou semi-remorques qui peuvent être utilisées avec le véhicule ;

9° le cas échéant, la mention que le véhicule est utilisé dans le cadre d'une activité de transport public particulier de personne à titre onéreux.

Ce document constitue une présomption d'assurance pendant les quinze jours suivant la date de prise d'effet de la police.

B - Sanctions

Le fait de mettre ou de maintenir en circulation un véhicule terrestre à moteur sans être couvert par une assurance constitue un délit passible d'une amende de 3 750 euros. L'amende peut être complétée par d'autres peines telles que l'annulation du permis pour trois ans au plus, une peine d'intérêt général, l'interdiction de conduire certains véhicules pendant cinq ans maximum. En outre, le véhicule non assuré risque la fourrière. Les amendes sont majorées de 50 % au profit du FGA. Le défaut de présentation immédiate d'une attestation d'assurance peut entraîner une amende prévue pour les contraventions de deuxième classe.

IV - Les exclusions

A - Les personnes exclues

La loi du 27 février 1958, modifiée par celle du 7 janvier 1981, par les décrets et arrêtés du 9 juin 1983 et le décret du 7 janvier 1986, dispose que sont exclus du bénéfice de l'assurance :
- le conducteur ;
- les préposés de l'assuré pendant leur service.

B - Les dommages exclus

Ce sont :
- les dommages d'origine nucléaire ;
- les dommages atteignant les biens de l'assuré ou dont il a la garde ;
- les dommages atteignant les marchandises et objets transportés ;
- les dommages causés intentionnellement par l'assuré responsable.

C - Les exclusions rachetables

Le conducteur peut être garanti pour ses dommages corporels par une assurance « individuelle conducteur » ou « avance sur indemnité » prévue aux conditions particulières, pour un montant limité.

Les dommages atteignant les marchandises et objets transportés peuvent être garantis par une clause particulière moyennant surprime.

D - Les autres exclusions autorisées par le Code des assurances

Les autres exclusions sont :
- défaut ou non-validité du permis de conduire ;
- transport de passagers dans des conditions insuffisantes de sécurité ;
- transport de sources de rayonnements ionisants ayant provoqué ou aggravé le sinistre ;
- transport de matières inflammables, explosives, corrosives ou comburantes ;
- dommages survenus au cours d'épreuves, courses, compétitions, ou leurs essais.

V - Les déchéances

A - Rappel des principes

La déchéance est la perte par l'assuré de ses droits à l'occasion d'un sinistre déterminé et en raison de l'inexécution de ses obligations après sinistre.

Les clauses de déchéance doivent figurer au contrat en caractères très apparents.

La déchéance résultant d'une déclaration tardive de sinistre ne peut être opposée à l'assuré qui justifie qu'il a été mis, par suite d'un cas de force majeure, dans l'impossibilité de faire sa déclaration dans le délai imparti.

L'assureur ne peut opposer la déchéance que s'il prouve que la déclaration tardive du sinistre lui a causé un préjudice.

B - Cas général

Les polices d'assurance garantissant des risques de responsabilité civile doivent prévoir que, pour cette garantie, aucune déchéance motivée par un manquement de l'assuré à ses obligations commis postérieurement au sinistre ne sera opposable aux personnes lésées ou à leurs ayants droit.

Elles ne doivent contenir aucune clause interdisant à l'assuré de mettre en cause son assureur ni de l'appeler en garantie à l'occasion d'un règlement de sinistre.

C - Cas particulier de l'ivresse

La loi du 27 février 1958 permettait la déchéance pour conduite en état d'ivresse. La loi du 9 juillet 1970, par l'article L. 211-6 du Code des assurances, a modifié les dispositions antérieures.

Désormais, est réputée non écrite toute clause stipulant la déchéance de la garantie responsabilité civile de l'assuré en cas de condamnation pour conduite en état d'ivresse ou sous l'empire d'un état alcoolique.

VI - Le transfert de propriété

A - Décès de l'assuré

Conformément à l'article L. 121-10 du Code des assurances, en cas de décès de l'assuré, l'assurance continue de plein droit au profit de l'héritier, à charge pour celui-ci d'exécuter toutes les obligations dont l'assuré était tenu vis-à-vis de l'assureur en vertu du contrat.

Il reste toutefois loisible, soit à l'assureur, soit à l'héritier de résilier le contrat.

B - Aliénation du véhicule assuré

Conformément à l'article L. 121-11 du Code des assurances, en cas d'aliénation d'un véhicule terrestre à moteur ou de ses remorques ou semi-remorques, le contrat d'assurance est suspendu de plein droit à partir du lendemain, à zéro heure, du jour de l'aliénation ; il peut être résilié, moyennant préavis de dix jours, par chacune des parties. À défaut de remise en vigueur du contrat par accord des parties ou de résiliation par l'une d'elles, la résiliation intervient de plein droit à l'expiration d'un délai de six mois à compter de l'aliénation.

VII - La carte verte

A - Définition et utilité

C'est un document de circulation internationale qui permet aux automobilistes se rendant à l'étranger de justifier d'une assurance.

B - Conditions de validité

À l'origine, la carte verte était délivrée uniquement lorsque les assurés en faisaient la demande.

Aujourd'hui, la plupart des entreprises d'assurance délivrent directement une carte verte qui sert à la fois de document de circulation internationale et d'attestation d'assurance.

La carte verte, lorsqu'elle est utilisée en tant que document de circulation internationale, est une preuve d'assurance. Cependant, lorsqu'elle est utilisée sur le territoire national à la place de l'attestation, elle ne constitue qu'une présomption d'assurance.

C - La convention inter-bureaux

Une convention a été mise en place entre les principaux États afin de faciliter le règlement des sinistres survenus dans un pays étranger. L'automobiliste étranger, titulaire d'une carte verte, déclare l'accident :
- à l'organisme du pays visité dont le nom figure au verso de sa carte ;
- à son propre assureur dans son pays.

L'organisme étranger va instruire et régler le sinistre suivant la procédure en vigueur dans son pays. Il va ensuite demander au Bureau central du pays de l'automobiliste (organisme qui a émis la carte verte de l'auteur de l'accident) de le rembourser. Ce dernier transmet la demande à la société d'assurance qui a délivré la carte verte. En France, le Bureau central français instruit les dossiers d'accidents causés en France par des automobilistes étrangers titulaires de la carte verte. Il confie les dossiers à des sociétés d'assurance pour le règlement.

La carte verte ne concerne que la garantie responsabilité civile.

Chaque Bureau national (en France, le Bureau central français) est obligé de régler les sinistres survenus dans son pays du fait de véhicules immatriculés dans un autre des États concernés, comme si leur conducteur était muni d'une carte verte, et ce, même si ces véhicules ne sont pas assurés. Le bureau du pays d'origine du véhicule rembourse le bureau du lieu du sinistre.

Le Bureau central français qui a remboursé le Bureau du pays d'origine se fait, à son tour, rembourser par le Fonds de garantie, lorsque l'automobiliste français responsable n'est pas assuré.

VIII - La sauvegarde des droits des victimes

A - Inopposabilité des franchises

Les franchises sont inopposables aux victimes.

B - Inopposabilité des déchéances

Comme nous l'avons indiqué précédemment, les déchéances, à l'exception de la suspension du contrat pour non-paiement de la prime sont inopposables aux victimes. En cas de déchéance, l'assureur règle les indemnités dues à la victime et se fait rembourser par son assuré.

C - Inopposabilité de la règle proportionnelle de primes

La règle proportionnelle de primes, prévue à l'article L. 113-9 du Code des assurances, résultant d'une fausse déclaration non intentionnelle, n'est pas opposable aux victimes d'accidents causés par un véhicule terrestre à moteur.

D - Inopposabilité de certaines exclusions

Conformément à l'article R. 211-13 du Code des assurances, les exclusions suivantes sont inopposables à la victime, mais l'assureur dispose d'une action en remboursement contre l'assuré :
- défaut ou non-validité du permis de conduire ;
- transport de passagers dans des conditions insuffisantes de sécurité ;
- transport de sources de rayonnements ionisants ayant provoqué ou aggravé le sinistre ;
- transport de matières inflammables, explosives, corrosives ou comburantes ;
- dommages survenus au cours d'épreuves, courses, compétitions, ou leurs essais.

E - Inopposabilité de la nullité

Depuis la loi n° 2019-486 du 22 mai 2019, la nullité d'un contrat d'assurance auto n'est pas opposable aux victimes ou aux ayants droit des victimes des dommages nés d'un accident de la circulation dans lequel est impliqué un véhicule terrestre à moteur ainsi que ses remorques ou semi-remorques.

Dans une telle hypothèse, l'assureur qui garantit la responsabilité civile du fait de ce véhicule, de cette remorque ou de cette semi-remorque, est tenu d'indemniser les victimes de l'accident ou leurs ayants droit. L'assureur est subrogé dans les droits que possède le créancier de l'indemnité contre la personne responsable de l'accident, à concurrence du montant des sommes qu'il a versées.

Section III - L'assurance des dommages subis par le véhicule

Il s'agit de garanties que l'assuré peut souscrire à son choix et qui s'ajoutent à l'assurance obligatoire afin de satisfaire un besoin qui dépasse le cadre de la garantie légalement exigée.

Les principales garanties facultatives concernant les dommages au véhicule sont les suivantes :
- la dommage « tous accidents » ou tierce complète ;
- la dommage collision ;
- le vol et l'incendie ;
- le bris de glaces.

Nous allons reprendre chacune de ces garanties afin d'en expliquer l'essentiel.

I - Dispositions communes

A - Définition du véhicule assuré

Le véhicule assuré est celui désigné aux conditions particulières, à l'exclusion de tout autre. Les accessoires prévus par le constructeur sont inclus dans la garantie.

B - Exclusions communes

Les exclusions communes sont les suivantes :
- la faute intentionnelle de l'assuré ;
- les dommages résultant du transport de matières inflammables ou explosives ;
- les dommages survenus au cours d'épreuves ou de compétitions ;
- les dommages d'ordre atomique ou nucléaire ;
- les dommages atteignant les marchandises transportées ;
- les dommages occasionnés par les cataclysmes ;
- les dommages indirects (privation de jouissance, frais de location du véhicule de remplacement).

C - Valeurs d'indemnisation

La garantie est accordée à concurrence de la valeur vénale (valeur neuve du véhicule moins l'usure ou vétusté).

Toutefois la plupart des assureurs accordent une garantie « valeur à neuf » qui permet de ne pas tenir compte de l'usure du véhicule pour évaluer sa valeur au jour du sinistre.

Cette garantie valeur à neuf ne peut être accordée que pour des véhicules récents, par exemple d'un an au plus.

Une franchise est parfois prévue. Il s'agit d'une somme restant à la charge de l'assuré en cas de sinistre ; l'assureur ne prenant en charge que la partie supérieure à la franchise.

La franchise permet à l'assureur d'écarter de la garantie les petits sinistres et à l'assuré de payer une prime moins élevée.

II - Les garanties « dommages »

A - La dommage collision

Cette garantie couvre les dommages atteignant le véhicule de l'assuré en cas de collision avec un piéton, un animal ou un véhicule à condition que le propriétaire de l'animal ou du véhicule soit identifié.

B - La dommage tous accidents

Cette garantie couvre les dommages atteignant le véhicule à la suite du versement de ce véhicule (tonneau, chute dans un ravin, etc.) ou d'un choc avec un corps fixe (mur, arbre) ou mobile (voiture, animal, piéton).

C - Exclusion particulière

On exclut en général les dommages subis par les pneumatiques sauf lorsqu'ils sont consécutifs à un accident ayant causé des dégâts à d'autres parties du véhicule.

III - Garanties incendie-explosion

A - Garanties

Cette garantie couvre les dommages atteignant le véhicule produits par un incendie, par une explosion ou par la foudre. La garantie est accordée à concurrence de la valeur vénale ou de la valeur à neuf pour les véhicules très récents.

B - Extensions

La garantie peut être étendue aux dommages causés aux accessoires non prévus par le constructeur et aux objets transportés, à concurrence d'une somme prévue aux conditions particulières.

C - Exclusions particulières

Ce sont :
- les dommages causés aux appareils électriques et résultants de leur fonctionnement ;
- les dommages ne pouvant être considérés comme provenant d'un incendie, notamment les accidents de fumeur.

IV - Le vol

A - Objet de la garantie

Cette garantie couvre les dommages résultant de la disparition ou de la détérioration du véhicule à la suite d'un vol ou d'une tentative de vol.

B - Le problème des accessoires

Les accessoires du véhicule prévus par le constructeur peuvent être garantis moyennant surprime et pour un montant limité. De nombreux contrats exigent comme condition de garantie que ces accessoires soient volés en même temps que le véhicule et n'accordent pas de garantie en cas de vol séparé. En ce qui concerne les accessoires non prévus par le constructeur et les objets personnels, certains contrats prévoient une garantie, mais à des conditions souvent plus restrictives.

C - Règlement des sinistres

Si le véhicule est retrouvé dans les 30 jours, l'assureur indemnise l'assuré des éventuels dommages. Si le véhicule n'est pas retrouvé dans ce délai, l'assureur rembourse l'assuré de la valeur vénale ou de la valeur à neuf pour les véhicules très récents ; si le véhicule est retrouvé après ce délai, l'assuré a le choix entre conserver l'indemnité et laisser le véhicule à l'assureur ou reprendre le véhicule et rembourser l'indemnité sous déduction des frais de réparation.

V - Le bris de glace

A - Garanties et limites

Cette garantie couvre les dommages subis par les glaces du véhicule et, éventuellement, les optiques de phare. La garantie est limitée à la valeur de remplacement des glaces brisées, y compris les frais de pose.

B - Règlement des sinistres

L'assuré envoie la facture à l'assureur qui rembourse directement son assuré sans effectuer de recours contre l'éventuel automobiliste responsable.

Section IV - Les autres garanties

I - La protection juridique

L'article L. 127-1 du Code des assurances indique qu'il y a opération d'assurance de protection juridique en cas de différends ou de litiges opposant l'assuré à un tiers. Un sinistre automobile ne constitue pas un litige en soi. Le litige apparaît en cas de contestation sur le taux de responsabilité ou sur le montant de l'indemnisation par exemple.

Cette garantie couvre le recours de l'assuré pour toute réclamation non prise en charge par le contrat de responsabilité civile. Elle couvre également la défense de l'assuré pour contravention ou délit devant une juridiction répressive ou une commission administrative.

Cette garantie peut être étendue à tout événement se rapportant à la possession, l'entretien ou l'utilisation du véhicule assuré pour lequel la réclamation n'est pas prise en charge par le contrat automobile.

Lorsque le litige ne se règle pas à l'amiable, l'assuré peut librement choisir un avocat dont les honoraires seront payés par l'assureur dans les limites fixées par le contrat.

II - Les garanties complémentaires

A - Garanties complémentaires en responsabilité civile

En voici la liste :

- garantie de la conduite du véhicule assuré, à l'insu de l'assuré, par un de ses enfants mineurs ;
- garantie « prêt de volant ». Garantie de la responsabilité civile du propriétaire du véhicule à l'égard du conducteur victime d'un dommage par suite du défaut d'entretien du véhicule ;
- garantie remorquage. Garantie de la responsabilité civile de l'assuré lorsqu'il remorque un véhicule en panne ou lorsque le véhicule assuré est remorqué ;

- garantie des essais en vue de la vente. Garantie de la responsabilité civile du véhicule remplacé utilisé pour les essais effectués en vue de la vente. En général, la garantie est limitée à un mois à partir du remplacement de véhicule ;
- garantie de la responsabilité civile de l'assuré lorsqu'il apporte une aide bénévole à un usager de la route ou lorsqu'il est lui-même assisté.

B - Garanties complémentaires en dommages

Une assurance obligatoire, issue de la loi du 13 juillet 1982, pour les dommages résultant de catastrophes naturelles, est greffée sur l'assurance incendie du véhicule ou, à défaut de cette garantie, sur les autres garanties dommages. La prise en charge des dommages atteignant le véhicule et résultant d'une catastrophe naturelle n'intervient qu'après la parution de l'arrêté interministériel constatant l'état de catastrophe naturelle. La surprime est de 6 % des primes incendie et vol ou, à défaut, 0,5 % de l'ensemble des primes dommages. Une franchise de 380 euros est appliquée pour les particuliers.

Une garantie complémentaire prévoyant le versement d'une indemnité journalière en cas d'immobilisation du véhicule se rencontre dans certains contrats.

III - La garantie du conducteur

A - Notions de tiers

Désormais, toutes les personnes sont considérées comme des tiers, à l'exception du conducteur.

Le cas des préposés de l'assuré victimes d'un accident pendant leur service est différent ; ils sont indemnisés par application de la législation sur les accidents du travail. Ils peuvent en plus percevoir une indemnité au titre d'une garantie « individuelle-conducteur » ou « personnes transportées ».

B - Utilité

Le conducteur responsable reste le seul exclu du bénéfice de l'assurance automobile obligatoire. Il a donc intérêt à souscrire une garantie facultative pour les dommages corporels dont il pourrait être atteint à la suite d'un accident pour lequel il serait reconnu fautif.

C - Contenu

Cette garantie prévoit le versement d'un capital, fixé dans la police d'assurance, en cas de décès ou d'invalidité permanente ainsi que le versement de prestations en cas d'incapacité temporaire de travail et le remboursement des frais médicaux, ou une partie seulement de ces garanties.

IV - L'assistance

A - Modalités d'octroi et utilité

Les sociétés d'assistance sont soumises depuis janvier 1981 au contrôle de l'Autorité de contrôle des assurances et des mutuelles. La plupart des sociétés d'assistance travaillent avec les sociétés d'assurance. Les garanties d'assistance peuvent être proposées :

- ou bien séparément pour couvrir certains risques relatifs à un voyage, à un séjour à la montagne, etc. ;
- ou bien incluses dans un contrat d'assurance automobile ou multirisques habitation.

Prenons l'exemple d'un automobiliste qui tombe en panne en partant en vacances. À partir d'une simple communication téléphonique, la société d'assistance intervient afin de lui permettre de ne pas compromettre ses vacances. La société d'assistance mandate un dépanneur.

Lorsque les réparations ne peuvent être effectuées immédiatement, le véhicule est dirigé vers un garage. Les frais d'hôtel de l'automobiliste et de ceux qui l'accompagnent sont pris en charge. Si le véhicule ne peut être réparé dans un bref délai, un jour par exemple, la société d'assistance prend en charge les frais de voyage en proposant une voiture de remplacement ou en fournissant les titres de transport nécessaires. Il est clair toutefois, que les frais de réparation du véhicule restent à la charge de son propriétaire.

Il ne s'agit là que d'un des nombreux exemples de l'intervention des sociétés d'assistance. Le cas des personnes rapatriées à la suite d'une maladie ou d'un accident frappe peut-être davantage encore l'opinion publique.

B – Principales garanties

1° Frais de rapatriement ou de transport sanitaire de l'assuré malade ou blessé

Selon la gravité du cas et en accord avec le médecin traitant, le transport est effectué, si nécessaire, sous surveillance médicale, par l'un des moyens suivants :
- avion sanitaire spécial ;
- avion des lignes régulières, train, wagon-lit ou bateau-ambulance.

En cas d'affections bénignes ou de blessures légères ne nécessitant pas le rapatriement, la prise en charge des frais est limitée au transport jusqu'au lieu où des soins appropriés pourront être prodigués.

2° Frais de rapatriement des membres de la famille

Dans le cas où le rapatriement de l'assuré a été décidé et où il empêche son conjoint, ses ascendants ou descendants de rejoindre leur domicile par les moyens initialement prévus, les frais de rapatriement de ces derniers sont pris en charge.

3° Frais de rapatriement du corps

En cas de décès, sont pris en charge les frais de transport du corps de l'assuré, du lieu du décès jusqu'au lieu d'inhumation.

4° Frais de transport d'un membre de la famille à l'étranger

Si l'état de santé de l'assuré se trouvant à l'étranger empêche son rapatriement, la société d'assistance prend en charge le voyage aller et retour d'un membre de la famille.

5° Frais médicaux à l'étranger

La garantie s'applique en cas d'accident ou de maladie survenus à l'étranger. Les frais médicaux sont garantis à concurrence d'une somme maximum fixée au contrat ; par exemple, 6 000 €.

6° Frais de retour prématuré de l'étranger

Si l'assuré se trouvant à l'étranger doit interrompre son séjour en raison du décès de son conjoint, d'un ascendant, descendant, frère ou sœur, la société d'assistance prend en charge le déplacement de l'assuré du lieu du séjour à celui du décès.

7° Frais de rapatriement des occupants du véhicule

Lorsque le véhicule assuré, à la suite d'une panne ou d'un accident, est immobilisé, les frais de fin de voyage des occupants du véhicule sont pris en charge.

8° Frais de rapatriement du véhicule réparé sur place ou du véhicule retrouvé après vol

Lorsque le véhicule accidenté ou en panne a été réparé sur place ou lorsque le véhicule volé a été retrouvé, le voyage aller-retour entre le domicile de l'assuré et l'endroit où se trouve le véhicule est pris en charge.

9° Frais d'envoi d'un chauffeur

Si aucun des passagers n'est en mesure de ramener le véhicule, un chauffeur est envoyé afin de rapatrier le véhicule.

10° Frais d'envoi de pièces détachées

Lorsqu'il n'est pas possible de se procurer sur place les pièces nécessaires à la réparation du véhicule, celles-ci sont acheminées aux frais de la société.

Il s'agit là d'exemples de garanties parmi les plus courantes, mais ces garanties font l'objet de différentes rédactions suivant les contrats et sont plus ou moins étendues.

Section V - La tarification automobile

Depuis la loi du 31 décembre 1989, l'assureur doit indiquer à l'assurable le montant de la prime applicable par la remise d'une fiche d'information.

Il doit être fait mention, dans cette fiche, de la prime normale, de la surprime pour circonstances aggravantes et de l'effet du coefficient de réduction-majoration.

L'assureur doit tenir à la disposition du public des formulaires de saisine du Bureau central de tarification (BCT).

L'assureur délivre au souscripteur un relevé d'informations lors de la résiliation du contrat et dans les quinze jours d'une demande expresse du souscripteur (C. assur., art. A. 121-1, modifié par un arrêté du 19 juillet 2007, JO du 21 juillet).

Ce relevé doit contenir des renseignements sur :
- le ou les conducteurs habituels ;
- les sinistres des 5 dernières années ;
- le dernier coefficient de réduction-majoration appliqué.

Seuls les principes généraux de la tarification automobile seront abordés. Il ne sera pas fait état des structures tarifaires dans leurs détails. En effet, les sociétés d'assurance aménagent, en fonction de leurs études personnelles, les conditions de tarification.

Le tarif distingue les véhicules de 1re catégorie, 2e catégorie, 3e catégorie et les véhicules spéciaux :
- **1re catégorie** : véhicules de tourisme et véhicules commerciaux à quatre roues ou plus, d'un poids total autorisé en charge au plus égal à 3 500 kg ;
- **2e catégorie** : camions et véhicules industriels d'un poids total autorisé en charge supérieur à 3 500 kg ;
- **3e catégorie** : cyclomoteurs, vélomoteurs, motocyclettes, tricycles ou quadricycles à moteur de moins de 125 cm^3 ;
- véhicules spéciaux : par exemple, engins de chantiers, ambulances, corbillards, véhicules de lutte contre l'incendie et certains véhicules à usage particulier, notamment ceux utilisés par les collectivités locales.

I - Les éléments de tarification pour les véhicules de 1re catégorie

A - Groupe et classe du véhicule

Des études statistiques ont permis de classer les véhicules automobiles de la 1re catégorie en groupes et classes de tarification.

Le groupe est fonction du rapport poids/puissance. Il sert à déterminer la prime responsabilité civile et, en partie, les primes dommages.

La classe est fonction de la valeur neuve et de la marque. Elle sert à déterminer les primes dommages.

B - Zone géographique

Les études statistiques ont entraîné le découpage du territoire métropolitain en zones de tarification.

C - Usage socio-professionnel

On distingue différents usages tenant compte de la profession et de l'utilisation effective du véhicule. Par exemple, l'usage professionnel « tournées, tous déplacements » implique un kilométrage et un tarif de base plus élevés que ceux de l'assuré moyen. Ce tarif concerne certaines professions, comme :
- voyageurs de commerce ;
- médecins, infirmières, vétérinaires ;
- commerçants ambulants ;
- etc.

Le véhicule est ici utilisé, dans le cadre de cette profession, pour des visites effectives de clientèle à domicile, de chantiers.

D - Caractéristiques du conducteur habituel

Il est tenu compte de l'ancienneté du permis de conduire (arrêté du 22 juillet 1983). Le maximum de surprime autorisé pour les conducteurs novices, c'est-à-dire ayant un permis de moins de trois ans ou ayant un permis de trois ans et plus mais ne pouvant justifier d'une assurance effective et d'une absence de sinistres au cours des trois dernières années précédant la souscription du contrat, est de 100 % de la prime de référence depuis le 1er janvier 1992.

Cette surprime disparaît en trois années sans sinistre, c'est-à-dire qu'à la fin de la première année sans accident, elle ne peut excéder 50 %, après deux années sans sinistre, elle est de 25 % et qu'elle est nulle après 3 ans sans accident.

Cette surprime ne peut excéder 50 % pour ceux qui ont obtenu leur permis de conduire dans le cadre de la conduite accompagnée, elle passe à 25 % après 1 an sans sinistre, 12,5 % après 2 ans et disparaît après 3 ans sans sinistre.

E - Antécédents

Les cas de risques aggravés et les majorations maximales possibles sont rigoureusement fixés. Il s'agit :

- de la conduite en état d'imprégnation alcoolique : 150 % ;
- des infractions ayant entraîné la suspension ou l'annulation du permis de conduire :
  - suspension de deux à six mois : 50 %,
  - suspension de plus de six mois : 100 %,
  - annulation ou plusieurs suspensions d'au moins deux mois au cours de la période de référence : 200 % ;
- du délit de fuite après accident : 100 % ;
- de la non-déclaration des accidents ou des circonstances aggravantes précitées : 100 % ;
- d'une fréquence anormale d'accidents (trois accidents ou plus au cours d'une période de référence) : 50 %.

Les majorations pour risques aggravés sont cumulables, mais ne peuvent dépasser 400 %.

Ces majorations ne peuvent être exigées au-delà de 2 ans.

F - Conduite exclusive

Les études statistiques montrent que peuvent être prévues des conditions particulières (réduction de prime) pour les véhicules conduits exclusivement par l'assuré et son conjoint. Dans ce cas, il convient de demander la profession du conjoint pour retenir la catégorie professionnelle correspondant au risque le plus élevé.

Une franchise variable selon les sociétés (de 500 à 1 000 €) est appliquée si, au moment du sinistre, le conducteur n'est pas celui prévu au contrat.

Cette franchise se cumule éventuellement avec celle appliquée en cas de conduite occasionnelle par un conducteur novice. En effet, la conduite d'un véhicule par un conducteur novice occasionnel dans les contrats souscrits par des conducteurs non novices entraîne l'application d'une franchise variable selon les sociétés (de 500 à 1 000 €) en cas de sinistre.

G - Rachat de franchise

Les franchises applicables dans les deux cas cités en paragraphe précédent peuvent être rachetées moyennant surprime.

II - Le calcul de la prime nette

A - Calcul d'une prime responsabilité civile

Une fois déterminé le groupe du véhicule, il suffit de se reporter à la zone de circulation et à l'usage pour obtenir la prime de base.

Cette prime de base est majorée éventuellement en fonction des caractéristiques du conducteur et des antécédents.

B - Calcul des primes autres que responsabilité civile

Il est tenu compte des mêmes éléments que ceux exposés pour le calcul de la prime responsabilité civile. S'y ajoute la classe du véhicule qui devient un critère fondamental.

C - Les taxes

À la prime nette, s'ajoutent les taxes dont le taux varie suivant la catégorie du véhicule et le type de garantie.

Par exemple, pour les particuliers la taxe est de 35 % sur la garantie responsabilité civile obligatoire et 18 % pour les autres garanties du véhicule.

III - La clause de réduction-majoration

La clause de réduction-majoration est plus connue sous le nom de clause « bonus-malus » (arrêté du 22 juillet 1983).

> **NB** : La CJCE, saisie d'un recours en manquement introduit par la Commission européenne contre la France et Le Luxembourg, a déclaré le système du bonus-malus conforme à la législation communautaire (CJCE, 7 sept. 2004, affaires C-346/02 et C-347-02).

A - Réductions

La réduction est égale à 5 % du coefficient de réduction-majoration précédent (soit le coefficient de réduction-majoration précédent multiplié par 0,95), étant entendu que le coefficient d'origine pour un assuré qui « entre » en assurance est de 1.

La réduction maximale correspond à un coefficient de 0,50, soit une réduction de 50 %.

Tableau des coefficients

Nombre d'années sans sinistres de façon continue	Réduction
1re	0,95
2e	0,90
3e	0,85
4e	0,80
5e	0,76
6e	0,72
7e	0,68
8e	0,64
9e	0,60
10e	0,57
11e	0,54
12e	0,51
13e	0,50

B - Majorations

La majoration est égale à 25 % du coefficient de réduction-majoration précédent (soit le coefficient de réduction-majoration précédent multiplié par 1,25).

Si plusieurs sinistres surviennent au cours de la même période de référence, chaque sinistre conduit au calcul d'un coefficient nouveau, les majorations étant multiplicatives et non additionnelles.

> **Exemple** : Coefficient d'origine 1. Au cours de la période de référence, survenance de deux sinistres à responsabilité totale, le coefficient de l'échéance suivante sera : 1 × 1,25 × 1,25 = 1,56.
>
> Le plafond est de 3,50 soit une majoration de 250 % de la prime de référence.

Tableau des coefficients

Accidents ayant engagé totalement la responsabilité du conducteur	Majoration
1re	1,25
2e	1,56
3e	1,95
4e	2,43
5e	3,04
6e	3,50

C - Règle dite de la « descente rapide »

Après deux années sans accidents, le coefficient ne peut être supérieur au coefficient d'origine, c'est-à-dire 1.

D - Accident avec responsabilité partagée

Dans le cas d'accident à responsabilité partagée, quelle que soit la part de responsabilité, la majoration est réduite de moitié, donc égale à 12,5 % (on applique un coefficient de 1,125).

E - Interruption ou suspension du contrat

Pour tenir compte de certaines situations (changement de véhicule, maladie, etc.), une interruption ou une suspension du contrat, de trois mois au plus, ne fait pas perdre le bénéfice de la réduction annuelle qui allait être acquise pour absence de sinistre.

Cette disposition ne s'applique pas au cas de suspension du contrat pour non-paiement de la prime, par application de l'article L. 113-3 du Code des assurances.

F - Changement d'assureur

Le coefficient de réduction-majoration acquis auprès d'un assureur est automatiquement transféré auprès du nouvel assureur.

G - Sinistres non pris en considération

Les sinistres ne sont pas à prendre en considération pour l'application d'une majoration lorsque :

- l'auteur de l'accident conduit le véhicule à l'insu du propriétaire ou de l'un des conducteurs désignés, sauf s'il vit habituellement au foyer de l'un de ceux-ci ;
- la cause de l'accident est un événement non imputable à l'assuré, ayant les caractéristiques de la force majeure ;
- la cause de l'accident est entièrement imputable à la victime ou à un tiers.

H - Franchise de malus

Pour tous les véhicules en situation de réduction maximale (bonus 50 %) depuis trois ans au moins, le premier sinistre dans lequel la responsabilité de l'année est engagée n'entraîne pas de pénalisation.

Exemple :
M. X... achète un véhicule et souscrit un contrat.
Il n'a pas d'accident au cours des trois années suivantes.
Il a deux accidents responsables au cours de la quatrième année.
Il n'a pas d'accident en cinquième année.
Il n'a pas non plus d'accident en sixième année.
La septième année, à nouveau pas d'accident.
Fin de première année : 1,00 × 0,95 = 0,95.
Fin de deuxième année : 0,95 × 0,95 = 0,90.
Fin de troisième année : 0,90 × 0,95 = 0,85.
Fin de quatrième année : 0,85 × 1,25 × 1,25 = 1,32.
Fin de cinquième année : 1,32 × 0,95 = 1,25.
Fin de sixième année : 1.

C'est en effet sa deuxième année sans accident, le coefficient ne peut donc être supérieur à 1. Fin de septième année : 1 × 0,95 = 0,95.

NB : Depuis le 1er janvier 1992, il n'y a plus gel du bonus en cas de sinistre survenu à un véhicule en stationnement, ou mettant en jeu les garanties vol, incendie ou bris de glace. Pour le calcul du coefficient de bonus-malus, on prend en compte toutes les décimales, dans un premier temps, mais on ne retient finalement que deux décimales sans arrondis. Par exemple, au bout de deux années sans sinistre responsable, le coefficient du nouvel assuré est de 0,95 x 0,95, soit 0,9025. On retient 0,90.

IV - Le bureau central de tarification (BCT)

A - Rôle du BCT

Le législateur, en rendant l'assurance automobile obligatoire, a prévu que certains automobilistes ne trouveraient pas d'assureur acceptant de les garantir. Il a donc institué un organisme, le Bureau central de tarification, devant permettre à ces automobilistes d'être quand même assuré.

L'intervention du BCT se limite à l'assurance obligatoire.

Les refus d'assurance de la part des assureurs ont les motifs suivants :
- fréquence importante de sinistres ;
- conduite en état d'ivresse ;
- nullité du précédent contrat pour fausse déclaration intentionnelle ;
- résiliation du précédent contrat pour non-paiement de prime.

B - Modalités de saisine du BCT

L'assurance doit avoir été sollicitée par lettre recommandée avec accusé de réception au siège de l'entreprise d'assurance ou y avoir été déposée contre récépissé.

L'automobiliste qui ne trouve pas d'assureur doit saisir le BCT par lettre recommandée avec accusé de réception dans les 15 jours qui suivent le refus de l'assureur.

Si un assureur garde le silence pendant 15 jours après une demande d'assurance, ce silence est considéré comme un refus implicite.

C - Décision du BCT

Le BCT oblige alors l'assureur qui a refusé le risque à garantir l'automobiliste en responsabilité civile. Le BCT fixe la prime à partir du tarif de référence de l'assureur et prévoit éventuellement des majorations, voire des franchises.

La décision du BCT est notifiée à l'assuré et à l'assureur dans un délai de 10 jours.

Section VI - Le Fonds de garantie des assurances obligatoires de dommages (FGAO)

I - Rôle du FGAO en matière automobile

A - Création du FGAO

Le FGAO a été créé par la loi du 31 décembre 1951 pour les accidents corporels automobile dont l'auteur est :
- soit inconnu ;
- soit non assuré et insolvable.

Son activité a été étendue par :
- la loi du 11 juillet 1966, pour les accidents corporels de chasse ;
- la loi du 30 novembre 1966, pour les accidents matériels auto ;
- la loi du 7 juin 1977 et son décret d'application du 14 janvier 1981, pour les accidents corporels résultant de la circulation causés, dans les lieux ouverts à la circulation publique, par une personne circulant sur le sol ou un animal ;
- la loi du 1er août 2003, pour les accidents causés par des animaux sauvages ou par des animaux domestiques dont le propriétaire est inconnu ou non assuré ;
- la loi du 9 septembre 1986 a institué un Fonds de garantie pour l'indemnisation des dommages corporels des victimes d'actes de terrorisme et autres infractions. Ce Fonds de garantie est alimenté par une contribution de 3,30 € à la charge des assurés, assise sur tous les contrats garantissant des dommages aux biens et perçue par les sociétés d'assurance ;
- depuis le décret n° 2004-176 du 17 février 2004, le fonds de garantie prend en charge l'indemnisation des dommages résultant d'atteintes à la personne et l'indemnisation des dommages aux biens assurés au titre des garanties obligatoires en cas de retrait d'agrément d'une entreprise d'assurances de dommages.

B - Les accidents résultant de la circulation sur le sol

Le Fonds de garantie indemnise les dommages résultant d'atteintes à la personne :
- lorsque la personne responsable du dommage est inconnue ou n'est pas assurée ;
- lorsque l'animal responsable du dommage n'a pas de propriétaire ou que son propriétaire est inconnu ou n'est pas assuré.

Le Fonds de garantie indemnise également les dommages aux biens, dans les conditions et limites fixées par décret en Conseil d'État :
- lorsque la personne responsable du dommage est identifiée mais n'est pas assurée ;
- lorsque la personne responsable du dommage est inconnue, sous réserve que l'accident ait causé une atteinte à la personne ;
- lorsque le propriétaire de l'animal responsable du dommage n'est pas assuré ;
- lorsque l'animal responsable du dommage est identifié mais n'a pas de propriétaire ;
- lorsque l'animal responsable du dommage n'est pas identifié, sous réserve que l'accident ait causé une atteinte à la personne.

Exemple : Un piéton non assuré en responsabilité civile renverse un cycliste. La victime doit saisir le FGAO dans un délai d'un an à compter de l'accident par lettre recommandée avec accusé de réception.

Il n'y a pas de financement spécifique pour les accidents prévus par la loi de 1977.

II - Conditions d'intervention du FGAO

A - Conditions relatives à l'accident et à la victime

Le FGAO prend en charge les indemnités dues aux victimes d'accidents de la circulation sur le sol, si ces événements ont eu lieu en France métropolitaine ou dans les départements d'outre-mer.

B - Conditions d'intervention en cas de dommages résultant d'atteinte à la personne

Le FGAO indemnise les dommages corporels sans limitation de somme :
- lorsque le responsable des dommages est inconnu ;
- lorsque le responsable des dommages n'est pas assuré, sauf par l'effet d'une dérogation légale à l'obligation d'assurance ;
- lorsque l'assureur du responsable est totalement ou partiellement insolvable.

Les dommages couverts sont les dommages patrimoniaux et extrapatrimoniaux. Les dommages patrimoniaux sont ceux qui entraînent une diminution du patrimoine, tels les frais médicaux, l'invalidité permanente, l'incapacité temporaire et le décès.
Les dommages extrapatrimoniaux sont ceux qui n'affectent pas directement le patrimoine ; ils correspondent à l'idée de préjudice moral.

Exemple : *pretium affectionis* ; *pretium doloris* ; préjudice esthétique ; préjudice d'agrément.

La victime doit s'adresser au FGAO par lettre recommandée avec accusé de réception dans un délai de trois ans à compter de l'accident ou du jour où l'on a su qu'il serait impossible d'identifier le responsable.

C - Conditions d'intervention en cas de dommages aux biens

Ils peuvent être indemnisés sous certaines conditions et dans certaines limites depuis la loi du 30 novembre 1966 :
- il doit s'agir d'un accident automobile ou d'un accident résultant de la circulation sur le sol ;
- l'auteur du dommage doit être identifié et non assuré sauf par l'effet d'une dérogation légale à l'obligation d'assurance ;
- l'assureur du responsable est totalement ou partiellement insolvable ;
- lorsque l'auteur est inconnu, si le conducteur du véhicule, ou toute autre personne impliquée dans l'accident, a été victime d'une atteinte à sa personne ;
- l'indemnisation est limitée à 1 140 000 € par sinistre.

La victime doit simplement démontrer que l'auteur de l'accident n'est pas assuré. Elle doit saisir le FGAO :
- dans un délai d'un an à compter de la transaction ou de la décision judiciaire, s'il y a des dommages corporels et que l'auteur est connu ;
- dans un délai de trois ans à compter de l'accident, s'il y a des dommages corporels et que l'auteur est inconnu ;
- dans un délai de six mois à compter de la connaissance de l'absence de garantie du responsable, pour les dommages aux biens. Ce délai peut être prorogé si la victime apporte la preuve qu'il lui était impossible de savoir que le responsable n'était pas assuré.

III - Ressources du FGAO

Le fonds de garantie est alimenté par des contributions des entreprises d'assurance, des automobilistes assurés et des responsables d'accidents d'automobiles non bénéficiaires d'une assurance.

La contribution des entreprises d'assurance est proportionnelle aux primes ou cotisations du dernier exercice, accessoires et rappels compris et annulations déduites, relatives à l'assurance des véhicules terrestres à moteur et des remorques ou semi-remorques des véhicules lorsque le risque est situé sur le territoire de la République française. Elle est liquidée et recouvrée par le fonds de garantie qui peut prévoir le versement d'acomptes.

La contribution des responsables d'accidents causés par l'utilisation des véhicules terrestre à moteur, non bénéficiaires d'une assurance, est assise sur le montant total des indemnités mises à leur charge à titre de réparation des dommages résultant de ces accidents. Sont considérées comme bénéficiaires d'une assurance, au sens du présent article, les personnes dont la responsabilité civile est couverte par un contrat d'assurance. Un tel bénéfice ne leur est toutefois acquis, au sens du présent article, que pour la part excédant la franchise prévue éventuellement par leur contrat.

En cas d'instance judiciaire, la décision doit faire apparaître si le responsable est ou non bénéficiaire d'une assurance.

La contribution est liquidée et recouvrée par les services de la direction générale des finances publiques, selon les mêmes règles, sous les mêmes garanties et sous les mêmes sanctions qu'en matière de droits d'enregistrement. Elle est perçue sur la notification faite à la direction générale des finances publiques par le fonds de garantie.

La contribution doit être acquittée dans le délai d'un mois à compter de la réclamation adressée par la direction générale des finances publiques.

La contribution des assurés est assise sur toutes les primes ou cotisations nettes d'annulation qu'ils versent aux entreprises d'assurance pour l'assurance des risques de responsabilité civile résultant d'accidents causés par les véhicules terrestre à moteur. Elle est perçue par les entreprises d'assurance et recouvrée mensuellement par le fonds de garantie. Celui-ci peut prévoir le versement d'acomptes.

Les taux des contributions sont fixés par arrêté du ministre chargé des Assurances dans la limite des montants maximaux ci-après :
- contribution des entreprises d'assurance au titre de la section automobile : 12 % de la totalité des charges de cette section ;
- contribution des responsables d'accidents non assurés : 10 % des indemnités restant à leur charge. Toutefois, ce taux est ramené à 5 % lorsque l'accident a été provoqué par un véhicule utilisé par l'État ou un État étranger pour lequel a été fournie l'attestation prévue

à l'article R. 211-25. Il est également ramené à 5 % des indemnités restant à leur propre charge pour les bénéficiaires d'une assurance avec franchise ;
- contribution des assurés : 2 % des primes mentionnées au 3° de l'article R. 421-27.

L'article A. 421-3 du Code des assurances a fixé les taux suivants :
- contribution des entreprises d'assurance au titre du 3° de l'article R. 421-27 : 12 % de la totalité des charges de la section automobile ;
- contribution des responsables d'accidents non assurés au titre du 4° de l'article R. 421-27 :
  - Taux normal : 10 % des indemnités restant à leur charge ;
  - Taux réduit : 5 % ;
- contribution des assurés au titre du 5° de l'article R. 421-27 : 1, 2 % des primes.

Section VII - Les sinistres automobiles

I - Procédure de règlement et obligations de l'assuré

A - La procédure de droit commun

On parle de procédure de droit commun lorsqu'aucune convention de règlement ne s'applique.
La victime doit démontrer la responsabilité de l'auteur de l'accident. L'assureur du responsable fait alors une proposition de transaction. En cas de litige relatif aux responsabilités ou au montant des dommages, les tribunaux peuvent être saisis.

B - La procédure issue de la loi du 5 juillet 1985

Dès qu'un véhicule terrestre à moteur est impliqué dans un accident, la victime dispose de la procédure mise en place par la loi n° 85-677 du 5 juillet 1985 et par le décret n° 86-15 du 6 janvier 1986.

Cette procédure oblige l'assureur à effectuer une offre d'indemnité avant de présenter un projet de transaction et d'effectuer le paiement.

1° L'offre d'indemnité

a) La procédure d'offre

Conformément à l'article L. 211-10 du Code des assurances, l'assureur doit, dans sa première correspondance relative au sinistre, informer la victime qu'elle peut, sur simple demande, obtenir sans frais une copie du procès-verbal de police ou de gendarmerie et qu'elle peut se faire assister d'un avocat et d'un médecin, qu'elle choisit librement. Le non-respect de l'obligation d'information est sanctionné par la nullité relative de la transaction qui pourrait intervenir. Par ailleurs, l'article R. 211-39 du Code des assurances oblige l'assureur à indiquer à la victime le nom du gestionnaire sinistre chargé de son dossier.

À cette première correspondance doit être jointe une notice d'information très complète et didactique sur les droits et obligations des victimes. Le contenu de cette notice est fixé par l'article A. 211-11 du Code des assurances (arrêté du 20 novembre 1987).

L'article R. 211-37 du Code des assurances oblige la victime à fournir à l'assureur toutes les informations relatives à son identité, ses activités professionnelles, ses revenus, la nature et la gravité de ses dommages avec production des justificatifs ainsi que la liste des organismes tiers payeurs chargés de lui verser des indemnités. Ces mêmes obligations sont à la charge des ayants droit de la victime lorsque celle-ci est décédée.

Depuis la loi n° 2003-706 du 1er août 2003, l'assureur dispose d'un délai de trois mois à compter de la demande de la victime pour présenter une offre d'indemnisation, tant pour les dommages corporels que pour les dommages matériels (C. assur., L. 211-9). Ce délai suppose cependant que les responsabilités soient établies et que le dommage soit quantifié.

À défaut de demande où si celle-ci est tardive, l'assureur doit présenter une offre d'indemnité à la victime d'un accident corporel, ou à ses ayants droit, dans un délai de 8 mois à compter de l'accident. Pour les préjudices personnels par ricochet, l'offre doit être faite dans les 8 mois qui suivent leur demande d'indemnisation.

Si l'assureur n'est pas informé de l'état de consolidation de la victime dans les 3 mois qui suivent l'accident, l'offre a un caractère provisionnel. Dans cette hypothèse, l'assureur doit présenter une offre définitive d'indemnisation dans les 5 mois après qu'il ait été informé de l'état de consolidation de la victime.

C'est l'assureur du véhicule impliqué dans l'accident qui doit faire l'offre et en cas de pluralité de véhicules impliqués garantis auprès d'assureurs différents, ceux-ci doivent mandater l'un d'entre eux qui sera chargé de présenter une offre d'indemnisation de la victime. Les assureurs ont mis au point une convention d'indemnisation pour le compte d'autrui afin de dégager des critères objectifs de détermination de l'assureur mandaté (Convention ICA, Convention d'indemnisation pour compte d'autrui, entrée en vigueur le 1er janvier 1986).

Le contenu de l'offre est prévu aux articles L. 211-9 et R. 211-40 du Code des assurances. Cette offre doit comprendre tous les éléments indemnisables du préjudice, y compris les éléments relatifs aux dommages aux biens lorsque ceux-ci n'ont pas fait l'objet d'un règlement préalable. L'offre doit indiquer les créances de chaque tiers payeur ; ces décomptes devant être joints à l'offre. Les exclusions et limitations de garanties soulevées par l'assureur doivent être précisées par celui-ci.

b) Le non-respect de la procédure par l'assureur

Lorsque l'offre n'a pas été faite dans les délais, l'assureur doit verser à la victime un intérêt au double du taux légal à compter du jour de l'expiration du délai et jusqu'au jour de l'offre définitive ou du jugement condamnant l'assureur.

Il peut arriver que l'assureur ne soit pas informé du sinistre dans le délai d'un mois qui suit l'accident ; dans cette hypothèse, les délais dont dispose l'assureur pour présenter son offre d'indemnité et pour effectuer le paiement sont suspendus à l'expiration de ce délai d'un mois, conformément à l'article R. 211-29 du Code des assurances. Cette suspension se poursuit jusqu'à la date à laquelle l'assureur est avisé.

Par ailleurs, l'article R. 211-31 du Code des assurances prévoit qu'en cas de réponse tardive ou incomplète de la victime, le délai d'offre peut être suspendu tant que l'assureur ne dispose pas des éléments lui permettant de faire l'offre.

2° Le projet de transaction et le paiement de l'indemnité

a) Projet de transaction

La victime peut dénoncer la transaction dans les 15 jours de sa conclusion. Cette dénonciation doit s'effectuer par lettre recommandée avec accusé de réception.

La victime ne peut renoncer à se prévaloir de son droit de dénonciation. Ainsi toute clause par laquelle la victime renonce à se prévaloir de son droit de renonciation à la transaction est nulle. Ces dispositions doivent figurer en caractères très apparents dans l'offre de transaction ainsi que dans la transaction.

Le législateur a souhaité protéger les incapables et a prévu à cet effet plusieurs dispositions contenues dans l'article L. 211-15 du Code des assurances.

Tout projet de transaction, concernant un mineur ou un majeur en tutelle, doit être soumis au juge des tutelles ou au conseil de famille.

L'assureur doit également aviser le juge des tutelles, quinze jours au moins à l'avance, de tout paiement d'indemnité effectué au représentant de la victime incapable, qu'il s'agisse du premier arrérage d'une rente ou d'un versement en capital.

Le paiement effectué, sans respect de cette procédure, peut être annulé à la demande du ministère public ou de tout intéressé, à l'exception de l'assureur.

b) Le paiement de l'indemnité

La victime pouvant dénoncer la transaction dans le délai de quinze jours, le paiement de l'indemnité par l'assureur ne peut intervenir avant l'expiration de ce délai. Il faut par ailleurs laisser un délai supplémentaire à l'assureur afin qu'il vérifie l'absence de dénonciation et qu'il puisse effectuer le règlement. Ainsi l'article L. 211-17 du Code des assurances prévoit-il que l'assureur doit verser les indemnités convenues dans un délai d'un mois à compter de l'expiration du délai de dénonciation de la transaction.

En cas de non-respect de ce délai par l'assureur, des intérêts sont dus de plein droit. L'intérêt est calculé au taux légal majoré de 50 % pendant une durée de deux mois ; au-delà de ce délai, l'intérêt est du double du taux légal.

En cas d'aggravation de son état, postérieurement à son indemnisation, la victime peut demander à l'assureur la réparation de son préjudice résultant de cette aggravation. Conformément à l'article 2226 du Code civil, l'action de la victime se prescrit pour 10 ans à compter de la date de la consolidation du dommage initial ou aggravé.

L'assureur peut opposer à la victime sa faute intentionnelle ou sa faute inexcusable cause exclusive de l'accident pour les victimes valides et âgées de 16 à 70 ans. Notons que l'hypothèse de faute inexcusable tend à disparaître (Ass. Plén., 10 nov. 1995, Consorts Cartier, Gaz. Pal. p. 18, 22 nov. 1995).

L'assureur peut également opposer les exceptions de garanties prévues par le Code des assurances. Aussi l'assureur est-il en droit d'opposer au tiers lésé :

- la nullité du contrat pour fausse déclaration intentionnelle ;
- la suspension et résiliation pour non-paiement de prime ;
- ainsi que la faute intentionnelle de l'assuré responsable.

En revanche la déchéance pour déclaration tardive du sinistre est inopposable à la victime. Par ailleurs, la réduction proportionnelle, prévue par l'article L. 113-9 du Code des assurances, n'est pas applicable en matière de responsabilité civile automobile.

Conformément à l'article L. 211-20 du Code des assurances, lorsque l'assureur soulève une exception de garantie, il doit quand même mettre en œuvre la procédure d'offre et payer l'indemnité pour le compte de qui il appartiendra. Celui pour le compte duquel cette transaction aura été faite peut la contester devant le tribunal. Cette contestation ne remet pas en cause le montant des sommes attribuées à la victime.

II - Les préjudices matériels

A - Énumération

Il faut ici distinguer les dommages causés aux tiers-victimes, faisant intervenir l'assurance obligatoire du responsable, et les dommages atteignant le véhicule de l'assuré responsable du sinistre.

Nous avons précédemment expliqué que l'assuré pouvait souscrire des garanties facultatives. Celles-ci sont efficaces lorsque le véhicule de l'assuré est endommagé à la suite d'un accident dont il est responsable.

Le règlement s'effectue dans la limite de la garantie prévue au contrat, après application de l'éventuelle franchise.

B - Indemnisation

Les dommages matériels causés aux tiers sont indemnisés dans la limite de la valeur de remplacement du véhicule sinistré, c'est-à-dire de la valeur d'un véhicule d'état et de rendement identiques.

C - Libre choix du réparateur automobile

L'article L. 211-5-1 du Code des assurances, créé par la loi n° 2014-344 du 17 mars 2014, précise que tout contrat d'assurance automobile mentionne la faculté pour l'assuré, en cas de dommage garanti par le contrat, de choisir le réparateur professionnel auquel il souhaite recourir.

Cette information est également délivrée lors de la déclaration du sinistre.

Cette disposition est applicable aux contrats souscrits postérieurement à la publication de la loi ainsi qu'aux contrats à reconduction tacite en cours, pour lesquels la mention doit figurer sur chaque avis d'échéance annuelle de prime ou de cotisation.

Un arrêté du 29 décembre 2014 (JO du 31 décembre) prévoit que cette faculté est rappelée à l'assuré « de manière claire et objective par tout professionnel, y compris l'assureur, dès la survenance du sinistre, notamment au moyen d'une mention visible et lisible dans le constat européen d'accident.

Si le moyen de communication est oral, un écrit, notamment un message électronique ou un message textuel interpersonnel (SMS) spécifique, confirme dans les plus brefs délais cette information ».

III - Les préjudices corporels

En assurance de responsabilité, l'assureur indemnise le préjudice corporel des victimes en complément des versements des organismes sociaux ; il doit également faire face aux recours de ces derniers.

A - En cas de blessures

Les frais de soins : il s'agit des frais médicaux, chirurgicaux, pharmaceutiques, etc.

L'incapacité temporaire : elle correspond à la durée d'arrêt de travail.

L'incapacité permanente totale ou partielle : il s'agit de l'infirmité dont reste atteinte la victime d'un accident.

Le pretium doloris : souffrances physiques de la victime.

Le préjudice esthétique : cicatrice, mutilation...

Le préjudice d'agrément : impossibilité de poursuivre une activité de loisirs.

B - En cas de décès

L'assureur doit prendre en charge les frais médicaux exposés jusqu'au décès ainsi que les frais funéraires.

Il doit également indemniser les personnes qui se trouvaient à la charge du défunt pour le préjudice économique résultant de son décès.

Ainsi, les enfants mineurs et le conjoint survivant recevront une aide pécuniaire.

Les proches de la victime peuvent également demander réparation de leur pretium affectionis, c'est-à-dire de leur douleur morale éprouvée du fait du décès ou de l'infirmité de la victime.

Section VIII - Les conventions de règlement

Les assureurs ont mis au point des conventions de règlement de sinistres afin de simplifier leur gestion et d'accélérer les règlements.

La principale convention est la convention IRSA (Convention d'Indemnisation directe de l'assuré et de Recours entre Sociétés d'assurance Automobile).

Cette convention a fait l'objet d'une actualisation à effet du 1er juin 2014 (Gestion des Conventions d'Assurances, circulaire 2/2014 du 9 avril 2014).

I - Principe et champ d'application

L'assureur responsabilité civile automobile indemnise son assuré, dans la proportion de son droit à réparation, aux lieu et place de l'assureur du responsable.

Cet assureur effectue, ensuite, un recours forfaitaire contre l'assureur du responsable. Les sociétés adhérentes à la convention ont l'obligation d'appliquer celle-ci.

La convention s'applique aux accidents de la circulation survenus en France métropolitaine et dans les DOM ainsi que dans la principauté de Monaco, impliquant au moins deux véhicules terrestres soumis à l'obligation d'assurance et assurés auprès de sociétés adhérentes.

Pour les accidents survenus hors de France et de Monaco, la convention s'applique si ne sont impliqués que des véhicules immatriculés dans ces territoires.

La convention se réfère à la notion « d'implication » afin d'être en harmonie avec la loi Badinter du 5 juillet 1985 sur l'indemnisation des victimes d'accident de la circulation.

La convention s'applique exclusivement aux dommages matériels d'un maximum de 6 500 € hors TVA.

L'assureur adhérent a l'obligation d'appliquer cette convention, c'est-à-dire qu'il lui est interdit :

- d'exercer, contre une société adhérente, un recours suivant des méthodes différentes de celles fixées par la convention ;

– d'accueillir un recours, présenté par un tiers dont l'assureur de responsabilité civile est adhérent de la convention et vers lequel il doit donc être renvoyé.

II – Évaluation des dommages au véhicule

L'assureur direct doit faire procéder à l'évaluation des dommages quelle que soit leur importance et quel que soit le nombre de véhicules impliqués.

Les dommages sont évalués par une expertise au-delà de 850 €.

La convention introduit la notion d'expertise à distance (vidéo ou télé expertise) sous réserve qu'elle soit pratiquée par un expert en automobile et que le mode d'expertise soit identifiable par une mention sur la première page du rapport. Par ailleurs, le rapport d'expertise dématérialisé (transmis par voie télématique) est accepté s'il est complet et si la procédure de transmission est conforme aux règles des factures dématérialisées imposées par le ministère des Finances.

L'assureur doit informer l'assureur du responsable du risque de dépassement du plafond dans les sept jours à compter de la date de constatation par l'expert. L'assureur du responsable doit alors se manifester dans les quinze jours à compter de la date d'envoi de l'information par l'assureur direct.

III – Détermination des responsabilités et indemnisation

Chaque assureur indemnise son assuré en proportion de la responsabilité de l'automobiliste adverse et ce indépendamment d'une éventuelle garantie dommage au véhicule.

La responsabilité est déterminée à partir du constat amiable et par référence à un barème conventionnel.

Les assureurs renoncent au caractère contradictoire de l'expertise qui se trouve confiée à l'assureur du lésé. L'expertise ne peut pas être contestée lorsque le montant des dommages se situe dans la limite du plafond.

IV – Le recours

Les compagnies envoient chaque mois des bordereaux récapitulatifs à toutes les compagnies pour lesquelles elles ont des sinistres réglés par application de la convention. Les recours sont acquittés à réception par compensation. Le montant du recours pour chaque sinistre correspond à une somme forfaitaire de 1950 € en 2024, en cas de responsabilité totale de l'automobiliste adverse. Certains aspects du sinistre ne donnent pas droit à recours, lorsque le dommage n'excède pas le plafond de la convention, il en est ainsi :

- des dommages aux animaux, objets et marchandises transportés ;
- des frais de remorquage et de dépannage ;
- des indemnités versées pour immobilisation du véhicule ;
- des dommages vestimentaires autres que ceux annexes à un dommage corporel.

D'autres aspects ne donnent pas droit à recours quel que soit le montant du préjudice ; il s'agit :

- des dommages au véhicule par projection d'un objet ;
- des dommages résultant de la communication d'incendie d'un véhicule à l'autre ;
- de l'indemnité de dépréciation du véhicule ;
- de certificat d'immatriculation ;

- des dommages causés par le transport de blessé ;
- des frais d'honoraires et de constat d'huissier ;
- des frais d'expertise et de contrôle de remise en état.

V - Accidents en chaîne et carambolages

Des règles spécifiques sont prévues pour les accidents en chaîne (Titre 4 de la convention) et les carambolages (Titres 5 et 6 de la convention). L'accident en chaîne est celui dans lequel plus de deux véhicules circulant dans le même sens et sur la même file entrent en !collision. Il y a « carambolage » lorsque l'accident implique plus de deux véhicules circulant dans des sens différents et que ceux-ci entrent en collision.

Chapitre IV

L'ASSURANCE MULTIRISQUE

C'est l'assurance essentielle souscrite par les particuliers couvrant les risques inhérents à leur vie privée et liés à leur habitation et à la responsabilité qu'ils peuvent encourir en tant que particulier.

Ces contrats couvrent donc le risque d'incendie, le risque vol, le dégât des eaux et la responsabilité civile des personnes de la maison.

Section I – Le risque d'incendie

I – Notions générales sur l'assurance incendie

A – Le risque de base

Le risque de base comprend l'incendie proprement dit et certaines extensions obligatoires.

1° Définition et limites de la garantie « incendie »

En conformité avec les dispositions de l'article L. 122-1 du Code des assurances, les assureurs retiennent la définition suivante : « L'incendie est une combustion avec flammes en dehors d'un foyer normal ».

On couvre l'incendie ou le « commencement » d'incendie, c'est-à-dire susceptible de devenir un incendie véritable.

Cette définition implique les exclusions ci-après :
- les dommages subis par un objet tombé dans un foyer normal ;
- les dommages résultant de la seule action de la chaleur : glace brisée près d'un poêle à mazout par exemple ;
- les dommages résultant de simples brûlures sans qu'il y ait flammes : brûlures de cigarettes ou vêtement brûlé par un fer à repasser ;
- les dommages dus à un dégagement de fumée sans incendie. Mais en cas d'incendie, les dommages causés par la fumée sont garantis.

2° Les extensions légales

Les dommages causés aux biens assurés par les secours et les mesures de sauvetage (C. assur., art. L. 122-3).

La perte ou la disparition des objets assurés pendant l'incendie, sauf vol prouvé par l'assureur (C. assur., art. L. 122-4).

3° La garantie des catastrophes naturelles et événements assimilés

Elle fait l'objet des articles L. 125-1 à L. 125-6 du Code des assurances. La loi du 13 juillet 1982 a obligé les assureurs et les assurés à prévoir l'extension aux dommages causés par les catastrophes naturelles. L'état de catastrophe naturelle est constaté par les pouvoirs publics dans un arrêté publié au Journal officiel. Il peut s'agir d'inondations, d'avalanches, de tremblements de terre, d'éruptions volcaniques, etc., c'est-à-dire d'événements naturels à caractère catastrophique.

L'article L. 125-1 du Code des assurances précise utilement que « sont considérés comme les effets des catastrophes naturelles [...] les dommages matériels directs non assurables ayant eu pour cause déterminante l'intensité anormale d'un agent naturel [...] ».

La loi du 27 février 2002 a étendu l'extension obligatoire aux affaissements de terrain dus à des cavités souterraines et à des marnières. Sont concernées toutes les assurances de choses : incendie, mais aussi vol, dégâts des eaux, bris de glaces, bris de machines, dommages au véhicule en assurance automobile et pertes d'exploitation. Les risques agricoles restent exclus car ils bénéficient du Fonds de garantie contre les calamités agricoles (C. assur., art. L. 125-5), ainsi que les assurances maritimes, fluviales, lacustres, aériennes, marchandises transportées et dommages-ouvrage.

> **NB** : Ce n'est pas une assurance obligatoire puisque nul n'est obligé, selon la loi, d'assurer ses biens en incendie ou en risques divers. C'est une extension obligatoire.

L'extension fait l'objet d'une surprime indiquée distinctement sur les avis d'échéance et fixée à 20 % de la prime en incendie et risques divers (taux en vigueur en 2025). Les sinistres sont réglés dans les limites de la garantie principale, après application de franchises minimales prévues à l'article A. 125-1 du Code des assurances.

En outre, en l'absence d'un plan de prévention des risques dans la commune sinistrée, les franchises minimales sont modulées en fonction du nombre de constatations de l'état de catastrophe naturelle intervenues dans les cinq ans précédents :
- doublement s'il y a eu trois constatations antérieures ;
- triplement s'il y a eu quatre constatations antérieures ;
- quadruplement s'il y a eu plus de quatre constatations antérieures.

Pour les arrêtés de catastrophes naturelles publiés depuis le 1er janvier 2001, ces minima sont de :

	Biens à usage d'habitation et véhicules automobiles[1]	Biens à usage professionnel	Pertes d'exploitation
Franchise générale	380 €	10 % des dommages avec minimum de 1 140 €	3 jours ouvrés avec minimum de 1 140 €
Franchise particulière aux mouvements de terrain différentiels[2]	1 520 €	10 % des dommages avec minimum de 3 050 €	3 jours ouvrés avec minimum de 3 050 €

1. Quel que soit l'usage du véhicule, privé ou professionnel.
2. Il s'agit des mouvements de terrain consécutifs à la sécheresse et/ou à la réhydratation des sols. On parle également de subsidence.

Depuis le 1er août 1990, le régime des catastrophes naturelles est étendu aux départements d'outre-mer, ainsi qu'aux collectivités territoriales de Mayotte et Saint-Pierre et Miquelon. Restent exclus les territoires de Wallis et Futuna, Polynésie et Nouvelle-Calédonie. Les surprimes et franchises sont identiques à celles en vigueur sur le territoire métropolitain. En 1992, la loi a étendu la garantie au coût des études géotechniques nécessaires avant reconstruction (C. assur., art. L. 125-4).

Le 4 novembre 2016, une convention a été passée entre la FFA (devenue France Assureurs) et l'État afin d'améliorer le fonctionnement du régime d'indemnisation des catastrophes naturelles.

Partant de ces constats, la convention en question, composée de 10 articles, repose sur cinq orientations majeures :

- participation des représentants de France Assureurs aux cellules de crise. Objectif : répondre aux demandes d'informations des assurés sur la mise en œuvre du régime des catastrophes naturelles, leurs droits, les modalités d'indemnisation, l'application des franchises légales… ;
- les difficultés ou litiges identifiés entre un assuré et son assureur sont transmis à la Direction des assurances de dommages et de responsabilités (DADR) de France Assureurs ;
- les maires des communes sinistrées, les Centres communaux d'action sociale (CCAS) et la Préfecture du département peuvent transmettre à la DADR, après accord de l'assuré, les difficultés ou litiges identifiés entre un assuré et son assureur ;
- un bilan chiffré de suivi de l'événement à 3, 6 et 12 mois est communiqué par France Assureurs au ministre chargé de l'aide aux victimes. Ce bilan est adapté à la nature de l'événement ;
- France Assureurs s'engage à mettre en place avec la Fédération des sociétés d'expertises (FSE) et la Compagnie des experts agréés (CEA), une cellule dédiée qui aura pour finalité de : suivre les besoins en expertise, les opérations de déploiement et partager les informations sur l'avancement des expertises ; échanger sur les problématiques rencontrées.

4° La garantie des attentats

a) Le principe de la garantie des attentats

L'article L. 126-2 du Code des assurances, modifié par une loi du 23 janvier 2006, dispose que : « Les contrats d'assurance garantissant les dommages d'incendie à des biens situés sur le territoire national ainsi que les dommages aux corps de véhicules terrestres à moteur ouvrent droit à la garantie de l'assuré pour les dommages matériels directs causés aux biens assurés par un attentat ou un acte de terrorisme [...] ».

L'extension aux dommages résultant d'un attentat ou d'un acte de terrorisme est étendue aux pertes d'exploitation lorsque l'assuré bénéficie de cette garantie.

Les montants de garantie et les franchises sont ceux de la garantie incendie (ou pertes d'exploitation).

Les assureurs sont tenus d'insérer dans leurs contrats une clause d'extension de garantie aux dommages résultant d'attentats ou d'actes de terrorisme (C. assur., art. L. 126-3).

> **Remarque** : Depuis un décret du 29 septembre 2006, sont expressément exclus tous les contrats d'assurances transports, quel que soit le mode de transport (C. assur., art. R. 126-2). Par exception à cette exclusion de principe, l'extension légale s'applique aux assurances navigation de plaisance et véhicules aériens privés lorsque la valeur unitaire du véhicule ne dépasse pas un million d'euros.

Toute clause contraire est nulle. Un fonds de garantie a été créé pour indemniser les dommages corporels (C. assur., art. L. 126-1). Ce fonds est géré par le Fonds de garantie des assurances obligatoires de dommages (FGAO). Il est alimenté par une contribution spéciale perçue sur chaque contrat d'assurances de biens. Cette contribution est fixée chaque année (6,50 euros depuis le 1er juillet 2024).

b) La garantie attentats des risques d'entreprises et des collectivités

À la suite des attentats du Word Trade Center à New York, le 11 septembre 2001, des dispositions particulières ont été adoptées pour rendre possible la garantie des risques des collectivités et des grandes entreprises.

En ce qui concerne les grands risques, tels que définis à l'article L. 111-6 du Code des assurances, un décret du 28 décembre 2001 autorise les assureurs à réduire leur couverture (C. assur., art. R. 126-2).

Ils peuvent prévoir :

- un montant de garantie inférieur à la garantie de base, sans qu'il puisse être inférieur, franchise déduite, à 20 % de ce dernier montant et à 20 millions d'euros pour les risques autres que marchandises transportées ;
- des franchises supérieures mais ne pouvant excéder le double de celles stipulées pour les garanties de base.

Est créé le Gareat, groupement d'assurance et de réassurance des risques attentats et actes de terrorisme. Le Gareat concerne les risques d'entreprises, de collectivités, les immeubles de grande hauteur et les risques techniques lorsque les capitaux assurés sont supérieurs à 6 millions d'euros. Les taux de surprime des risques cédés au Gareat ont été fixés à :

- 6 % si les capitaux sont inférieurs à 20 millions d'euros ;

- 12 % pour les capitaux compris entre 20 et 50 millions d'euros ;
- 18 % au-delà.

5° Tempêtes, ouragans ou cyclones

Tous les contrats garantissant des dommages d'incendie ou tous autres dommages à des biens (depuis la loi du 13 décembre 2000) ou des pertes d'exploitation doivent comporter – ou sont censés comporter – l'extension aux effets du vent lors de tempêtes, ouragans ou cyclones (C. assur., art. L. 122-7).

La Cour de cassation a confirmé, en 1996, que l'extension obligatoire ne s'étend pas au risque grêle qui doit faire l'objet d'une assurance spécifique. Restent exclus les contrats assurant les récoltes non engrangées, les cultures et le cheptel hors bâtiments.

L'extension obligatoire vise le territoire métropolitain, les départements d'outre-mer et les collectivités de Mayotte et de Saint-Pierre et Miquelon. Les conditions et limites de la garantie sont fixées contractuellement ; elles ne font pas l'objet de clauses types comme en matière de catastrophes naturelles.

> **NB** : La loi du 13 décembre 2000 précise, toutefois, que l'extension ne s'applique pas aux effets du vent dû à un événement cyclonique avec une vitesse de vent supérieure ou égale à 145 km/h en moyenne sur 10 minutes ou 215 km/h en rafales. Ces événements relèvent du régime des catastrophes naturelles.

6° La garantie des catastrophes technologiques

La loi n° 2003-699 du 30 juillet 2003 crée un nouveau chapitre dans le Code des assurances dénommé « L'assurance des risques de catastrophes technologiques », aux articles L. 128-1 à L. 128-4. La loi vise à améliorer la prévention des catastrophes industrielles et leur indemnisation. Elle trouve son origine dans l'explosion de l'usine AZF, le 21 septembre 2001.

Tous les contrats d'assurances couvrant des biens à usage d'habitation ou placés dans des locaux à usage d'habitation ouvrent désormais droit à l'indemnisation de dommages matériels résultant de catastrophes technologiques (C. assur., art. L. 128-2). L'état de catastrophe doit être constaté par arrêté. Les victimes seront intégralement indemnisées pour leurs dommages immobiliers, alors que les dommages mobiliers resteront limités aux capitaux et valeurs assurées. L'indemnité devra être versée dans le délai de trois mois qui suit la remise de l'état des pertes ou de la date de publication de l'arrêté si cette date est postérieure.

> **NB** : L'extension ne vise pas les risques professionnels ou d'entreprise.

> **Remarque** : Dans nombre de contrats on observe que le risque de base englobe également les explosions et la chute de la foudre (voir ci-après).

Tableau de synthèse de la garantie incendie « risque de base » Particulier – Professionnels – Entreprises	
Événements garantis :	1. Incendie et début d'incendie
	2. Secours et mesures de sauvetage
	3. Perte ou disparition d'objets assurés pendant l'incendie
	4. Catastrophes naturelles
	5. Attentats ou actes de terrorisme
	6. Tempêtes ouragans et cyclones

B – Les risques annexes

1° La foudre

On couvre les dommages, autres que ceux d'incendie, dus à la chute de la foudre sur les biens assurés. Ainsi, on exclut l'appareil électrique resté branché et endommagé par les effets de la foudre, car il s'agit de dommages indirects. L'extension foudre tend à être systématisée et intégrée dans le risque de base.

2° Les explosions

Sont couverts les dommages, autres que ceux d'incendie, causés par les explosions de toutes matières. On inclut les implosions des téléviseurs par exemple. Mais cette extension ne garantit pas les dommages subis par les machines électriques, électroniques ou les appareils électroménagers, lorsque l'explosion provient de l'appareil lui-même (origine interne). L'extension « explosions » tend à être systématisée et intégrée dans le risque de base.

3° Les dommages électriques

Cette garantie vise les dommages subis par les appareils électriques ou électroniques (y compris électroménagers) à la suite d'un événement d'origine interne. Sont couverts les dommages électriques, y compris ceux dus à la foudre, ainsi que les incendies et les explosions d'origine interne.

> **NB** : Si un appareil électrique est endommagé par un incendie ou une explosion ne provenant pas de cet appareil, la garantie incendie ou explosion est acquise sans que l'extension dommages électriques soit nécessaire.

L'extension « dommages électriques » fait l'objet de limitations particulières :

- la garantie s'exerce à concurrence d'un capital réduit ;
- on applique une franchise ;
- lors du règlement, on tiendra compte de la vétusté des appareils avec, en général, un pourcentage minimum par année ;
- on exclut les lampes et les fusibles.

4° Les tempêtes, la grêle et la neige

Par le biais généralement d'une même extension facultative, l'assureur couvre les dommages autres que ceux d'incendie et d'explosions causés aux biens assurés par :

- l'action directe du vent ou le choc d'un corps renversé ou projeté par le vent, à la condition que d'autres bâtiments aient été endommagés dans la commune de l'assuré ou dans les communes avoisinantes, ou encore que l'assuré prouve que le vent dépassait la vitesse de 100 km/h (par attestation de la météorologie nationale). Nous avons vu, dans le paragraphe précédent, que cette première partie de l'extension est obligatoire (C. assur., art. L. 122-7) ;
- l'action mécanique des grêlons sur les toitures ;
- le poids de la neige (ou de la glace) accumulée sur les toitures ;
- la pluie, la neige ou la grêle ayant pénétré à l'intérieur du bâtiment dont la toiture a été auparavant détruite par le vent, la grêle ou la neige.

Cette extension ne doit pas être confondue avec l'extension « catastrophes naturelles ».

5° Les dommages ménagers

L'extension de garantie vise les particuliers. Elle permet de couvrir les dommages de brûlures résultant de la seule action de la chaleur, du contact du feu ou d'une substance incandescente, qui ne sont pas couverts dans la garantie de base. Sont concernés les biens assurés, notamment les vêtements, les meubles, etc. On assure, par exemple, les noircissures dues au fer à repasser. Restent exclues les brûlures de cigarettes. La garantie est toujours assortie d'une franchise.

> **NB** : Il existe d'autres extensions possibles telles que les « dommages dus au choc d'un véhicule terrestre », ou encore les dommages imputables au « choc ou à la chute d'un appareil aérien ».

C - Les exclusions

1° Les exclusions absolues

Sont exclus, sans qu'il soit possible d'y déroger :

- les dommages corporels : leur couverture relève d'une autre branche d'assurance (assurance RC ou assurances de personnes) ;
- les dommages intentionnellement causés par l'assuré (ou avec sa complicité) ;
- les amendes (responsabilité pénale inassurable) ;
- le risque atomique (sauf cas très particulier).

2° Les exclusions conventionnelles

Ce sont des exclusions facultatives dont la liste varie selon les contrats.

Sont concernés :

- les dommages ne pouvant être considérés comme provenant d'un incendie (brûlures, excès de chaleur etc.) ;
- les dommages causés par la guerre étrangère ou la guerre civile ;

NB : Bien que l'article L. 121-8 du Code des assurances autorise une dérogation, ces dommages sont toujours exclus par les assureurs.

- les dommages causés par les émeutes, les mouvements populaires ;
- les terrains, pelouses, arbres et plantations ;
- les espèces monnayées, les titres et les billets de banque ; les véhicules terrestres à moteur, ainsi que leurs remorques ;
- les vols des objets assurés pendant l'incendie ;
- les extensions examinées précédemment au titre des risques accessoires.

II - Les garanties de l'assurance incendie

A - Les biens immobiliers

1° L'assurance des bâtiments : cas général

L'article « bâtiment » couvre les immeubles appartenant à l'assuré, y compris les annexes et dépendances (à l'exclusion du terrain), ainsi que tous leurs aménagements et installations indissociables.

Les éléments « indissociables » sont ceux qui ne peuvent être détachés sans être détériorés ou sans détériorer le bâtiment. On englobe, bien entendu, les fondations et les caves. Le terrain, les pelouses, les arbres et les plantations restent exclus.

2° Les cas particuliers

a) Les bâtiments en copropriété

Dans un immeuble en copropriété, chaque copropriétaire possède ses parties privatives ainsi qu'une quote-part des parties communes telles que les escaliers, les fondations, la toiture, etc.

Cette quote-part dans les parties communes est exprimée en millièmes et est proportionnelle à l'importance des parties privatives. Les copropriétaires sont réunis en un syndicat et doivent désigner un syndic pour la gestion commune.

Pour la garantie de l'immeuble, la meilleure solution (non obligatoire, mais retenue le plus souvent) est l'assurance collective.

Si la majorité des copropriétaires est d'accord, le syndic souscrit une police garantissant l'ensemble du bâtiment pour le compte de tous les copropriétaires. Sont couvertes, toutes les parties immobilières tant privatives que communes.

Dans ce contrat, on prévoit l'abandon de tout recours contre le syndic, contre tous les copropriétaires et les personnes vivant avec eux. Chacun n'aura plus qu'à assurer ses biens mobiliers et sa responsabilité dans certains cas.

b) Les bâtiments en usufruit

La propriété d'un bâtiment peut être répartie entre un « usufruitier », qui a la jouissance des lieux (l'usage), et un « nu-propriétaire » qui conserve la disposition de l'immeuble, c'est-à-dire le droit de le vendre, de l'hypothéquer ou de le donner.

Cette situation peut résulter d'un décès : le conjoint survivant bénéficie de l'usufruit du bâtiment appartenant au disparu, alors que la nue-propriété revient aux enfants.

En ce qui concerne l'assurance, il convient de souscrire un contrat garantissant l'intégralité de la propriété et prévoyant, en cas de sinistre, l'intervention obligatoire de l'usufruitier et du nu-propriétaire.

> **NB** : La même solution (assurance globale et clause particulière) vaut pour l'assurance des bâtiments en indivision ou en viager.

c) Les bâtiments édifiés sur terrain d'autrui

Le bâtiment appartient à l'assuré, mais est construit sur un terrain propriété d'un tiers ; bien entendu, la garantie ne couvre pas le terrain, mais l'assureur doit tenir compte de la situation juridique, afin d'éviter, en cas de sinistre, un enrichissement sans cause de l'assuré.

Par exemple, le contrat de bail du terrain peut prévoir qu'en cas de non-reconstruction, l'assuré n'aura droit qu'à une indemnité forfaitaire. Concrètement, le bâtiment est assuré pour sa valeur totale et une clause spéciale figure à la police.

B - Les biens mobiliers

1° Assurance du mobilier personnel

Cet article concerne le mobilier personnel, c'est-à-dire les meubles et objets (y compris les animaux domestiques) appartenant à l'assuré, aux membres de sa famille, à ses employés de maison et aux personnes vivant à titre habituel et gratuit à son foyer. Selon la Commission plénière des assurances de biens et de responsabilité les objets de valeurs sont compris dans le mobilier personnel. Il s'agit de biens mobiliers d'une valeur unitaire supérieure à 100 fois la valeur de l'indice publié par la Fédération française du bâtiment avant le sinistre, ainsi que les bijoux, pierreries, perles fines, métaux précieux, statues, tableaux et collections.

> **NB** : La garantie de ces objets de valeur est limitée :
> - soit à un pourcentage de la somme garantie au titre de l'article « mobilier personnel » (la Commission plénière des assurances de biens et de responsabilité préconise 30 %) ;
> - soit à concurrence d'une somme maximale spécifique.

Sont également inclus les aménagements (papiers peints, moquette, par exemple), à charge du locataire assuré. S'il s'agit d'un propriétaire, ces aménagements relèvent de l'article bâtiment.

2° Assurance du matériel

L'article matériel englobe tous les objets, les instruments, le mobilier et les machines utilisés pour les besoins de la profession de l'assuré et lui appartenant. Les équipements divers de type informatique, électronique, ou encore de manutention, sont inclus.

Les aménagements du local professionnel (papiers peints, moquette...) sont également compris dans la garantie s'ils ont été exécutés aux frais de l'assuré locataire des lieux.

3° Assurance des marchandises

Cet article garantit les marchandises appartenant à l'assuré, c'est-à-dire tout objet destiné à être transformé ou vendu (matières premières, produits semi-ouvrés, produits finis), ainsi que les approvisionnements et les emballages se rapportant à sa profession.

C - Les valeurs assurées

1° La valeur d'usage

La valeur d'usage est la valeur réelle du bien assuré tenant compte de son éventuelle vétusté ou dépréciation. D'une manière générale, on peut retenir la formule suivante :

Valeur d'usage = Valeur de remplacement à neuf – Vétusté

Appliquons ce principe à chaque article.

a) L'article « bâtiment »

La valeur d'usage d'un bâtiment est égale à sa valeur de reconstruction, vétusté déduite, et honoraires d'architecte inclus.

La valeur de reconstruction correspond au prix des matériaux de construction, plus le coût de la main-d'œuvre.

La formule suivante peut être retenue :

Valeur d'usage du bâtiment = Valeur des matériaux de construction + Coût de la main-d'œuvre – Vétusté

La vétusté ou dépréciation est appréciée cas par cas en fonction de l'ancienneté du bâtiment, de la qualité des matériaux et de son état d'entretien.

NB : Ne pas confondre cette valeur d'usage avec la valeur vénale qui tient compte du terrain, de l'environnement, du climat, du marché immobilier, etc.

Pour l'assureur, la valeur d'assurance d'une même maison en Lozère et à Saint-Tropez est identique.

b) L'article « mobilier personnel »

La valeur d'usage du mobilier personnel est égale à sa valeur de remplacement vétusté déduite.

c) L'article « matériel »

La valeur d'usage du matériel est égale à la valeur de remplacement par un matériel d'état et de rendement identiques, y compris, s'il y a lieu, les frais de transport et d'installation. On déduit donc la vétusté puisqu'on parle « d'état et de rendement identiques ».

d) L'article « marchandises »

Pour les marchandises, le problème de la vétusté ne se pose pas.

On ne parle donc pas de valeur d'usage, mais plus simplement de valeur à assurer.

La valeur d'assurance des marchandises est la valeur réelle des différents biens concernés. Pour fixer cette valeur, il faut respecter le principe indemnitaire : par exemple, ne pas retenir le prix de vente pour un produit fini, mais non encore vendu ; dans ce cas, on retiendra le coût de production (prix de revient).

2° Assurance en valeur à neuf

On constate que l'assurance en valeur d'usage ne permet pas toujours de replacer l'assuré dans la situation antérieure au sinistre.

Par exemple, un bâtiment est assuré pour une valeur d'usage de 900 000 €. La vétusté (fixée par l'expertise) est de 10 %.

Le montant des dommages, lors d'un sinistre partiel, est de 50 000 €. Cette somme correspond à des travaux « neufs », alors que l'assurance tient compte de la vétusté. Le règlement en valeur d'usage est de :

50 000 € – vétusté (soit 50 000 € x 10 %) = 45 000 €

> **NB** : On observe, ces dernières années, la multiplication des contrats habitation dans lesquels la valeur à neuf est garantie au-delà de 25 %, jusqu'à 50 % et même parfois sans limitation pour les biens immobiliers.

On assure vétusté déduite donc on règle vétusté déduite.

Force est de constater que le client aura une partie des dommages à sa charge s'il fait effectuer les travaux.

L'assurance valeur à neuf permet de pallier cette insuffisance et de couvrir la vétusté. Elle concerne les bâtiments, le mobilier et le matériel.

Assurance valeur à neuf = Assurance valeur d'usage + Assurance de la vétusté

Mais elle est soumise à quatre limites :
- pas de valeur à neuf pour certains biens : ceux à dépréciation très rapide (les vêtements, les machines électriques, électroniques, l'électroménager) et ceux ne présentant jamais, par nature, de vétusté (marchandises et bijoux) ;
- la vétusté est garantie à concurrence d'un maximum égal, en général, à 25 % de la valeur à neuf ;
- il faut qu'il y ait reconstitution des biens dans les deux ans. Pour les bâtiments, la reconstruction doit être effectuée sur les mêmes lieux, sauf impossibilité absolue ;
- le règlement s'effectue en deux temps : en valeur d'usage, après expertise et accord des parties ; le complément valeur à neuf est réglé après reconstitution et sur justificatifs.

1er exemple : bâtiment assuré en valeur à neuf pour 1 000 000 €. Sinistre partiel de 60 000 €. Vétusté 15 %.

La valeur à neuf étant correctement assurée, l'assureur paie :
- dans un premier temps : 60 000 – 15 % de vétusté soit 51 000 € ;
- dans un deuxième temps, sur justificatifs et si les travaux ont été effectués dans les deux ans : la vétusté soit 15 % de 60 000 = 9 000 €.

2e exemple : on suppose que le bâtiment est assuré en valeur à neuf, avec plafonnement contractuel de la vétusté à 25 %, pour une somme suffisante. La vétusté est de 35 %. Les dommages s'élèvent à 80 000 €.

Règlement :
- 1er temps : en valeur d'usage soit 80 000 – 35 % = règlement de 52 000 € ;
- 2e temps : complément valeur à neuf plafonné à 25 % (sur justificatifs) soit 80 000 × 25 % = 20 000 €.

Remarque : Dans ce deuxième exemple, l'assuré n'est pas totalement indemnisé car l'assureur estime qu'au-delà de 25 % de vétusté l'indemnisation totale aboutirait à un enrichissement sans cause de l'assuré, contraire au principe indemnitaire.

3° Assurance en valeur de reconstitution

L'indemnisation en valeur à neuf ne permet pas systématiquement à l'assuré d'être indemnisé de la totalité des frais exposés pour la reconstruction ou le remplacement de ses biens. C'est notamment le cas en période d'inflation lorsque la reconstruction ou le remplacement des biens n'est pas immédiat. L'assuré doit alors supporter personnellement l'augmentation des prix intervenue entre le jour du sinistre et le jour de la reconstitution, puisque l'indemnité en valeur d'usage ou en valeur à neuf est déterminée au jour du sinistre. Pour pallier cette éventuelle insuffisance d'assurance, les assureurs proposent une nouvelle garantie dénommée « frais de reconstitution ».

Cette garantie concerne les mêmes biens que ceux assurables en valeur à neuf, c'est-à-dire les bâtiments, le mobilier et le matériel (sauf exceptions mentionnées ci-avant au 2°).

L'assurance des frais de reconstitution obéit aux règles suivantes :
- l'assuré doit soumettre ses biens à une expertise préalable à la souscription, renouvelée tous les cinq ans ;
- il doit accepter une clause d'indexation ;
- il doit reconstruire ou remplacer les biens endommagés dans un délai de 2 ans ;
- l'assureur indemnise les frais engagés pour la reconstitution dans la limite de la valeur à neuf (reconstitution au jour du sinistre) majorée d'un pourcentage fixé contractuellement appelé pourcentage de provision (pourcentage déterminé à l'avance par les parties et qui ne pourra excéder 30 %) ;
- le règlement s'effectue en deux temps, comme pour la valeur à neuf :
  - l'assureur indemnise immédiatement après sinistre la valeur d'usage,
  - lors de la reconstitution, et sur justification, l'assureur verse la différence entre le coût de la reconstitution et la valeur d'usage.

4° Assurance en valeur agréée

Les objets d'art ou de collection peuvent être couverts en valeur agréée, c'est-à-dire reconnue exacte par l'assureur à la souscription et ne pouvant être contestée.

L'expertise est à charge du proposant, auprès d'un ou plusieurs experts agréés par la société d'assurance.

La durée de validité de l'expertise est limitée à trois ans.

D – Les différentes responsabilités assurables

1° Trois catégories de responsabilité

Pour l'essentiel, trois sortes de responsabilités peuvent être couvertes au titre d'une assurance incendie :
- la responsabilité du locataire ;

- la responsabilité du propriétaire ;
- la responsabilité vis-à-vis des voisins et des tiers.

Définissons-les :

1. La responsabilité du locataire, dite responsabilité locative, est la responsabilité encourue vis-à-vis du propriétaire à la suite de dommages subis par les bâtiments loués. Cette responsabilité, née du contrat de bail, est contractuelle.
2. La responsabilité du propriétaire concerne les dommages subis par son ou ses locataires du fait des bâtiments loués. De même que la précédente, cette responsabilité, née du contrat de bail, est contractuelle.
3. La responsabilité vis-à-vis des voisins et des tiers est la responsabilité encourue par tout occupant de bâtiment à la suite de dommages causés à des tiers par le bâtiment occupé. Cette responsabilité est de nature délictuelle.

En pratique, il n'y a pas lieu de couvrir simultanément les trois responsabilités. Selon la qualité juridique de l'assuré, une ou deux garanties seront nécessaires :
- le locataire a besoin de l'assurance des responsabilités définies au 1 et 2 ;
- le propriétaire occupant doit être garanti pour la responsabilité du 3 ;
- le propriétaire non-occupant, qui loue son bâtiment, doit couvrir la responsabilité du 2.

> **NB** : Pour mémoire, citons une 4e responsabilité assurable, celle du dépositaire qui peut être responsable vis-à-vis du propriétaire en cas de dommages subis par les biens déposés.

2° La responsabilité du locataire vis-à-vis du propriétaire

Ils sont prévus dans les articles 1732 et suivants du Code civil dont nous reproduisons les termes ci-après, avant d'en analyser le contenu.

Art. 1732 : « Il [le locataire] répond des dégradations ou des pertes qui arrivent pendant sa jouissance, à moins qu'il ne prouve qu'elles ont eu lieu sans sa faute ».

Art. 1733 : « Il [le locataire] répond de l'incendie, à moins qu'il ne prouve : que l'incendie est arrivé par cas fortuit ou de force majeure, ou par vice de construction. Ou que le feu a été communiqué par une maison voisine ».

Art. 1734 : « S'il y a plusieurs locataires, tous sont responsables de l'incendie, proportionnellement à la valeur locative de la partie de l'immeuble qu'ils occupent ; À moins qu'ils ne prouvent que l'incendie a commencé chez l'un d'eux, auquel cas celui-là seul en est tenu ; ou que quelques-uns ne prouvent que l'incendie n'a pu commencer chez eux, auquel cas ceux-là n'en sont pas tenus ».

Art. 1735 : « Le preneur est tenu des dégradations et des pertes qui arrivent par le fait des personnes de sa maison ou de ses sous-locataires ».

a) Généralités sur la responsabilité du locataire en cas d'incendie

Le locataire est présumé responsable en cas d'incendie des locaux loués, sauf s'il parvient à prouver un des trois cas d'exonération prévus par la loi.

La responsabilité du locataire, dite responsabilité locative, est une responsabilité contractuelle vis-à-vis de son propriétaire. Le propriétaire n'a pas à prouver la faute du locataire.

Les trois cas d'exonération possible pour le locataire sont :
- le cas de force majeure ou cas fortuit. Le locataire doit prouver que l'incendie résulte d'un événement extérieur, imprévisible et insurmontable, telle la chute de la foudre ou la malveillance d'un tiers ;
- le vice de construction. Le locataire doit prouver que l'incendie est imputable à un défaut de construction, tel un conduit de cheminée trop étroit ou comportant des angles anormaux ;
- le feu communiqué par une maison voisine.

b) Le locataire, occupant total

Le locataire est responsable de la totalité du bâtiment loué, à concurrence de sa valeur de reconstruction à neuf.

La Cour de cassation a confirmé à plusieurs reprises le principe selon lequel l'indemnité due par le locataire doit permettre au propriétaire de se retrouver dans la situation antérieure au sinistre (Civ. 3e, 9 janv. 1991, n° 89-16.661, Bull. civ. III, n° 112). Ainsi, il n'y a pas lieu de déduire un coefficient de vétusté.

c) Le locataire, occupant partiel

En cas d'incendie, la responsabilité des locataires occupants partiels d'un immeuble appartenant à un même propriétaire est régie par l'article 1734 du Code civil.

Trois cas sont possibles (V. exemple ci-après) :
- **1er cas** : le point de départ de l'incendie est indéterminé et aucun locataire n'a pu s'exonérer. Chaque locataire est responsable proportionnellement à la partie qu'il occupe. Cette responsabilité est présumée ;
- **2e cas** : il est prouvé que l'incendie a débuté chez un des locataires : seul ce locataire est responsable de la totalité des dommages ;
- **3e cas** : certains locataires prouvent que l'incendie n'a pas pu commencer chez eux : seuls les autres locataires sont responsables.

Le locataire occupant partiel est présumé responsable en cas d'incendie.

En combinant les dispositions des articles 1733 et 1734, on constate qu'il peut s'exonérer en prouvant l'un des cinq cas suivants :
- le cas de force majeure ou cas fortuit ;
- le vice de construction ;
- le feu communiqué par un bâtiment voisin ;
- le point de départ de l'incendie chez un autre locataire ;
- le non-démarrage du sinistre dans ses locaux.

Exemple :
Soient A, B, C et D locataires de P (propriétaire). Les loyers annuels sont supposés proportionnels à la valeur des appartements occupés. Ils sont de :

7 200 € pour A (hors charges)
9 600 € pour B (hors charges)
14 400 € pour C (hors charges)
16 800 € pour D (hors charges)

Total 48 000 €

Un incendie occasionne 192 000 € de dommages à l'immeuble.

1er cas : le point de départ de l'incendie est situé hors des appartements : A, B, C et D sont responsables.
Responsabilité de A = 192 000 € × 7200/48 000 = 28 800 €
Responsabilité de B = 192 000 € × 9 600/48 000 = 38 400 €
Responsabilité de C = 192 000 € × 14 400/48 000 = 57 600 €
Responsabilité de D = 192 000 € × 16 800/48 000 = 67 200 €

2e cas : on prouve que l'incendie a pris naissance chez C.
C est responsable pour les 192 000 €.

3e cas : B et D prouvent que l'incendie n'a pas pu commencer chez eux. A et C sont responsables.
Loyers de A et C = 7 200 € + 14 400 € = 21 600 €.
Responsabilité de A = 192 000 € × 7 200/21 600 = 64 000 €
Responsabilité de C = 192 000 € × 14 400/21 600 = 128 000 €

d) Co-occupation du propriétaire

Lorsque le propriétaire occupe une partie de l'immeuble, il doit prouver en premier lieu que le feu n'a pris ni dans la partie qu'il occupe, ni dans les parties communes, ni dans la loge du concierge ou du gardien qui est son salarié. Si cette preuve n'est pas apportée, les locataires ne sont pas responsables. Lorsqu'elle l'est, les principes examinés pour les locataires occupants partiels s'appliquent.

3° La responsabilité du propriétaire vis-à-vis du locataire

a) Responsabilités encourues

En vertu des articles 1719 et 1721 du Code civil, le propriétaire peut être responsable des dommages subis par ses locataires en cas de vice de construction ou d'un défaut d'entretien lui incombant. Cette responsabilité est de nature contractuelle et vise essentiellement les dommages subis par le mobilier personnel des locataires.
Le locataire n'a pas à prouver la faute du propriétaire mais seulement l'existence du vice ou du défaut d'entretien, et son lien avec le sinistre.

b) Modalités d'assurance

Le propriétaire peut couvrir cette responsabilité (assurance non obligatoire) par la garantie « recours des locataires ». Le capital assuré est librement choisi et la règle proportionnelle de capitaux n'est pas applicable. Le propriétaire ne peut en effet déterminer la valeur du mobilier de ses locataires.

4° La responsabilité vis-à-vis des voisins et des tiers

a) Principes juridiques

Cette responsabilité civile est délictuelle ou quasi-délictuelle. En cas d'incendie, des dispositions spéciales sont prévues à l'article 1384 du Code civil, alinéas 2 et 3 : le détenteur d'un bien mobilier ou immobilier dans lequel un incendie a pris naissance, ne sera responsable vis-à-vis des tiers des dommages causés par cet incendie que s'il est prouvé qu'il doit être attribué à sa faute ou à la faute de personnes dont il est responsable. Ces dispositions résultent de la loi du 7 novembre 1922.

Elles constituent une exception au principe de présomption de responsabilité du fait des choses dont on a la garde, puisque la faute est à prouver par la victime. Mais cette loi suppose la réunion des conditions suivantes :

- un incendie véritable qui a pris naissance dans le bien du détenteur ;
- un incendie qui s'est communiqué ;
- il ne doit pas s'agir de bâtiments publics (mairie, école primaire, etc.).

Ainsi, en cas d'explosion sans incendie, la loi de 1922 ne s'applique pas et le gardien de la chose est présumé responsable. De plus, cette loi ne concerne pas les rapports entre propriétaires et locataires qui sont contractuels et régis par les articles 1733 et 1734 précédemment examinés.

b) Modalités d'assurance

La responsabilité vis-à-vis des voisins et des tiers peut être assurée par tout occupant (locataire ou propriétaire) au titre de la garantie recours des voisins et des tiers.

Elle couvre la responsabilité civile encourue par l'assuré en vertu des articles 1382, 1383 et 1384 du Code civil à la suite d'un incendie ou d'une explosion prenant naissance dans les biens garantis au contrat. Le capital assuré est déterminé de manière approximative et la règle proportionnelle de capitaux n'est pas applicable.

E - La perte d'usage

1° Utilité

L'extension perte d'usage vise le propriétaire occupant. Elle s'applique lorsque ce propriétaire, à la suite d'un sinistre, ne peut plus utiliser les locaux dont il a habituellement la jouissance.

2° Modalités d'assurance

Le propriétaire doit assurer un capital égal à la valeur locative annuelle de ses locaux, sous peine de règle proportionnelle de capitaux.

En cas de sinistre, l'indemnité est versée pendant le temps nécessaire aux travaux, avec un maximum d'une année.

L'indemnité représente le loyer fictif correspondant aux bâtiments assurés, ce qui permet de louer d'autres locaux.

3° Le cas du locataire

Les frais supplémentaires engagés par le locataire qui doit se reloger à la suite d'un sinistre sont habituellement couverts par l'extension « frais de déplacement et de relogement ». Mais ils peuvent l'être également au titre d'une garantie « perte d'usage ».

F - La perte de loyers

1° Utilité

En pratique, il convient de distinguer la situation du propriétaire et celle du locataire.

a) Pour le propriétaire

En cas de sinistre dans les locaux qu'il loue, le propriétaire peut subir des pertes de loyers si les locataires se sont exonérés de leur responsabilité. Dans ce cas, en effet, ils ne sont plus tenus au paiement des loyers pendant la durée des réparations.

b) Pour le locataire

Le locataire peut être responsable d'un sinistre atteignant non seulement ses locaux, mais également ceux des autres locataires. Dans ce cas, il doit continuer à payer son loyer même s'il n'occupe plus les lieux et est responsable pour les loyers que les autres locataires victimes ne paient plus.

2° Modalités d'assurance

a) Assurance du propriétaire

Pour le propriétaire, la garantie perte de loyers est une assurance de choses dont le montant doit être égal au total des loyers annuels (sans les charges), sous peine de règle proportionnelle de capitaux. En cas de sinistre, l'assureur indemnise le propriétaire des loyers perdus pendant la durée des travaux nécessaires et pendant un an au maximum.

b) Assurance du locataire

Pour le locataire, la garantie « perte de loyers » est une assurance de responsabilité non soumise à la règle proportionnelle de capitaux.

On couvre :

- le loyer dû par le locataire responsable et assuré ;
- les loyers des colocataires victimes ;
- éventuellement, la perte d'usage du propriétaire cooccupant.

Les indemnités, en cas de sinistre, sont versées pendant la durée nécessaire aux travaux et pendant un an au maximum.

G - Les pertes indirectes

1° Utilité

À la suite d'un sinistre, les assurés subissent souvent des pertes accessoires et doivent engager des frais annexes non couverts tels que :

- déplacements supplémentaires ;
- pertes de temps pour les formalités ;
- achat de petites fournitures ;
- frais de téléphone, de courrier, etc.

Observons que ces frais sont réels, mais difficiles à chiffrer.

2° Modalités d'assurance

La garantie des pertes indirectes consiste à prévoir un pourcentage, de 5 à 15 % au maximum, qui sera appliqué au montant des dommages directs garantis pour majorer les sommes dues à l'assuré. Les assureurs proposent deux sortes de garantie :

- l'une forfaitaire n'exigeant pas la présentation de justificatifs par l'assuré ;
- l'autre sur justificatifs.

Exemple

Garantie forfaitaire des pertes indirectes de 10 % sur les articles bâtiment et mobilier personnel. Les dommages sont de :
- 15 000 € pour le bâtiment ;
- 11 000 € pour le mobilier ;
- 8 000 € pour les tiers (responsabilité civile).

Les indemnités pour dommages directs sont majorées de 10 % forfaitairement :
- pertes indirectes (15 000 € 11 000 €) x 10 % = 2 600 €, versés en plus.

NB : Lorsqu'aucun justificatif n'est exigé, les assureurs limitent désormais la garantie à 10 %, voire même à 5 % sur l'article marchandises.

H - Les honoraires d'experts

1° Utilité

En cas de sinistre, l'assuré a le droit de désigner son propre expert qui viendra défendre ses intérêts auprès de l'expert désigné par l'assureur. C'est la procédure de l'expertise amiable contradictoire, dont nous reparlerons en page 290.

2° Modalités d'assurance

En général, on prévoit le remboursement des honoraires de l'expert choisi par l'assuré à concurrence de 5 % du montant des dommages. La règle proportionnelle de capitaux ne s'applique pas. Ce pourcentage de 5 % est souvent insuffisant et de nombreux assureurs proposent, soit un pourcentage supérieur, soit un montant de garantie exprimé en francs.

III - Le règlement des sinistres incendie

Les développements qui suivent font abstraction de l'existence de nombreuses conventions conclues entre assureurs. Ces conventions de règlement simplifient la gestion des sinistres et surtout limitent les recours entre assureurs. Ces conventions ne sont pas opposables aux assurés.

A - Les obligations et les droits de l'assuré

1° Les obligations de l'assuré et leur sanction

a) En cas de sinistre

L'assuré doit :
- prendre immédiatement toutes les mesures nécessaires pour limiter l'importance du sinistre et sauvegarder les biens garantis. Cela signifie qu'il doit alerter les secours publics (pompiers) et utiliser les moyens de secours dont il dispose (extincteurs par exemple). Cela implique également qu'il doit limiter les dommages ; par exemple, en bâchant les toitures après l'incendie. L'assuré, à ce moment, sera conseillé par l'assureur. Rappelons que les frais engagés pour limiter le sinistre sont couverts (frais de bâchage notamment) ;
- déclarer le sinistre à l'assureur dans les cinq jours ouvrés. Ce délai est décompté à partir de la connaissance du sinistre. Les conditions générales-types de la Commission

plénière des assurances de biens et de responsabilité prévoient une déclaration soit par lettre recommandée, soit verbale contre récépissé ;
- fournir un rapport circonstancié sur la date, les circonstances, les causes connues ou présumées et l'importance approximative du sinistre. L'assuré doit signaler l'existence éventuelle d'autres assurances couvrant le risque sinistré. En pratique, deux solutions sont concevables :
  - ou bien, lors de la déclaration du sinistre, l'assuré fournit tous les renseignements demandés : c'est le cas lorsqu'il dispose d'un imprimé remis par l'assureur avec la police ;
  - ou bien l'assuré a d'abord déclaré le sinistre et, dans un deuxième temps, apporte les précisions demandées grâce, en général, à l'imprimé que lui a adressé son assureur ;
- fournir dans les 30 jours un état des pertes, c'est-à-dire un état estimatif détaillé, certifié sincère et signé, des biens assurés endommagés, détruits ou sauvegardés. Cet état des pertes est un document essentiel, car il sert de base pour la détermination des indemnités dues par l'assureur. La plupart du temps, ce document est complété avec l'assistance d'un expert et les dommages immobiliers n'y figurent pas car ils nécessitent un rapport d'expertise et un délai plus important. Les assureurs ont conçu des imprimés pour faciliter la tâche du client ;
- communiquer tous les documents et justificatifs nécessaires au règlement du sinistre. Il s'agit des lettres, convocations, assignations, factures, etc.

b) En cas de non-respect de ses obligations

L'assuré encourt :
- soit la déchéance totale pour non-déclaration du sinistre dans les cinq jours ou pour toute fausse déclaration volontaire (exagération de l'état des pertes par exemple). Rappelons que, depuis le 1er mai 1990, la déchéance pour déclaration tardive ne peut être appliquée que si l'assureur établit l'existence d'un préjudice ;
- soit une sanction limitée au préjudice subi par l'assureur du fait du manquement aux autres obligations, sans mauvaise foi établie.

2° Les droits de l'assuré

Ils sont au nombre de quatre :
- l'assuré a droit aux indemnités conformes aux dispositions du contrat. Elles doivent être versées dans un délai de trente jours à compter de l'accord amiable (ou de la décision de justice exécutoire) ;
- l'assuré peut réclamer des intérêts de retard si l'expertise n'est pas terminée dans les trois mois qui suivent la remise de l'état des pertes ;
- l'assuré peut s'adresser aux tribunaux si l'expertise n'est pas terminée dans les six mois qui suivent la remise de l'état des pertes ;
- l'assuré a le droit de résilier les autres contrats si l'assureur résilie la police incendie à la suite du sinistre.

B - Les obligations et les droits de l'assureur

1° Les obligations de l'assureur

L'assureur doit :
- procéder aux expertises amiables prévues aux conditions générales dans le délai de trois mois sous peine d'intérêts de retard ;

- verser les indemnités dans le délai de trente jours à compter de l'accord amiable (ou de la décision de justice). À défaut, il doit des intérêts de retard (intérêts « moratoires ») ;
- obtenir l'accord de l'assuré, s'il veut diriger ou s'associer à sa défense devant les tribunaux. Cela concerne le cas assez rare, où l'assuré est poursuivi devant un tribunal pénal à la suite d'une infraction commise à l'occasion du sinistre ;
- indemniser les tiers victimes au titre des garanties de responsabilité, même en cas de déchéance frappant l'assuré. La déchéance est inopposable aux tiers (C. assur., art. R. 124-1). L'assureur pourra se retourner contre son propre assuré, après indemnisation des tiers.

2° Les droits de l'assureur

L'assureur a seul le droit de transiger avec les tiers victimes. Toute reconnaissance de responsabilité intervenue sans son accord lui est inopposable (C. assur., art. L. 124-2). L'assureur a le droit de diriger le procès civil et d'exercer toutes les voies de recours sur le plan civil.

L'assureur peut résilier le contrat après tout sinistre (selon C. assur., art. R. 113-10). Les modalités sont celles examinées dans la 1re partie de l'ouvrage (Notions générales d'assurance).

L'assureur, après versement des indemnités, bénéficie de la subrogation légale (voir également la 1re partie).

C - La phase d'instruction du règlement

Le régleur du sinistre doit au préalable vérifier l'existence et la validité du contrat (ni suspendu, ni résilié).

On peut ensuite distinguer quatre étapes dans le règlement.

1° Détermination des causes et circonstances du sinistre

À partir de la déclaration du sinistre et du rapport circonstancié, l'assureur détermine si le sinistre est couvert ou non par la police. Dans certains cas, il dispose également de rapports de gendarmerie ou de témoignages. Il peut aussi demander un rapport à son inspecteur.

2° Vérification des déclarations du souscripteur

Le contrat d'assurance est un contrat de bonne foi : on se réfère aux déclarations du souscripteur sans vérifier systématiquement leur véracité. Après le sinistre, il apparaît légitime pour l'assureur de vérifier si les risques déclarés sont conformes à la réalité. Cela est, en général, une des missions dévolues à l'expert. En cas de fausses déclarations ou de déclarations inexactes, il pourra y avoir application des sanctions adéquates :

- nullité (très rarement) en cas de fraude établie ;
- règle proportionnelle de primes et/ou de capitaux.

3° Détermination du montant des dommages

Les dommages sont déterminés à partir de l'état des pertes et des justificatifs fournis par l'assuré. Juridiquement, c'est à l'assuré de prouver l'existence et la valeur des biens sinistrés.

Schéma récapitulatif des principales garanties

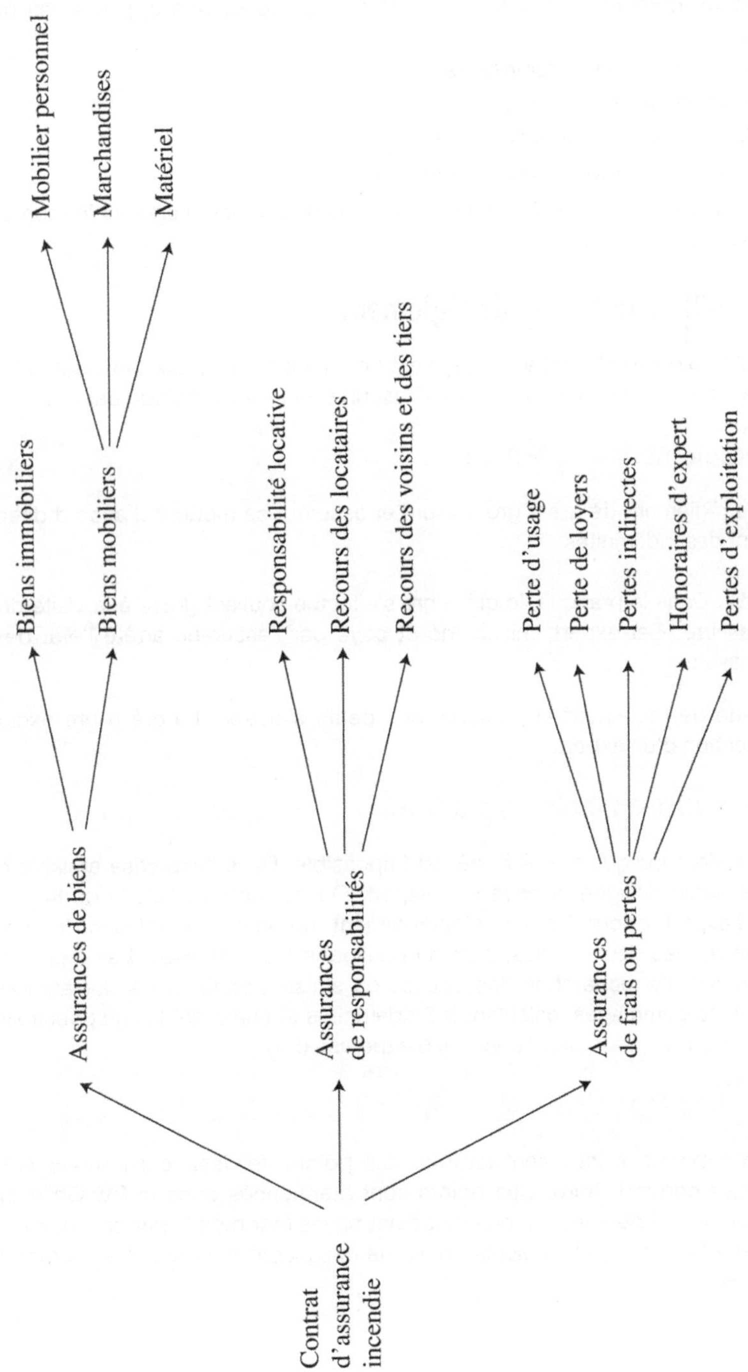

4° Fixation du montant des indemnités

À partir du montant des dommages, le régleur du sinistre applique les dispositions du contrat :
- exclusion de certains dommages ;
- application des franchises ;
- application des plafonds de garantie ;
- éventuellement, règle(s) proportionnelle(s).

Il y a très rarement coïncidence entre le montant des dommages et le montant des indemnités dues par l'assureur.

D – Les différents modes de règlement

Un système d'expertise(s) amiable(s) est prévu. Le recours aux tribunaux a lieu uniquement si les expertises amiables échouent. C'est un système d'escalade dans la procédure.

1° Le règlement de gré à gré

Dans le règlement de gré à gré, assuré et assureur se mettent d'accord directement sur le montant des indemnités.

> **NB** : Dans la pratique, le gré à gré s'effectue souvent grâce à la visite de l'expert chez l'assuré. Cet expert, missionné et payé par l'assureur, arrête l'état des pertes avec l'assuré.

Ce mode de règlement est réservé aux petits sinistres. Le gré à gré exclut en principe l'intervention d'un expert.

2° L'expertise amiable contradictoire

Elle intervient lorsque le gré à gré est impossible. Dans l'expertise amiable contradictoire, chaque partie désigne et paye son expert. On constate ici l'utilité de la garantie « honoraires d'expert » pour l'assuré. Concrètement, un acte de nomination d'experts est établi et signé par les deux parties, puis on convoque les intéressés. Les deux experts opèrent en commun. Ils recherchent les causes du sinistre, vérifient les déclarations du contrat, chiffrent les dommages, calculent les indemnités et analysent les responsabilités. Les deux experts établissent un procès-verbal d'expertise (PV).

3° La tierce expertise

La tierce expertise intervient lorsque des points de désaccord subsistent à l'issue de l'expertise contradictoire. Ces points sont mentionnés dans le PV. On désigne alors un troisième expert dont les honoraires seront payés (par moitié) par chacune des parties. Les trois experts examinent les seuls points de désaccord et rédigent en commun un nouveau procès-verbal.

4° L'expertise judiciaire

L'expertise judiciaire intervient soit lorsque la tierce expertise n'aboutit pas à un consensus, soit lorsqu'un différend apparaît à propos des garanties du contrat ou des responsabilités.

Le tribunal compétent désignera un ou plusieurs experts choisis sur une liste d'experts agréés auprès de chaque cour d'appel.

E - Le paiement de l'indemnité

1° Détermination des bénéficiaires

L'indemnité est juridiquement payable chez l'assureur. L'assureur doit déterminer les bénéficiaires de cette indemnité, c'est-à-dire rechercher les propriétaires des biens sinistrés et vérifier leur capacité juridique à recevoir les sommes dues. Cela soulève des difficultés dans certains cas tels que :

- biens en indivision ;
- biens appartenant à des mineurs ou des majeurs incapables (sous tutelle par exemple) ;
- biens d'entreprises en redressement judiciaire ou en liquidation de biens.

Une fois ces problèmes résolus, l'assureur établit une quittance de paiement qui doit être signée par le ou les bénéficiaires (ou leurs représentants légaux).

2° Les bénéficiaires prioritaires (C. assur., art. L. 121-13)

Outre la capacité juridique évoquée ci-dessus, l'assureur doit tenir compte de l'existence, dans certains cas, de bénéficiaires prioritaires tels que :

- créancier privilégié ou hypothécaire de l'assuré ;
- propriétaire des biens loués par l'assuré ;
- voisin victime de l'incendie causé par l'assuré.

Cela signifie que le paiement des indemnités ne pourra intervenir sans l'accord ou le désintéressement de ces bénéficiaires prioritaires.

F - L'exercice des recours

1° La subrogation légale de l'assureur

Elle résulte de l'article L. 121-12 du Code des assurances et intervient après versement des indemnités. Elle permet à l'assureur de demander le remboursement de tout ou partie des sommes versées auprès du tiers responsable. En ce qui concerne les principes régissant la subrogation légale, il convient de se reporter à la 1re partie du présent livre.

2° Application pratique

Monsieur Alain est propriétaire d'un bâtiment occupé par Madame Michel, locataire. Monsieur Alain est assuré en valeur à neuf par la compagnie A. Madame Michel est assurée pour les risques locatifs par la société mutuelle M. Les dommages s'élèvent à 100 000 €. La vétusté est de 10 %.

Madame Michel, présumée responsable de l'incendie selon l'article 1733 du Code civil, n'a pu s'exonérer.

Règlement du sinistre :

Monsieur Alain sera indemnisé par la compagnie A :

- d'abord en valeur d'usage pour (100 000 € –10 % de vétusté) soit 90 000 € ;

- puis, pour le complément valeur à neuf, sur justificatifs, soit 10 000 €. La compagnie A exercera un recours subrogatoire contre Madame Michel et son assureur M pour 100 000 €.

  NB : En fait, le recours exclura le complément valeur à neuf en raison d'une convention d'abandon de recours entre assureurs.

Section II – L'assurance dégâts des eaux

I – Les garanties

A – Les événements garantis

1° Garantie de base

Cette assurance couvre les dommages matériels (et éventuellement immatériels) consécutifs à un dégât des eaux résultant de fuites accidentelles, débordements et ruptures :
- de conduites non enterrées d'adduction ou de distribution d'eau, d'évacuation des eaux pluviales, ménagères ou de vidange, de chéneaux et gouttières ;
- des installations de chauffage central ;
- des appareils à effet d'eau (lavabo, lave-vaisselle, lave-linge, baignoire, etc.).

2° Extensions de garantie

De nombreux contrats étendent la garantie aux dommages consécutifs aux :
- infiltrations par les joints d'étanchéité au pourtour des installations sanitaires et au travers des carrelages ;
- infiltrations au travers de la couverture du bâtiment, des terrasses, ciels vitrés, loggias et balcons ;
- débordements et renversements de récipients (bassines, baignoires d'enfants…) ;
- effets du gel des canalisations et appareils, à condition que certaines mesures préventives soient respectées pendant la période hivernale (exemple : vidange des installations en cas d'absence et d'arrêt du chauffage).

B – L'assurance de choses

On couvre les dommages subis par les biens de l'assuré désignés aux conditions particulières à la suite des événements énumérés au A, à savoir :
- bâtiments ;
- mobilier personnel ;
- matériel et marchandises s'il s'agit d'un risque professionnel.

  NB : Le contenu de chaque article est le même qu'en assurance incendie. La garantie peut être acquise en valeur d'usage ou en valeur à neuf (sauf pour les marchandises bien sûr).

C - L'assurance de responsabilités

Elle est toujours prévue en complément de l'assurance de choses. Sont couverts les dommages causés aux biens appartenant à des tiers et engageant la responsabilité de l'assuré à la suite des événements garantis (énumérés en A).

Ainsi, selon la qualité de l'assuré on couvre :
- la responsabilité locative ;
- la responsabilité vis-à-vis des locataires ;
- la responsabilité vis-à-vis des voisins et des tiers.

II - Les exclusions

A - Les exclusions absolues

Les exclusions générales prévues par le Code des assurances et étudiées en assurance incendie, telles que la faute intentionnelle de l'assuré, les dommages corporels, le risque de guerre, le risque atomique, le vice propre de la chose assurée, concernent également l'assurance dégâts des eaux.

Les principales exclusions spécifiques sont les suivantes :
- les dommages provoqués par les eaux de ruissellement, les engorgements ou les refoulements d'égouts et canalisations souterraines, les inondations, les entrées d'eau par les portes, fenêtres, gaines d'aération ou conduits de fumée ;
- les dommages provoqués par l'humidité, la buée ou la condensation ;
- les conséquences d'un incendie (assurance incendie) ;
- les archives, modèles, dessins, titres et billets de banque.

B - Les exclusions rachetables

Les exclusions rachetables sont les suivantes :
- les infiltrations, les débordements et renversements de récipients et les effets du gel (voir ci-dessus, événements garantis) ;
- les frais de recherche des fuites ;
- les frais de réparation ou de remplacement des conduites, robinets ou appareils à l'origine du sinistre.

III - Le règlement des sinistres

Depuis le 1er juin 2018, la nouvelle convention inter-assureurs d'indemnisation et de recours des sinistres immeubles (IRSI) est applicable. L'IRSI change en profondeur les règles d'indemnisation des sinistres dégâts des eaux et incendies d'un montant inférieur à 5 000 euros HT.

L'objectif poursuivi par cette nouvelle convention est d'apporter un meilleur service à l'assuré tout en simplifiant et accélérant le règlement des sinistres.

L'IRSI modifie en profondeur le régime d'indemnisation des copropriétaires, jusqu'alors organisé par les conventions CIDRE (Convention d'indemnisation directe et de renonciation de recours en cas de dégâts des eaux) et CIDE-COP (indemnisation des dégâts des eaux dans la copropriété). Si la CIDE-COP reste en vigueur pour les sinistres survenus en copropriété d'un montant supérieur à 5 000 euros HT, la CIDRE est quant à elle abrogée.

Pour indemniser les sinistres survenus depuis le 1er juin 2018, la nouvelle convention IRSI :
- désigne un seul assureur chargé de la gestion du sinistre dans sa globalité ;
- organise les modalités de recherche de fuite ;
- simplifie l'évaluation du dommage et l'expertise ;
- désigne l'assureur qui doit prendre en charge les dommages ;
- encadre les recours entre assureurs.

Section III - L'assurance contre le vol

I - La prévention

La branche vol nécessite une approche particulière : l'équilibre des résultats dépend avant tout de la prévention et d'une sélection rigoureuse des risques à la souscription. En ce qui concerne la prévention, il convient de rappeler le rôle joué par l'Assemblée plénière en liaison avec le CNPP (Centre national de prévention et de protection), grâce à son laboratoire du vol. Nous avions évoqué cet aspect dans la 1re partie de l'ouvrage. Précisons que le CNPP est agréé, depuis 1984, pour délivrer des certificats de qualification relatifs à des systèmes de protection vol. Il s'agit de la certification A2P, comme en matière d'incendie.

Aujourd'hui, l'assurance vol n'est plus déficitaire grâce à la généralisation de la prévention par des moyens mécaniques ou électroniques et à l'amélioration de l'assurance des objets de valeur et des objets précieux.

II - Les garanties

A - Les événements garantis

L'assureur couvre la disparition, la destruction ou la détérioration des biens assurés d'un vol ou d'une tentative de vol commis dans l'une des circonstances suivantes :
- effraction des locaux assurés ;
- escalade ou usage de fausses clés ;
- introduction clandestine dans les locaux assurés ;
- vol (ou tentative) précédé ou suivi de meurtre, de tentative de meurtre, de menaces ou de violences.

B - Les biens assurés

Ce sont les biens désignés aux conditions particulières et appartenant à l'assuré :
- mobilier personnel ;
- matériel ;
- marchandises.

En ce qui concerne le mobilier personnel, on relève les mêmes limitations que celles prévues en incendie pour les objets précieux ou de valeur. Un plafond de garantie est fixé selon soit un pourcentage du capital mobilier personnel, soit un montant particulier.

C - Les valeurs assurées

On distingue trois sortes de formules.

1° L'assurance en valeur totale déclarée

La totalité des biens est assurée pour sa valeur exacte, sous peine d'application de la règle proportionnelle de capitaux.

2° L'assurance en valeur partielle déclarée

L'assuré déclare la valeur totale de ses biens, mais ne les fait garantir qu'à concurrence d'une somme inférieure, en général égale à une fraction de la valeur totale. Cette formule est caractéristique de l'assurance des marchandises. La règle proportionnelle de capitaux recevra une application partielle.

3° L'assurance au premier risque absolu

Cette formule est très souvent retenue pour l'assurance des particuliers, notamment en multirisque habitation. L'assuré fixe la somme garantie et, en cas de sinistre, l'assureur règle à concurrence de cette somme, sans application de la règle proportionnelle de capitaux.

III - Les exclusions

A - La clause d'inhabitation

Remarque préliminaire. La clause d'inhabitation n'est pas en réalité une clause d'exclusion. Nous l'avons insérée dans ce paragraphe pour simplifier l'analyse. Le contenu de cette clause varie selon les assureurs.

L'inhabitation des locaux au-delà d'un certain nombre de jours fixé contractuellement a, pour effet de suspendre la garantie et ce, tant que les locaux restent inhabités et au plus tard jusqu'à l'expiration de l'année d'assurance en cours. La durée d'inhabitation varie selon les assureurs, de 45, 60 ou 90 jours par exemple. Il convient de se reporter au contrat, cas par cas.

La durée de l'inhabitation se calcule en additionnant le nombre total de jours pendant lesquels les locaux restent inhabités au cours d'une même année d'assurance, que cette inhabitation se produise en une ou plusieurs fois (les absences de trois jours consécutifs au plus n'entrant pas en ligne de compte). Si l'inhabitation annuelle est supérieure à 3 jours, mais inférieure à 60 jours, la garantie du mobilier est maintenue mais les bijoux, espèces et valeurs, collections de timbres-poste, de monnaies et de médailles sont exclus dès le premier jour d'inhabitation, sauf s'ils sont enfermés en coffre-fort. Bien entendu, cette clause soulève le délicat problème d'assurance des résidences secondaires.

B - Le non-respect de certaines mesures de prévention

De plus en plus, les assureurs subordonnent la garantie au respect d'un certain nombre de mesures préventives :
- portes extérieures munies de verrous de sécurité à enclencher en cas d'absence ;

- ouvertures équipées de volets, persiennes ou rideaux métalliques à fermer en cas d'absence dépassant une certaine durée ou à certains moments (la nuit par exemple) ;
- les fonds et valeurs doivent être placés dans des tiroirs ou des meubles fermant à clef.

Lorsque l'assuré a déjà été victime de vols, les exigences sont renforcées.

> **NB** : Selon les assureurs la formulation varie : les mesures de prévention peuvent constituer des conditions de la garantie (preuve à charge de l'assuré) ou a contrario apparaître en exclusion (preuve à charge de l'assureur). Il arrive encore que le non-respect des mesures soit sanctionné par une réduction des garanties, selon un certain pourcentage.

C - Les exclusions absolues

L'assureur ne garantit pas les dommages commis dans les circonstances suivantes :
- vol commis par les membres de la famille de l'assuré (conjoint, ascendants, descendants et alliés) ;
- les dommages d'incendie, d'explosion ou de dégâts des eaux causés par les voleurs (ces dommages étant couverts par les contrats garantissant ces événements) ;
- le vol des objets ne se trouvant pas dans un endroit entièrement clos et couvert.

D - Les autres exclusions

- le vol commis par les personnes vivant chez l'assuré ou par ses préposés ;
- les actes de vandalisme ;
- les détériorations immobilières ;
- les vols dans les dépendances (caves, celliers, garages).

IV - Le règlement des sinistres vol

A - Particularités de l'assurance vol

Le sinistre doit être déclaré dans les 2 jours ouvrés à compter du moment où l'assuré en a eu connaissance, avec dépôt de plainte préalable auprès des autorités de police. L'assuré doit faire opposition s'il s'agit de vol de chéquiers, de cartes de crédit ou de titres.

S'il y a récupération des objets volés, deux cas doivent être distingués :
- **1er cas** : les objets sont retrouvés avant le paiement des indemnités. L'assuré est tenu de reprendre ses biens, mais il a droit à l'indemnisation des dégradations ;
- **2e cas** : les objets sont retrouvés après le paiement des indemnités. L'assuré bénéficie d'une option pendant un mois ; ou bien il récupère les biens et restitue les indemnités, déduction faite des dégradations et des frais, ou bien il conserve les indemnités et les biens deviennent propriété de l'assureur.

B - Problèmes de preuve

L'assuré doit prouver :
- que le vol a eu lieu selon une des circonstances énumérées au contrat et garanties ;
- l'existence et la valeur des objets volés.

À noter que la mention au contrat des objets et de leur valeur n'est pas une preuve. L'assuré doit fournir des justificatifs tels que : factures, témoignages, photographies, lettres, etc.

En pratique, de très nombreuses difficultés surgissent, car l'assuré a rarement pensé à se ménager, à l'avance, des preuves. Les assureurs doivent aider les assurés en les informant dès la souscription. Après le sinistre, ils doivent également conseiller le client et admettre parfois que certaines présomptions ont valeur de preuve.

Section IV - L'assurance bris de glace

I - Les garanties

A - Les objets garantis

L'assurance a pour objet de garantir, après leur mise en place, les glaces, verres et autres articles de miroiterie et les marbres. Il est également possible de garantir le bris d'appareils sanitaires, de capteurs solaires, d'enseignes lumineuses, de vérandas ou même d'objets en matière plastique.

B - Les événements couverts

L'assureur couvre le bris occasionné par :
- le fait non intentionnel de l'assuré ;
- le fait de ses salariés, préposés et autres personnes de sa maison ;
- le fait, l'imprudence ou la malveillance de tiers ;
- le tassement ou le vice de construction des immeubles ;
- le jet d'objets extérieurs ;
- les suites de rixe, vol ou tentative de vol ;
- la grêle et les variations de température.

Par extension, on peut englober le bris résultant :
- de tempêtes ;
- du franchissement du mur du son ;
- d'émeutes ou de mouvements populaires.

II - Les exclusions

A - Les exclusions absolues

Outre les exclusions habituellement prévues et concernant le fait intentionnel de l'assuré, le risque de guerre, le risque atomique et le vice propre de la chose, sont exclus :
- les bris occasionnés par suite d'incendie ou d'explosion ;
- les bris survenant au cours de tous travaux effectués sur les objets assurés ou au cours de leur pose, dépose, transport, entrepôt ;
- les objets déposés, les rayures, ébréchures, écaillements, la détérioration des argentures ou peintures ;

- les bris occasionnés par la vétusté ou le défaut d'entretien des enchâssements, encadrements ou soubassements ;
- les accidents corporels ou les dommages matériels causés par la chute des débris.

B - Les autres exclusions

Ce sont :
- les frais exceptionnels de pose ;
- les frais de clôture provisoire ou de gardiennage ;
- les frais de gravure ou de décoration ;
- les dommages subis par les encadrements, les châssis et les soubassements.

Section V - Notions sur le contrat multirisques professionnel

I - Les entreprises concernées

Ces contrats multirisques professionnel (ou équivalents) concernent les entreprises commerciales et artisanales de petite et moyenne importance. Il s'agit en fait de contrats destinés à une grande diffusion : les entreprises trop importantes ou trop particulières ne sont pas visées.

II - Les risques couverts

Par analogie avec la multirisque habitation, il s'agit de couvrir tous les risques inhérents à un commerce ou à une entreprise artisanale (sauf risques automobiles).

On retrouve les mêmes événements assurés : incendie, foudre, explosions, tempêtes, dégâts des eaux, bris de glaces et vol.

Toutefois, certaines activités nécessitent l'exclusion du vol dans le contrat multirisque et l'étude d'un contrat spécifique. Cela concerne, par exemple, les bijoutiers, les fourreurs, les commerces de matériels vidéo et hi-fi, les commerces ayant déjà subi des vols, etc.

> **NB** : On retrouve, selon les sociétés, des garanties présentées en option (bris de glaces notamment).

On couvre les trois sortes d'assurance : choses, responsabilités et dommages immatériels. Cela permet d'englober les marchandises et le matériel.

Le bâtiment pour le propriétaire, les risques locatifs pour le locataire et le recours des voisins et des tiers sont garantis. On englobe la responsabilité civile professionnelle, à condition que le nombre de salariés ne soit pas trop élevé et que les activités extérieures (les chantiers) soient limitées. Par exemple, un magasin de chauffagiste sera couvert par une multirisque professionnelle, mais l'activité de pose, entretien et réparation fera l'objet d'une police responsabilité civile distincte.

Lorsque la responsabilité civile est couverte, on accorde également la garantie protection juridique. On peut prévoir d'autres couvertures :
- responsabilité civile vie privée ;
- pertes d'exploitation forfaitaires ;
- valeur vénale du fonds de commerce, etc.

III - Les montants des garanties

Le bâtiment (pour le propriétaire) et les risques locatifs sont en général couverts sans limitation de somme. Le contenu, matériel et marchandises, est garanti au 1er risque, à concurrence d'une somme convenue.

Les autres garanties sont accordées de manière forfaitaire ; des franchises sont également prévues.

IV - Principes de tarification

La tarification nécessite plusieurs calculs successifs. On tient compte :
- de l'activité professionnelle ;
- de la superficie exploitée ;
- du nombre de personnes travaillant dans l'entreprise ;
- du capital assuré en matériel et marchandises ;
- des options retenues.

Chapitre V

L'ASSURANCE DE PROTECTION JURIDIQUE

Section I - L'encadrement législatif

L'assurance de protection juridique a fait l'objet de la directive européenne n° 87-344 du 22 juin 1987, dont les principes ont été intégrés dans le Code des assurances (art. L. 127-1 et s.) et dans le Code de la mutualité (art. L. 224-1 et s.).

La loi n° 2007-210 du 19 février 2007 est venue modifier et compléter l'encadrement de cette assurance particulière.

I - Définition de l'assurance protection juridique

L'assurance de protection juridique consiste à prendre en charge les frais de procédure ou à fournir des services pour défendre l'assuré ou exercer un recours pour son compte (C. assur., art. L. 127-1 et C. mut., L. 224-1). Ainsi, la protection juridique englobe la défense et le recours de l'assuré.

Le Code des assurances précise toutefois, que reste exclue l'activité de l'assureur de responsabilité qui défend en même temps ses propres intérêts (art. L. 127-6) ; cette disposition ne figure pas dans le Code de la mutualité puisque les mutuelles ne peuvent pratiquer les assurances de responsabilité ou automobile. En conséquence, l'essentiel des garanties accordées au titre des extensions défense et recours en assurance automobile ou en assurances responsabilité civile relève désormais de la protection juridique.

II - Obligations de l'assureur

Elles sont au nombre de quatre :

- la garantie protection juridique doit être individualisée (C. assur., art. L. 127-2 et C. mut., art. L. 224-2). Elle fait l'objet soit d'un contrat distinct, soit d'un chapitre distinct dans une police couvrant d'autres risques, avec indication de la cotisation correspondante ;
- une clause expresse doit stipuler le libre choix de l'avocat par l'assuré. Il s'agit d'un principe fondamental inscrit aux articles L. 127-3 du Code des assurances et L. 224-3 du Code de la mutualité ;
- en cas de désaccord entre l'assuré et l'assureur sur les mesures à prendre, notamment sur l'opportunité d'une action en justice, une procédure de règlement amiable du conflit doit être prévue dans une clause (C. assur., art. L. 127-4 et C. mut., art. L. 224-4). On a coutume de parler de clause arbitrale ou de procédure d'arbitrage ;
- l'assureur doit choisir entre un des trois modes de gestion suivants (C. assur., art. L. 322-2-3 et C. mut., art. L. 224-7) : gestion par un service distinct, autonome et spécialisé en protection juridique ; gestion par une entreprise juridique distincte ; gestion entièrement déléguée à un avocat choisi par l'assuré.

En ce qui concerne les sociétés d'assurances, la mention du mode de gestion retenu doit figurer sur tous les documents contractuels (C. assur., art. R. 127-1).

III - Les modifications introduites par la loi du 19 février 2007

On relève six nouvelles dispositions visant à protéger les assurés.

A - La définition du sinistre

Est considéré comme sinistre le refus qui est opposé à une réclamation dont l'assuré est l'auteur ou le destinataire (C. assur., art. L. 127-2-1 et C. mut., art. L. 224-2-1).

L'objectif de cette définition est de fixer précisément la date à partir de laquelle court le délai de déclaration du sinistre à l'assureur.

B - La limitation de l'application de la déchéance

Il est prévu que les consultations ou les actes de procédure réalisés avant la déclaration du sinistre ne peuvent justifier la déchéance de la garantie (C. assur., art. L. 127-2-2 et C. mut., art. L. 224-2-2).

Cela signifie que l'assuré peut s'adresser à un avocat ou à un auxiliaire de justice avant de saisir son assureur, sans encourir de déchéance de garantie.

C - La saisine obligatoire d'un avocat si la partie adverse est défendue par un avocat

La loi stipule que l'assuré doit être assisté ou représenté par un avocat lorsque l'organisme assureur ou lui-même est informé de ce que la partie adverse est défendue dans les mêmes conditions (C. assur., art. L. 127-2-3 et C. mut., art. L. 224-2-3).

En pratique, on constate aujourd'hui que cette disposition ne fait pas réellement obstacle aux règlements amiables pour environ 80 % des litiges.

D - La proposition d'un avocat par l'assureur

L'organisme assureur ne peut proposer le nom d'un avocat à l'assuré sans demande écrite de sa part (C. assur., art. L. 127-3 et C. mut., art. L. 224-3). Cette disposition doit, naturellement être rapprochée du principe de libre choix de l'avocat par l'assuré.

E - L'assuré et l'avocat négocient les honoraires

La loi prévoit que les honoraires de l'avocat sont déterminés entre ce dernier et son client, sans pouvoir faire l'objet d'un accord avec l'assureur de protection juridique (C. assur., art. L. 127-5-1 et C. mut., art. L. 224-5-1). Cette disposition, fort critiquée également, vise à supprimer tout lien économique entre l'assureur et l'avocat.

F - Le remboursement prioritaire des frais exposés par l'assuré pour son litige

Selon les articles L. 127-8 du Code des assurances et L. 224-7-1 du Code de la mutualité, « le contrat d'assurance de protection juridique stipule que toute somme obtenue en remboursement des frais et des honoraires exposés pour le règlement du litige bénéficie par priorité à l'assuré pour les dépenses restées à sa charge et, subsidiairement, à l'assureur [à la mutuelle ou à l'union, pour le Code de la mutualité], dans la limite des sommes qu'il a engagées ».

Cette priorité d'imputation des dépenses constituait un engagement déontologique des assureurs depuis 2005.

Section II - Objet de l'assurance protection juridique

I - Distinction : protection juridique et garanties défense-recours

Les anciennes clauses de « défense-recours » figurant dans la plupart des contrats responsabilité civile et automobile ont été modifiées pour tenir compte de la distinction imposée par la loi.

Nous vous proposons ci-après un tableau diffusé par la Commission plénière des assurances de biens et de responsabilité, concernant les assurances de responsabilité civile.

Ce document permet de bien distinguer la garantie accessoire aux assurances de RC de l'assurance protection juridique.

ASSURANCES DE RESPONSABILITÉ CIVILE

Les activités de défense et recours après la modification du Code des assurances

L'activité ci-dessous qui était exercée dans le cadre des anciennes garanties « défense-recours »	Ne peut désormais être exercée que dans le cadre légal des garanties de protection juridique	Peut continuer à être exercée dans le cadre d'autres garanties
1 – Défense civile de l'assuré		
1.1 Devant toute juridiction lorsque le procès concerne aussi les intérêts de l'assureur « responsabilité civile ».		X
1.2 Lorsque dans un procès intenté par l'assuré est présentée une demande reconventionnelle pour des faits et des dommages pouvant mettre en jeu une garantie « responsabilité civile ».		X
1.3 Lorsque les seuls intérêts de l'assuré sont en jeu.	X	
2 – Défense pénale de l'assuré		
2.1 Lorsque des intérêts civils concernant une garantie de « responsabilité civile » sont aussi en jeu.		X
2.2 Dans les autres cas.	X	
3 – Recours pour l'assuré		
3.1 En l'absence de différend ou litige avec le responsable ou son assureur.		X
3.2 Lorsqu'il y a différend ou litige avec le responsable ou son assureur	X	

II – Contenu de la garantie

L'assuré s'engage à :

- assumer la défense amiable ou judiciaire de l'assuré lorsqu'il est mis en cause ou assigné devant un tribunal ;
- exercer les recours nécessaires à la réparation des dommages subis par l'assuré ou à la reconnaissance de ses droits.

Il ne s'agit pas seulement d'une prise en charge financière. L'assureur doit mettre en œuvre tous les moyens dont il dispose : il promet une assistance juridique et prend en charge les frais de procédure, d'avocat, d'huissier, d'expertise, etc.

Le rôle de conseil est fondamental. Lorsque l'intervention d'un avocat est nécessaire, les contrats prévoient nécessairement le libre choix par l'assuré et la libre détermination des honoraires, sans l'assureur.

Section III - Étendue des garanties et principales formules proposées

I - La garantie protection juridique en assurance RC

Comme indiqué lors de l'étude des contrats d'assurance de responsabilité, la plupart des assureurs prévoient une extension protection juridique. Elle fait alors l'objet d'un chapitre distinct et d'une surprime. Cette extension ne doit pas être confondue avec les garanties octroyées par un contrat distinct. L'extension est toujours limitée au périmètre du contrat d'assurance RC. Elle n'en est que l'accessoire et n'intervient que dans la limite des risques couverts.

Par exemple, en assurance RC vie privée, la protection juridique n'est pas accordée pour les accidents automobiles ou pour les litiges de la consommation.

II - Étendue des garanties des contrats spécifiques

La plupart des contrats sont libellés selon la technique du « tout sauf », c'est-à-dire que l'on couvre tous les litiges sauf ceux énumérés.

En général, on trouve les exclusions suivantes, absolues ou rachetables :
- litiges concernant les droits de la famille : divorce, succession, paternité ;
- litiges se rapportant à une activité syndicale ou politique ;
- litiges liés au contrat de travail ;
- litiges se rapportant aux droits de « propriété » ;
- litiges relatifs au droit des sociétés.

Par ailleurs, le fait intentionnel, les risques de guerre, les risques atomiques sont toujours exclus.

De même, le contrat ne prend pas en charge les litiges nés avant la souscription.

III - Les principales formules proposées

On relève l'existence de trois catégories de contrats exposés ci-dessous.

A - Les contrats destinés aux particuliers

La garantie englobe les membres d'une famille : parents et personnes à charge. Seuls les litiges relatifs à la vie privée sont couverts.

B - Les contrats destinés aux entreprises

Par entreprises, on entend aussi bien les entreprises individuelles que celles employant des salariés : artisans, commerçants, professions libérales, chefs d'entreprise, etc.

Bien entendu, les primes varient selon l'importance des entreprises et l'étendue de la couverture. Les litiges garantis sont uniquement d'ordre professionnel.

C - Les contrats mixtes

L'assuré est garanti pour les litiges d'ordre privé et d'ordre professionnel.

IV - Les engagements déontologiques de la FFSA

En juin 2005, la FFSA a adopté un engagement relatif à l'assurance de protection juridique. Cet engagement, reproduit ci-après, prévoit :

- d'adopter un vocabulaire commun à tous les assureurs ;
- de simplifier le traitement des désaccords entre l'assureur et son assuré ;
- d'identifier la cotisation de protection juridique sur les avis d'échéance.

Engagement relatif à l'assurance de protection juridique

Approuvé par l'Assemblée Générale de la FFSA le 21 juin 2005 et par la Commission exécutive du GEMA du 14 mai 2009, le présent engagement a été aménagé en décembre 2011 pour prendre en compte les dispositions de la loi du 19 février 2007 portant réforme de l'assurance de protection juridique. Cette nouvelle version a été adoptée par l'Assemblée Générale de la FFSA le 20 décembre 2011 et par la Commission Exécutive du GEMA le 10 novembre 2011.

Le présent engagement a pour objet de favoriser le développement de la protection juridique par une amélioration de l'information des assurés et une meilleure prise en compte des attentes des consommateurs.

A - Communication sur le contrat

L'assureur s'engage à adopter un vocabulaire spécifique au contrat de protection juridique afin de répondre aux besoins de l'assuré en matière de transparence et de compréhension des garanties offertes :

- la DPRSA : garantie défense pénale et recours suite à accident. Elle prend en charge la défense pénale et le recours de droit commun en vue d'obtenir la réparation d'un préjudice personnel de l'assuré, suite à accident. Par exception, la défense pénale peut intervenir en dehors de tout accident, par exemple en cas d'excès de vitesse de l'assuré ;
- la protection juridique segmentée. Il s'agit de la garantie couvrant un domaine d'intervention bien déterminé. Cette garantie est précisément dénommée par son champ d'intervention, par exemple PJ domaine santé ou encore PJ domaines habitation et consommation ;
- la protection juridique générale. Il s'agit de la garantie la plus étendue, proposée par un contrat dans lequel l'assureur définit précisément l'étendue des garanties.

Elle est le cumul de tout ou d'une grande partie des protections juridiques segmentées et couvre la plupart des litiges de la vie quotidienne. Elle peut également comprendre la DPRSA.

Les garanties d'assurance de protection juridique segmentée ou générale peuvent être proposées, soit dans un contrat support, soit dans un contrat autonome.

L'assureur de protection juridique s'engage à donner toutes informations utiles sur le contrat d'assurance à l'assuré : les informations portent notamment sur les modalités de déclenchement de la garantie, les montants de prise en charge des frais et honoraires, le plafond global de garantie, la résiliation du contrat.

L'assureur s'engage à distinguer dans l'avis d'échéance d'un contrat support la prime correspondant aux garanties de protection juridique.

L'assureur s'engage à indiquer, dès la souscription, les coordonnées de la société spécialisée ou du service distinct en charge de la gestion des litiges.

L'assureur s'engage à informer l'assuré de l'existence de la prescription biennale, de son point de départ et des causes d'interruption prévues aux articles L. 114-1 et L. 114-2 du Code des assurances.

B - Frais engagés avant la déclaration de sinistre

L'assureur de protection juridique s'engage à prendre en charge, dans les limites contractuelles, les frais engagés par l'assuré antérieurement à la déclaration de sinistre lorsque l'assuré peut justifier d'une urgence à les avoir engagés (C. assur., art. L. 127-2-2).

C - Information et conseil

L'assureur de protection juridique s'engage, dans le cadre des garanties offertes par le contrat, à mettre en œuvre dans les meilleurs délais, les moyens amiables ou judiciaires permettant à l'assuré d'obtenir la solution la plus satisfaisante à son litige.

D - Résolution des conflits

L'assureur s'engage à rappeler les dispositions de l'article L. 127-4 du Code des assurances en cas de désaccord entre lui-même et l'assuré au sujet des mesures à prendre pour régler un différend.

L'assureur s'engage en outre à simplifier la gestion de ce désaccord en s'en remettant au choix de l'assuré pour la désignation de la tierce personne à consulter dans la mesure où cette dernière est habilitée à donner des conseils juridiques. Il s'engage également à accepter, si l'assuré en est d'accord, la solution retenue par cette tierce personne sur les mesures à prendre pour régler le litige.

La consultation de cette tierce personne sera prise en charge par l'assureur dans la limite du plafond d'honoraires fixé au contrat.

E - Libre choix de l'avocat

Le principe du libre choix de l'avocat doit être énoncé dans tous les contrats d'assurance protection juridique (C. assur., art. L. 127-3).

L'assureur s'engage à ce que cette liberté de choix soit également rappelée lorsqu'il est fait appel à un avocat dans les circonstances prévues à l'article L. 127-1 du Code des assurances ou en cas de conflit d'intérêt entre l'assuré et l'assureur.

L'assureur de protection juridique s'engage, dans le cas où l'assuré n'a pas connaissance d'un avocat susceptible d'intervenir dans la défense de ses intérêts, et à sa demande écrite (C. assur., art. L. 127-3, al. 4), à mettre à sa disposition les coordonnées d'un avocat.

F - Procédure contentieuse

L'assureur s'engage à rappeler dans le contrat d'assurance de protection juridique que la direction du procès appartient à l'assuré conseillé par son avocat.

Durant cette procédure, l'assureur reste à la disposition de l'assuré ou de son avocat pour leur apporter l'assistance dont ils auraient besoin.

G - Rémunération de l'avocat

L'assureur s'engage à faire apparaître dans le contrat, de façon explicite, les conditions et éventuelles limitations relatives à la prise en charge des honoraires d'avocat selon le type d'intervention ou le type de juridiction saisie ; il s'engage à les rappeler à l'assuré lorsqu'il est fait appel à un avocat, et si l'assuré le demande à les communiquer à l'avocat.

H - Règlement direct

En présence d'une délégation d'honoraires consentie par l'assuré à l'avocat et permettant à celui-ci de s'adresser directement à l'assureur pour le paiement de ses frais et honoraires, l'assureur s'engage à régler directement l'avocat à concurrence du plafond contractuel. Cette délégation d'honoraires s'entendra hors taxes si l'assuré récupère la TVA et TTC dans le cas contraire.

Dans le cas où l'assuré a lui-même fait l'avance des honoraires et/ou frais, le remboursement incombant à l'assureur interviendra à la première demande et dans les plus brefs délais.

I - Rappel concernant les remboursements des frais et honoraires

Toute somme obtenue en remboursement des frais et honoraires exposés pour la solution d'un litige bénéficie prioritairement à l'assuré à due concurrence des dépenses dûment justifiées qui resteraient à sa charge (C. assur., art. L. 127-8).

J - Principe de subsidiarité entre aide juridictionnelle et assurance de protection juridique

En application de l'article 2 de la loi n° 91-647 du 10 juillet 1991 relative à l'aide juridique, tel que modifié par l'article 5 de la loi n° 2007-210 du 19 février 2007, qui énonce le principe selon lequel « l'aide juridictionnelle n'est pas accordée lorsque les frais couverts par cette aide sont pris en charge au titre d'un contrat d'assurance de protection juridique ou d'un système de protection », l'assureur s'engage à mettre en œuvre tous les moyens dont il dispose afin de rendre effectif ce principe, en particulier en renseignant le formulaire visé à l'article 34 9° du décret 91-1266 du 19 décembre 1991 portant application de la loi n° 91-647 du 10 juillet 1991 relative à l'aide juridique.

Ces engagements sont d'application immédiate et se substituent aux dispositions contractuelles moins favorables aux assurés.

K - Le développement de l'assurance de protection juridique

Cette forme d'assurance tend à se développer. On estime qu'environ la moitié des particuliers détiennent une garantie protection juridique au titre de différents contrats ou extensions de garantie.

La Chancellerie (ministère de la Justice) souhaite qu'elle constitue l'un des principaux outils d'accès des citoyens au droit et à la justice. Elle ne peut être déconnectée du système d'aide juridictionnelle qui bénéficie à environ 800 000 personnes chaque année. La loi du 19 février 2007 (n° 2007-210) confère à cette aide juridictionnelle un caractère de subsidiarité, en disposant que l'aide n'est pas accordée lorsque les frais sont pris en charge par l'assurance de protection juridique. L'articulation entre l'assurance et l'aide judiciaire n'apparaît pas facile, en pratique.

Afin de favoriser le développement de l'assurance protection juridique, le ministère de la Justice et des Libertés, la FFSA et le GEMA ont lancé une campagne d'information, en avril 2011. L'objectif est de favoriser l'accès au droit du citoyen. Elle se traduit par une plaquette intitulée « Soyez prêt à défendre vos droits avec l'assurance de protection juridique », diffusée en 700 000 exemplaires.

L - Protection juridique et clauses abusives

La Commission des clauses abusives a publié une recommandation relative aux contrats d'assurance de protection juridique (BOCCRF du 30 mai 2002).

La Commission recommande que soient éliminées des contrats d'assurance de protection juridique les clauses ayant pour objet ou pour effet :

- De laisser croire au consommateur qu'il doit, à peine de déchéance, déclarer son sinistre dans un délai inférieur à celui de cinq jours prévu par la loi ;
- D'imposer, sous peine de déchéance automatique de la garantie, « l'origine du sinistre » comme point de départ du délai pour la déclaration de sinistre par l'assuré ;
- De laisser croire au consommateur que la déchéance de la garantie peut être automatique, sans que l'assureur ait à justifier d'un préjudice ;
- De déchoir de la garantie l'assuré qui a saisi un avocat, sans avoir préalablement déclaré le sinistre, soit consulté le spécialiste de l'assureur, sans que l'assureur ait à justifier d'un préjudice ;
- De limiter, de quelque manière que ce soit, la liberté de choix de l'avocat par l'assuré ;
- De refuser au consommateur le choix de son avocat :
  - si ses honoraires ne sont pas préalablement acceptés par l'assureur ;
  - en considération d'un plafond d'honoraires dont le montant n'est pas déterminé ;
- De porter atteinte au libre choix de l'avocat en ne précisant pas les délais et modalités de remboursement de l'assuré qui fait l'avance des frais et honoraires ;
- De créer une ambiguïté sur la portée des engagements de l'assureur, les conditions de prise en charge du sinistre et les frais qui resteront à la charge de l'assuré, si la garantie devait être mise en œuvre ;
- D'obliger le consommateur à communiquer à l'assureur, auquel l'oppose un différend, les documents émanant de son propre conseil ;
- De prévoir que les sommes allouées au titre des frais et dépens seront affectées au remboursement des seuls frais exposés par l'assureur, sans couvrir prioritairement le remboursement des frais exposés par l'assuré ;
- D'empêcher l'assuré de participer à la direction du procès ;

- D'imposer le prélèvement automatique sur compte bancaire comme unique moyen de paiement ;
- De prévoir pour l'assureur une faculté de résiliation après sinistre, sans indiquer la faculté consécutive pour l'assuré de résilier, dans le délai d'un mois, les autres contrats qu'il peut avoir souscrits auprès de cet assureur ;
- D'interdire au consommateur de résilier le contrat chaque année, conformément à l'article L. 113-12 du Code des assurances ;
- De déroger aux règles légales de compétence territoriale.

Troisième partie

Les assurances de personnes

Chapitre I

GÉNÉRALITÉS

Section I - La protection sociale des Français

I - Les salariés du régime général

Le régime général des salariés concerne la majorité de la population active. Il comprend l'ensemble des salariés, auquel s'ajoutent d'autres catégories de travailleurs, comme les VRP, les journalistes, les travailleurs à domicile, etc.

A - Assurance maladie, invalidité, décès

L'assurance maladie concerne les maladies et les accidents non professionnels.

1° Assurance maladie

Il faut distinguer les prestations en nature et les prestations en espèces.

a) Les prestations en nature

L'assujetti social conserve à sa charge le ticket modérateur qui est en général de 30 % à 35 % sauf pour les maladies longues et coûteuses, remboursées en totalité.

> **NB** : Un nombre croissant de médicaments fait l'objet d'un ticket modérateur de 65 % (médicaments dits de confort).

De plus l'assuré social doit prendre en charge une participation forfaitaire de 2 euros qui ne peut pas être remboursée par sa mutuelle.

REMBOURSEMENT DES FRAIS DE SOINS DES TRAVAILLEURS SALARIÉS

Soins	Taux
Honoraires des praticiens (médecin, dentiste, sage-femme)	70 %
Honoraires des auxiliaires médicaux (infirmier, masseur)	60 %
Analyse et examens de laboratoire	60 %
Médicaments :	
– irremplaçables	100 %
– de confort (vignette bleue)	35 %
– autres médicaments	65 %
– d'efficacité insuffisante (vignette orange)	15 %
Appareillage, prothèses, orthopédie	65 %
Gros appareillage	100 %
Transports :	
– cas général	65 %
– transfert d'un établissement hospitalier vers un autre	100 %
Cure thermale :	
– honoraires	70 %
– hébergement et transport (selon les revenus)	65 %
Hospitalisation	80 %
Maternité	100 %

b) Les prestations en espèces

Ce sont les indemnités journalières versées en cas d'arrêt de travail.

Elles sont versées à compter du 4e jour seulement. L'indemnité correspond à 50 % du salaire dans la limite d'un plafond qui était jusqu'au 31 décembre 2011 le plafond de la Sécurité sociale. La loi de financement de la Sécurité sociale n° 2011-1906 du 21 décembre 2011, a modifié ce plafond. Désormais le plafond est fixé par référence à 1,8 fois le smic.

L'indemnité est versée chaque jour, y compris les samedis, dimanches et jours fériés. Le salaire pris en compte, pour le calcul de l'indemnité, est le salaire moyen des 3 derniers mois.

Exemple : arrêt de travail maladie d'une durée de 20 jours.

Salaire des trois derniers mois

1 100 € ; 1 250 € ; 1 250 €

Salaire journalier moyen $\frac{1\,100 + 1\,250 + 1\,250}{90 \text{ jours}} = 40$ €

Remboursement de la Sécurité sociale $\frac{40 \text{ €}}{2} \times (20 - 3) = 340$ €

La loi du 19 janvier 1978, dont les dispositions ont été reprises dans le nouveau Code du travail (art. L. 3242-1 et s.), a prévu le paiement chaque mois d'une rémunération déterminée indépendamment du nombre de jours que comporte le mois, et ce afin de neutraliser les conséquences de la répartition inégale des jours entre les 12 mois de l'année. La plupart des salariés bénéficient du paiement mensuel du salaire et des avantages qui y sont liés. L'ensemble de ces droits constitue un minimum légal. De nombreuses conventions collectives accordent des avantages plus importants.

La loi de mensualisation prévoit le droit au maintien du salaire en cas de maladie ou d'accident du travail.

Tous les salariés des activités industrielles, agricoles, commerciales, libérales sont mensualisés y compris :
- les employés de maison ;
- les concierges d'immeuble à usage ou non d'habitation ;
- les salariés à temps partiel ;
- les salariés sous contrat à durée déterminée.

Sont exclus du bénéfice de la mensualisation :
- les travailleurs à domicile ;
- les travailleurs saisonniers ;
- les travailleurs intermittents et les travailleurs temporaires.

2° Invalidité

L'assujetti invalide, c'est-à-dire ayant perdu les 2/3 de ses capacités de gain, a droit à une pension versée jusqu'à l'âge de 60 ans. Le montant de cette pension varie selon la catégorie d'invalidité :
- **1re catégorie** : invalide ayant perdu les 2/3 de sa capacité de gain, mais pouvant continuer d'exercer une activité ; pension de 30 % du salaire moyen des dix meilleures années ;
- **2e catégorie** : invalide ne pouvant plus exercer aucune activité professionnelle : pension de 50 % du salaire moyen des dix meilleures années ;
- **3e catégorie** : invalide ne pouvant plus exercer aucune activité professionnelle et ayant besoin de l'assistance d'une tierce personne : pension de 50 % du salaire moyen des dix meilleures années, plus une indemnité forfaitaire pour assistance d'une tierce personne.

3° Décès

Le décès entraîne le versement, aux ayants droit, d'un capital de 90 fois le salaire journalier du défunt dans la limite du plafond de la Sécurité sociale.

B - Assurance maternité

Les frais médicaux engagés pendant les quatre mois précédant l'accouchement, ainsi que les examens pré et postnataux obligatoires sont remboursés intégralement. Le congé de maternité est de 6 semaines avant et 10 semaines après l'accouchement. La salariée peut demander, sous réserve de l'avis favorable du professionnel de santé qui suit sa grossesse, à reporter une partie de son congé parental après l'accouchement. Ce report ne peut pas dépasser 3 semaines. Toutefois, si un arrêt de travail est prescrit avant l'accouchement et pendant la période de report initialement prévue, la période de report est réduite d'autant.

Les indemnités journalières sont égales au gain journalier dans la limite du plafond de la Sécurité sociale.

Le congé de paternité et d'accueil de l'enfant est d'une durée maximale de : 25 jours (samedi, dimanche et jour férié compris) pour la naissance d'un enfant ; 32 jours pour une naissance multiple.

C - Assurance accident du travail

Les maladies professionnelles et les accidents de travail, ainsi que les accidents de trajet, donnent lieu à des prestations supérieures :

- les prestations en nature sont intégralement prises en charge par la Sécurité sociale. L'assujetti n'a pas à faire l'avance des dépenses, dans la limite du tarif de convention ;
- en cas d'arrêt de travail, les indemnités journalières sont versées à compter du 1er jour. Elles s'élèvent à 60 % du salaire puis, à compter du 29e jour, à 80 % ;
- en cas d'invalidité, une rente viagère est versée en fonction du taux utile d'invalidité, multiplié par le salaire utile. Le salaire utile est le salaire des 12 derniers mois pris en compte dans certaines limites. Le taux utile d'invalidité est obtenu en divisant par 2 la partie d'invalidité inférieure à 50 % et en multipliant par 1,5 la partie de l'invalidité supérieure à 50 % ;
- en cas de décès, les ayants droit bénéficient d'une rente calculée sur le salaire utile et dont le taux dépend du nombre des personnes à charge.

D - Assurance vieillesse

La loi du 14 avril 2023 de financement rectificative de la sécurité sociale pour 2023 a modifié les conditions d'obtention de la retraite. Un bilan de la réforme doit avoir lieu en 2027. Le comité de suivi des retraites devra remettre au Parlement un rapport d'évaluation des impacts de la loi.

La loi allonge de 62 à 64 ans l'âge légal de départ à la retraite. À partir du 1er septembre 2023, cet âge va être progressivement relevé, à raison de trois mois par génération à compter des assurés nés le 1er septembre 1961. L'âge d'ouverture à la retraite sera porté à 63 ans et 3 mois en 2027 (génération 65) pour atteindre 64 ans en 2030 (générations 68 et suivantes).

Parallèlement, la durée de cotisation pour bénéficier d'une retraite à taux plein sera portée à 43 ans en 2027, dès la génération née en 1965. L'application de loi dite « Touraine » de 2014 est accélérée. Elle prévoyait un allongement de la durée de cotisation de 42 ans aujourd'hui à 43 ans d'ici 2035, à partir de la génération 1973.

Pour les personnes qui n'auraient pas pu cotiser 43 ans, l'âge de la retraite à taux plein (sans décote) reste fixé à 67 ans.

Le dispositif de carrières longues est adapté. Ceux qui ont commencé à travailler avant 16 ans pourront partir à 58 ans ; entre 16 et 18 ans à partir de 60 ans et entre 18 et 20 ans à partir de 62 ans. Par amendement, une 4e borne d'âge a été ajoutée pour que ceux qui ont débuté entre 20 et 21 ans puissent partir à 63 ans. Par amendement, un plancher de 43 annuités de cotisations a été introduit. En raison des critères cumulatifs à remplir, certaines carrières longues devraient toutefois cotiser plus de 43 ans. Des décrets doivent intervenir.

Les victimes d'un accident du travail ou d'une maladie professionnelle pourront partir en retraite pour incapacité à 60 ans (contre 62 ans dans le projet initial). Les travailleurs handicapés pourront partir à compter de 55 ans.

Sur amendement, les parlementaires ont allongé le délai de rachat des trimestres d'études supérieures et de stage en entreprise (à des âges qui ne pourront être respectivement inférieurs à 30 et 25 ans) et voté la prise en compte du rachat des trimestres d'apprentissage dans le dispositif carrières longues. Ils ont, de même, intégré les mandats des élus locaux dans les situations donnant droit au rachat de trimestres. Toujours au titre de l'engagement, ils ont permis une bonification de trimestres pour les assurés ayant servi pendant au moins dix ans comme sapeur-pompier volontaire.

Une assurance vieillesse pour les aidants est créée, afin de mieux prendre en compte la situation des aidants pour la retraite.

Plusieurs amendements parlementaires sont venus compléter le projet initial du gouvernement afin d'atténuer les effets de la réforme pour les mères de famille. Ces dernières pourront bénéficier d'une surcote anticipée jusqu'à 5 % dès lors qu'elles ont une carrière complète à 63 ans et au moins un trimestre de majoration de durée d'assurance pour enfant (dans le système actuel, les mères de famille peuvent partir à 62 ans et bénéficier au-delà d'une surcote de 10 %).

Il est garanti aux femmes un minimum de 2 trimestres de majoration liée à l'éducation ou l'adoption d'un enfant. Aujourd'hui, pour les enfants nés après 2010, 8 trimestres supplémentaires sont accordés aux parents (4 trimestres en contrepartie de la maternité ou de l'adoption et 4 trimestres en contrepartie de l'éducation de l'enfant). Les parents peuvent choisir de se répartir les trimestres accordés au titre de l'adoption ou de l'éducation. Un père peut, par exemple, bénéficier de la totalité des 4 trimestres de majoration liés à l'éducation d'un enfant.

La majoration de pension de 10 % pour trois enfants ou plus est étendue aux professions libérales et aux avocats.

La loi permet de revaloriser la retraite minimale à près de 1 200 euros bruts par mois (soit l'équivalent d'au moins 85 % du SMIC net) pour une carrière complète cotisée à temps plein au SMIC, en indexant le minimum contributif (MICO) majoré sur le SMIC. Pour ces assurés, la pension brute, une fois relevée au MICO majoré et complétée par leur retraite complémentaire, atteindra 85 % du SMIC net. En revanche, les carrières à temps partiel ou hachées sont exclues.

II - Les travailleurs non salariés non agricoles

A - Assurance maladie maternité

1° Les frais de soins

Depuis le 1er janvier 2001, les assurés du régime d'assurance maladie des professions indépendantes bénéficient des mêmes taux de remboursement de leurs dépenses de santé que les salariés (loi n° 2000-1257 du 23 décembre 2000, art. 35).

2° Les indemnités journalières

Depuis le 1er juillet 2000, le versement des indemnités journalières est étendu aux industriels et commerçants affiliés au régime d'assurance maladie des professions indépendantes dans les mêmes conditions que pour les artisans (décret n° 2000-507 du 8 juin 2000 : JO du 11 juin 2000, p. 8863).

Les artisans bénéficient d'un régime d'indemnités journalières depuis le 1er juillet 1995. L'indemnité est attribuée à l'expiration d'un délai de carence de 3 jours en cas d'hospitalisation et 7 jours en cas de maladie.

Lorsqu'au cours d'une même année l'assuré bénéficie d'un nouvel arrêt de travail, causé par le même accident ou la même affection, ouvrant droit à une exonération du ticket modérateur (affection de longue durée), il n'est pas fait application lors du nouvel arrêt de travail du délai de carence.

La durée maximale d'indemnisation est fixée à 360 jours sur trois ans dans le cas général (maladie, accident), et à trois ans pour les personnes bénéficiant d'un arrêt de travail pour affection de longue durée supérieure à 6 mois, bénéficiant ou non d'une exonération du ticket modérateur. L'indemnité journalière est attribuée pour chaque jour, ouvrable ou non, d'incapacité.

Le montant de cette indemnité est égal à 1/720e du revenu professionnel annuel moyen des trois dernières années civiles, dans la limite d'un plafond, égal à 1,8 fois le smic.

Pour les assurés immatriculés depuis moins de trois ans, l'indemnité est calculée sur la base des revenus des seules années d'activité indépendante.

Dans tous les cas, l'indemnité journalière est :
- au minimum égale à 1/720e de 40 % d'un plafond, égal à 1,8 fois le smic ;
- au maximum égale à 1/720e d'un plafond, égal à 1,8 fois le smic.

3° L'assurance maternité des travailleurs non salariés

Pour la maternité des travailleurs non salariés, les frais de soins sont couverts de la même manière que dans le régime général.

Un décret du 30 mars 1995 a mis en place un régime d'indemnités en cas de maternité. Les prestations varient selon que les femmes exercent à titre personnel une activité les faisant relever du régime d'assurance maladie des travailleurs non salariés, ou bien bénéficient du régime en tant que conjoint collaborateur de leur époux chef d'entreprise.

Les femmes « chef d'entreprise » peuvent prétendre à deux catégories de prestations ; une indemnité journalière forfaitaire et une allocation forfaitaire de repos maternel.

L'indemnité journalière forfaitaire est versée à l'assurée qui cesse toute activité pendant au moins 30 jours consécutifs compris dans la période commençant 30 jours avant la date présumée de l'accouchement et se terminant 30 jours après. Elle est égale à 1/60e du montant mensuel du plafond de Sécurité sociale. L'indemnisation est donc égale à la moitié du plafond de la Sécurité sociale pour l'arrêt des trente premiers jours.

La période d'indemnisation peut être prolongée à la demande de l'assurée, par une ou deux périodes de 15 jours consécutifs.

En cas d'état pathologique et en cas de naissances multiples, la durée du versement de l'indemnité peut être prolongée, à la demande de l'assurée, par une nouvelle période de trente jours consécutifs.

L'allocation forfaitaire de repos maternel est octroyée sans condition de cessation d'activité. Elle est égale au montant mensuel du plafond de Sécurité sociale. Elle est versée pour moitié à la fin du septième mois de la grossesse et pour moitié après l'accouchement.

La totalité du montant de l'allocation est versée après l'accouchement lorsque celui-ci a lieu avant la fin du septième mois de la grossesse.

En cas d'adoption, l'allocation est réduite de moitié, et versée à la date d'arrivée de l'enfant dans la famille.

Les femmes conjointes collaboratrices peuvent, elles aussi, prétendre à deux catégories de prestations : une indemnité de remplacement et une allocation forfaitaire de repos maternel.

L'indemnité de remplacement n'est versée que si la femme cesse toute activité et se fait remplacer pendant au moins une semaine. Elle est servie pendant 28 jours au maximum ; la durée est portée à 42 jours en cas de grossesse pathologique et 56 jours en cas de naissances multiples.

B - Assurance vieillesse

Depuis le 1er juillet 1973, le régime des artisans, commerçants et industriels est aligné sur le régime général. Pour les professions libérales, sont versées une allocation de base et une allocation complémentaire dont les conditions d'attribution et les montants varient selon les professions.

III - Les travailleurs agricoles

A - Les salariés agricoles

Le régime des salariés de l'agriculture se trouve aligné sur celui du régime général. Les salariés agricoles bénéficient donc des mêmes prestations que les salariés des autres secteurs.

B - Les exploitants agricoles et les aides non salariés

1° Maladie, maternité et invalidité

Ce régime concerne les exploitants agricoles, ainsi que les membres de leur famille non salariés qui vivent sur l'exploitation.

Il s'agit d'une obligation d'assurance avec libre choix de l'assureur.

L'assurance maladie des exploitants agricoles (Amexa) garantit la maladie, la maternité, l'invalidité et les accidents de la vie privée. Le ticket modérateur, pour les frais de soins, s'élève à environ 50 %. Les indemnités journalières ne sont pas prises en charge.

L'invalidité d'au moins 2/3 donne droit au versement d'une pension forfaitaire faible.

2° Assurance obligatoire des accidents professionnels et privés et maladies professionnelles

Les exploitants agricoles, chef d'entreprise agricole, aide familiale, conjoint et enfants de 14 ans et plus participant aux travaux doivent obligatoirement s'assurer soit :

- auprès des assureurs autorisés à participer à la gestion administrative du régime, rassemblés dans un groupement : l'Association des assureurs AAEXA ;
- auprès de la Caisse de mutualité sociale agricole (CMSA) de leur département. La garantie est limitée aux accidents de travail, de trajet et aux maladies professionnelles.

Ce régime prévoit :
- la couverture totale des frais de soins ;
- le versement d'une indemnité journalière en cas d'incapacité temporaire de travail du chef d'exploitation ;
- le versement d'une rente en cas d'invalidité permanente totale ou partielle d'au moins 50 % (la rente pour invalidité partielle ne concerne que le chef d'exploitation) ;
- le versement d'une rente au conjoint et aux enfants en cas de décès du chef d'exploitation ;
- la couverture des frais funéraires.

3° Les prestations vieillesse

Une retraite de base peu élevée est versée, à laquelle s'ajoute une pension complémentaire en fonction du nombre de points acquis par le versement de cotisations.

IV - Les autres régimes

A - Énumération

Il s'agit notamment :
- des fonctionnaires ;
- des agents de la SNCF ;
- de l'EDF-GDF ;
- des mines ;
- des marins ;
- de la RATP, etc.

B - Principe d'équivalence des prestations

Tous les bénéficiaires de ces régimes ont droit au minimum à des prestations équivalentes à celles du régime général. En pratique, ces prestations sont supérieures, notamment en ce qui concerne les pensions vieillesse et le maintien du salaire.

V - La complémentaire santé solidaire

Depuis le 1er novembre 2019, la CMU-C et l'ACS ont été remplacées par la Complémentaire santé solidaire. C'est une aide pour les dépenses de santé réservée aux assurés sociaux à revenus modestes. Avec la complémentaire santé solidaire, le patient n'a rien à payer dans la plupart des cas et rien à remplir ni à envoyer à sa caisse d'assurance maladie.

Le bénéficiaire choisit l'organisme qui assurera sa couverture complémentaire. L'organisme peut être une caisse d'assurance maladie, une mutuelle, une institution de prévoyance ou une société d'assurance.

Section II - Classification et caractéristiques des assurances de personnes

I - Classification

A - Assurances de dommages et assurances de personnes

Cette classification résulte de la loi du 13 juillet 1930 et est reprise dans le Code des assurances. Les assurances de dommages ont pour objet de protéger le patrimoine de l'assuré lorsque celui-ci se trouve affecté, soit à la suite de la destruction de ses biens, soit à la suite de dommages causés à autrui dont il serait responsable. Les assurances de dommages sont soumises au principe indemnitaire et à la subrogation. Les assurances de personnes ont pour objet de protéger la personne même de l'assuré. Les assurances vie, décès, individuelle accidents et maladie répondent à ce souci de protection. Elles sont soumises au principe forfaitaire et l'assureur ne bénéficie pas de la subrogation légale, à l'exception des frais médicaux et, dans une moindre mesure, des indemnités journalières.

B - Assurances gérées en répartition et assurances gérées en capitalisation

Selon la technique de répartition, la masse des primes payées par l'ensemble de la mutualité se trouve répartie entre les sinistrés, exercice par exercice. Les assurances IARD, ainsi que les assurances individuelles accidents et maladie fonctionnent selon cette technique. Selon la technique de capitalisation, les primes encaissées sont mises de côté dans le but de constituer des capitaux payables à l'échéance. Les assurances vie, décès et la capitalisation suivent ce mécanisme.

II - Caractéristiques

A - Le principe forfaitaire (C. assur., art. L. 131-1)

Les sommes assurées sont fixées dans la police. Les prestations sont déterminées à l'avance en fonction du choix de l'assuré qui seul peut estimer les sommes dont lui ou ses proches peuvent avoir besoin. Ainsi, les hypothèses de surassurance, de sous-assurance et d'assurances cumulatives n'ont pas à être envisagées. Les assurances de personnes sont soumises au principe forfaitaire à l'exception des frais médicaux qui sont soumis au principe indemnitaire. L'assuré ne pourra donc percevoir plus qu'il n'a effectivement dépensé pour ses frais de soins, compte tenu des prestations versées par les régimes sociaux.

B - L'absence de subrogation légale

L'article L. 131-2 du Code des assurances dispose : « Dans l'assurance de personnes, l'assureur, après paiement de la somme assurée, ne peut être subrogé aux droits du contractant ou du bénéficiaire contre des tiers à raison du sinistre ».

Cela est la conséquence logique du principe forfaitaire ou, plus précisément, de l'absence de principe indemnitaire.

Cette interdiction pour l'assureur d'agir contre le tiers responsable en récupération des sommes versées à son assuré au titre d'une assurance de personnes rencontre là aussi l'exception des frais médicaux. Pour cette garantie, l'assureur, après avoir remboursé les frais de soins de son assuré, dispose d'une action contre l'éventuel responsable.

C - Extension de la subrogation aux assurances de personnes

L'article 23 de la loi du 16 juillet 1992 complète l'article L. 131-2 du Code des assurances par un alinéa qui généralise le principe de la subrogation à toutes les assurances de personnes dès lors qu'elles ont un caractère indemnitaire. Compte tenu de la rédaction du texte, le caractère indemnitaire ne découle pas de la nature de la prestation mais doit être clairement indiqué au contrat. L'assuré doit savoir qu'il ne pourra pas cumuler les indemnités versées par un assureur de personnes avec celles qui seraient dues par un éventuel responsable.

Selon l'article L. 224-8 du Code de la mutualité, les opérations relatives au remboursement de frais de soins ont un caractère indemnitaire ; l'indemnité due par la mutuelle ou par l'union ne peut excéder le montant des frais restant à la charge du membre participant au moment du sinistre. L'article L. 224-9 du Code de la mutualité subroge, pour ces prestations à caractère indemnitaire, la mutuelle dans les droits et actions des membres participants, des bénéficiaires ou de leurs ayants droit contre les tiers responsables.

De même l'article L. 931-11 du Code de la Sécurité sociale prévoit que pour le paiement des prestations à caractère indemnitaire, les institutions de prévoyance sont subrogées jusqu'à concurrence desdites prestations dans les droits et actions du participant, du bénéficiaire ou de leurs ayants droit contre les tiers responsables.

L'article L. 224-9 prévoit également que pour le paiement des indemnités journalières versées et les prestations d'invalidité, la mutuelle ou l'union est subrogée jusqu'à concurrence desdites prestations dans les droits et actions des membres participants, des bénéficiaires ou de leurs ayants droit contre les tiers responsables.

La difficulté réside dans la rédaction des clauses du contrat, celles-ci doivent être rédigées sans ambiguïté et, comme l'affirme la première chambre civile de la Cour de cassation dans un arrêt du 17 mars 1993, les prestations ne doivent pas être calculées en fonction d'éléments prédéterminés par les parties indépendamment du préjudice subi.

Par ailleurs, l'article 15 de la loi n° 94-678 du 8 août 1994 a modifié l'article 29-5 de la loi n° 85-677 du 5 juillet 1985 concernant le recours des tiers payeurs contre les personnes tenues à réparation d'un dommage résultant d'une atteinte à la personne.

Désormais, selon le nouvel article 29-5 de cette loi, les indemnités journalières de maladie et les prestations d'invalidité versées par les mutuelles, les institutions de prévoyance et les sociétés d'assurance à la victime d'un dommage corporel ouvrent droit à un recours contre la personne tenue à réparation ou son assureur.

Les assureurs disposent donc d'un autre fondement pour effectuer leurs recours, en étant placés au même rang que les autres tiers payeurs, telles les caisses de Sécurité sociale.

Chapitre II

L'ASSURANCE SANTÉ ET PRÉVOYANCE

Section I - L'assurance complémentaire santé

Au titre de ce contrat, l'assureur rembourse tout ou partie des frais médicaux à la charge de l'assuré social, c'est-à-dire :
- le ticket modérateur ;
- les dépassements d'honoraires ou de tarif ;
- le forfait journalier en hospitalisation ;
- la chambre particulière et autres frais liés à une hospitalisation.

I - La garantie des frais de soins : remboursement limité

Les mécanismes de garanties varient selon les contrats et selon les assureurs. Une garantie fréquemment pratiquée consiste à prendre en charge les dépenses de santé en complément des régimes sociaux dans la limite d'un pourcentage du ticket modérateur fixé au contrat, par exemple 150 % du ticket modérateur. En effet, la garantie limitée au ticket modérateur peut s'avérer insuffisante compte tenu des fréquents dépassements du tarif du régime obligatoire de Sécurité sociale.

Pour certaines dépenses de santé un remboursement forfaitaire peut être prévu ; il en est généralement ainsi pour :
- les frais d'optique : montures de lunettes, verres, lentilles de contact ;
- les frais de cure thermale ;
- les frais de prothèse dentaire.

Dans toutes ces hypothèses, le remboursement ne peut en aucun cas dépasser la différence entre le montant de la dépense réelle et les remboursements des organismes sociaux.

Depuis le 1er juillet 2005, les assurés sociaux qui, plutôt que de s'adresser à leur médecin traitant, ne rentrent pas dans le parcours de soins coordonnés se voient appliquer une majoration de leur participation aux frais d'assurance maladie (ticket modérateur) ainsi que des dépassements par le médecin qu'ils consultent. Ces frais supplémentaires non remboursés par la Sécurité sociale ne peuvent être pris en charge par les mutuelles.

II – La garantie des frais de soins : remboursement des frais réels

Certains contrats prévoient le remboursement des frais réels diminués du remboursement des organismes sociaux ; cette formule est cependant généralement limitée à la garantie des frais pharmaceutiques. Pour les autres frais qui seraient remboursés par cette formule, ils sont nécessairement limités à un montant maximal par année d'assurance.

III – La garantie hospitalisation

Cette garantie peut être proposée en option dans les contrats « frais de soins » ou peut être proposée dans un contrat autonome « hospitalisation ». Dans cette dernière hypothèse les garanties sont plus étendues. Peuvent être pris en charge au titre de la garantie « hospitalisation » :

- le forfait journalier en cas d'hospitalisation ;
- les frais supplémentaires pour chambre individuelle ;
- une indemnité journalière forfaitaire pendant la durée de l'hospitalisation et pour une durée maximale prévue au contrat ;
- en cas d'hospitalisation d'un enfant, prise en charge d'un lit d'accompagnement pendant une durée maximale prévue au contrat ;
- les frais d'hospitalisation à domicile ;
- les frais de garde des enfants et les frais d'aide ménagère pendant la durée d'hospitalisation de l'assuré.

Il ne s'agit pas d'une liste exhaustive et les garanties peuvent être plus ou moins étendues selon les contrats.

IV – Les contrats responsables

Un contrat responsable est un contrat d'assurance complémentaire santé qui doit respecter un cahier des charges comprenant des garanties planchers (minimales) ainsi que des plafonds de garanties applicables à certains postes de soins (optique, dépassements d'honoraires des praticiens.

Le décret n° 2019-21 du 11 janvier 2019 visant à garantir un accès sans reste à charge à certains équipements d'optique, aides auditives et soins prothétiques dentaires a modifié les dispositions des contrats responsables.

Le premier article du décret fait évoluer la prise en charge de l'optique médicale. Il détaille en particulier les nouveaux planchers et plafonds de prise en charge des équipements à reste à charge zéro, et rappelle le nouvelle limite de prise en charge des montures, à 100 € au lieu de 150 € jusqu'alors. Il définit les conditions de prise en charge des prothèses auditives et dentaires. Pour ces dernières, le décret renvoie à la convention dentaire signée en juin 2018 entre l'Assurance maladie, des syndicats de chirurgiens dentaires et l'Union nationale des organismes d'assurance maladie complémentaires (Unocam).

L'article 2 du décret créé un comité de suivi de la réforme « 100 % santé ».

Ce comité est chargé d'évaluer la mise en œuvre de la réforme de la prise en charge des prestations et équipements dentaires, d'optique médicale et d'audiologie. Il remet aux ministres chargés de la santé et de la sécurité sociale, tous les deux ans au plus tard le 30 septembre, un rapport portant sur les pratiques constatées et formulant, le cas échéant, des préconisations.

La formation « assurance maladie obligatoire et assurance maladie complémentaire » est chargée de suivre notamment l'évolution, dans les trois secteurs concernés, des frais restant à la charge des assurés, des montants de prestations prises en charge par l'assurance maladie obligatoire et par l'assurance maladie complémentaire, des garanties des contrats d'assurance complémentaire en santé.

La formation « audiologie » est chargée d'analyser les volumes, les prix de vente, les caractéristiques et la qualité des aides auditives des classes à prise en charge renforcée ou n'en faisant pas l'objet. Elle s'attache également à suivre leur niveau de remboursement par les contrats d'assurance complémentaire en santé. Elle analyse les données relatives à la satisfaction des assurés et à leur accès effectif à ces équipements. Elle évalue les évolutions du marché de ces appareils, ainsi que de la filière dans laquelle s'inscrivent leur production et leur distribution.

La formation « optique médicale » est chargée d'analyser les volumes et les prix de vente, ainsi que les caractéristiques et la qualité des équipements d'optique des classes à prise en charge renforcée ou n'en faisant pas l'objet. Elle s'attache également à suivre leur niveau de remboursement par les contrats d'assurance complémentaire en santé. Elle analyse les données relatives à la satisfaction des assurés et à leur accès effectif à ces équipements. Elle évalue les évolutions du marché de ces équipements, ainsi que de la filière dans laquelle s'inscrivent leur production et leur distribution. Elle s'intéresse enfin aux enjeux de la filière de l'optique médicale.

V - Garantie viagère pour les frais de soins

Conformément à l'article 6 de la loi n° 89-1009 du 31 décembre 1989, à compter de la souscription du contrat ou de la convention, l'organisme ne peut refuser de maintenir aux intéressés le remboursement ou l'indemnisation des frais occasionnés par une maladie, une maternité ou un accident.

La garantie est donc viagère dès la souscription du contrat. Les personnes qui bénéficient de cette garantie viagère sont celles qui sont mentionnées au contrat comme ayant la qualité d'assuré. Elles peuvent donc continuer à bénéficier des garanties du contrat pendant toute leur vie si elles le souhaitent, sans réduction des garanties souscrites, aux conditions tarifaires de la catégorie dont elles relèvent, avec maintien, le cas échéant, de la cotisation ou de la prime pour risque aggravé. Ces personnes continuent de bénéficier de la garantie sous réserve du paiement des primes ou cotisations et des sanctions prévues en cas de fausse déclaration.

L'organisme ne peut ultérieurement augmenter le tarif d'un assuré en se fondant sur l'évolution de l'état de santé de celui-ci. Si l'organisme veut majorer les tarifs d'un type de garantie ou de contrat, la hausse doit être uniforme pour l'ensemble des assurés ou adhérents souscrivant ce type de garantie ou de contrat.

VI – Résiliation des complémentaires santé

La loi n° 2019-733, du 14 juillet 2019, a mis en place le droit de résiliation sans frais des contrats de complémentaire santé.

Pour les contrats de complémentaire santé, l'assuré peut, après expiration d'un délai d'un an à compter de la première souscription, dénoncer l'adhésion ou résilier le contrat sans frais ni pénalités. La dénonciation de l'adhésion ou la résiliation du contrat prend effet un mois après que l'assureur, l'institution de prévoyance ou la mutuelle en a reçu notification par l'adhérent.

Ce droit de résiliation doit être mentionné dans chaque bulletin d'adhésion ou contrat. Il est en outre rappelé avec chaque avis d'échéance de cotisation.

Lorsque le contrat est résilié, l'assuré n'est redevable que de la partie de cotisation correspondant à la période pendant laquelle le risque est couvert.

L'assureur, l'institution de prévoyance ou la mutuelle est tenue de rembourser le solde à l'assuré dans un délai de trente jours à compter de la date d'effet de la résiliation.

À défaut de remboursement dans ce délai, les sommes dues à l'adhérent produisent de plein droit des intérêts de retard au taux légal.

Dans le cas où l'assuré souhaite résilier afin de souscrire un nouveau contrat auprès d'un nouvel organisme, celui-ci effectue pour le compte de l'assuré les formalités nécessaires à l'exercice du droit de résiliation. Les organismes intéressés s'assurent de l'absence d'interruption de la couverture de l'assuré durant la procédure.

La résiliation peut être effectuée, au choix de l'assuré :
- soit par lettre ou tout autre support durable ;
- soit par déclaration faite au siège social ou chez le représentant de l'institution de prévoyance ;
- soit par acte extrajudiciaire ;
- soit, lorsque l'assureur, l'institution de prévoyance ou la mutuelle propose la conclusion de contrat ou l'adhésion au règlement par un mode de communication à distance, par le même mode de communication ;
- soit par tout autre moyen prévu par le contrat.

Le destinataire confirme par écrit la réception de la notification.

Le décret n° 2023-182 du 16 mars 2023 précise les modalités d'accès et d'utilisation de la fonctionnalité de résiliation et de dénonciation par voie électronique des contrats et règlements prévue à l'article 17 de la loi n° 2022-1158 du 16 août 2022 portant mesures d'urgence pour la protection du pouvoir d'achat.

Il entre en vigueur le 1er juin 2023.

Le décret assure au souscripteur d'assurance, à l'adhérent et au membre participant la possibilité de notifier à l'organisme assureur, à la mutuelle ou à l'institution de prévoyance ou à leurs unions la résiliation d'un contrat ou la dénonciation d'un règlement, en lui garantissant un accès facile, direct et permanent à la fonctionnalité prévue par la loi.

Ainsi, depuis l'interface en ligne (notamment le site internet ou l'application mobile) mise à disposition des souscripteurs, des adhérents ou des membres participants, ces derniers accèdent directement à la fonctionnalité de résiliation ou de dénonciation. Le souscripteur, l'adhérent ou le membre participant est alors amené à renseigner les informations mentionnées par le présent décret permettant de l'identifier et de formuler sa demande de résiliation d'un contrat ou de dénonciation d'un règlement. Un rappel général des conditions et des conséquences de cette opération est présenté. Enfin, il est ensuite dirigé vers une dernière page récapitulative des informations fournies à partir de laquelle il notifie sa résiliation ou sa dénonciation.

Pour les contrats d'assurance de personnes souscrits par un employeur ou une personne morale au profit de ses salariés ou adhérents, le droit de résiliation est ouvert au souscripteur.

Section II - La généralisation de la complémentaire santé

Depuis le 1er janvier 2016, tous les salariés bénéficient d'un remboursement de certaines de leurs dépenses de santé. L'obligation résulte de l'article 1er de la loi n° 2013-504 du 14 juin 2013 relative à la sécurisation de l'emploi. Elle figure aujourd'hui à l'article L. 911-7 du Code de la Sécurité sociale.

Un décret n° 2014-1025 du 8 septembre 2014 relatif aux garanties d'assurance complémentaire santé des salariés précise le dispositif.

I - Obligation pour les entreprises

Les entreprises dont les salariés ne bénéficient pas d'une couverture collective à adhésion obligatoire en matière de remboursements complémentaires de frais occasionnés par une maladie, une maternité ou un accident sont tenues de faire bénéficier leurs salariés de cette couverture minimale par décision unilatérale de l'employeur.

Les salariés concernés sont informés de cette décision.

II - Dépenses prises en charge

La couverture minimale comprend la prise en charge totale ou partielle des dépenses suivantes :

- la participation de l'assuré aux tarifs servant de base au calcul des prestations des organismes de sécurité sociale pour les prestations couvertes par les régimes obligatoires ;
- le forfait journalier ;
- les frais exposés, en sus des tarifs de responsabilité, pour les soins dentaires prothétiques ou d'orthopédie dentofaciale et pour certains dispositifs médicaux à usage individuel admis au remboursement.

III - Financement de la couverture

Aux termes de l'article L. 911-7, II du Code de la Sécurité sociale, l'employeur est tenu d'assurer au moins la moitié du financement de la couverture minimale.

IV - Dispense d'affiliation

Le régime mis en place en application de l'article L. 911-7 du Code de la Sécurité sociale doit être collectif et obligatoire. Certains salariés peuvent toutefois être dispensés de s'affilier au régime.

L'article L. 911-7, Il renvoie sur ce point à un décret le soin de définir « les catégories de salariés pouvant être dispensés, à leur initiative, de l'obligation d'affiliation eu égard à la nature ou aux caractéristiques de leur contrat de travail ou au fait qu'ils disposent par ailleurs d'une couverture complémentaire ».

Le décret n° 2014-1025 du 8 septembre 2014 envisage deux cas : la décision unilatérale et les ayants droit.

A - La décision unilatérale de l'employeur

Selon le nouvel article D. 911-2 du Code de la Sécurité sociale, « la décision unilatérale de l'employeur instituant une couverture minimale à adhésion obligatoire en application de l'article L. 911-7 peut prévoir la faculté pour les salariés relevant de certaines catégories d'être dispensés, à leur initiative, de l'adhésion au dispositif ».

Peuvent, par exemple, être dispensés de s'affilier les salariés titulaires d'un contrat à durée déterminée d'au moins douze mois déjà couverts individuellement ou de moins de douze mois même non couverts, les salariés bénéficiaires de la couverture maladie universelle complémentaire, ou encore les salariés à temps partiel dont l'adhésion les conduirait à payer une cotisation trop élevée au regard de leur rémunération.

S'agissant des salariés présents lors de l'adoption de la décision unilatérale, ils peuvent, dans tous les cas, conformément à l'article 11 de la loi n° 89-1009 du 31 décembre 1989, refuser de cotiser, et par voie de conséquence, de s'affilier.

B - Les ayants droit

Le deuxième cas de dispense est prévu par l'article D. 911-3 du Code de la Sécurité sociale. Il concerne les ayants droit. Lorsque l'employeur a mis en place un régime de prévoyance complémentaire incluant, pour les ayants droit du salarié, la couverture obligatoire « des risques portant atteinte à l'intégrité physique de la personne ou liés à la maternité », ces derniers peuvent être dispensés de s'affilier s'ils justifient être couverts par ailleurs.

IV - La complémentaire santé solidaire

Depuis le 1er novembre 2019, la CMU-C et l'ACS ont été remplacées par la Complémentaire santé solidaire. C'est une aide pour les dépenses de santé réservée aux assurés sociaux à revenus modestes. Avec la Complémentaire santé solidaire, le patient n'a rien à payer dans la plupart des cas et rien à remplir ni à envoyer à sa caisse d'assurance maladie.

A - Les principes de la complémentaires santé solidaire

Avec la Complémentaire santé solidaire, les dépenses de santé sont prises en charge par les organismes d'assurance maladie et l'organisme gestionnaire de la Complémentaire santé solidaire choisi par l'assuré.

Avec la Complémentaire santé solidaire, les tarifs sont sans dépassement chez les médecins et la plupart des autres professionnels de santé.

Ainsi, l'assuré n'a rien à débourser pour :

- les consultations chez le médecin, chez le dentiste, chez le masseur-kinésithérapeute, chez l'infirmier ou à l'hôpital ;

- les médicaments en pharmacie ;
- les dispositifs médicaux, comme les pansements, les lecteurs de glycémie ou les fauteuils roulants ;
- les transports sanitaires, les analyses médicales, les examens de radiologie ;
- les lunettes dans la plupart des cas (verres et monture) ;
- les prothèses dentaires (couronnes et appareils dentaires) et les aides auditives ;
- les soins d'orthopédie dento-faciale (ODF).

Il suffit de présenter la carte vitale à jour au médecin, au pharmacien, au laboratoire d'analyses médicales, à l'hôpital, ou à tout autre professionnel de santé. En cas d'impossibilité de lecture de la carte ou si celle-ci n'est pas à jour, le patient peut présenter au professionnel de santé l'attestation de droit à la Complémentaire santé solidaire.

Le patient devra quand même payer un dépassement d'honoraire s'il a des demandes particulières, comme des consultations hors des heures habituelles ou des visites à domicile non justifiées.

B - Les conditions pour bénéficier de la gratuité

Les conditions sont :
- respecter le parcours de soins coordonnés,
- s'adresser à des professionnels de santé conventionnés,
- présenter la carte Vitale à jour ou en cas d'impossibilité de lecture de la carte ou si celle-ci n'est pas à jour, présenter l'attestation de droit à la Complémentaire santé solidaire.

1° Respecter le parcours de soins coordonnés

Le patient doit choisir un médecin traitant et le déclarer à sa caisse d'assurance maladie. Pour ne pas payer chez les autres médecins, par exemple chez le cardiologue, le patient doit avoir une prescription de son médecin traitant.

2° Choisir des professionnels de santé conventionnés

Un professionnel de santé conventionné est un professionnel de santé qui a signé une convention avec l'Assurance Maladie. C'est aujourd'hui le cas de la grande majorité des médecins.
Pour vérifier qu'un médecin est conventionné, le patient peut le rechercher dans l'annuaire santé. Le site indique pour tous les médecins s'ils sont conventionnés ou non.

C - Principe de gratuité et limites

Il n'y a aucune démarche à faire. Les dépenses de santé sont prises en charge par les organismes d'assurance maladie et l'organisme gestionnaire de la Complémentaire santé solidaire choisi par l'assuré.

Grâce à la carte Vitale, le professionnel de santé, le pharmacien, le laboratoire d'analyses médicales ou l'hôpital envoie directement sa demande de paiement à la caisse d'assurance maladie. Dans la plupart des cas, il n'y a donc pas de feuilles de soins à remplir et à envoyer à la caisse d'assurance maladie.

1° Chez le médecin

Le patient n'a rien à régler chez le médecin, qu'il soit généraliste ou spécialiste, sauf un éventuel dépassement d'honoraire si le patient a des demandes particulières, comme des consultations hors des heures habituelles ou des visites à domicile non justifiées.

2° Chez le dentiste

Le patient n'a rien à régler pour :
- les examens de contrôle,
- les caries,
- les détartrages.

Pour les prothèses dentaires et l'orthopédie dento-faciale, le patient n'a rien à régler dans la limite des actes et tarifs prévus pour la Complémentaire santé solidaire.

Pour les soins d'orthopédie dento-faciale (ODF) :
- le dentiste doit établir une demande d'accord préalable accompagnée d'un devis avec la mention Complémentaire santé solidaire ;
- le patient doit adresser la demande et le devis au dentiste-conseil de sa caisse d'assurance maladie ;
- dans les plus brefs délais, la caisse d'assurance maladie (ou l'organisme complémentaire qui gère la Complémentaire santé solidaire) informe le patient du montant pris en charge.

3° Chez l'infirmier, le kinésithérapeute, l'orthophoniste ou l'orthoptiste

Le patient n'a rien à régler pour les soins prescrits par un médecin, généraliste et spécialiste, s'ils sont remboursables par l'Assurance Maladie.

4° Chez la sage-femme

La patiente n'a rien à régler.

5° À la pharmacie

Le patient n'a rien à régler pour :
- les médicaments si le patient a une ordonnance d'un professionnel de santé et dans la limite du montant remboursable par l'Assurance Maladie ;
- les dispositifs médicaux (pansements, lecteurs de glycémie, fauteuils roulants, etc.) prescrits par un professionnel de santé s'ils sont remboursables par l'Assurance Maladie, dans la limite des produits et tarifs prévus pour la Complémentaire santé solidaire.

Pour l'achat des produits médicaux prescrits par un professionnel de santé comme les pansements ou les cannes, le pharmacien doit proposer au moins un article qui peut être pris en charge à 100 % par la Complémentaire santé solidaire.

6° Au laboratoire d'analyses médicales

Le patient n'a rien à régler pour les analyses et les examens de laboratoire, sous réserve qu'ils soient prescrits par un médecin et remboursables par l'Assurance Maladie.

7° Chez l'opticien et chez l'audioprothésiste

Le patient n'a pas à régler les lunettes ou les aides auditives, dans la limite des produits et tarifs prévus pour la Complémentaire santé solidaire. Pour cela :
- l'opticien ou l'audioprothésiste doit remettre un devis avec la mention Complémentaire santé solidaire ;
- le devis doit être adressé à l'organisme complémentaire qui gère la Complémentaire santé solidaire du patient ;
- et attendre sa réponse avant de commander l'équipement.

8° À l'hôpital

Le patient n'a rien à régler, ni les frais d'hospitalisation, ni le forfait journalier quelle qu'en soit la durée et qu'il y ait intervention chirurgicale ou non.

Le patient doit quand même payer les éventuels suppléments pour confort personnel (chambre individuelle, télévision, téléphone, etc.).

Section III - La GAV (Garantie des accidents de la vie)

Pour les accidents corporels touchant les personnes d'un foyer, les assureurs ont commercialisé à partir de l'an 2000, une garantie dite « Garantie des accidents de la vie ». Les accidents de la vie (accidents domestiques, de loisir, médicaux, agressions, catastrophes naturelles et technologiques) concernent près de huit millions de personnes par an, c'est pourquoi les assureurs proposent un contrat garantissant les dommages corporels qui résultent d'événements accidentels.

I - L'objet de la garantie

L'assureur garantit les préjudices résultant d'événements accidentels qui surviennent dans la vie privée de l'assuré, âgé de moins de 65 ans, dès lors que l'accident entraîne le décès de l'assuré ou que l'incapacité permanente imputable directement à l'accident est au moins égale à 30 %. Certains assureurs proposent une garantie dès que l'incapacité permanente atteint 10 %.

Les accidents subis par l'assuré dans le cadre des loisirs (sports, voyages...) font partie de l'objet de la garantie.

L'accident doit être survenu entre le jour de la prise d'effet du contrat et le jour de sa résiliation.

II - Les préjudices indemnisés

L'assureur prend en charge le préjudice d'incapacité permanente y compris les frais d'aménagement, le préjudice esthétique, le préjudice d'agrément et les souffrances endurées dès lors que l'incapacité permanente imputable directement à l'accident est au moins égale au pourcentage fixé au contrat.

En cas de décès de l'assuré, l'assureur indemnise les préjudices économiques et moraux subis par les ayants droit de l'assuré. Le cumul des indemnités versées par l'assureur ne peut dépasser 1 million d'euros par victime.

III - Évaluation des préjudices indemnisables

À la différence de l'assurance individuelle accident qui prévoit des indemnités forfaitaires dont le montant est défini dans le contrat, la garantie des accidents de la vie repose sur un principe indemnitaire.

L'évaluation des préjudices est déterminée à partir des règles du droit commun. Le taux d'incapacité subsistant après consolidation des blessures est fixé par un médecin désigné par l'assureur. Le médecin détermine si l'assuré a besoin de l'assistance d'une tierce personne. L'indemnité est déterminée à partir du taux d'incapacité en tenant compte des conséquences de l'accident sur la vie professionnelle de l'assuré.

Lorsque, postérieurement au versement de l'indemnité due pour l'incapacité permanente, l'assuré décède des suites de l'accident, les indemnités dues au titre du décès ne sont versées que déduction faite des sommes déjà réglées par l'assureur au titre de l'incapacité permanente et des préjudices personnels. Si les indemnités réglées au titre de l'incapacité permanente et des préjudices personnels sont supérieures à celles qui auraient été dues au titre du décès, elles restent acquises aux bénéficiaires.

IV - Les exclusions

L'assureur peut prévoir des exclusions contractuelles...

On retrouve notamment, dans la plupart des contrats, l'exclusion des accidents subis à l'occasion d'activités professionnelles, y compris les activités sportives donnant lieu à rémunération ainsi que les dommages provenant d'un accident dans lequel est impliqué un véhicule terrestre à moteur.

V - Application du principe indemnitaire

L'indemnité versée par l'assureur ne se cumule pas avec les prestations de caractère indemnitaire perçues ou à percevoir par l'assuré ou ses bénéficiaires, d'un organisme de Sécurité sociale et de tout autre régime de prévoyance, au titre des mêmes préjudices.

De plus, lorsque le responsable de l'accident est identifié, l'assureur exerce un recours subrogatoire régi par l'article L. 121-12 du Code des assurances. Ce qui interdit à l'assuré victime de l'accident de cumuler les indemnités versées par l'assureur GAV et celles que le responsable ou l'assureur de responsabilité pourrait être amené à lui verser.

Section IV - L'assurance dépendance

I - L'objet de l'assurance dépendance

Moyennant le versement d'une prime ou cotisation, l'assureur s'engage, en cas de dépendance totale ou partielle, constatée médicalement, à garantir le versement d'une rente viagère à l'assuré.

Cette définition varie selon les contrats et les garanties sont plus ou moins complètes. De nombreux contrats prévoient plusieurs options et offrent des garanties supplémentaires, comme des services d'assistance.

La dépendance peut être totale ou partielle, elle est totale lorsque l'assuré est dans l'impossibilité absolue d'effectuer au moins trois des quatre actes de la vie quotidienne, tels que définis dans le contrat :

- se déplacer : capacité sans aide d'une tierce personne de se lever d'un lit ou d'une chaise et de se coucher ou de s'asseoir et de se déplacer à l'intérieur du domicile ;
- s'alimenter : capacité sans l'aide d'une tierce personne de couper ses aliments ou de se servir à boire et de porter les aliments à sa bouche et les avaler ;
- se laver : capacité sans l'aide d'une tierce personne de se laver le haut du corps et de se laver le bas du corps ;
- s'habiller : capacité sans l'aide d'une tierce personne de mettre et retirer des vêtements et d'attacher ses vêtements.

Elle peut également être totale en cas de maladie d'Alzheimer ou de démence sénile invalidante et que, dans ces deux cas, l'assuré a besoin d'être assisté par une tierce personne.

Certains contrats admettent également que la dépendance est totale lorsque l'assuré est placé en invalidité de troisième catégorie par la Sécurité sociale. Un assuré social est classé en 3e catégorie lorsqu'il est considéré inapte à exercer une activité professionnelle et qu'il a besoin de l'assistance d'une tierce personne. Cette référence aux invalides de troisième catégorie peut néanmoins posée des problèmes pratiques lorsque l'assuré n'est pas salarié dans la mesure où le classement en invalidité de troisième catégorie concerne le régime général de la Sécurité sociale et donc les seuls salariés. Pour les travailleurs non-salariés ou pour des fonctionnaires la référence à l'invalidité de troisième catégorie est donc d'une application délicate souvent source de litige.

La dépendance partielle ne fait pas l'objet de définitions précises. Tout dépend de la définition contractuelle, cela peut être l'impossibilité d'effectuer seul deux des trois actes ordinaires de la vie avec besoin de l'assistance d'une tierce personne, de manière ponctuelle.

II – Les risques garantis

Le risque garanti peut être la dépendance totale telle qu'elle est définie au contrat. La dépendance peut résulter de plusieurs situations.

Dans cette hypothèse, de dépendance totale, l'assuré est totalement dépendant, s'il se trouve dans l'impossibilité médicalement constatée d'effectuer au moins trois des quatre actes ordinaires de la vie : se déplacer, s'habiller, se laver, s'alimenter (voir ci-avant).

En dehors de cette condition médicale, le contrat peut exiger que l'assuré justifie qu'il bénéficie de l'assistance d'une tierce personne complétant les services de soins à domicile, pris en charge par la Sécurité sociale ou soit hospitalisé en centre de long séjour pris en charge par la Sécurité sociale ou soit hébergé en section de cure médicale pris en charge par la Sécurité sociale.

La garantie est également due si l'assuré est atteint de démence sénile invalidante ou de la maladie d'Alzheimer, constatée médicalement à l'aide d'un examen des résultats de tests psychotechniques, pratiquée par un neuropsychiatre.

En dehors de cette condition médicale, le contrat peut exiger que l'assuré justifie qu'il bénéficie de l'assistance d'une tierce personne complétant les services de soins à domicile, pris en charge par la Sécurité sociale ou soit hébergé dans un établissement psychiatrique dans le cadre de l'hébergement en établissement spécialisé reconnu et indemnisé par la Sécurité sociale.

La garantie est également due si l'assuré est classé en invalidité de troisième catégorie par la Sécurité sociale. Le régime d'assurance maladie des salariés prévoit un classement en invalidité de troisième catégorie pour les personnes invalides ne pouvant plus exercer aucune activité professionnelle et ayant besoin de l'assistance d'une tierce personne.

Le contrat peut également prévoir que la garantie sera accordée en cas de dépendance totale et/ou partielle. La dépendance partielle ne fait pas l'objet d'une définition unique. Tout dépend de la définition contractuelle, cela peut être l'impossibilité d'effectuer seul deux des trois actes ordinaires de la vie avec besoin de l'assistance d'une tierce personne, de manière ponctuelle.

Certains contrats prévoient la mise en jeu de la garantie soit en cas de dépendance totale uniquement, soit en cas de dépendance totale ou partielle et dans ce cas avec une cotisation nécessairement plus élevée.

Le contrat peut prévoir une garantie de la dépendance totale avec la possibilité pour l'assuré d'ajouter une option permettant de garantir la dépendance partielle. La garantie de la dépendance partielle peut consister au versement :

- d'une rente réduite pendant toute la durée de la dépendance, y compris si celle-ci n'est que temporaire ;
- d'un capital, uniquement si la dépendance est définitive ;
- le versement d'une indemnité forfaitaire en cas d'hospitalisation après une période de franchise et pour une durée limitée à une période de un an à trois ans.

On s'aperçoit en pratique que de nombreuses options sont possibles et que les garanties proposées par les différents acteurs proposant des contrats dépendance sont très diversifiées.

Chapitre III

L'ASSURANCE VIE INDIVIDUELLE

Section I - Les contrats d'assurance vie individuelle

I - Les besoins des clients

A - Assurance vie et épargne

L'assurance s'apparente à une opération d'épargne. L'assuré, plutôt que de gérer son argent, le confie à un assureur. Ce dernier fait fructifier les sommes investies par l'assuré et les lui reverse sous forme de capital ou de rente à une date prédéterminée, si l'assuré est en vie.

En cas de décès de l'assuré avant le terme, l'épargne constituée est versée au(x) bénéficiaire(s) désigné(s).

La fiscalité, tant en cas de vie qu'en cas de décès, est particulièrement avantageuse. Les primes peuvent être uniques, périodiques ou, à versements libres. L'investissement peut se faire dans des contrats en euros ou dans des contrats en unités de compte (SICAV ou FCP d'actions, d'obligations, SCPI, devises…).

De plus en plus, les contrats souscrits sont des multisupports comportant de nombreuses unités de compte. L'assuré peut ainsi choisir les supports sur lesquels il souhaite investir et procéder à des arbitrages entre ces différents supports.

L'encours des contrats d'assurance vie (provisions mathématiques + provisions pour participation aux bénéfices) s'élève à 1 977 milliards d'euros à fin septembre 2024 (source : France Assureurs).

B - Assurance vie et retraite

Les personnes partant à la retraite voient leur niveau de vie diminuer considérablement. Le montant des retraites est en effet très inférieur aux derniers revenus. Les futurs retraités peuvent donc souscrire des contrats de retraite complémentaire. Ils permettent à l'assuré de bénéficier, à une date déterminée, d'une rente viagère pouvant répondre à ce besoin. Ainsi, l'assuré souscrit un contrat alors qu'il est encore en activité, par exemple à l'âge de 40 ans. Il verse des primes jusqu'à l'âge de son départ en retraite et à cette date l'assureur commence le versement d'une rente viagère, c'est-à-dire jusqu'au décès de l'assuré.

C - Assurance vie et prévoyance

L'assurance vie prend ici la forme d'une assurance en cas de décès. Le décès de l'assuré entraîne le versement du capital, prévu au contrat, à un bénéficiaire désigné. Le capital est « hors succession » et bénéficie d'une fiscalité favorable.

Cette assurance permet à l'assuré de garantir l'avenir de toute personne à sa charge. En plus de la garantie décès, des garanties invalidité et doublement du capital en cas de décès accidentel peuvent être prévues.

D - Assurance vie et emprunt

L'assurance vie contribue au développement du crédit. En effet, les organismes prêteurs, banques ou sociétés de crédit, acceptent plus facilement d'accorder des prêts quand ils savent que l'emprunteur possède une garantie en cas de décès et d'invalidité et qu'il dispose d'un contrat d'assurance vie épargne qu'il peut donner en nantissement de son emprunt.

Ainsi, si l'emprunteur vient à mourir ou devient invalide, l'assureur, au titre de la garantie décès invalidité, se substitue à lui pour rembourser l'organisme prêteur.

Si l'emprunteur, pour une autre cause, cesse de rembourser son crédit, l'organisme prêteur pourra se faire rembourser directement sur la valeur du contrat d'assurance vie épargne qui lui a été donné en nantissement.

II - Prévoyance et épargne

A - Les principales assurances vie prévoyance

1° L'assurance temporaire décès et la rente éducation

a) La temporaire décès

L'assureur s'engage à verser un capital, à un bénéficiaire, en cas de décès de l'assuré survenant pendant la période de validité du contrat.

Le contrat peut être d'une durée déterminée, c'est-à-dire fixée dès la souscription, cependant de nombreux contrats sont d'une durée d'un an prorogeable.

Certaines situations justifient la souscription d'une garantie du risque décès. Comme nous l'avons vu précédemment, il peut s'agir d'une souscription au profit d'un organisme prêteur qui, dans ce cas, est bénéficiaire de la garantie décès.

L'assuré, en dehors de tout emprunt, peut aussi souscrire une garantie du risque décès pour protéger son conjoint, spécialement si son conjoint n'a pas d'activité rémunérée.

b) La rente éducation

L'assureur s'engage à verser une rente temporaire aux enfants bénéficiaires, en cas de décès de l'assuré survenant pendant la période de validité du contrat.

Les mécanismes de fonctionnement sont identiques à ceux de l'assurance temporaire décès, à l'exception de la prestation de l'assureur qui prend ici la forme d'une rente et non d'un capital.

Cette rente est versée temporairement aux enfants de l'assuré, bénéficiaires de la garantie. Pour le souscripteur, il s'agit « d'assurer » l'avenir pécuniaire de ses enfants.

2° Les contrats de « rentes survie »

a) Définition

En contrepartie des primes versées par le souscripteur, ces contrats garantissent le versement d'un capital ou d'une rente viagère à un enfant de l'assuré atteint d'une infirmité qui l'empêche :

- s'il est âgé de moins de 18 ans, d'acquérir une instruction ou une formation professionnelle d'un niveau normal ;
- de se livrer, dans des conditions normales de rentabilité, à une activité professionnelle.

b) Mécanismes

La prime, généralement périodique, est versée de la date de souscription jusqu'au décès de l'assuré ou de l'enfant bénéficiaire s'il décède avant l'assuré. Il s'agit en général de contrats investis en euros. En principe, le contrat est souscrit par les parents qui ont la qualité d'assuré.

Au premier décès – ou au deuxième selon l'option choisie –, l'assureur verse le capital ou la rente à l'enfant bénéficiaire. Le contrat peut également être souscrit sur la tête d'un seul des parents. Si l'enfant décède avant ses parents, le contrat se termine.

3° Les garanties complémentaires à l'assurance décès

Les contrats garantissant le risque de décès peuvent prévoir des garanties complémentaires.

a) L'invalidité

On peut ainsi trouver, à côté de la garantie décès, une garantie du risque d'invalidité plus ou moins étendue. Par exemple, la garantie peut être limitée à l'invalidité absolue et définitive et à condition que l'assuré ait besoin de l'assistance d'une tierce personne pour effectuer les actes élémentaires de la vie courante.

Certains contrats prévoient une garantie exonération du paiement des primes pendant les périodes d'incapacité temporaire et de chômage. Cette garantie est accordée après une période de franchise et pendant une durée maximum précisée au contrat.

b) Le doublement ou triplement du capital décès

Des garanties doublement du capital en cas de décès survenant par accident ou triplement du capital lorsque le décès survient par accident de la circulation, sont parfois proposées.

La délimitation du caractère accidentel, ou non, du décès n'est pas toujours aisée à établir. Le caractère accidentel du décès relève de l'appréciation souveraine des juges du fond qui s'appuient sur la définition de l'accident figurant dans le contrat.

4° Les garanties obsèques

Les contrats d'assurance-vie liés au financement d'obsèques, appelés plus communément contrats d'assurance obsèques, ont pour objet de participer au financement des obsèques de l'assuré. Le capital destiné au paiement des obsèques de l'assuré est exclusivement affecté à cette fin, à concurrence du coût de ses obsèques. Les contrats d'assurance obsèques vie entière, individuels ou collectifs à adhésion individuelle, sont largement souscrits : leur nombre s'élève en 2023 à 5,3 millions et environ 190 000 décès par an sont couverts par ces contrats, soit environ 30 % des décès survenant en France.

Deux types de formules existent :

- les contrats de financement simple (désignés dans le reste du présent avis sous la dénomination de « contrats en capital ») prévoyant le versement d'un capital, dont le montant est déterminé à la souscription, à un bénéficiaire désigné, en général l'opérateur funéraire qui réalisera les obsèques, à défaut la personne qui s'acquittera de la facture. Ils sont distribués très largement par les entreprises du secteur financier ;
- les contrats de financement associés à des contrats de prestations funéraires (désignés dans le reste du présent avis sous la dénomination de « contrats en prestations ») conclus à 63 % via des opérateurs funéraires, exerçant également en qualité d'intermédiaire d'assurance (mandataires ou, plus marginalement, courtiers), et qui sont assortis d'un devis de prestations funéraires décrivant précisément les prestations dont l'assuré souhaite bénéficier au moment de ses obsèques.

L'ACPR a publié deux recommandations pour renforcer la clarté et la transparence des informations communiquées et le conseil prodigué lors de la souscription de ces produits (2021-R-01 du 18 février 2021 ; 2015-R-02 du 12 février 2015). Par un avis du 8 octobre 2024, le Comité consultatif du secteur financier (« CCSF ») acte les engagements des assureurs à compter du 1er juillet 2025 pour améliorer la lisibilité, la compréhension et l'efficacité des contrats d'assurance en prévision d'obsèques.

B – Les assurances vie épargne

1° Le capital différé

Le capital différé est un contrat qui prévoit le versement du capital garanti à l'assuré, lorsqu'il est en vie au terme fixé au moment de la souscription.

Une garantie « contre assurance décès » permet au bénéficiaire désigné de recevoir la contrepartie de la provision mathématique, dans l'hypothèse d'un décès de l'assuré avant le terme du contrat.

La prime peut être unique, périodique ou à versements libres. La durée du contrat est librement fixée par l'assuré. Une durée minimale de 8 ans, de préférence prorogeable, est nécessaire pour éviter une trop forte imposition des plus-values. Certains contrats sont d'une durée viagère.

Nous verrons plus tard que l'assuré peut en cours de contrat demander à tout moment, sauf en cas d'acceptation du bénéficiaire, le rachat partiel ou total de son contrat ou une avance.

Le capital peut être libellé en euros ou en unités de compte (SICAV, FCP, ...).

2° Les rentes viagères

a) Les rentes viagères immédiates

Cette assurance garantit le versement d'une rente à l'assuré, à effet immédiat, pendant toute la durée de vie de l'assuré.

L'assurance rentes viagères garantit ainsi à l'assuré un versement régulier et revalorisé jusqu'à la fin de ses jours.

Dans cette formule d'assurance, le versement des rentes intervient sans période de différé, c'est-à-dire immédiatement, la prime payée par l'assuré est, en conséquence, unique et prend la forme d'un capital constitutif de rentes.

Dans certains contrats de rentes viagères, il est prévu qu'un minimum de rentes sera versé ; par exemple 5 ans de rentes. Ainsi, dans ce cas, si l'assuré décède 6 mois après la souscription, l'assureur versera un montant équivalent à quatre ans et demi de rentes au profit d'un bénéficiaire désigné ou à défaut à la succession de l'assuré.

Le contrat de rentes viagères peut aussi être souscrit sur deux têtes, les rentes étant alors versées jusqu'au décès du dernier vivant. Après le premier décès, le montant de la rente se trouve généralement minoré.

b) Les rentes viagères différées

Le versement des rentes intervient après une période de différé et le paiement des primes par le souscripteur s'effectue généralement entre la date de souscription du contrat et la fin de la période de différé.

Dans cette hypothèse, si l'assuré décède avant la fin de la période de différé, c'est-à-dire avant d'avoir pu commencer à bénéficier des rentes, une garantie « contre-assurance » permet de verser la provision mathématique au(x) bénéficiaire(s) désigné(s). La provision mathématique correspond au cumul des primes versées, diminué des frais de gestion et de souscription du contrat ainsi que de la prime « contre assurance décès », majoré des intérêts servis par l'assureur.

Le contrat peut prévoir, qu'en cas de décès du crédit-rentier, il sera servi une rente de réversion au profit du conjoint survivant.

3° Les contrats « épargne handicap »

Les contrats « épargne handicap » sont destinés à garantir le versement d'un capital ou d'une rente viagère à l'assuré atteint, lors de la conclusion du contrat, d'une infirmité qui l'empêche de se livrer, dans des conditions normales de rentabilité, à une activité professionnelle. Ces contrats permettent, à leurs souscripteurs, de bénéficier d'une réduction d'impôt.

C - Les contrats de capitalisation

1° Mécanismes du contrat de capitalisation

Le contrat de capitalisation – ou bon de capitalisation – est un placement financier qui permet au souscripteur de réaliser une opération d'épargne.

Le souscripteur verse une prime unique ou des primes périodiques et, en contrepartie, l'assureur s'engage à capitaliser la (les) prime(s), pendant la durée du contrat qui est de huit ans minimum.

Les anciens bons de capitalisation comportaient, chaque année, un tirage au sort qui permettait aux gagnants du tirage d'être remboursés par anticipation ; ce système est aujourd'hui exceptionnel.

Contrairement au contrat d'assurance, le contrat de capitalisation ne comporte pas d'aléa. Cette distinction fondamentale a été mise en évidence par la Cour de cassation dès 1937 (Civ. 1re, 29 déc. 1937, RGAT 1938, p. 249) ; la Cour de cassation affirme : « on ne saurait assimiler à un contrat d'assurance le contrat de capitalisation qui a pour but la constitution, au moyen de versements successifs, d'un capital déterminé à l'avance et devant être remboursé soit à une date fixée, soit par anticipation, par voie de tirage au sort ».

2° Procédure en cas de perte des bons de capitalisation

Quiconque prétend avoir été dépossédé par perte, destruction ou vol d'un bon de capitalisation anonyme doit en faire la déclaration à l'entreprise d'assurance à son siège social, par lettre recommandée ou envoi recommandé électronique avec avis de réception. L'assureur en accuse réception à l'envoyeur, en la même forme, dans les huit jours au plus tard.

Cette déclaration emporte opposition au paiement du capital.

Si le contrat frappé d'opposition vient à être présenté à l'entreprise d'assurance, elle s'en saisit et en demeure séquestre jusqu'à ce qu'il ait été statué par décision de justice sur la propriété du titre ou que l'opposition soit levée.

Il est délivré récépissé du contrat saisi au tiers porteur s'il justifie de son identité et de son domicile. À défaut de cette justification, le contrat est restitué sans formalité à l'opposant. S'il se manifeste un tiers porteur du contrat frappé d'opposition, l'entreprise d'assurance en avise l'opposant dans le mois, par lettre recommandée avec avis de réception. Elle doit également en aviser, dans la même forme, le souscripteur originel du contrat, s'il est autre que l'opposant.

Cet avis mentionne l'obligation d'introduire dans le mois une action en revendication devant le tribunal Judiciaire, à peine de mainlevée de l'opposition. Dans le mois qui suit la réception de la lettre de l'assureur, l'opposant doit saisir le tribunal Judiciaire et notifier, par lettre recommandée avec avis de réception, à l'assureur, l'introduction de cette demande en spécifiant la date de l'assignation et le nom de l'huissier qui l'a délivrée.

Faute par l'opposant d'avoir introduit et notifié son action dans ledit délai, l'opposition est levée de plein droit et mention de cette mainlevée est faite sur le registre des oppositions tenu par l'assureur. Toutefois, si l'opposant justifie d'une cause légitime l'ayant empêché d'agir ou en cas de fraude, il peut exercer son recours contre le tiers porteur et toute personne responsable de la fraude.

Lorsque se sont écoulées deux années à compter du jour de l'opposition, sans qu'un tiers porteur se soit révélé, l'opposant peut, sur production d'une simple lettre de l'assureur attestant que l'opposition n'a pas été contredite, demander au président du tribunal judiciaire, l'autorisation de se faire délivrer, à ses frais, un duplicata du contrat et exercer les droits qu'il comporte.

Au regard de l'entreprise, le duplicata est substitué à l'original qui ne lui est plus opposable.

III – Modalités des versements

Les versements effectués par le souscripteur peuvent être constitués :

– de versements libres ;

– d'une prime unique ;
– de primes périodiques fixes.

A - Contrats à versements libres

De nombreux contrats d'assurance vie ayant pour objet de permettre au souscripteur de constituer une épargne, pour lui-même ou pour un bénéficiaire désigné en cas de décès, fonctionnent avec un système de primes à versements libre, le souscripteur effectue des versements au gré de ses possibilités d'épargne.

En règle générale, un montant minimum pour chaque versement est exigé afin d'éviter que le souscripteur n'effectue de trop nombreux petits versements qui alourdiraient la gestion de son contrat.

Ces contrats bénéficient donc d'une très grande souplesse et connaissent un vif succès auprès des épargnants. Leur durée n'est généralement pas déterminée à l'avance ; seule une durée minimum de huit ans est prévue, le contrat étant ensuite prorogeable chaque année par tacite reconduction. La durée peut également être viagère, c'est-à-dire que le contrat est souscrit pour la durée de vie de l'assuré ; dans cette hypothèse, le souscripteur peut cependant mettre fin à son contrat en procédant à un rachat total.

B - Contrats à prime unique

Le souscripteur effectue un seul versement au moment de la souscription du contrat.

Lorsque le contrat d'assurance a pour objet de constituer une épargne, le versement unique du souscripteur est capitalisé par l'assureur dans le but de valoriser l'épargne du souscripteur, conformément aux dispositions légales et contractuelles. La prime peut être investie sur un support en euros ou sur des unités de compte dans le cadre d'un contrat multisupports.

Lorsque le contrat d'assurance a pour objet principal de garantir le risque de décès, la prime unique du souscripteur sert à couvrir le risque pendant toute la durée du contrat.

C - Contrats à primes périodiques fixes

Le souscripteur s'engage à verser régulièrement une prime fixe, déterminée au moment de la souscription du contrat, et ce pendant toute la durée du contrat.

IV - Évolution des capitaux

A - Les contrats en euros

1° Taux de rendement

Dans les contrats en euros, les versements effectués par le souscripteur sont placés pour l'essentiel dans des obligations, ce qui permet à l'assureur, s'il le souhaite, de garantir au souscripteur un taux de rendement minimum. Le contrat en euros convient au souscripteur qui ne souhaite prendre aucun risque.

L'assureur n'est pas tenu d'accorder un taux minimum ; il s'agit d'une simple faculté. Si l'assureur décide de garantir un taux minimum, il ne peut garantir un taux supérieur à ce que prévoit la réglementation. L'assureur a une autre obligation, celle de distribuer une partie de ses bénéfices techniques et financiers.

Pour les contrats à primes périodiques, quelle que soit leur durée, le taux d'intérêt technique est le plus faible des deux taux suivants :
- 60 % du Taux moyen des emprunts d'État (TME) ;
- ou 3,50 %.

Le TME retenu est celui résultant de la moyenne des TME établie sur les six derniers mois (C. assur., art. A. 132-1).

Pour les contrats à prime unique dont la durée est, au plus, de huit ans, le taux d'intérêt technique est plafonné à 75 % du TME. Au-delà de huit ans, le taux technique passe à 60 % du TME, sans pouvoir excéder 3,50 %.

Dans les contrats à versements libres, le taux d'intérêt technique peut varier pour chaque versement. En effet, chaque versement est assimilé, pour le calcul du taux technique, à une prime unique. Il en résulte que le taux technique de chaque versement est plafonné à 75 % du TME pendant les huit premières années suivant chaque versement. Au-delà de huit ans, le taux maximal passe à 60 % du TME, sans pouvoir excéder 3,50 %.

2° La participation aux bénéfices

La participation aux bénéfices est le mécanisme selon lequel les entreprises d'assurance vie distribuent à leurs assurés une partie des bénéfices qu'elles réalisent. Selon le Code des assurances, les entreprises d'assurance doivent distribuer au minimum 90 % de leurs bénéfices techniques et 85 % de leurs bénéfices financiers. La plupart des entreprises d'assurance vont au-delà de ce versement minimal.

B - Les contrats multisupports

Dans les contrats multisupports, les garanties sont exprimées par référence à un ou plusieurs supports. Les supports sont, la plupart du temps, des SICAV d'actions et/ou d'obligations, FCP d'actions et/ou d'obligations, SCPI. Un support en euros est également proposé et dans certains contrats un investissement sur d'autres devises est possible (dollar, yen, livre sterling...).

Le souscripteur a le choix entre ces divers supports selon des modalités variant selon les contrats. Le souscripteur choisit au moment de chaque versement le ou les supports sur le(s)quel(s) il souhaite investir. Il peut ensuite procéder à des arbitrages sur les versements qu'il a déjà effectués. Ces possibilités d'arbitrage sont plus ou moins étendues selon les contrats.

La particularité essentielle des contrats multisupports est qu'ils reposent sur des unités de compte qui peuvent varier à la hausse et à la baisse (sauf le support en euros). La baisse, constatée à un moment donné, ne peut être analysée comme une perte dès lors que le contrat n'est pas dénoué. C'est, en effet, seulement au terme du contrat que l'on peut apprécier l'évolution des capitaux investis dans des contrats multisupports. Cette évidence est d'importance dans un contexte de baisse où certains assurés seraient tentés de renoncer à leur engagement.

Les contrats multisupports comprennent des compartiments en unités de compte pour lesquels les prélèvements sociaux sont acquittés au dénouement du contrat alors que ces mêmes prélèvements sont acquittés, chaque année, au fil de l'eau, sur les fonds placés dans les compartiments en euros.

C - Les contrats et fonds « euro-croissance »

Les contrats « euro-croissance », mis en place par la loi de finances rectificative pour 2013 n° 2013-1279 du 29 décembre 2013, peuvent être souscrits depuis le 1er janvier 2014 ou provenir de la transformation, entre le 1er janvier 2014 et le 1er janvier 2016, d'un contrat existant. À la condition qu'au moins 10 % de tous les engagements en euros soient transformés en engagements en fonds eurocroissance, cette transformation n'entraîne pas les conséquences fiscales d'un dénouement et permet à l'assuré de conserver l'antériorité fiscale attachée au contrat puisque la date de souscription du nouveau contrat reste celle de l'ancien contrat.

Les primes sont versées sur un fonds « euro-croissance », c'est-à-dire diversifié, permettant des investissements plus risqués, tout en garantissant le capital investi à une échéance fixée par le contrat (entre 8 et 40 ans). La possibilité de faire coexister au sein d'un même contrat les trois types d'engagements (euros, unités de comptes, diversifiés) est explicitement prévue.

Il faut rappeler que les produits des contrats d'assurance vie sont soumis aux prélèvements sociaux lors du dénouement du contrat pour les supports en unités de compte. Pour les contrats euro-croissance, la perception des prélèvements sociaux se fera au terme de la garantie. L'assiette des prélèvements sociaux sera égale à la différence entre la valeur de rachat des engagements au terme de la garantie et la somme des primes versées affectées à ces engagements nette des primes comprises, le cas échéant, dans des rachats partiels.

Ces contrats n'ayant rencontré que peu de succès, la loi Pacte du 22 mai 2019 a créé une nouvelle version du contrat « euro-croissance » devant être plus attractive, dans laquelle les droits des assurés sont intégralement exprimés en parts de provisions de diversification pour exposer davantage les contrats au risque et améliorer les rendements (C. assur., art. L. 134-1 mod. par L. n° 2019-486, 22 mai 2019, art. 72, I, 8°). La garantie en capital promise est exprimée en euros ; elle est connue dès la souscription et le rendement est le même pour tous les détenteurs de parts. Cette transformation d'un fonds euro-croissance classique en fonds euro-croissance « Pacte » est possible avec l'accord du souscripteur, sans que celui-ci dispose d'un droit de rétractation (Ord. n° 2014-696, 26 juin 2014, art. 3).

Dans le cadre de cette évolution, l'article L. 132-21-1 du Code des assurances est complété pour préciser la valeur de rachat ou de transfert des fonds euro-croissance. Avant l'échéance, les sommes rendues à l'assuré correspondent à la valeur liquidative des parts de provisions de diversification détenues. Après l'échéance, la valeur de rachat ou de transfert ne peut être inférieure au montant de la garantie.

D - Les contrats « vie-génération »

Ce contrat a été créé par la loi de finances rectificative pour 2013 n° 2013-1279 du 29 décembre 2013 (JO, 30 déc.) afin d'encourager l'épargne sur des supports d'investissement que l'État veut favoriser (PME, PMI, logement social...). Doit donc être respecté un quota d'investissements plus risqués ou prioritaires. En contrepartie, cet engagement donne droit à un allégement des droits à acquitter lors de la transmission par rapport au droit commun. En effet, les sommes investies bénéficient d'un abattement d'assiette de 20 %, avant application de l'abattement de 152 500 euros, pour la taxation des capitaux-décès (CGI, art. 990 I). Un décret précise les conditions d'investissement et de respect du seuil de 33 % (D. n° 2014-1011, 5 sept. 2014 : JO, 7 sept.).

Le contrat est composé d'unités de compte constituées de parts ou titres de sociétés et fonds d'investissement s'engageant, dans leur règlement ou leurs statuts, à investir dans certains secteurs :

- les petites et moyennes entreprises (PME) et entreprises de taille intermédiaire (ETI) ;
- le logement intermédiaire et social ;
- les entreprises de l'économie sociale et solidaire (ESS).

Pour le financement des entreprises, les actions ou parts, titres et droits éligibles à l'actif de la société ou du fonds d'investissement devront être émis par des organismes situés dans un État membre de l'Union européenne ou dans un État partie à l'accord sur l'Espace économique européen ayant conclu avec la France une convention d'assistance administrative en vue de lutter contre la fraude et l'évasion fiscales et soumis à l'impôt sur les sociétés dans les conditions de droit commun (ou qui le seraient dans les mêmes conditions si l'activité était exercée en France).

Les unités de compte du contrat doivent être constituées à hauteur de 33 % au moins de ces actifs (D. n° 2014-1011, 5 sept. 2014 : JO, 7 sept.).

Section II – Droit et technique de l'assurance vie individuelle

I – Les obligations et droits du souscripteur

A – Le souscripteur doit être capable juridiquement

1° Définition du souscripteur

Le souscripteur est la personne physique ou morale qui s'engage juridiquement envers l'assureur.

Le souscripteur :
- signe le contrat ;
- verse les primes ;
- désigne le bénéficiaire.

Titulaire de droits sur l'épargne constituée dans le cadre de son contrat, il peut, selon certaines modalités, faire valoir son droit de créance en demandant le rachat, une avance ou en donnant son contrat en nantissement.

2° Capacité juridique du souscripteur

Pour souscrire un contrat d'assurance vie, il faut être capable de contracter. Il en résulte que ne peuvent souscrire un contrat d'assurance vie, lorsqu'elles agissent seules, deux catégories de personnes, soit en raison de leur âge, soit en raison de leur état de santé :
- les mineurs non émancipés ;
- les majeurs en tutelle.

a) Souscription d'un contrat pour le compte d'un mineur

Il est défendu à toute personne de contracter une assurance en cas de décès sur la tête d'un mineur âgé de moins de douze ans ; une telle assurance serait nulle (C. assur., art. L. 132-3).

La souscription d'un contrat d'assurance vie pour le compte d'un mineur de plus de douze ans est possible (C. assur., art. L. 132-4), il convient de distinguer selon que ce contrat est un acte d'administration ou un acte de disposition.

Si le contrat est souscrit pour le compte du mineur et se trouve alimenté par des primes conséquentes, provenant du patrimoine du mineur, le contrat constitue un acte de disposition, spécialement s'il s'agit d'un contrat à prime unique.

Dans cette hypothèse, le contrat doit être souscrit avec l'assistance des deux parents dont il faut obtenir les signatures pour éviter toute contestation sur la validité du contrat.

Si un seul des parents dispose de l'autorité parentale, le contrat ne peut être souscrit qu'avec l'autorisation du juge des contentieux de la protection (anciennement Juge des tutelles).

Si l'enfant est placé en tutelle, la souscription du contrat doit être effectuée par le tuteur avec l'autorisation du conseil de famille et du juge des contentieux de la protection.

b) Souscription d'un contrat pour le compte d'un majeur incapable

Il existe plusieurs régimes d'incapacité des majeurs : le placement sous sauvegarde de justice, la curatelle, la tutelle, ainsi que l'habilitation familiale, et le mandat de protection future.

Le placement sous sauvegarde de justice

- Les actes passés par le majeur restent valables mais peuvent être rescindés pour lésion ou réduits, à sa demande ou à celle de son représentant légal.
- Cependant, à ce stade de l'incapacité, il n'y a pas nécessairement de représentant légal. Mais le placement sous sauvegarde de justice est une mesure de protection temporaire, de courte durée, qui précède fréquemment la mise sous curatelle ou sous tutelle, régimes pour lesquels un curateur ou un tuteur sont nommés par le juge.
- La souscription d'un contrat d'assurance vie, par un majeur placé sous sauvegarde de justice, peut donc être contestée ultérieurement par son représentant légal ou par ses héritiers.

La curatelle

- La loi n° 2007-1775 du 17 décembre 2007 a introduit un article L. 132-4-1 dans le Code des assurances. Selon ce texte, lorsqu'une tutelle a été ouverte à l'égard du stipulant, la souscription ou le rachat d'un contrat d'assurance sur la vie ainsi que la désignation ou la substitution du bénéficiaire ne peuvent être accomplis qu'avec l'autorisation du juge des contentieux de la protection ou du conseil de famille s'il a été constitué. Après l'ouverture d'une curatelle, ces mêmes actes ne peuvent être accomplis qu'avec l'assistance du curateur.
- Toujours selon ce texte, l'article L. 132-4-1 du Code des assurances, l'acceptation du bénéfice d'un contrat d'assurance sur la vie conclu moins de deux ans avant la publicité du jugement d'ouverture de la curatelle ou de la tutelle du stipulant peut être annulée sur la seule preuve que l'incapacité était notoire ou connue du cocontractant à l'époque où les actes ont été passés.
- Il convient également de signaler que, toujours selon ce texte, lorsque le bénéficiaire du contrat d'assurance sur la vie est le curateur ou le tuteur, il est réputé être en opposition d'intérêts avec la personne protégée. Sa désignation ne peut être effectuée que par un curateur ou un tuteur ad hoc.
- L'article 9 de la loi n° 2007-1775 du 17 décembre 2007 prévoit que les dispositions de l'article L. 132-4-1 du Code des assurances s'appliquent aux contrats en cours.
- Le décret n° 2008-1484 du 22 décembre 2008 précise quels sont les actes de disposition soumis à autorisation du juge des tutelles (souscription, rachat, avance et désignation bénéficiaire) et quels sont les actes d'administration pouvant être effectués par le tuteur

ou le curateur sans être soumis à cette autorisation préalable du juge (acceptation bénéficiaire).

La tutelle

- Les actes accomplis par le majeur incapable après l'ouverture de la tutelle sont nuls de plein droit. Les actes antérieurs peuvent être annulés si la cause qui a déterminé l'ouverture de la tutelle existait à l'époque où ils ont été passés.
- Comme indiqué ci-dessus, selon l'article L. 132-4-1 du Code des assurances, lorsqu'une tutelle a été ouverte à l'égard du stipulant, la souscription ou le rachat d'un contrat d'assurance sur la vie ainsi que la désignation ou la substitution du bénéficiaire ne peuvent être accomplis qu'avec l'autorisation du juge des tutelles ou du conseil de famille s'il a été constitué.
- La loi du 17 décembre 2007 dissocie la situation des deux régimes tutelle et curatelle en confirmant que la tutelle est un régime de représentation, le tuteur représente le tutélaire, alors que le régime de curatelle est un régime d'assistance, le curateur assiste le curatélaire.
- La loi nouvelle est conforme à la jurisprudence antérieure qui admettait que le gérant de tutelle pouvait modifier la clause bénéficiaire avec l'autorisation du juge des tutelles (Civ. 2e, 15 mars 2007, n° 05-21.830).

L'habilitation familiale

- L'habilitation familiale permet à un proche (descendant, ascendant, frère ou sœur, époux ou épouse, concubin, partenaire de Pacs) de solliciter l'autorisation du juge pour représenter une personne qui ne peut pas manifester sa volonté. Créée par une ordonnance de 2015, entrée en vigueur au 1er janvier 2016, il s'agit d'une mesure de protection qui n'est pas « judiciaire » à proprement parler : une fois que le proche est habilité (de façon générale ou pour certains actes seulement), le juge n'intervient plus, sauf toutefois pour autoriser les actes de disposition à titre gratuit et pour mettre fin à l'habilitation familiale (C. civ., art 494-1 à 494-12).

Le mandat de protection future

- Toute personne majeure ou mineure émancipée (mandant) ne faisant pas l'objet d'une mesure de tutelle ou d'une habilitation familiale peut désigner à l'avance une ou plusieurs personnes (mandataire) pour la représenter. Le jour où le mandant ne sera plus en état, physique ou mental, de pourvoir seul à ses intérêts, le mandataire pourra protéger les intérêts du mandant (C. civ., art 477 à 488). Un mandat sous seing privé conférera au mandataire les mêmes pouvoirs qu'un tuteur. S'il revêt un caractère d'acte authentique (signé devant notaire), il conférera au mandataire des pouvoirs élargis, définis dans le mandat. Un registre national dématérialisé pour les mandats de protection future a été mis en place pour simplifier les démarches, en permettant notamment l'enregistrement, la modification et la consultation des mandats par les professionnels habilités (notaires, tribunaux… Décret n° 2024-1032 du 16 novembre 2024 relatif au registre des mandats de protection future).

B - L'information du souscripteur

1° La note d'information

Les articles L. 132-5-2 du Code des assurances et L. 223-8 du Code de la mutualité imposent à la société d'assurance ou mutuelle, de remettre, contre récépissé, une note d'information sur les dispositions essentielles du contrat. Des dispositions identiques sont prévues, aux articles L. 932-6 et L. 932-18 du Code de la Sécurité sociale, pour les contrats souscrits auprès des institutions de prévoyance. L'article A. 132-4 du Code des assurances comporte en annexe le schéma de la note d'information, listant l'ensemble des informations et rubriques que l'assureur doit y faire figurer.

1° Nom commercial du contrat

2° Caractéristiques du contrat

a) définition contractuelle des garanties offertes ;

b) durée du contrat ;

c) modalités de versement des primes ;

d) délai et modalités de renonciation au contrat ;

e) formalités à remplir en cas de sinistre ;

f) Précisions complémentaires relatives à certaines catégories de contrats :

- contrats en cas de vie ou de capitalisation : frais et indemnités de rachat et autres frais prélevés par l'entreprise d'assurance, mentionnés au premier alinéa de l'article R. 132-3 ;
- autres contrats comportant des valeurs de rachat : frais prélevés en cas de rachat et autres frais ;
- contrats comportant des garanties exprimées en unités de compte : énonciation des unités de compte de référence et pour chaque unité de compte sélectionnée par le souscripteur ou, en cas de contrat de groupe à adhésion facultative, par l'adhérent, indication des caractéristiques principales qui peut être valablement effectuée par la remise du document d'informations clés ou du document d'informations spécifiques prévus par le règlement (UE) n° 1286/2014 du Parlement européen et du Conseil du 26 novembre 2014 et le règlement délégué (UE) n° 2017/653 de la Commission du 8 mars 2017, et en l'absence d'insertion de l'encadré mentionné à l'article L. 132-5-2 d'une part, des frais prélevés par l'entreprise d'assurance sur la provision mathématique ou le capital garanti et, d'autre part, des frais pouvant être supportés par l'unité de compte ainsi que des modalités de versement du produit des droits attachés à la détention de l'unité de compte. En cas de non-remise du document d'informations clés ou du document d'information spécifiques, le souscripteur ou adhérent est informé de ses modalités d'obtention ainsi que, le cas échéant, de l'adresse électronique où se procurer ces documents ;
- contrats de groupe à adhésion facultative : nom et adresse du souscripteur, formalités de résiliation et de transfert ;
- contrats de groupe à adhésion facultative comportant une clause de transférabilité en application de l'article L. 132-23 ou de l'article 108 de la loi n° 2003-775 du 21 août 2003 portant réforme des retraites : frais et indemnités de transferts ;
- plans d'épargne retraite populaire : indication en caractères apparents que les sommes versées dans un plan d'épargne retraite populaire donnent lieu à des prestations versées sous forme de rente à partir de l'âge prévu de liquidation des droits, et qu'un plan ne peut faire l'objet de rachats sauf dans les cas prévus à l'article L. 132-23 du Code des assurances et au quatrième alinéa du I de l'article L. 144-2 ; indication, le cas échéant, de la faculté ouverte par le deuxième alinéa du I de l'article L. 144-2 ; indication des dispositions législatives et réglementaires qui régissent le fonctionnement du plan ; dénomination et siège social du dépositaire du plan ; mention, le cas échéant, de l'existence de l'accord de représentation des engagements mentionné au VIII de l'article L. 144-2 ;

g) information sur les primes relatives aux garanties principales et complémentaires lorsque de telles informations s'avèrent appropriées ;

h) précision quant à la loi applicable au contrat lorsque celle-ci n'est pas la loi française et indications générales relatives au régime fiscal.

3° Rendement minimum garanti et participation

a) taux d'intérêt garanti et durée de cette garantie ;

b) indications des garanties de fidélité, des valeurs de réduction, des valeurs de rachat ou, pour les contrats de groupe à adhésion facultative comportant une clause de transférabilité en application de l'article L. 132-23 ou de l'article 108 de la loi n° 2003-775 du 21 août 2003 portant réforme des retraites, des valeurs de transfert ; dans le cas où celles-ci ne peuvent être établies lors de la souscription, l'article A. 132-4-1 s'applique ;

c) modalités de calcul et d'attribution de la participation aux bénéfices.

4° Procédure d'examen des litiges

- Modalités d'examen des réclamations pouvant être formulées au sujet du contrat.
- Existence, le cas échéant, d'une instance chargée en particulier de cet examen.

5° Le cas échéant, référence expresse au rapport sur la solvabilité et la situation financière prévu à l'article L. 355-5, qui permet au souscripteur d'accéder facilement à ces informations

2° L'encadré

La loi n° 2005-1564 du 15 décembre 2005, prévoit que la proposition d'assurance ou le projet de contrat vaut note d'information, pour les contrats d'assurance comportant une valeur de rachat ou de transfert, quand un encadré, inséré en début de proposition d'assurance ou de projet de contrat, indique en caractères très apparents la nature du contrat. Cet encadré comporte en particulier le regroupement des frais dans une même rubrique, les garanties offertes et la disponibilité des sommes en cas de rachat, la participation aux bénéfices, ainsi que les modalités de désignation des bénéficiaires.

Un arrêté du 8 mars 2006 (JO 17 mars 2006) précise que la taille de l'encadré ne doit pas dépasser une page et énumère, de façon limitative, en 7 points, les informations qu'il doit contenir, ces informations devant figurer dans l'ordre prévu par l'article A. 132-8 du Code des assurances :

- Indication de la nature du contrat : contrat d'assurance vie individuel ou de groupe ou contrat de capitalisation. Pour les contrats d'assurance de groupe, doit figurer la mention « les droits et obligations de l'adhérent peuvent être modifiés par des avenants au contrat, conclus entre (l'assureur) et (le souscripteur). L'adhérent est préalablement informé de ces modifications ».
- Indication des garanties offertes, y compris les garanties complémentaires non optionnelles ; indication de la sortie en rente ou en capital.
- Indication de l'existence ou non d'une participation aux bénéfices contractuelle et, le cas échéant, de son pourcentage.
- Indication de la faculté de rachat ou de transfert et du délai de versement par l'assureur.
- Indication des frais et indemnités de toute nature avec une distinction entre frais à l'entrée et sur versements, frais en cours de vie du contrat, frais de sortie et autres frais.
- Indication de la mention suivant laquelle « la durée du contrat recommandée dépend notamment de la situation patrimoniale du souscripteur (ou de l'adhérent), de son attitude vis-à-vis du risque, du régime fiscal en vigueur et des caractéristiques du contrat choisi. Le souscripteur (ou l'adhérent) est invité à demander conseil auprès de son assureur ».
- Indication des modalités de désignation des bénéficiaires.

Enfin, immédiatement après l'encadré, doit figurer la mention suivante : « Cet encadré a pour objet d'attirer l'attention du souscripteur (ou de l'adhérent) sur certaines dispositions essentielles de la proposition d'assurance (ou du projet de contrat, ou de la notice). Il est important que le souscripteur (ou l'adhérent) lise intégralement la proposition d'assurance (ou le projet de contrat, ou la notice), et pose toutes les questions qu'il estime nécessaires avant de signer le contrat (ou le bulletin d'adhésion) ».

Sur le fondement des textes en vigueur avant la loi du 15 décembre 2005, la Cour de cassation a précisé qu'il résulte de l'article L. 132-5-1, alinéa 2 du Code des assurances que la note d'information est un document distinct des conditions générales et particulières du contrat, dont il résume les dispositions essentielles, et que le défaut de remise de ce document ne peut être suppléé par la remise des conditions générales et particulières du contrat.

L'assureur n'ayant pas remis une note d'information, le délai de renonciation prévu au premier alinéa de l'article L. 132-5-1 n'a pas couru et l'assuré est fondé à exercer son droit de renonciation et de restitution des sommes versées (Civ. 2e, 13 juillet 2006, n° 05-10.958, n° 1258 P + B). Cet arrêt confirme des arrêts antérieurs ayant statué dans le même sens mais qui n'avaient pas affirmé expressément l'exigence de la remise de deux documents distincts (Civ. 2e, 7 mars 2006, n° 05-12.338, n° 508 P+B+R, n° 05-10.366 et 05-10.367, n° 509 P+B).

3° Informations complémentaires pour les contrats multisupports

La note d'information doit préciser la date à laquelle les primes versées sont converties dans les unités de compte, cela peut être à l'issue du délai de renonciation de trente jours. Elle doit énoncer les unités de compte de référence. Pour chaque unité de compte constituée sous la forme d'une part ou d'une action d'organisme de placement collectif en valeurs mobilières (OPCVM), l'indication des caractéristiques principales peut être valablement effectuée par la remise contre récépissé du prospectus simplifié visé par l'Autorité des marchés financiers. En cas de non-remise du prospectus simplifié, l'assuré est informé de ses modalités d'obtention, ainsi que, le cas échéant, de l'adresse électronique où se procurer ce document.

L'information sur les valeurs de rachat au titre des garanties exprimées en unités de compte est donnée en nombre d'unités de compte. Ce nombre doit tenir compte des prélèvements effectués à quelque titre que ce soit sur la provision mathématique du contrat.

Les valeurs minimales de rachat figurent dans un tableau, précisant qu'il n'existe pas de valeurs exprimées en euros. Ces valeurs sont calculées à partir d'un nombre générique d'unités de compte, de parts, ou d'une formule de calcul complétée par une explication littéraire en dessous dudit tableau.

La note d'information doit également indiquer en caractères très apparents que l'assureur ne s'engage que sur le nombre d'unités de compte, mais pas sur leur valeur, et que celle-ci est sujette à des fluctuations à la hausse ou à la baisse.

4° Publicité

Selon l'article L. 132-27 du Code des assurances, toutes les informations, y compris les communications à caractère publicitaire, relatives à un contrat d'assurance individuel comportant des valeurs de rachat, à un contrat de capitalisation ou à un contrat d'assurance de groupe sur la vie comportant des valeurs de rachat ou de transfert doivent présenter un contenu exact, clair et non trompeur.

Les communications à caractère publicitaire doivent clairement être identifiées comme des publicités et ne doivent pas pouvoir être perçues comme des documents contractuels.

L'ACPR a émis une recommandation le 6 décembre 2019 (Recommandation 2019-R-01 du 6 déc. 2019 issue de la fusion des recommandations 2015-R-01 du 12 févr. 2015 et 2011-R-02 du 23 mars 2011) reprenant principalement huit points :

- La présentation générale de la publicité : le caractère publicitaire doit apparaître clairement. Les conditions de l'offre ainsi que les mentions en renvoi doivent être présentées de manière parfaitement lisible, intelligible et être dénuées d'ambiguïté. Les éléments de contexte nécessaires à la compréhension de l'offre, notamment en cas d'utilisation de données chiffrées ou d'indication d'informations externes (ex. labels), doivent être précisés ;
- La nature des contrats et des supports doit être identifiable et leur dénomination ne doit pas prêter à confusion ;
- Les risque de perte en capital doivent être clairement identifiés et l'argument de garantie ne doit être employé qu'en cas de garantie inconditionnelle (ne comportant aucune autre condition que l'obligation de conserver le contrat ou les supports jusqu'à leur échéance) ;
- Le taux de rendement :
  - il doit être annualisé et exprimé net de frais et brut de prélèvements sociaux et fiscaux. La nature du rendement, sa base de référence et sa période d'application doivent apparaître clairement,
  - l'existence de frais autres que les frais de gestion doit être indiquée,
  - les conditions de souscription nécessaires pour bénéficier de l'offre doivent être énumérées,
  - le fait que le rendement passé ne préjuge pas du rendement à venir doit être mentionné de manière équilibrée, dans le corps principal du texte,
  - pour les unités de compte, le rendement passé ne doit pas constituer l'axe central de la communication,
  - pour les rendements futurs, il doit le cas échéant être précisé qu'ils ne sont pas certains ;
- Pour les opérations commerciales : une mention telle que « sous conditions » doit le cas échéant être indiquée à proximité de l'avantage promu. Il doit en outre être fait mention des conditions applicables après la période promotionnelle. Par ailleurs lorsque l'argument promotionnel est contrebalancé par l'existence de frais, il doit en être fait mention ;
- Les documents ne doivent ne pas faire référence à l'ACPR d'une manière qui puisse indiquer ou laisser entendre que cette autorité approuve ou cautionne les offres ou les contrats d'assurance vie promus ;
- En cas d'utilisation d'un positionnement, d'une étude de marché, d'opinions ou d'un label de qualité, les documents doivent mentionner la source de l'information ;
- L'organisme d'assurance ou l'intermédiaire devrait mettre en place une procédure de contrôle interne pour s'assurer du respect de ses obligations en termes d'information publicitaire au regard de la présente recommandation.

L'ACPR précise en juillet 2022 que les professionnels doivent présenter leur offre de façon claire et équilibrée en faisant apparaître les risques corollaires des avantages mis en avant de manière apparente dans le corps principal du texte publicitaire. Si le consommateur n'est pas en mesure d'identifier l'avertissement au premier coup d'œil, c'est que la présentation adoptée ne répond pas au principe d'équilibre.

Complétant les bonnes pratiques énoncées en 2019, l'ACPR a émis une recommandation le 14 décembre 2022 sur la promotion de caractéristiques extra-financières dans les communications à caractère publicitaire en assurance vie (Recommandation 2022-R-02 du 14 décembre 2022) pour lutter contre certaines pratiques dites « d'éco-blanchiment » susceptibles d'induire le client en erreur sur la réalité des caractéristiques ou engagements extra-financiers allégués désignés sous diverses terminologies (écologique, environnemental, ISR/SRI, ESG, responsable, durable/sustainable, vert/green, éthique, social, solidaire, engagé, impact, bas carbone, climat, transition, éco, planète...).

5° L'obligation de conseil due au souscripteur

a) Étendue de l'obligation de conseil

L'article L. 521-4 du Code des assurances, issu de l'ordonnance n° 2018-361 du 16 mai 2018, en transposant la directive européenne sur la distribution assurances du 20 janvier 2016 (UE 2016/97), dispose qu'avant la souscription ou l'adhésion à un contrat d'assurance vie, l'intermédiaire ou l'entreprise d'assurance ou de capitalisation précise par écrit les exigences et les besoins exprimés par le souscripteur éventuel ou l'adhérent éventuel, ainsi que les raisons justifiant le caractère approprié du contrat proposé. Il ou elle lui fournit des informations objectives sur le produit d'assurance proposé sous une forme claire, exacte et non trompeuse afin de lui permettre de prendre une décision en connaissance de cause.

L'intermédiaire d'assurance ou l'entreprise d'assurance conseille un contrat qui est cohérent avec les exigences et les besoins du souscripteur éventuel ou de l'adhérent éventuel et précise les raisons qui motivent ce conseil. À cette fin, cet intermédiaire ou cette entreprise s'enquiert auprès du souscripteur ou de l'adhérent de sa situation financière et de ses objectifs d'investissement, ainsi que de ses connaissances et de son expérience en matière financière.

Les précisions apportées au souscripteur sont adaptées à la complexité du contrat proposé et permettent de déterminer le caractère approprié pour le souscripteur éventuel ou l'adhérent éventuel du contrat proposé.

Lorsqu'un service de recommandation personnalisée est fourni, ce service consiste à expliquer en quoi, parmi différents contrats ou différentes options d'investissement au sein d'un contrat, un ou plusieurs contrats ou options sont plus adéquats à ses exigences et besoins et en particulier plus adaptés à sa tolérance aux risques et à sa capacité à subir des pertes.

L'article L. 522-6 du Code des assurances précise que lorsqu'un intermédiaire ou une entreprise d'assurance a informé le souscripteur ou l'adhérent qu'il ou elle procéderait à une évaluation périodique de l'adéquation des produits d'investissement recommandés, cette évaluation comporte une déclaration mise à jour sur la manière dont l'investissement fondé sur l'assurance répond aux préférences, aux objectifs et aux autres caractéristiques du souscripteur ou de l'adhérent. Lorsque le souscripteur ou l'adhérent ne fournit pas les informations mentionnées à l'article L. 522-5, l'intermédiaire ou l'entreprise d'assurance ou de capitalisation le met en garde préalablement à la conclusion du contrat.

L'article L. 521-4 III du Code des assurances ajoute que les précisions fournies, qui reposent en particulier sur les éléments d'information communiqués par le souscripteur éventuel ou l'adhérent éventuel, sont adaptées à la complexité du contrat d'assurance proposé. Ces précisions sont communiquées au souscripteur éventuel ou à l'adhérent éventuel sous une forme compréhensible, exacte et non trompeuse afin de lui permettre de comprendre la cohérence du contrat proposé avec ses exigences et ses besoins et de prendre une décision en toute connaissance de cause.

La communication des informations fournies par le distributeur est effectuée sur support papier. Cette communication peut également être effectuée sur un support durable autre que le papier, sous réserve, que ce support soit approprié aux opérations commerciales entre le distributeur et le souscripteur et adhérent et que ce dernier ait choisi ce mode de communication après s'être vu proposé par le distributeur les deux modalités (C. assur., art. L. 521-6).

b) Une obligation de conseil qui s'inscrit dans la durée

L'intermédiaire ou l'entreprise d'assurance doit actualiser son devoir de conseil lorsqu'il est informé d'un changement dans la situation personnelle et financière du souscripteur ou de l'adhérent ou dans ses objectifs d'investissement (C. assur., art. L. 522-5, III, 1°).

Lorsque le contrat n'a fait l'objet d'aucune opération au cours d'une durée de 4 ans ou, lorsqu'un service de recommandation personnalisée est fourni, au cours d'une durée de 2 ans, ou qu'il n'a fait l'objet que d'opérations programmées (versements programmés, rachats programmés ou arbitrages programmés), l'intermédiaire ou l'entreprise d'assurance procède à une actualisation des informations recueillies afin de s'assurer que le contrat demeure approprié ou, selon le cas, adéquat aux exigences et aux besoins exprimés par le souscripteur ou l'adhérent. Il informe le souscripteur ou l'adhérent sur tout support durable si tel n'est plus le cas (C. assur., art. L. 522-5, III, 2°).

L'intermédiaire ou l'entreprise d'assurance n'est pas tenu de procéder à l'actualisation des informations du souscripteur ou de l'adhérent si ce dernier oppose un refus ou n'a pas donné suite à la demande d'actualisation adressée sur tout support durable par l'intermédiaire ou l'entreprise d'assurance, après une relance effectuée sur tout support durable (C. assur., art. A. 522-2, I, 3°). Dans le cas où le souscripteur ou l'adhérent oppose un refus ou ne donne pas suite à la demande d'actualisation, la durée de 4 ans ou de 2 ans mentionnée ci-avant est appliquée de nouveau à compter de ce refus ou de la relance.

L'obligation de réactualisation du conseil de l'intermédiaire ou de l'entreprise d'assurance s'applique à l'occasion de toute opération susceptible d'affecter le contrat de façon significative, afin de conseiller une opération cohérente avec les exigences et les besoins du souscripteur ou de l'adhérent (C. assur., art. L. 522-5, III, 3°).

c) L'obligation de conseil précisée par l'ACPR

Dès 2008, la FFSA et le GEMA avaient pris un engagement relatif au devoir de conseil. Depuis, l'ACPR a publié plusieurs recommandations pour renforcer et encadrer davantage l'obligation de conseil en assurance vie, l'ACPR a publié plusieurs recommandations.

Le 18 octobre 2018, l'ACPR a publié un dossier sur les principes du conseil en assurance suite à la directive sur la distribution en assurances, rappelant les différents niveaux de conseil désormais exigés :

- le niveau 1 obligatoire : proposer un contrat cohérent (approprié) avec les besoins et les exigences du client ;
- le niveau 2 facultatif : recommander le contrat qui correspond le mieux (adéquat) aux besoins et exigences du client ;
- le niveau 3 : recommander, sur la base d'une analyse impartiale et personnalisée d'un nombre suffisant de contrats offerts sur le marché.

Dans un communiqué du 3 mai 2022, l'ACPR appelle les distributeurs de contrats d'assurance-vie à mieux respecter le devoir de conseil auprès des clients financièrement fragiles ou en difficulté. Les distributeurs d'assurances doivent ainsi se conformer aux exigences de l'article L. 522-5 du Code des assurances et vérifier :

- le caractère approprié du contrat à l'égard de la situation financière du client, tout en tenant compte notamment de son éventuelle fragilité, de ses difficultés financières et de son niveau d'épargne liquide ;
- la cohérence des contrats et allocations proposés avec l'ensemble des exigences et besoins exprimés par le client, y compris le niveau de risque maximal souhaité par celui-ci, ainsi que ses connaissances et expériences en matière financière.

En 2013, l'Autorité de contrôle prudentiel (devenue ACPR) avait publié une recommandation sur le recueil des informations relatives à la connaissance du client dans le cadre du devoir de conseil en assurance vie (recommandation ACPR n° 2013-R-01 du 8 janv. 2013). Par une nouvelle recommandation du 21 novembre 2024, qui remplace celle du 8 janvier 2013, et dont les dispositions entreront en vigueur le 31 décembre 2025, l'ACPR a de nouveau précisé les bonnes pratiques en matière de devoir de conseil (Recommandation 2024-R-03) pour notamment accompagner les distributeurs d'assurance à l'occasion de l'entrée en vigueur de la loi n° 2023-973 du 23 octobre 2023 relative à l'industrie verte et intégrer les obligations relatives à la prise en compte des préférences des clients en matière de durabilité.

Ces préconisations concernent les modalités de recueil des informations relatives au client pour la fourniture d'un conseil ou d'un service de recommandation personnalisé. Elle s'applique à la distribution des produits d'assurance vie à adhésion facultative avec des particularités selon que le contrat d'assurance vie comporte ou non une valeur de rachat ou de transfert.

La recommandation révisée prône notamment une vigilance accrue des distributeurs en cas de rachat d'un contrat d'assurance-vie s'accompagnant d'une nouvelle souscription et une vigilance accrue sur la commercialisation de certains supports en unités de compte comportant des conditions au rachat, en particulier lorsque des indemnités de rachat sont prévues.

La recommandation précise que le devoir de conseil dans la durée devra être appliqué à l'ensemble des contrats d'assurance-vie d'ici 2028 (les distributeurs devront lancer la mise à jour des processus nécessaires à sa mise en œuvre, dès son entrée en vigueur le 1er janvier 2026).

d) Distinction entre obligation de conseil et obligation légale d'information

L'obligation légale d'information est la même à l'égard de tous les clients. Elle consiste à respecter les textes dans le plus parfait formalisme, c'est-à-dire à remettre les documents destinés aux clients (conditions générales, note d'information, notice selon les cas). Le non-respect de l'obligation d'information est sanctionné par la renonciation au contrat prévue à l'article L. 132-5-1 du Code des assurances (ou C. mut., art. L. 223-8 ; ou CSS, art. L. 932-15) et par l'action en dommages et intérêts.

L'obligation de conseil consiste à prodiguer les conseils permettant de proposer le contrat le mieux adapté à chaque client. Elle est nécessairement différente pour chaque client. Elle varie selon la complexité du contrat et la connaissance du client. Elle est sanctionnée par l'action en dommages et intérêts, par exemple par la prise en charge de la perte subie par le client qui n'aurait pas reçu un conseil adapté et suffisant, ce qui peut être le cas dans l'hypothèse d'une baisse des supports.

La charge de la preuve du respect de l'obligation d'information et de conseil pèse sur l'assureur ou le courtier. Cette preuve peut être établie par la production d'un récépissé signé par l'assuré.

En pratique, il s'agit pour l'obligation d'information de la demande d'adhésion, signée par l'assuré, au bas de laquelle figure une mention pré-imprimée selon laquelle l'assuré reconnaît avoir reçu la note d'information et les conditions générales du contrat.

La preuve du respect de l'obligation de conseil sera établie par la production du questionnaire d'information du client et d'un avis de conseil reçu signés de l'assuré.

C - Le droit de renonciation du souscripteur

1° Modalités

Ce droit est prévu à l'article L. 132-5-1 du Code des assurances, à l'article L. 223-8 du Code de la mutualité et à l'article L. 932-15 du Code de la Sécurité sociale.

Avant la conclusion du contrat, l'assureur remet au souscripteur, contre récépissé, une note d'information sur les conditions d'exercice de la faculté de renonciation et sur les dispositions essentielles du contrat.

La proposition ou le contrat d'assurance ou de capitalisation comprend un modèle de lettre destiné à faciliter l'exercice de la faculté de renonciation.

Toute personne physique qui a signé une proposition ou un contrat d'assurance sur la vie ou de capitalisation a la faculté d'y renoncer par lettre recommandée avec demande d'avis de réception pendant le délai de trente jours calendaires révolus à compter du moment où elle est informée que le contrat est conclu. Ce délai expire le dernier jour à vingt-quatre heures. S'il expire un samedi, un dimanche ou un jour férié ou chômé, il n'est pas prorogé.

Pour les contrats conclus depuis le 1er janvier 2015, le défaut de remise des documents et informations par l'assureur entraîne, pour l'assuré de bonne foi, la prorogation du délai de renonciation jusqu'au trentième jour calendaire révolu suivant la date de remise effective de ces documents, dans la limite de huit ans à compter de la date où le souscripteur est informé que le contrat est conclu. Auparavant et jusqu'au revirement de jurisprudence opéré en mai 2016 par la Cour de cassation, le défaut de remise des documents et informations par l'assureur entraînait la prorogation de délai de renonciation « de plein droit », sans que la bonne foi de l'assuré ne soit exigée (Civ. 2e, 7 mars 2006, n° 05-10.366, n° 509, FS – P + B ; Civ. 2e, 7 mars 2006, n° 05-12.338, n° 508, FS – P + B + R + I).

Depuis plusieurs arrêts du 19 mai 2016, la Cour de cassation retient que si la faculté prorogée de renonciation prévue par l'article L. 132-5-2 du Code des assurances en l'absence de respect, par l'assureur, du formalisme informatif qu'il édicte, revêt un caractère discrétionnaire pour le preneur d'assurance, son exercice peut dégénérer en abus. La faculté de renonciation exercée de manière abusive par l'assuré ne peut produire aucun effet (Civ. 2e, 19 mai 2016, n° 15-12.767, n° 776, FS – P + B + R + I ; Civ. 2e, 19 mai 2016, n° 15-12.768 ; Civ. 2e, 19 mai 2016, n° 15-18.690 ; Civ. 2e, 19 mai 2016, n° 15-18.691). La situation de tous les assurés est donc unifiée.

2° Conséquences de la renonciation

La renonciation entraîne la restitution par l'assureur de l'intégralité des sommes versées par le contractant, dans le délai maximal de trente jours à compter de la réception de la lettre recommandée. Passé ce délai, l'assureur doit un intérêt calculé au taux légal majoré de 50 %. Passé un délai de trois mois à compter de la réception de la lettre recommandée de renonciation, le taux d'intérêt dû par l'assureur est du double du taux légal.

3° Renonciation : prorogation et prescription

Pour les contrats conclus depuis le 16 décembre 2005, le défaut de remise des documents et informations prévus à l'article L. 132-5-2 du Code des assurances entraîne, pour les souscripteurs de bonne foi, la prorogation du délai de renonciation prévu à l'article L. 132-5-1 jusqu'au trentième jour calendaire révolu suivant la date de remise effective de ces documents, dans la limite de 8 ans à compter de la date où le souscripteur est informé que le contrat est conclu.

Auparavant, dès lors que l'assureur ne remettait pas à l'assuré l'intégralité des documents et informations exigées par les textes, le délai de renonciation était prorogé sans limite de durée, tant que le contrat était en vigueur.

Enfin, la Cour de cassation avait jugé que la renonciation était soumise à la prescription biennale (Civ. 2e, 24 juin 2010, n° 09-10.920, n° 931 FS – P + B). Le point de départ de la prescription était le refus de restitution des fonds opposés par l'assureur à l'assuré (Civ. 2e, 7 juill. 2011, n° 10-20.857, n° 1424 F – P + B).

D - La désignation du bénéficiaire

1° Modalités de désignation

Selon les articles L. 132-8 du Code des assurances et L. 223-10 du Code de la mutualité, le capital ou la rente garantis peuvent être payables lors du décès de l'assuré à un ou plusieurs bénéficiaires déterminés. L'article L. 132-8 du Code des assurances est également applicable aux contrats souscrits auprès d'une institution de prévoyance conformément aux dispositions de l'article L. 932-23 du Code de la Sécurité sociale.

Est considérée comme faite au profit de bénéficiaires déterminés la stipulation par laquelle le bénéfice de l'assurance est attribué à une ou plusieurs personnes qui, sans être nommément désignées, sont suffisamment définies dans cette stipulation pour pouvoir être identifiées au moment de l'exigibilité du capital ou de la rente garantis.

Est notamment considérée comme remplissant cette condition la désignation comme bénéficiaires des personnes suivantes :

- les enfants nés ou à naître du contractant, de l'assuré ou de toute autre personne désignée ;
- les héritiers ou ayants droit de l'assuré ou d'un bénéficiaire prédécédé.

Par ailleurs, l'assurance faite au profit du conjoint profite à la personne qui a cette qualité au moment de l'exigibilité du capital ou de la rente garantis.

Quant à la désignation « mes héritiers », elle profite à ces derniers en proportion de leurs parts héréditaires. Ils conservent ce droit en cas de renonciation à la succession.

Au sens large, l'héritier est « celui qui succède au défunt par l'effet soit de la loi, soit du testament ». Il résulte de la jurisprudence qu'il faut, en cette matière, entendre les héritiers comme visant à la fois les héritiers ab intestat et les légataires universels ou à titre universel (Civ. 1re, 4 avr. 1978, n° 76-12.085 : D. 1978-IR-460, obs. Berr et Groutel). Les tribunaux tentent de déterminer quelle était la volonté de l'assuré, ce qui ne permet pas nécessairement d'attribuer le contrat aux héritiers figurant dans la dévolution successorale établie par le notaire (Civ. 2e, 12 mai 2010, n° 09-11.256).

La loi DDAC du 15 décembre 2005 prévoit que le contrat doit comporter une information sur les modalités de la désignation du ou des bénéficiaires (C. assur., art. L. 132-9-1).

L'article A. 132-9 du Code des assurances précise l'information que doit fournir l'assureur. Celui-ci doit indiquer, dans le contrat ou dans la notice s'agissant des contrats d'assurance groupe, que :

- le souscripteur ou l'adhérent peut désigner le ou les bénéficiaires dans le contrat et ultérieurement par avenant au contrat, ou dans le bulletin d'adhésion et ultérieurement par avenant à l'adhésion ;
- la désignation du bénéficiaire peut être effectuée notamment par acte sous seing privé ou par acte authentique ;
- lorsque le bénéficiaire est nommément désigné, le souscripteur ou l'adhérent peut porter au contrat les coordonnées de ce dernier qui seront utilisées par l'entreprise d'assurance en cas de décès de l'assuré ;
- le souscripteur ou l'adhérent peut modifier la clause bénéficiaire lorsque celle-ci n'est plus appropriée.

Ces dispositions ne s'appliquent ni aux assurances de groupe ayant pour objet la garantie de remboursement d'un emprunt, ni aux contrats pour lesquels la désignation du bénéficiaire n'est pas décidée par l'adhérent.

2° L'absence de représentation en assurance

La représentation, consacrée par l'article 751 du Code civil, est une fiction de la loi qui permet aux descendants d'une personne, qui aurait hérité du défunt, si elle lui avait survécu, de prendre la place de cette personne dans la succession.

Si le droit des successions rend automatique le mécanisme de la représentation, le droit des assurances n'admet pas, sauf volonté contraire du souscripteur, la représentation afin de recueillir le bénéfice d'un contrat d'assurance vie au lieu et place d'un bénéficiaire défunt.

En effet, les articles L. 132-9, alinéa 4, du Code des assurances et L. 223-11 du Code de la mutualité disposent que l'attribution du bénéfice d'un tel contrat à une personne déterminée est présumée faite sous la condition de l'existence du bénéficiaire à l'époque de l'exigibilité des prestations garanties, à moins que le contraire ne résulte des termes de la stipulation.

L'article L. 132-9 du Code des assurances est également applicable aux contrats souscrits auprès d'une institution de prévoyance conformément aux dispositions de l'article L. 932-23 du Code de la Sécurité sociale.

Le souscripteur, qui souhaite que le bénéfice de son contrat soit attribué à ses enfants mais également à ses petits-enfants par représentation, devra le stipuler de manière expresse en indiquant :

- « mes enfants nés ou à naître, à défaut de l'un, ses descendants, à défaut mes héritiers » ;
- « mes enfants vivants ou représentés ».

En revanche, la clause bénéficiaire désignant « mes enfants nés ou à naître, à défaut mes héritiers » ne peut, faute de l'avoir prévue, faire jouer la représentation.

3° Le conjoint bénéficiaire

Les articles L. 132-8, alinéa 4, du Code des assurances et L. 223-10 du Code de la mutualité disposent : « L'assurance faite au profit du conjoint profite à la personne qui a cette qualité au moment de l'exigibilité ».

En cas de remariage du souscripteur, c'est le conjoint au moment du décès, qui recevra le bénéfice du contrat. Lui seul a la qualité de conjoint lors de l'échéance du contrat. C'est ce qu'a rappelé la Cour de cassation en précisant que l'article L. 132-8 du Code des assurances est un texte d'ordre public auquel les parties ne peuvent déroger ; le capital constitutif de la rente de réversion, stipulé dans une police d'assurance au profit du conjoint, doit être versé à la personne qui a la qualité de conjoint survivant au moment du décès (Civ. 1re, 13 juin 1995, n° 92-12.633, RCA 1995, comm. 339).

L'article L. 132-8 du Code des assurances est également applicable aux contrats souscrits auprès d'une institution de prévoyance conformément aux dispositions de l'article L. 932-23 du Code de la Sécurité sociale.

Le conjoint est l'époux ; le concubin ou le partenaire de PACS n'ont pas la qualité de conjoint ; ils peuvent être désignés par leur qualité de concubin ou de partenaire de PACS ou nommément.

4° Bénéficiaire désigné par testament

La désignation « selon testament déposé chez Maître x., Notaire à... » présente l'intérêt de conserver le secret de la désignation.

5° Le bénéficiaire subsidiaire

En cas de prédécès du bénéficiaire désigné, si le souscripteur n'a pas pris soin de désigner un nouveau bénéficiaire, l'assurance décès sera une assurance sans bénéficiaire désigné et le capital garanti tombera dans la masse successorale. C'est la raison pour laquelle, le souscripteur a la possibilité de désigner plusieurs bénéficiaires de son contrat d'assurance vie en précisant le rang auquel ils peuvent prétendre recueillir les fonds. C'est l'objet de la clause stipulant : « Je désigne comme bénéficiaire X, à défaut Y... ».

6° Les personnes ne pouvant avoir la qualité de bénéficiaires

Selon l'article 909 du Code civil, les membres des professions médicales et de la pharmacie, ainsi que les auxiliaires médicaux qui ont prodigué des soins à une personne pendant la maladie dont elle meurt ne peuvent profiter des dispositions entre vifs ou testamentaires qu'elle aurait faites en leur faveur pendant le cours de celle-ci.

Les mandataires judiciaires à la protection des majeurs et les personnes morales au nom desquelles ils exercent leurs fonctions ne peuvent pareillement profiter des dispositions entre vifs ou testamentaires que les personnes dont ils assurent la protection auraient faites en leur faveur quelle que soit la date de la libéralité.

L'assurance vie souscrite à leur profit est considérée par la jurisprudence comme une libéralité annulable.

Sont exceptées :
- les dispositions rémunératoires faites à titre particulier, eu égard aux facultés du disposant et aux services rendus ;
- les dispositions universelles, dans le cas de parenté jusqu'au quatrième degré inclusivement, pourvu toutefois que le décédé n'ait pas d'héritiers en ligne directe ; à moins que celui au profit de qui la disposition a été faite ne soit lui-même du nombre de ces héritiers.

Cette interdiction prévue à l'article 909 du Code civil a été étendue, par la loi n° 2015-1776 du 28 décembre 2015, en matière d'aide sociale et médico-sociale, notamment aux salariés accomplissant des services à la personne et à la personne « accueillant familial » et, s'il y a lieu, à son conjoint, à la personne avec laquelle elle a conclu un pacte civil de solidarité ou à son concubin, à ses ascendants ou descendants en ligne directe (C. action sociale et des familles, art. L. 116-4). L'extension de l'incapacité de recevoir aux salariés accomplissant des services à la personne a été jugée inconstitutionnelle comme portant une atteinte disproportionnée au droit des personnes âgées ou handicapées bénéficiant d'une aide à domicile de disposer librement de leur patrimoine et partant à leur droit de propriété (Décision n° 2020-888 QPC du 12 mars 2021).

7° Le démembrement de la clause bénéficiaire

a) L'utilité du démembrement

Dans le schéma classique, la clause type la plus répandue se trouve rédigée ainsi : « Mon conjoint, à défaut mes enfants vivants ou représentés, à défaut mes héritiers ».

Cette clause permet au conjoint, s'il survit à l'assuré, de recevoir un capital dans le cadre de l'assurance vie. Au décès du bénéficiaire, ses enfants trouveront ce qu'il reste du capital dans la succession de leur parent décédé en second et devront acquitter les droits de succession sur ce capital.

En outre, si leur parent survivant est âgé de plus de 70 ans au moment où il reçoit le capital décès et qu'il souhaite le réinvestir dans un contrat d'assurance vie au profit de ses enfants, les capitaux décès que les enfants recevront seront soumis à l'article 757 B du Code général des impôts, c'est-à-dire à une fiscalité nettement moins avantageuse.

La technique du démembrement de la clause bénéficiaire permet d'éviter ces inconvénients.

b) Le mécanisme de la clause bénéficiaire démembrée

La technique du démembrement de la clause bénéficiaire apparaît comme la technique permettant de garantir la sécurité financière à son conjoint et à ses descendants tout en optimisant l'avantage fiscal.

Pour parvenir à cela, le contrat peut opérer une distinction entre le bénéficiaire en usufruit et le bénéficiaire en nue-propriété. Il peut ainsi être prévu d'accorder le bénéfice en usufruit au conjoint de l'assuré et le bénéfice en nue-propriété aux enfants de l'assuré.

La clause désignant le bénéficiaire se présente généralement de la manière suivante :
- pour l'usufruit mon conjoint ;
- pour la nue-propriété : mes enfants vivants ou représentés.

Il est opportun, toutefois, d'envisager l'hypothèse du prédécès du conjoint usufruitier en indiquant « en cas de décès de mon conjoint-usufruitier, le capital reviendra à mes enfants vivants ou représentés en pleine propriété ».

Une convention de quasi-usufruit indiquant les modalités de l'opération et précisant les droits et obligations des parties est annexée au contrat.

c) Le règlement des capitaux : application des règles du quasi-usufruit

La sortie du contrat dont le bénéfice est démembré s'opère sous la forme d'un quasi-usufruit.

Ce mécanisme est fondé sur l'article 587 du Code civil selon lequel l'usufruitier d'une somme d'argent (que l'on nomme quasi-usufruitier) a le droit de se servir de cette somme à charge de rendre, à la fin de l'usufruit, une valeur équivalente.

Les sommes que reçoit l'usufruitier reviennent aux nus-propriétaires au moment du décès de l'usufruitier.

L'assureur verse le capital (après avoir prélevé la fiscalité éventuellement due) entre les mains de l'usufruitier, en sa qualité de quasi-usufruitier. Il adresse dans ce cas une lettre, généralement recommandée, aux bénéficiaires en usufruit et en nue-propriété les informant de leurs droits et obligations eu égard aux contrats souscrits.

Le souscripteur peut prévoir qu'il sera fait emploi des capitaux. Ainsi, selon l'article 1094-3 du Code civil, les enfants, nus-propriétaires, peuvent exiger « qu'il soit fait emploi des sommes » reçues par le conjoint usufruitier. Concrètement, dans cette hypothèse, le conjoint pourrait bénéficier des fruits du placement, mais ne pourrait disposer du capital.

La protection des droits des nus-propriétaires peut aussi être prévue par le souscripteur du contrat. Ainsi, celui-ci peut avoir dérogé conventionnellement à l'article 587 du Code civil en exigeant de l'usufruitier qu'il réinvestisse tout ou partie du capital sur tel ou tel produit. Dans cette hypothèse, l'usufruitier ne pourrait utiliser la partie du capital dont il a été fait emploi conformément à la volonté du souscripteur, en revanche les produits pourraient être utilisés librement par l'usufruitier.

E - Le droit au rachat

1° Définition

Le rachat total d'un contrat est sa rupture anticipée ; il se traduit par le versement d'une partie de la provision mathématique. Le rachat peut aussi être partiel ce qui présente l'avantage de ne pas mettre fin au contrat. De nombreux contrats prévoient des rachats partiels programmés, ce qui permet au souscripteur de percevoir des revenus réguliers provenant directement de son contrat d'assurance. Ces rachats partiels se distinguent des avances, car contrairement aux avances ils ne sont pas remboursables.

2° Les conditions du rachat

Juridiquement, le rachat n'est possible qu'avec l'accord du bénéficiaire, lorsqu'on se trouve en présence d'un bénéficiaire « acceptant » c'est-à-dire un bénéficiaire qui a manifesté son intention d'accepter le bénéfice futur du contrat.

Par ailleurs, le rachat ne concerne que les formules dans lesquelles il y a certitude de versement de la prestation. Sont ainsi exclues non seulement les assurances temporaires décès, les rentes viagères immédiates, les rentes en cours de service, mais aussi les assurances de capitaux ou de rentes de survie.

3° La valeur de rachat

Les articles L. 132-21 du Code des assurances et L. 223-20 du Code de la mutualité précisent que les modalités de la valeur de rachat sont précisées dans le contrat.

L'article L. 132-21 du Code des assurances est également applicable aux contrats souscrits auprès d'une institution de prévoyance conformément aux dispositions de l'article L. 932-23 du Code de la Sécurité sociale.

Dès la signature du contrat, l'assureur doit informer le contractant que ce règlement général est tenu à sa disposition. Sur la demande du souscripteur, l'assureur doit lui communiquer ce règlement général.

Le rachat est de droit lorsque deux années ou 15 % des primes prévues ont été payées. En pratique, la plupart des contrats accordent un droit au rachat sans condition de durée et sans exiger qu'un minimum de prime ait été payé. Le versement du rachat doit être effectué dans le délai de deux mois (ce délai est souvent ramené à un mois dans les contrats). Au-delà, l'assureur est débiteur d'intérêts au taux légal majoré de 50 % pour les deux premiers mois de retard et au double du taux d'intérêt légal ensuite.

La valeur de rachat au terme des huit premières années fait partie des informations obligatoires lors de la souscription. À chaque échéance annuelle, l'assureur est tenu de communiquer la valeur de rachat en précisant la signification et les conséquences de cette opération. L'assureur doit informer l'assuré des conséquences fiscales du rachat et ne peut exécuter la demande de rachat qu'après que l'assuré lui ait fait part de son option fiscale.

Dans les contrats dits « à frais précomptés », l'assureur, plutôt que de percevoir un droit d'entrée proportionnel au versement initial effectué, perçoit, sans attendre, les frais afférents à l'ensemble des versements que l'assuré s'est engagé à effectuer. L'assureur prélève sur la première ou les deux premières années du contrat tous les frais. La plupart des contrats de ce type prévoient de verser une prime aux assurés ayant fidèlement cotisé pendant plusieurs années. Ces dispositions, qui visaient à favoriser une épargne longue, ont pu être critiquées lorsque des assurés n'avaient pas suffisamment été informés sur le mécanisme du contrat. Ils sont aujourd'hui peu distribués au profit des contrats à versements libres. Depuis le 16 décembre 2007, la valeur de rachat ou de transfert ne peut être inférieure de plus de 5 % à la valeur de rachat ou de transfert qui serait calculée sans que la provision mathématique ne tienne compte des chargements d'acquisition dudit contrat, contenus dans les primes devant être versées par l'intéressé. Cette disposition limite le mécanisme « des frais précomptés ». Depuis le 1er janvier 2015, il est précisé que le montant des frais à l'entrée et sur versement mis à la charge de l'assuré au cours d'une année donnée ne peut excéder 5 % du montant des primes versées cette même année (C. assur., art. L. 132-21-1).

4° Limitations du droit de rachat en cas de crise financière

En cas de crise grave sur les marchés financiers, la disponibilité de l'épargne investie sur des contrats d'assurance vie en unités de compte pourra, sous certaines conditions, faire l'objet de restrictions. Un article L. 131-4, inséré au Code des assurances, prévoit que lorsqu'une ou plusieurs unités de compte mentionnées à l'article L. 131-1 sont constituées de parts ou actions d'un organisme de placement collectif qui fait l'objet d'une suspension du rachat ou de l'émission de ses parts ou actions et qui est en mesure de publier une valeur liquidative ou qui fait l'objet d'un plafonnement temporaire du rachat de ses parts ou actions, l'assureur peut :

- proposer au contractant ou bénéficiaire de procéder, outre le règlement en espèces, sur cette partie du contrat, au règlement de tout ou partie des rachats et des prestations en capital en cas de vie et en cas de décès sous forme de remise des parts ou actions de cet organisme de placement collectif ;
- suspendre ou restreindre, sur cette partie du contrat uniquement, les facultés d'arbitrage et les versements de primes, les possibilités de rachats ou de transferts, le paiement des prestations en cas de vie ou de décès et les conversions en rentes.

L'entreprise d'assurance en informe alors sans délai l'Autorité de contrôle prudentiel et de résolution ainsi que les contractants concernés. L'Autorité de contrôle prudentiel et de résolution peut remettre en cause les décisions de suspension ou de restriction prises par l'entreprise d'assurance. Elle statue dans un délai de trente jours à compter de la date de début de cette suspension ou de cette restriction. Lorsqu'une décision de suspension ou de restriction est remise en cause par l'Autorité de contrôle prudentiel et de résolution, les demandes de rachats, de transferts, d'arbitrages, de versements de primes, de paiement des prestations en cas de vie ou de décès et de conversion en rentes reçues pendant la période de suspension sont exercées sur la base d'une valeur de rachat dont le calcul est fondé, sur cette partie du contrat uniquement, sur la valeur liquidative des parts ou actions de l'organisme de placement collectif concerné qui aurait été retenue sans l'exercice de cette faculté de suspension ou restriction par l'entreprise d'assurance.

L'Autorité de contrôle prudentiel et de résolution se prononce en tenant compte de l'intérêt des assurés et bénéficiaires de l'entreprise d'assurance, de l'impact potentiel sur son bilan des mesures de suspension du rachat ou d'émission de parts ou actions ou de plafonnement temporaire du rachat de parts ou actions d'organismes de placement collectif et de sa capacité à honorer, dans le futur, ses engagements d'assurance.

L'ensemble des dispositions du présent article sont applicables nonobstant les délais de règlement prévus aux articles L. 132-21 et L. 132-23-1 ou tout autre délai ou modalité de valorisation prévus contractuellement afférents à la réalisation des opérations susvisées. Les modalités d'application de ces dispositions seront précisées par décret en Conseil d'État (Loi n° 2016-1691 du 9 décembre 2016 relative à la transparence, à la lutte contre la corruption et à la modernisation de la vie économique, dite loi Sapin II, JO 10 déc. 2016, article 118 II à V.)

F - L'avance

1° Définition

L'avance est réglementée par les articles L. 132-21 du Code des assurances et L. 223-20 du Code de la mutualité. L'avance est un prêt consenti au contractant par l'assureur ou la mutuelle ; elle n'est possible que dans la limite de la valeur de rachat du contrat. En contrepartie de cette avance, le souscripteur s'engage à verser à l'assureur des intérêts, à un taux déterminé, sur la somme qui lui a été avancée.

L'avance doit être remboursée avant le terme du contrat, dans le cas inverse, elle peut être assimilée à un rachat partiel.

2° Différence entre l'avance et le rachat

L'avance ne peut jamais venir en réduction de la provision mathématique ou être déduite du capital dû au terme. En effet, si l'avance venait en réduction de la provision mathématique ou était déduite du capital dû au terme, on serait en présence d'un rachat partiel et non plus d'une avance. Cette différence a des conséquences fiscales, car contrairement au rachat partiel ou total, l'avance ne donne lieu à aucune imposition.

Dans l'hypothèse d'une avance non remboursée, l'administration fiscale serait en droit de requalifier l'avance en rachat (Instr. fisc. 31 déc. 1984 : BODGI 5 I-3-84, confirmée par Instr. fisc. 22 juin 1998 : BOI 5 I-6-98, BOI-RPPM-RCM-20-10-20-50).

G - Le nantissement

L'ordonnance du 23 mars 2006 relative aux sûretés (ord. n° 2006-346, 23 mars 2006, JO 24 mars, p. 4475) a modifié l'article L. 132-10 du Code des assurances qui dispose désormais que « La police d'assurance peut être donnée en nantissement soit par avenant, soit par endossement à titre de garantie, si elle est à ordre, soit par acte soumis aux formalités des articles 2355 à 2366 du Code civil ».

Auparavant, l'article L. 132-10 renvoyait aux formalités de l'article 2075 du Code civil qui prévoyait que le gage sur des meubles incorporels comme des valeurs mobilières pouvait être établi par acte authentique ou acte sous seing privé dûment enregistré, signifié au débiteur de la créance donnée en gage ou accepté par lui dans un acte authentique.

Le nantissement est régi par les articles 2355 à 2366 du Code civil. Il devient opposable aux tiers à la date de l'acte de sorte que cette opposabilité aux tiers n'est plus subordonnée à la notification préalable de l'acte au débiteur de la créance nantie. Par ailleurs, pour être opposable à ce dernier, le nantissement doit lui être notifié et non plus obligatoirement signifié. Enfin, si le créancier a choisi de notifier le nantissement au débiteur de la créance nantie, ce dernier doit effectuer le paiement entre ses mains même si la créance nantie vient à échéance avant la créance garantie. Dans cette hypothèse, le créancier devra conserver les sommes payées en garantie sur un compte ouvert auprès d'un établissement habilité à les recevoir à charge pour lui de les restituer si l'obligation garantie est exécutée. En cas de défaillance du constituant, le créancier peut opter pour l'attribution de la créance, soit par voie judiciaire, soit par la voie de la convention ou encore attendre l'échéance de la créance donnée en nantissement.

Quand l'acceptation du bénéficiaire est antérieure au nantissement, ce dernier est subordonné à l'accord du bénéficiaire.

Quand l'acceptation du bénéficiaire est postérieure au nantissement, celle-ci est sans effet à l'égard des droits du créancier nanti.

Sauf clause contraire, le créancier nanti peut provoquer le rachat nonobstant l'acceptation du bénéficiaire.

H - La déclaration du risque et les sanctions de la fausse déclaration

1° La déclaration du risque

La déclaration des risques s'effectue à partir d'un questionnaire préétabli par l'assureur, auquel l'assuré doit répondre le plus exactement possible. Les questions doivent être particulièrement précises, non seulement pour que l'assureur se forge une juste opinion du risque, mais également pour qu'il puisse établir l'existence d'une fausse déclaration. En effet, l'assureur ne peut se prévaloir des réponses aux questions formulées en termes trop généraux (C. assur., art. L. 112-3).

Dans ce questionnaire, il est demandé à l'assuré, son poids, sa taille, ses maladies passées et présentes, ses infirmités, ses antécédents familiaux, ses activités professionnelles et privées… Au vu de ce questionnaire et en fonction du montant du capital demandé, l'assureur peut exiger de l'assuré qu'il se soumette à un examen médical. Le médecin lui adresse alors un rapport confidentiel à la suite duquel l'assureur prend sa décision.

La mauvaise foi de l'assuré peut entraîner la nullité du contrat, alors que la fausse déclaration, non intentionnelle, peut conduire à la réduction du montant de l'indemnité due par l'assureur en cas de réalisation du risque.

2° Fausse déclaration intentionnelle

Lorsque la mauvaise foi est établie par la société d'assurance ou l'institution de prévoyance ou la mutuelle, l'article L. 113-8 du Code des assurances, L. 932-7 du Code de la Sécurité sociale ou L. 221-14 du Code de la mutualité, reçoivent application et il y a nullité du contrat. Cette hypothèse se rencontre, par exemple, lorsque le souscripteur ou l'adhérent, dans le questionnaire de santé, a intentionnellement fait une fausse déclaration concernant ses antécédents médicaux. Si les questions portent essentiellement sur l'état de santé de l'assuré, l'existence d'autres assurances peut également être prise en considération par l'assureur qui doit se forger une opinion sur le risque qu'il est appelé à couvrir. Ainsi, le défaut de déclaration d'autres assurances déjà souscrites portant sur un même risque, en présence d'un questionnaire précis de l'assureur, constitue une fausse déclaration intentionnelle pouvant être sanctionnée par la nullité du contrat sur le fondement de l'article L. 113-8 du Code des assurances (Civ. 1re, 13 mai 1997, n° 95-14.843, Bull. civ. I, n° 153 ; RGDA 1997, p. 829, note J. Kullmann).

La société d'assurance ou la mutuelle, est tenue de restituer la provision mathématique du contrat au souscripteur ou, en cas de décès, au bénéficiaire, conformément aux articles L. 132-18 du Code des assurances et L. 223-18 du Code de la mutualité.

L'article L. 132-18 du Code des assurances est également applicable aux contrats souscrits auprès d'une institution de prévoyance conformément aux dispositions de l'article L. 932-23 du Code de la Sécurité sociale.

La nullité suppose que l'assureur apporte la preuve de la fausse déclaration de l'assuré et de la mauvaise foi de celui-ci. Il doit également prouver que la fausse déclaration a changé l'objet du risque ou en a diminué son opinion. L'appréciation de la mauvaise foi est fonction de la rédaction du questionnaire médical et des réponses qui y sont apportées et relève du pouvoir souverain des juges du fond. Dans un arrêt de principe rendu le 7 février 2014, la Cour de cassation, réunie en chambre mixte, a condamné la pratique des déclarations de risque pré-imprimées figurant dans les conditions particulières alors que l'assuré n'a pas répondu à des questions précises. Au visa des articles L. 113-2, 2°, L. 112-3, alinéa 4 et L. 113-8 du Code des assurances, la Cour de cassation a rappelé qu'en application de l'article L. 113-2, 2° du Code des assurances, l'assuré est obligé de répondre exactement aux questions précises posées par l'assureur, notamment dans le formulaire de déclaration du risque par lequel celui-ci l'interroge, lors de la conclusion du contrat, sur les circonstances qui sont de nature à lui faire apprécier les risques qu'il prend en charge. L'assureur ne peut se prévaloir de la réticence ou de la fausse déclaration intentionnelle de l'assuré que si celles-ci procèdent des réponses qu'il a apportées aux dites questions (Cass., ch. mixte, 7 févr. 2014, n° 12-85.107, n° 277 P + B + R + I).

3° Fausse déclaration non intentionnelle

Lorsque l'assureur ne rapporte pas la preuve de la mauvaise foi de l'assuré, il peut toutefois opposer la règle proportionnelle de primes, qui est cependant d'application difficile en assurance de personnes ; quant à l'erreur sur l'âge elle se trouve assortie de sanctions spécifiques.

a) La règle proportionnelle de primes dans les assurances de personnes

L'omission ou la déclaration inexacte de la part de l'assuré dont la mauvaise foi n'est pas établie n'entraîne pas la nullité de l'assurance (C. assur., art. L. 113-9 et C. mut., L. 221-15). Ces articles distinguent les cas où la fausse déclaration est constatée avant tout sinistre de ceux où la constatation intervient après un sinistre :

- lorsque la fausse déclaration est découverte avant sinistre, l'assureur peut résilier le contrat ou le maintenir aux mêmes conditions ou moyennant surprime. La résiliation doit être faite par lettre recommandée ; elle intervient dix jours après notification. Dans cette hypothèse, l'assureur doit restituer la provision mathématique au souscripteur ;
- lorsque la fausse déclaration est découverte après sinistre, l'assureur est en droit d'appliquer une règle proportionnelle de primes.

En pratique, les sanctions des articles L. 113-9 du Code des assurances et L. 221-15 du Code de la mutualité, sont très délicates à mettre en œuvre. Par exemple, comment déterminer avec certitude la surprime que l'assureur aurait retenue quelques années auparavant pour une maladie non déclarée ? En conséquence, certains assureurs renoncent à se prévaloir des fausses déclarations non intentionnelles, en insérant au contrat une clause d'incontestabilité. Cette clause écarte ainsi l'application de la règle proportionnelle de primes en cas de déclarations inexactes, lorsque la mauvaise foi de l'assuré n'est pas établie.

Les dispositions spéciales applicables en Alsace Lorraine, codifiées à l'article L. 191-4 du Code des assurances, ont été jugées contraires à la Constitution par une décision rendue le 26 septembre 2014 par le Conseil constitutionnel. Cet article est abrogé ; il convient de faire application de la sanction prévue à l'article L. 113-9 du Code des assurances en cas de fausse déclaration non intentionnelle, y compris dans les départements du Bas-Rhin, du Haut-Rhin et de la Moselle (déc. Cons. const. n° 2014-414 QPC du 26 septembre 2014).

b) L'erreur sur l'âge

Il se peut que le souscripteur falsifie sa date de naissance, se trompe dans son énoncé ou encore que la personne faisant souscrire le contrat déchiffre mal la date indiquée ou commette une erreur en la reportant. L'assureur se rend compte de l'erreur, soit au moment du décès, en comparant le bulletin de décès et la proposition ou le bulletin d'adhésion, soit au moment de l'exigibilité de la rente en comparant la fiche d'état civil et la proposition ou le bulletin d'adhésion.

Les articles L. 132-26 du Code des assurances et L. 223-25 du Code de la mutualité envisagent trois hypothèses :
- lorsque l'âge réel de l'assuré se situe en dehors du tarif, le contrat est nul, car l'assureur n'aurait pas accepté le risque s'il avait eu connaissance de l'âge réel du proposant. Les primes payées sont remboursées au souscripteur ;
- lorsque l'âge réel de l'assuré est dans les limites du tarif, mais que la prime payée est inférieure à celle qui aurait dû être payée, le capital ou la rente sont réduits dans la proportion de la prime payée par rapport à la prime réellement due si l'âge avait été correctement déclaré ;
- lorsque l'âge réel de l'assuré est dans les limites du tarif, mais que la prime payée est supérieure à celle qui aurait dû être payée, l'assureur rembourse le trop-perçu sans intérêts.

I - Le paiement des primes

1° Le caractère non obligatoire du paiement

La société d'assurance, l'institution de prévoyance ou la mutuelle, n'a pas d'action pour exiger le paiement des primes (C. assur., art. L. 132-20, CSS, art. L. 932-23 et C. mut., art. L. 223-19). Ce principe se justifie par le caractère d'épargne et de prévoyance facultative de l'assurance vie.

2° Les dispositions légales en cas de non-paiement

Lorsque l'assuré ne paie pas sa prime dans les 10 jours qui suivent l'échéance, la société d'assurances ou la mutuelle, peut envoyer à l'assuré une lettre recommandée dans laquelle il est précisé qu'à défaut de paiement dans les 40 jours qui suivent l'envoi de cette lettre, la police sera résiliée si deux primes annuelles au moins n'ont pas été payées et si la valeur de rachat est insuffisante. Si le contrat a moins de deux années de primes payées et si moins de 15 % des primes ont été payées, il prend fin. Dans le cas inverse et si la formule le permet, l'assureur procède à la réduction des capitaux sauf si le souscripteur demande expressément le rachat.

3° La réduction du contrat

a) Définition et utilité

La réduction ne met pas fin au contrat qui se poursuit mais l'assuré cesse de payer ses primes et la prestation de l'assureur se trouve réduite d'autant. La réduction permet à l'assuré qui ne peut plus, ou ne veut plus, payer les primes de poursuivre son contrat pour un capital réduit.

b) Conditions nécessaires

La réduction ne peut se concevoir que dans les formules comportant une provision mathématique suffisante, ce qui n'est pas le cas de la temporaire décès. Pour les autres formules, l'assureur ne peut refuser la réduction lorsque 15 % des primes prévues au contrat ont été versées. Le droit à la réduction est également acquis lorsque deux primes annuelles au moins ont été payées. À chaque échéance annuelle, l'assureur doit communiquer le montant de la valeur de réduction.

Les assurés connaissent ainsi le capital qui serait versé au terme en cas de cessation du paiement des primes.

II - La protection de l'assuré

A - L'information de l'assuré

1° Définition de l'assuré

L'assuré est la personne dont le décès ou la survie entraîne la réalisation du risque. Selon les articles L. 132-1 du Code des assurances, L. 932-23 du Code de la Sécurité sociale et L. 223-3 du Code de la mutualité, la vie d'une personne peut être assurée par elle-même ou par un tiers.

2° L'accord de l'assuré

Dans l'hypothèse d'une assurance en cas de décès souscrite par une personne sur la tête d'une autre, des spéculations peuvent être imaginées, du fait de l'intérêt financier du contractant à la disparition de l'assuré. Pour protéger ce dernier et éviter toute spéculation de ce type, le législateur a pris trois mesures spécifiques :
- l'exigence du consentement de l'assuré (C. assur., art. L. 132-2 et C. mut., art. L. 223-4) ;
- la protection des incapables (C. assur., art. L. 132-3 et C. mut., art. L. 223-5) ;
- la protection des mineurs de plus de douze ans (C. assur., art. L. 132-4 et C. mut., art. L. 223-7).

Les articles L. 132-2, L. 132-3 et L. 132-4 du Code des assurances sont également applicables aux contrats souscrits auprès d'une institution de prévoyance conformément aux dispositions de l'article L. 932-23 du Code de la Sécurité sociale.

L'assuré doit donner son consentement par écrit à l'assurance en cas de décès souscrite sur sa tête avec indication du capital ou de la rente initialement garantis (C. assur., art. L. 132-2 et C. mut., art. L. 223-4). Le consentement de l'assuré est donc nécessaire ; l'intéressé doit en outre connaître le montant de la somme assurée sur sa tête.

Ce consentement éclairé doit être donné au plus tard lors de la souscription du contrat. Il est exigé également en cours de contrat pour toute cession, nantissement ou transfert du bénéfice de la police à un tiers. Il en est de même pour toute modification entraînant une augmentation du capital ou de la rente garantis.

Le non-respect de cette disposition entraîne la nullité absolue du contrat. La sanction, reposant sur des motifs d'ordre public, ne peut pas être écartée par une ratification ou une confirmation postérieure.

Depuis la loi n° 2001-1135 du 3 décembre 2001, les dispositions précitées ne sont pas applicables aux contrats d'assurance de groupe à adhésion obligatoire.

B - Les souscriptions interdites

1° L'assurance décès sur la tête d'un incapable

Il est interdit de souscrire une assurance en cas de décès sur la tête d'un mineur âgé de moins de 12 ans lors de la conclusion du contrat, d'un majeur en tutelle, d'une personne placée dans un établissement psychiatrique (C. assur., art. L. 132-3 et C. mut., art. L. 223-5).

Ces dispositions ont pour objet d'éviter la souscription de contrats en cas de décès sur la tête de personnes incapables, en raison soit de leur âge, soit de leur état mental, et qui ne sont pas en mesure d'apprécier véritablement les conséquences de leur acceptation.

Le non-respect de ces dispositions entraîne la nullité du contrat. Les primes payées doivent être intégralement restituées.

Cette interdiction d'assurance comporte une exception prévue aux articles L. 141-5 du Code des assurances et L. 223-6 du Code de la mutualité. Selon ces textes, le représentant légal d'un majeur en tutelle peut adhérer au nom de celui-ci à un contrat d'assurance de groupe en cas de décès, conclu pour l'exécution d'une convention de travail ou d'un accord d'entreprise.

2° L'assurance décès sur la tête d'un mineur de plus de 12 ans

Les articles L. 132-4 du Code des assurances et L. 223-7 du Code de la mutualité autorisent l'assurance en cas de décès sur la tête d'un mineur de plus de 12 ans mais subordonnent celle-ci à une double condition.

Pour que l'assurance soit valable, il faut obtenir :
- le consentement personnel du mineur ;
- une autorisation écrite, avec indication de la somme assurée, de son représentant légal (personne investie de l'autorité parentale, tuteur).

Cette formalité de l'autorisation ne s'applique pas aux mineurs émancipés de 16 à 18 ans. Le non-respect de cette double formalité entraîne la nullité absolue du contrat.

C - Les exclusions légales en assurance décès

Il s'agit du suicide de l'assuré et du meurtre de l'assuré par le bénéficiaire.

1° Le suicide volontaire de l'assuré

L'assurance en cas de décès est de nul effet si l'assuré se donne volontairement la mort au cours de la première année du contrat (C. assur., art. L. 132-7 et C. mut., art. L. 223-9). L'assurance en cas de décès doit couvrir le risque de suicide à compter de la deuxième année du contrat. En cas d'augmentation des garanties en cours de contrat, le risque de suicide, pour les garanties supplémentaires, est couvert à compter de la deuxième année qui suit cette augmentation.

Par ailleurs, les contrats emprunteurs garantissant le remboursement d'un prêt contracté pour financer l'acquisition du logement principal de l'assuré, doivent couvrir le suicide dès la souscription du contrat dans la limite d'un plafond qui ne peut être inférieur à 120 000 euros (C. assur., art. R. 132-5).

Il appartient à l'assureur de prouver le suicide volontaire de l'assuré. Lorsque cette preuve est rapportée, l'assureur doit verser la provision mathématique au bénéficiaire (C. assur., art. L. 132-18 et C. mut., art. L. 223-18).

2° Le meurtre de l'assuré par le bénéficiaire

L'assurance souscrite cesse d'avoir effet, à l'égard du bénéficiaire, si celui-ci a été condamné pour avoir volontairement donné la mort à l'assuré (C. assur., art. L. 132-24 et C. mut., art. L. 223-23).

L'article L. 132-24 du Code des assurances est également applicable aux contrats souscrits auprès d'une institution de prévoyance conformément aux dispositions de l'article L. 932-23 du Code de la Sécurité sociale.

Cela suppose donc qu'il y ait un meurtre et un jugement de condamnation ; mais l'article ne concerne pas l'hypothèse de coups et blessures volontaires ayant entraîné la mort sans intention de la donner.

Si la mort de l'assuré a été causée volontairement, il suffit que le bénéficiaire ait été complice de ce crime et qu'il ait été condamné comme tel pour le priver des effets du contrat. Le bénéficiaire coupable est déchu de ses droits, mais si d'autres bénéficiaires ont été désignés, ils peuvent prétendre au capital. À défaut, si le contrat comporte une provision mathématique, celle-ci est restituée au contractant ou à ses ayants droit.

La tentative de meurtre par le bénéficiaire sur la personne de l'assuré permet de révoquer l'attribution du bénéfice de l'assurance, même si le bénéficiaire avait déjà accepté la stipulation faite en sa faveur.

III - Les droits du bénéficiaire

A - L'acceptation du bénéfice et ses conséquences

1° Les droits du bénéficiaire

Le capital ou la rente stipulés payables lors du décès de l'assuré à un bénéficiaire déterminé ou à ses héritiers ne font pas partie de la succession de l'assuré. Le bénéficiaire, quelles que soient la forme et la date de sa désignation, est réputé y avoir eu seul droit à partir du jour du contrat, même si son acceptation est postérieure à la mort de l'assuré (C. assur., art. L. 132-12 et C. mut., art. L. 223-11).

L'article L. 132-12 du Code des assurances est également applicable aux contrats souscrits auprès d'une institution de prévoyance conformément aux dispositions de l'article L. 932-23 du Code de la Sécurité sociale.

L'étendue des droits du bénéficiaire est définie par référence au mécanisme de la stipulation pour autrui. Le souscripteur est réputé avoir contracté pour le bénéficiaire désigné qui possède un droit direct et personnel sur le contrat.

Ce droit est personnel car il ne peut être transmis aux héritiers dans le cas de l'attribution à titre gratuit. Ce droit est direct et même immédiat puisque dès l'origine, le contrat est réputé souscrit pour le bénéficiaire. En conséquence, le bénéficiaire acceptant ne peut être révoqué sans son accord et peut s'opposer au rachat ou à l'avance sollicitée par le contractant. Ainsi, le souscripteur perd la libre disposition de son contrat.

L'assureur, informé du décès de l'assuré, doit rechercher le bénéficiaire, et, si cette recherche aboutit, il doit l'aviser de la stipulation effectuée à son profit (C. assur., art. L. 132-8).

Après le décès de l'assuré ou au terme prévu par le contrat et à compter de la réception des pièces nécessaires au paiement, l'entreprise d'assurance verse, dans un délai qui ne peut excéder un mois, le capital ou la rente garantis au bénéficiaire du contrat d'assurance sur la vie. Au-delà de ce délai, le capital non versé produit de plein droit intérêt au double du taux légal durant deux mois puis, à l'expiration de ce délai de deux mois, au triple du taux légal (C. assur., L. 132-23-1). Depuis le 1er janvier 2016, l'assureur dispose d'un délai de quinze jours, après réception de l'avis de décès et de sa prise de connaissance des coordonnées du bénéficiaire ou au terme prévu pour le contrat, pour demander au bénéficiaire du contrat d'assurance sur la vie de lui fournir l'ensemble des pièces nécessaires au paiement. Si, au-delà de ce délai de quinze jours, l'entreprise a omis de demander au bénéficiaire l'une des pièces nécessaires au paiement, cette omission n'est pas suspensive du délai de versement mentionné à l'article L. 132-23-1. L'assureur ne peut pas formuler des demandes de pièces identiques ou redondantes. Au-delà du délai précité de 15 jours, le capital non versé produit de plein droit intérêt au double du taux légal durant deux mois puis, à l'expiration de ce délai de deux mois, au triple du taux légal.

2° Les modalités de l'acceptation

Tant que l'assuré et le stipulant sont en vie, l'acceptation est faite soit par un avenant signé de l'entreprise d'assurance, du stipulant et du bénéficiaire, soit par un acte authentique ou sous seing privé, signé du stipulant et du bénéficiaire, et n'a alors d'effet à l'égard de l'entreprise d'assurance que lorsqu'elle lui est notifiée par écrit (C. assur., art. L. 132-9 II ; C. mut., art. L. 223-11 ; CSS, art. 923-23). Avant le 18 décembre 2007, l'acceptation bénéficiaire pouvait être un acte unilatéral du bénéficiaire adressé à l'assureur, elle ne nécessitait pas l'accord de l'assuré.

Le contrat comporte une information sur les modalités de cette désignation (C. assur., art. L. 132-9-1). Il précise que la clause bénéficiaire peut faire l'objet d'un acte sous seing privé ou d'un acte authentique.

Lorsque la désignation du bénéficiaire est faite à titre gratuit, l'acceptation ne peut intervenir que trente jours au moins à compter du moment où le stipulant est informé que le contrat d'assurance est conclu.

Après le décès de l'assuré ou du stipulant, l'acceptation est libre.

3° Conséquences de l'acceptation

La désignation d'un bénéficiaire ayant manifesté son intention est irrévocable, sauf accord du bénéficiaire (art. L. 132-9 II C. assur. ; art. L. 223-11 C. mut. ; art. 923-23 CSS).

Lorsqu'une tutelle a été ouverte à l'égard du stipulant, la révocation ne peut intervenir qu'avec l'autorisation du juge des contentieux de la protection ou du conseil de famille s'il a été constitué.

Par ailleurs, le rachat, qui a pour conséquence d'entraîner la révocation du bénéficiaire, n'est possible qu'avec l'accord du bénéficiaire « acceptant ». L'avance est également impossible sans l'accord du bénéficiaire acceptant.

Le contrat comporte une information sur les conséquences de la désignation du ou des bénéficiaires (C. assur., art. L. 132-9-1).

L'obligation d'information est valablement remplie dès lors que, dans le contrat ou dans la notice s'agissant des contrats d'assurance groupe, l'attention du souscripteur ou de l'adhérent est attirée sur le fait que la désignation devient irrévocable en cas d'acceptation par le bénéficiaire (C. assur., art. A. 132-9, 4°).

Ces dispositions ne s'appliquent ni aux assurances de groupe ayant pour objet la garantie de remboursement d'un emprunt, ni aux contrats d'assurance groupe pour lesquels la désignation du bénéficiaire n'est pas décidée par l'adhérent.

4° Le décès du bénéficiaire avant acceptation

Selon la Cour de cassation, si le bénéficiaire à titre gratuit d'un contrat prévoyant le versement d'une prestation au décès de l'assuré décède avant d'avoir accepté, la prestation revient, non à ses héritiers, mais aux personnes désignées à titre subsidiaire (Civ. 1re, 10 juin 1992, n° 90-20.262, Marquois ; Bull. civ. I, n° 174 ; D. 1992, jurispr., p. 493, note J. Aubert).

Cette jurisprudence a depuis été confirmée. Pour la Cour de cassation, si le bénéfice d'une stipulation pour autrui est en principe transmis aux héritiers du bénéficiaire désigné lorsque celui-ci vient à décéder après le stipulant mais sans avoir déclaré son acceptation, il en va autrement lorsque le stipulant, souscripteur d'une assurance vie, a désigné d'autres bénéficiaires de même rang ou en sous-ordre sans réserver les droits des héritiers des bénéficiaires premiers nommés (Civ. 1re, 9 juin 1998, n° 96-10.794, Jacobée, D. Aff., n° 125, 16 juillet 1998 ; Civ. 1re, 5 nov. 2008, n° 07-14.569).

Mais cette jurisprudence est aujourd'hui incertaine. En effet, dans un arrêt, la Cour de cassation a considéré que le contrat d'assurance vie qui mentionnait deux bénéficiaires par parts égales comportait deux stipulations pour autrui distinctes dont le bénéfice de l'une d'entre elles avait été transmise aux enfants du bénéficiaire décédé avant d'avoir accepté le bénéfice (Civ. 2e, 23 oct. 2008, n° 07-19.163). En outre, l'article 1208 du Code civil issu de l'ordonnance du 10 février 2016 prévoit désormais en matière de stipulation pour autrui que « L'acceptation peut émaner du bénéficiaire ou, après son décès, de ses héritiers. » Il faudra désormais attendre de voir si la Cour de cassation maintient sa jurisprudence ou la fait évoluer au regard du droit commun de la stipulation pour autrui prévue au Code civil.

B - La révocation du bénéficiaire

1° Le bénéficiaire non acceptant

Tant que le bénéficiaire n'a pas accepté le bénéfice de l'assurance souscrite à son profit, le souscripteur peut changer de bénéficiaire, plusieurs fois s'il le désire.

Cette possibilité relève de la seule volonté du souscripteur ; cependant, il existe quelques dispositions particulières. Ainsi, le droit de révocation peut exceptionnellement être exercé après la mort du contractant par ses héritiers lorsque, la somme assurée étant exigible, ceux-ci ont mis le bénéficiaire en demeure de déclarer s'il accepte dans les trois mois par acte extrajudiciaire (C. assur., art. L. 132-9 et C. mut., art. L. 223-11).

Par ailleurs, la désignation ou la substitution de bénéficiaire ne peut être opérée par le souscripteur sans l'accord de l'assuré (C. assur., art. L. 132-8 et C. mut., art. L. 223-10).

2° Le bénéficiaire acceptant

En principe, lorsque le bénéficiaire a accepté le bénéfice de l'assurance, il ne peut plus être révoqué sans son accord.

Toutefois, le Code des assurances et le Code de la mutualité envisagent la révocation du bénéficiaire en cas de tentative de meurtre de l'assuré par le bénéficiaire (C. assur., art. L. 132-24, al. 3 et C. mut., L. 223-23). En effet, selon ces articles, le contrat d'assurance cesse d'avoir effet à l'égard du bénéficiaire qui a été condamné pour avoir volontairement donné la mort à l'assuré. Si le bénéficiaire a tenté de donner la mort à l'assuré, le contractant a le droit de révoquer l'attribution du bénéfice de l'assurance, même si le bénéficiaire avait déjà accepté la stipulation faite à son profit.

L'article L. 132-24 du Code des assurances est également applicable aux contrats souscrits auprès d'une institution de prévoyance conformément aux dispositions de l'article L. 932-23 du Code de la Sécurité sociale.

La révocation peut également être fondée sur l'article 953 du Code civil qui admet la révocation des libéralités pour ingratitude et pour survenance d'enfants.

Cependant, l'article 955 du Code civil limite les hypothèses de révocation pour ingratitude. Selon cet article, la donation entre vifs ne peut être révoquée pour cause d'ingratitude que dans les cas suivants :
- si le donataire a attenté à la vie du donateur ;
- s'il s'est rendu coupable envers lui de sévices, délits ou injures graves ;
- s'il lui refuse des aliments.

La révocation pour ingratitude n'a pas lieu de plein droit ; elle doit être demandée par le donateur, dans un délai d'un an à compter de la connaissance des faits justifiant cette révocation.

La révocation pour survenance d'enfants est prévue à l'article 960 du Code civil. Selon cet article, la donation entre vifs faite par des personnes qui n'avaient pas d'enfants ou de descendants actuellement vivants dans le temps de la donation, peut être révoquée, si l'acte de donation le prévoit, par la survenance d'un enfant du donateur.

Cette révocation est possible, quelle que soit la valeur des donations et quels que soient les motifs de cette donation. Toutefois, depuis la loi n° 2004-439 du 26 mai 2004 l'article 1096 du Code civil précise que les donations faites entre époux, de biens présents ou de biens à venir, ne sont pas révoquées par la survenance d'enfant.

IV - Les droits du conjoint

A - La valeur du contrat constitue un bien propre

Les époux qui n'ont pas choisi de régime particulier sont mariés sous le régime de la communauté légale réduite aux acquêts. Dans le cadre de ce régime, les époux ont à la fois des biens propres et des biens communs. Les biens propres se composent des meubles et immeubles possédés avant le mariage ou reçus par succession ou donation, ou encore acquis en échange ou par remploi d'un bien propre. Alors que les biens communs sont constitués des meubles et immeubles acquis pendant le mariage grâce aux revenus de l'activité de chaque époux ou tirés de leurs biens propres.

Lorsqu'un époux marié sous le régime de la communauté légale souscrit un contrat d'assurance vie et effectue des versements provenant de ses biens propres, en cas de dénouement de la communauté, l'époux souscripteur conserve la totalité de la valeur de son contrat. Il est nécessaire cependant, qu'il puisse établir que les primes versées provenaient de ses biens propres. Au moment de la souscription du contrat et de chaque versement, le souscripteur doit donc faire préciser, dans le contrat d'assurance, que les versements constituent le remploi de biens propres.

Lorsque le contrat d'assurance est financé par des fonds propres, ce contrat constitue donc un bien propre pour le contractant.

De même, le bénéfice de l'assurance contractée par un époux commun en biens en faveur de son conjoint, constitue un propre pour celui-ci et ce même si les primes ont été payées avec des biens communs. Dans cette hypothèse, aucune récompense n'est due à la communauté en raison des primes payées par elle, sauf en cas de primes manifestement exagérées (C. assur., art. L. 132-16 et C. mut., art. L. 223-17).

B - La valeur du contrat constitue un bien commun

En revanche, lorsque le contrat est alimenté par des biens communs, il tombe dans la communauté à la dissolution de celle-ci (Civ. 1re, 31 mars 1992, n° 90-16.343, Praslicka, RGAT 93-136, note Aubert, JCP éd. Not. 92-II-376, note Simler, JCP 93-II-22059, note Abry ; Rép. Defrénois, 92-1159 ; Rev. Not. Ass. Vie 1992, obs. Ripoll). Selon la Cour de cassation, la valeur d'un contrat d'assurance vie mixte du souscripteur, dont les primes ont été payées avec des fonds communs jusqu'à la dissolution de la communauté, fait partie de l'actif de celle-ci. Dès lors, il doit être tenu compte, dans les opérations de partage, de la valeur du contrat au jour de la dissolution de la communauté.

Il résulte de cette jurisprudence que lorsqu'un des époux effectue des versements dans un contrat d'assurance vie avec des fonds communs, il réalise une opération dans l'intérêt de la communauté. Dès lors, en cas de dissolution de la communauté, la valeur de rachat du contrat doit être intégrée dans la communauté. Cette valeur doit être prise en compte dans les opérations de liquidation et partage. C'est ce qu'affirme l'arrêt de la cour d'appel de renvoi (Versailles, 21 juin 1993, RGAT 94-202, note Maury). Celle-ci précise que, si un tel contrat constitue bien une opération d'épargne et de prévoyance, sa valeur dans le patrimoine du souscripteur n'en reste pas moins soumise au droit patrimonial de la famille. La Cour de cassation s'est prononcée à l'occasion du divorce des époux mais se réfère, dans le principe qu'elle pose, à la dissolution de la communauté, de sorte que la jurisprudence Praslicka s'applique aussi bien en cas de divorce qu'en cas de décès.

V - Les droits des héritiers

A - La notion de primes manifestement exagérées

Les héritiers peuvent contester la volonté d'avantager un tiers lorsqu'ils démontrent que les primes versées sont manifestement exagérées (C. assur., art. L. 132-13, C. mut., art. L. 223-14, CSS, art. L. 932-23). Selon les arrêts de la Cour de cassation rendus le 23 novembre 2004 (Ch. mixte, 23 nov. 2004, n° 03-13.673, n° 01-13.592, n° 02-17.507, n° 02-11.352, RGDA 2005-110, note L. Mayaux), le caractère manifestement exagéré des primes s'apprécie au moment du (ou des) versements.

Il repose sur plusieurs critères, dégagés par les tribunaux, qui peuvent être alternatifs ou cumulatifs :
- l'âge du souscripteur ;
- sa situation patrimoniale ;
- sa situation familiale ;
- l'utilité de l'opération pour le souscripteur.

B - La requalification du contrat

Dans quatre arrêts du 23 novembre 2004 (Ch. mixte, 23 nov. 2004, préc.), la Cour de cassation a refusé de requalifier en contrat de capitalisation des contrats d'assurance vie placement ou d'épargne assurance. La définition du contrat d'assurance vie reposant sur la notion d'aléa, la question posée à la Cour de cassation était de savoir si les contrats en cause comportaient un tel aléa. En réponse à cette question, la Cour affirme que « le contrat d'assurance dont les effets dépendent de la durée de la vie humaine comporte un aléa au sens des articles 1964 du Code civil, L. 310-1, 1° et R. 321-1, 20° du Code des assurances et constitue un contrat d'assurance sur la vie ».

L'élément selon lequel, à la date de souscription du contrat, le souscripteur ignorait qui de lui ou des bénéficiaires recevrait le capital suffit à caractériser l'aléa inhérent aux contrats d'assurance vie (arrêt 224, pourvoi n° 01-13.592).

Il importe peu que la méthode pour faire fructifier l'épargne du souscripteur soit la même que celle utilisée pour les opérations de capitalisation (arrêt 226, pourvoi n° 02-17.507) et que la survie du souscripteur n'ait pas d'influence sur l'existence et le montant des versements effectués en exécution du contrat (arrêt 227, pourvoi n° 03-13.673).

L'administration qui a versé une aide sociale peut exercer une action en récupération contre le bénéficiaire de son assurance vie. Des recours sont exercés, selon le cas, par l'État ou le département contre le bénéficiaire de l'aide sociale revenu à meilleure fortune, contre sa succession, contre le donataire et pour les décès survenus à compter du 30 décembre 2015 : « 4° À titre subsidiaire, contre le bénéficiaire d'un contrat d'assurance vie souscrit par le bénéficiaire de l'aide sociale, à concurrence de la fraction des primes versées après l'âge de 70 ans. Quand la récupération concerne plusieurs bénéficiaires, celle-ci s'effectue au prorata des sommes versées à chacun de ceux-ci » (CASF, art. L. 132-8, 4° mod. par L. n° 2015-1776, 28 déc. 2015, art. 83 : JO 29 déc.). La tâche de l'administration est facilitée puisqu'auparavant, pour agir contre les bénéficiaires d'une assurance vie afin d'obtenir le remboursement des prestations sociales versées au titulaire du contrat, elle sollicitait la requalification dudit contrat en une donation, indirecte, récupérable sur le donataire, en vertu de l'article L. 132-8 du Code de l'action sociale et des familles.

VI – Les droits des créanciers

A – Le principe de l'insaisissabilité du contrat

Le capital ou la rente garantis au profit d'un bénéficiaire déterminé ne peuvent être réclamés par les créanciers du contractant. Ces derniers ont seulement droit au remboursement des primes manifestement exagérées en vertu soit de l'article 1341-2 du Code civil, soit des articles L. 621-107 et L. 621-108 du Code de commerce (C. assur., art. L. 132-14 et C. mut., art. L. 223-15).

Le recours des créanciers se trouve donc limité à la partie des primes manifestement exagérées, eu égard aux facultés du souscripteur.

Sur le fondement de l'action paulienne (C. civ., art. 1341-2), les créanciers peuvent attaquer, en leur nom personnel, les actes faits par leur débiteur en fraude de leurs droits. Sur le fondement des articles L. 621-107 et L. 621-108 du Code de commerce, ils peuvent attaquer les actes effectués en période suspecte, après la date de cessation des paiements.

Une telle action ne peut permettre aux créanciers d'exercer des droits sur le capital ou la rente car ils n'ont jamais fait partie du patrimoine de leur débiteur. En revanche, les primes qui ont été acquittées par lui peuvent être récupérées par l'action paulienne si elles sont manifestement exagérées eu égard à ses facultés.

La notion de primes manifestement exagérées devrait permettre d'éviter qu'un débiteur puisse utiliser l'assurance vie dans le but de détourner des capitaux revenant à ses créanciers. Mais le droit des créanciers s'exerce sur le capital et suppose donc que le contrat soit venu à échéance. Il en résulte qu'en cours de contrat les créanciers ne peuvent demander le rachat ; c'est ce qu'a affirmé la Cour de cassation en indiquant que le droit au rachat est un droit propre appartenant au contractant qui ne peut être exercé par ses créanciers (Com., 25 oct. 1994, n° 90-14.316 ; JCP G 1994-IV-2619 ; Com., 11 déc. 2012, n° 11-27.437, Me Raynaud es qualités de liquidateur de M. Moreau c/Axa France Vie).

B - Application par la jurisprudence

La Cour de cassation s'est prononcée clairement en faveur de l'insaisissabilité du contrat. Dans un arrêt de principe, elle affirme que, en vertu des articles L. 132-8, L. 132-9, L. 132-12 et L. 132-14 du Code des assurances, tant que le contrat n'est pas dénoué, le souscripteur est seulement investi, sauf acceptation du bénéficiaire désigné, du droit personnel de faire racheter le contrat et de désigner ou modifier le bénéficiaire de la prestation ; dès lors, nul créancier du souscripteur n'est en droit de se faire attribuer immédiatement ce que ce dernier ne peut recevoir (Civ. 1re, 28 avr. 1998, n° 96-10.333, JCP E 1998, n° 32/35, p. 1309, note J. Bigot ; RCA 1998, comm. n° 367, notes G. Courtieu et J.-G. Raffray, Defrénois n° 13-14, 15-30 juill. 1998, p. 861, note S. Hovasse-Banget ; Civ. 1re, 2 juill. 2002, n° 99-14.819, L'Argus, 26 juill. 2002, p. 24). Cette solution est bien établie et régulièrement rappelée par la Cour de cassation (Civ. 2e, 10 févr. 2011, n° 10-12.172, Mme Y... c/Cardif Assurance Vie).

C - Exceptions à l'insaisissabilité du contrat

1° Saisie par l'administration fiscale

La loi relative à la lutte contre la fraude fiscale et la grande délinquance économique et financière du 6 décembre 2013 prévoit expressément le droit, pour l'administration fiscale, de saisir les contrats d'assurance vie alors que la jurisprudence, jusqu'à présent, l'en empêchait.

Désormais, la saisie administrative à tiers détenteur permet au comptable public d'obtenir le paiement d'une somme dont le redevable ne s'est pas s'acquitté. Lorsqu'elle porte sur un contrat d'assurance vie rachetable, cette procédure dérogatoire se matérialise par un rachat auquel le souscripteur ne peut s'opposer (article L. 262 du LPF). Seuls les contrats d'assurance vie rachetables, qu'ils soient individuels ou collectifs, sont visés, en raison de leur assimilation à une épargne détenue par le souscripteur. Sont donc exclues : les assurances temporaires en cas de décès, les rentes viagères immédiates, les assurances de capitaux de survie et de rente de survie, les assurances en cas de vie sans contre-assurance et les rentes viagères différées sans contre-assurance. La saisie est limitée à la valeur de rachat des droits à la date de notification de la saisie. L'administration fiscale a précisé les contours d'une telle saisie (BOI-REC-FORCE-30-30-20170828).

Une délégation de contrat d'assurance-vie, consentie et acceptée avant la notification de la SATD sur ce même contrat, produit tous ses effets. La SATD notifiée ultérieurement ne peut avoir pour effet de priver le délégataire, dès son acceptation, de son droit au paiement par le délégué (BOI-REC-FORCE-30-30-20-20 au V § 170).

Un contrat d'assurance-vie dont la clause bénéficiaire a été acceptée ne peut être considéré comme rachetable au sens de l'article L. 262 du LPF. Dans ces conditions, une SATD notifiée sur un contrat d'assurance-vie préalablement accepté ne saurait produire ses effets, dès lors que la valeur de rachat n'est pas considérée comme disponible.

Le rachat forcé, conséquence de la SATD, produit les mêmes effets sur le contrat qu'un rachat volontaire du souscripteur. La SATD donne lieu dans un premier temps à un paiement représentatif du capital initialement versé, puis des éventuels intérêts, seuls ces derniers étant fiscalisables. Le souscripteur a donc le choix des modalités d'imposition des intérêts (impôt sur le revenu ou prélèvement forfaitaire libératoire).

2° Saisie et confiscation pénale

Afin de lutter contre le blanchiment et éviter que les délinquants organisent leur insolvabilité pendant le temps de l'instruction, la loi visant à faciliter la saisie et la confiscation en matière pénale autorise la saisie des sommes placées sur les contrats d'assurance vie dans le cadre des enquêtes pénales (C. pr. pén., art. 706-155 créé par L. n° 2010-768, 9 juill. 2010). Les contrats d'assurance vie constituent, en effet, un instrument de blanchiment d'argent particulièrement prisé des trafiquants.

Lorsque la saisie porte sur une créance figurant sur un contrat d'assurance sur la vie, elle entraîne la suspension des facultés de rachat, de renonciation et de nantissement du contrat, dans l'attente du jugement définitif au fond. Cette saisie interdit également toute acceptation postérieure du bénéfice du contrat dans l'attente du jugement et l'assureur ne peut alors plus consentir d'avances au contractant. Cette saisie est notifiée au souscripteur et à l'organisme auprès duquel le contrat a été souscrit.

La saisie spéciale d'une créance figurant sur un contrat d'assurance sur la vie prévue par le Code de procédure pénale ne peut qu'entraîner, dans l'attente du jugement sur le fond, le « gel » du contrat et non le virement des sommes inscrites sur le contrat (Crim., 30 oct. 2012, n° 12-84.961, n° 6026 FS – P + B).

L'article L. 160-9 du Code des assurances, créé par la loi relative à la lutte contre la fraude fiscale et la grande délinquance économique et financière du 6 décembre 2013, prévoit que la confiscation pénale des contrats d'assurance vie, prononcée par une décision définitive, entraîne de plein droit la résolution judiciaire du contrat et le transfert des fonds confisqués à l'État. Des dispositions similaires sont introduites dans les codes de la mutualité et de la Sécurité sociale (C. mut., art. L. 223-29 ; CSS, art. L. 932-23-2).

3° Le fichier Ficovie

Depuis le 1er janvier 2016, les assureurs, mutuelles et institutions de prévoyance établis en France doivent renseigner un fichier national sur les contrats d'assurance vie détenus par les particuliers appelé FICOVIE (CGI, art. 1649 ter ; CGI, Ann. II, art. 370 C créé par D. n° 2015-362, 30 mars 2015).

L'obligation de déclaration porte sur :

- la souscription et le dénouement des contrats d'assurance vie ;
- le montant cumulé des primes versées au 1er janvier et la valeur de rachat ou le montant du capital garanti, lorsque ce montant ou cette valeur est supérieur ou égal à 7 500 €.

Un arrêté du 1er septembre 2016 prévoit la mise en œuvre effective, par la direction générale des finances publiques, d'un traitement automatisé de données à caractère personnel de gestion du « Ficovie » (Arr. 1er sept. 2016, NOR : ECFE1626313A : JO, 13 oct.).

L'objectif est d'accroître les moyens dont dispose l'administration fiscale pour vérifier les informations transmises par les contribuables et d'améliorer les contrôles en cas de suspicion de fraude. Jugé conforme à la Constitution au regard du droit au respect de la vie privée (Cons. const., déc., 29 déc. 2013, n° 2013-684 DC), il sera par ailleurs soumis au contrôle de la CNIL et les exigences posées par la loi du 6 janvier 1978 s'appliqueraient sans exception au profit des personnes qui y sont recensées. Le droit d'opposition au traitement de ses données personnelles, prévu par la loi relative à l'informatique, aux fichiers et aux libertés, n'est toutefois pas applicable au Ficovie.

Dans le cadre de la lutte contre le financement du terrorisme, la loi de finances pour 2016 a ouvert l'accès au Ficovie aux officiers de police judiciaire de la police nationale et de la gendarmerie ainsi qu'aux agents des douanes ou des services fiscaux, à l'image de ce qui est prévu pour le Fichier des comptes bancaires et assimilés (Ficoba) (LPF, art. L. 135 ZC créé par L. fin. 2016 n° 2015-1785, 29 déc. 2015, art. 126 : JO, 30 déc. ; LPF, art. R. 135 ZC-1).

Le notaire mandaté par le bénéficiaire éventuel d'un contrat d'assurance sur la vie dont le défunt était l'assuré obtient, sur sa demande auprès de l'administration fiscale, la communication des informations détenues par celle-ci et relatives aux contrats dont le mandant est identifié comme bénéficiaire, à l'exclusion des informations relatives à d'éventuels tiers bénéficiaires. Le notaire joint à sa demande le mandat l'autorisant à agir au nom du bénéficiaire éventuel (LPF, art. L 151 B).

VII - Le sort des contrats non réclamés

A - La lutte contre les contrats en déshérence

Pour lutter contre les contrats en déshérence, le législateur a prévu deux dispositifs, dits AGIRA 1 et AGIRA 2.

D'une part, toute personne peut demander par lettre à un ou plusieurs organismes professionnels représentatifs comme France Assureur (qui réunit les sociétés d'assurance et entreprises mutuelles d'assurance), CTIP (Centre technique des institutions de prévoyance), et/ou FNMF (Fédération Nationale de la Mutualité Française) à être informée de l'existence d'une stipulation effectuée à son bénéfice dans une police souscrite par une personne physique dont elle apporte, par tout moyen, la preuve du décès. Ces organismes doivent transmettre la demande à l'assureur dans un délai de 15 jours. Quand la personne est effectivement désignée bénéficiaire, l'assureur doit alors, dans le délai d'un mois, l'informer de l'existence du capital ou de la rente lui revenant. En pratique, les organismes professionnels précités ont mandaté l'AGIRA qui centralise en leur nom la réception des demandes de recherche et les adresse à l'ensemble des sociétés d'assurance, des institutions de prévoyance et des mutuelles.

D'autre part, les assureurs doivent s'informer, au moins chaque année, du décès éventuel des assurés, par consultation du fichier des personnes décédées (RNIPP) et rechercher les bénéficiaires (C. assur., art. L. 132-8 al. 7 et L. 132-9-3).

Depuis le 1er janvier 2015, un assureur peut aussi interroger le notaire chargé de la succession d'un assuré décédé si le bénéficiaire désigné est son ayant droit, ou demander une copie intégrale de son acte de décès à la mairie (lieu du décès, du dernier domicile du défunt ou service central d'état civil de Nantes) pour connaître l'existence d'un acte de notoriété, et s'adresser au notaire rédacteur de l'acte pour pouvoir poursuivre ses recherches (L. n° 2014-617, 13 juin 2014, art. 8 : JO, 15 juin). Enfin, les organismes professionnels représentant les assureurs peuvent interroger, sur demande d'un de leurs adhérents, l'administration fiscale en vue d'obtenir les coordonnées d'un bénéficiaire (LPF, art. L. 166 E créé par L. n° 2014-617, 13 juin 2014, art. 8).

Depuis le 1er janvier 2016, les assureurs doivent publier, chaque année, le nombre et l'encours de leurs contrats non encore réglés en précisant les démarches, les recherches et résultats obtenus dans l'année. Les assureurs doivent en outre détailler l'ensemble de ces éléments dans un rapport adressé à l'ACPR (C. assur., art. L. 132-9-3-1). Les modalités et le contenu de cette publication annuelle sont précisées aux articles A. 132-9-4 à A. 132-9-6 du Code des assurances (et A. 223-10-1 à A. 223-10-3 du Code de la mutualité). Ce bilan est publié annuellement sur le site internet de l'entreprise d'assurance ou sur tout support durable, dans un délai de 90 jours ouvrables à compter du 1er janvier de chaque année.

L'Autorité de contrôle prudentiel et de résolution (ACPR) vérifie que les assureurs respectent leur obligation de recherche des bénéficiaires et de revalorisation post-mortem des contrats. En 2014, la Commission des sanctions a, à trois reprises, sanctionné des sociétés d'assurance pour manquements à leurs obligations de recherche et d'information des bénéficiaires en prononçant un blâme à leur encontre et en leur infligeant des sanctions pécuniaires de 10, 40 et 50 millions d'euros.

B - La revalorisation des capitaux post-décès

Le contrat qui comporte une valeur de rachat, doit prévoir les conditions de la revalorisation du capital décès entre la date de décès de l'assuré et la date de réception des pièces nécessaires au paiement du capital. Cette revalorisation doit intervenir à compter du décès de l'assuré (C. assur., art. L. 132-5).

Depuis le 1er janvier 2016, le contrat doit prévoir les conditions de revalorisation du capital jusqu'au dépôt de ce capital à la Caisse des dépôts et consignations. Un décret plafonne les frais prélevés après la date de la connaissance du décès et l'assureur ne pourra pas prélever de frais au titre de l'accomplissement de ses obligations de recherche et d'information. Pour les contrats d'assurance sur la vie ne comportant pas de valeur de rachat ou de transfert dont les bénéficiaires sont des personnes physiques et pour les contrats comportant une valeur de rachat ou de transfert, la revalorisation de la part du capital garanti en cas de décès dont la valeur en euros aura été arrêtée ne peut être inférieure à un taux fixé par décret. Les règles de revalorisation post mortem sont fixées à l'article R. 132-3-1 du Code des assurances. Les frais prélevés par l'entreprise d'assurance après la date de connaissance du décès de l'assuré, ne peuvent être supérieurs aux frais qui auraient été prélevés si le décès n'était pas survenu.

C - Le transfert des capitaux non réclamés

Depuis le 1er janvier 2016, les sommes dues au titre des contrats d'assurance sur la vie et des bons ou contrats de capitalisation qui n'ont pas fait l'objet d'une demande de versement des prestations ou du capital sont déposées à la Caisse des dépôts et consignations à l'issue d'un délai de dix ans à compter de la date de prise de connaissance par l'assureur du décès de l'assuré ou de l'échéance du contrat (art. L. 132-27-2 du Code des assurances et L. 223-25-4 du Code de la mutualité). Le dépôt intervient dans le mois suivant l'expiration de ce délai. Six mois avant l'expiration du délai de 10 ans, le souscripteur ou les bénéficiaires devront être informés par les entreprises d'assurance, les institutions de prévoyance et mutuelles du dépôt à venir.

Le dépôt des fonds est libératoire pour les assureurs, institutions de prévoyance et mutuelles qui devront toutefois conserver les informations et documents relatifs à l'encours des contrats à la date du dépôt, à la computation du délai de 10 ans et au régime d'imposition applicable, les informations et documents permettant d'une part, d'identifier les souscripteurs et les bénéficiaires de ces contrats et d'autre part, de vérifier le respect de leurs obligations en matière de contrats non réglés.

La Caisse de dépôt et consignation détient les fonds pour le compte des bénéficiaires. Le souscripteur du contrat ou les bénéficiaires des sommes déposées à la Caisse des dépôts et consignations ne peuvent en obtenir le versement qu'en numéraire, nonobstant toute stipulation contraire. Les entreprises d'assurance, les institutions de prévoyance, les unions et les mutuelles transmettent à la Caisse des dépôts et consignations les informations nécessaires, le cas échéant, au versement aux bénéficiaires des sommes déposées. La Caisse des dépôts et consignations organise la publicité relative aux fonds détenus pour permettre aux bénéficiaires éventuels d'en réclamer le paiement. Les notaires, munis d'un mandat, pourront obtenir le paiement des fonds revenant à l'actif successoral.

À l'issue d'un délai de 20 ans de conservation des fonds sans réclamation, les fonds sont acquis à l'État (L. n° 2014-617 du 13 juin 2014) et reversés au Fonds de solidarité Vieillesse.

L'État est autorisé à vérifier auprès des organismes d'assurance, la réalité et le montant des sommes à récupérer (CGPPP, art. L. 2222-21). Tout refus de communication de pièces sera puni d'une amende.

Section III - La fiscalité de l'assurance vie individuelle

I - Fiscalité des capitaux versés au décès de l'assuré

A - Le prélèvement forfaitaire

1° Taux du prélèvement

Depuis l'entrée en vigueur de la loi de finances pour 1999 (CGI, art. 990 I), les sommes versées par les assureurs à la suite du décès de l'assuré sont assujetties à un prélèvement de 20 % après un abattement de 152 500 euros par bénéficiaire.

Pour les contrats comportant une valeur de rachat, l'imposition forfaitaire de 20 %, au-delà de l'abattement de 152 500 euros, est calculée sur la valeur de rachat. Pour les autres contrats, l'imposition forfaitaire de 20 %, au-delà de l'abattement de 152 500 euros, est calculée sur le montant des primes versées

Ce dispositif s'applique aux contrats souscrits à compter du 13 octobre 1998 et aux contrats en cours pour les primes versées à compter de cette date. Les contrats d'assurance de groupe, souscrits dans le cadre d'une activité professionnelle, échappent à ces nouvelles dispositions.

Ces dispositions s'ajoutent à celles prévues à l'article 757 B du Code général des impôts qui prévoit un assujettissement aux droits de mutation pour la partie des primes excédant 30 500 euros, versée après 70 ans. Il peut y avoir application des deux dispositifs (CGI, art. 990 I et 757 B) sur un même contrat, mais pas sur les mêmes primes. Si les primes sont taxables au titre de l'article 757 B, elles ne le seront pas au titre de l'article 990 I.

Le dispositif de l'article 990 I du Code général des impôts a été complété en 2011 puis en 2014. Les sommes versées au décès de l'assuré sont taxées, après abattement de 152 500 euros (de 20 % pour les contrats « vie-génération »). Elles sont taxées à hauteur de 25 % jusqu'au 30 juin 2014, au-delà de 902 838 euros et à hauteur de 31,25 % à compter du 1er juillet 2014, au-delà de 700 000 euros.

2° Paiement du prélèvement

Le bénéficiaire doit produire auprès des assureurs une attestation sur l'honneur indiquant le montant des abattements déjà appliqués en raison des sommes reçues d'un ou plusieurs assureurs, à la suite du décès de l'assuré.

Cette attestation n'est pas requise lorsque le montant de la prime annuelle ou de la prime versée à la conclusion d'un contrat à prime unique n'excède pas 305 euros (Instr. fisc., 13 février 2002 ; BOI 7 K-1-02).

Le prélèvement dû par le bénéficiaire est effectué par les assureurs et versé au comptable des impôts dans les quinze jours qui suivent la fin du mois au cours duquel les sommes ont été versées aux bénéficiaires.

3° Démembrement de la clause bénéficiaire

En cas de démembrement de la clause bénéficiaire, le nu-propriétaire et l'usufruitier sont considérés, pour l'application de l'article 990 I, comme bénéficiaires au prorata de la part leur revenant dans les sommes, rentes ou valeurs versées par l'organisme d'assurance. L'abattement est réparti entre les personnes concernées dans les mêmes proportions (L. n° 2011-900 de fin. rect. 2011 du 29 juill. 2011, art. 11, JO 30 juill.).

Il convient d'appliquer autant d'abattements qu'il y a de couples « usufruitier/nu-propriétaire ». En présence d'une pluralité de nus-propriétaires, chaque nu-propriétaire partage un abattement avec l'usufruitier en fonction des droits revenant à chacun en application du barème prévu à l'article 669 du Code général des impôts qui détermine la valeur de la nue-propriété et de l'usufruit par une quotité de la valeur de la propriété entière :

ÂGE de l'usufruitier	VALEUR de l'usufruit	VALEUR de la nue-propriété
Moins de :		
21 ans révolus	90 %	10 %
31 ans révolus	80 %	20 %
41 ans révolus	70 %	30 %
51 ans révolus	60 %	40 %
61 ans révolus	50 %	50 %
71 ans révolus	40 %	60 %
81 ans révolus	30 %	70 %
91 ans révolus	20 %	80 %
Plus de 91 ans révolus	10 %	90 %

Dans cette situation, l'usufruitier ne peut toutefois bénéficier au total que d'un abattement maximum de 152 500 euros sur l'ensemble des capitaux décès reçus à raison de contrats d'assurance vie du chef du décès d'un même assuré. Lorsque l'un des bénéficiaires mentionnés au contrat est exonéré (par exemple, conjoint survivant ou partenaire lié au défunt par un PACS), la fraction d'abattement non utilisée par le bénéficiaire exonéré ne bénéficie pas aux autres bénéficiaires désignés au contrat (BOI-TCAS-AUT-60, 310).

B - Régime fiscal des primes versées après 70 ans

L'article 757 B du Code général des impôts, modifié par l'article 26-1 de la loi n° 91-1323 du 30 décembre 1991, prévoit que les capitaux versés par un assureur, à raison du décès de l'assuré, donnent ouverture aux droits de mutation par décès suivant le degré de parenté existant entre le bénéficiaire à titre gratuit et l'assuré à concurrence de la fraction des primes versées après l'âge de 70 ans qui excède 30 500 euros.

L'abattement est appliqué en globalisant toutes les primes versées après le soixante-dixième anniversaire de l'assuré au titre des contrats souscrits sur sa tête par lui-même ou par des tiers.

En cas de pluralité de bénéficiaires, l'abattement est réparti entre les bénéficiaires concernés au prorata de la part leur revenant dans les primes taxables au(x) terme(s) du ou des contrats.

Lorsque des contrats sont souscrits en unités de compte (parts de SICAV, de SCI...), il convient de retenir la valeur en euros des primes versées après le soixante-dixième anniversaire de l'assuré, au jour de leur paiement.

Les rachats partiels effectués par les souscripteurs ainsi que les avances accordées par les assureurs et non remboursées au décès de l'assuré restent sans incidence sur la détermination de l'assiette de la taxation dans le dispositif de l'article 757 B du Code général des impôts.

Dans le cas où les capitaux versés par l'assureur sont inférieurs aux primes versées après le soixante-dixième anniversaire de l'assuré, l'assiette des droits est limitée aux capitaux versés aux bénéficiaires.

Ces dispositions s'appliquent aux contrats souscrits à compter du 20 novembre 1991.

Les contrats souscrits avant le 20 novembre 1991 et qui donnent lieu, en cas de décès de l'assuré après le 2 janvier 1992, au versement d'un capital à un bénéficiaire déterminé, échappent à cette fiscalité.

II - Fiscalité des capitaux versés en cas de vie de l'assuré

A - L'imposition partielle des produits

La fiscalité des prestations en cas de vie de l'assuré au terme du contrat s'applique sur les produits qui sont définis comme étant la différence entre les capitaux versés par l'assureur au terme du contrat et le total des versements effectués par le souscripteur. Les produits versés sont, dans certains cas, exonérés de l'imposition. Cette exonération est fonction :

- soit de la date de souscription (les contrats souscrits avant le 1er janvier 1983 sont exonérés) ;
- soit, pour les contrats souscrits depuis cette date, de la durée du contrat et de leur nature ;
- soit de la situation du souscripteur.

Les produits résultant des contrats souscrits entre le 1er janvier 1983 et le 31 décembre 1989 sont exonérés de l'impôt sur le revenu.

Pour les contrats souscrits après le 31 décembre 1989 et avant le 26 décembre 1997, seuls les contrats dont la durée est supérieure à huit ans sont exonérés.

Pour les contrats souscrits à compter du 26 septembre 1997, l'article 21 de la loi n° 97-1269 du 30 décembre 1997 modifie le régime fiscal des produits des contrats d'assurance vie d'une durée au moins égale à huit ans, en limitant l'exonération, jusqu'alors applicable à ces contrats, aux seuls contrats investis principalement en actions (contrats dits DSK) et en prévoyant l'imposition des produits attachés aux autres contrats selon des modalités particulières.

B - Cas particuliers d'exonération

Les produits des contrats sont exonérés lorsque le dénouement résulte de l'un des événements suivants :
- licenciement du souscripteur ;
- mise à la retraite anticipée du souscripteur ;
- invalidité du souscripteur ;
- invalidité du conjoint du souscripteur.

L'exonération résultant de ces situations est valable quelle que soit la durée du contrat.

C - Fiscalité des contrats DSK

1° Caractéristiques des bons ou contrats investis en actions

Les contrats DSK sont des contrats en unités de compte investis principalement en actions qui répondent à certains critères.

Les produits des contrats DSK, contrats investis pour 50 % au moins en actions cotées et titres assimilés dont au moins 5 % de placements à risques, peuvent continuer à bénéficier d'une exonération d'impôt, lorsque le contrat a une durée d'au moins huit ans.

Une instruction fiscale du 27 mai 1998, n° 5 I-3-98, présente les caractéristiques des contrats investis en actions et leur régime fiscal.

Sont concernés les bons ou contrats de capitalisation et les contrats d'assurance vie individuels ou de groupe à prime unique ou à versements libres ou périodiques qui comportent une valeur de rachat ou la garantie du paiement d'un capital ou d'une rente à leur terme en cas de vie, accompagnés ou non d'une garantie décès ou d'une contre-assurance en cas de décès.

L'assureur garantit le nombre des unités de compte, mais pas leur valeur en cours d'exécution du contrat.

L'assureur est seul propriétaire des actifs représentatifs des unités de compte du contrat. La participation des assurés aux bénéfices réalisés par l'assureur est facultative.

Ces bons ou contrats offrent la possibilité aux assurés ou aux bénéficiaires, d'obtenir au dénouement du contrat, le règlement en espèces ou la remise de titres ou de parts lorsque ceux-ci sont négociables et ne confèrent pas directement le droit de vote à l'assemblée générale des actionnaires d'une société admise aux négociations sur un marché réglementé.

Les bons ou contrats investis en actions se réfèrent soit à une seule unité de compte, soit à plusieurs unités de compte. Lorsque les contrats DSK se réfèrent à plusieurs unités de compte, le montant des primes versées nettes de frais doit être ventilé entre les différentes unités de compte dans le respect des proportions de 50 % et de 5 %. Afin de ne pas dégrader les quotas en deçà des limites légales, les rachats partiels doivent s'imputer sur chacune des unités de compte en proportion de leur part respective dans la valeur de rachat totale du contrat à la date du rachat partiel.

Compte tenu des dispositions de l'article L. 132-5-1 du Code des assurances et L. 223-8 du Code de la mutualité, qui prévoient que toute personne physique ayant signé une proposition d'assurance ou un contrat a la faculté d'y renoncer pendant le délai de trente jours à compter du premier versement, il est admis, pour les contrats nouvellement souscrits, que ce premier versement ne soit investi dans l'OPCVM dont la part ou l'action constitue l'unité de compte du bon ou du contrat qu'à l'expiration de ce délai de trente jours.

Les contrats DSK, initialement réservés aux actions françaises puis étendus aux actions des pays de l'Union européenne, peuvent désormais être investis en actions émises dans un État partie à l'accord sur l'Espace économique européen ayant conclu avec la France une convention fiscale qui contient une clause d'assistance administrative en vue de lutter contre la fraude ou l'évasion fiscale. À ce jour sont concernés la Norvège et l'Islande (art. 39 de la loi de finances pour 2005, loi n° 2004-1484).

Ce type de contrat n'est plus ouvert à la souscription depuis le 1er janvier 2005.

2° Les nouveaux contrats DSK

L'article 39 de la loi de finances pour 2005 (L. n° 2004-1484, 30 décembre 2004) institue, à compter du 1er janvier 2005, une nouvelle génération de bons ou contrats de capitalisation et d'assurance vie investis en actions, composés de 30 % au moins d'actions, dont 10 % de titres dits « risqués » et 5 % au moins de titres de sociétés non cotées (contrats « NSK »).

Les produits de ces bons ou contrats sont exonérés d'impôt sur le revenu lorsqu'ils sont souscrits depuis au moins huit ans.

Par ailleurs, cet article maintient le régime juridique et fiscal des bons ou contrats de capitalisation et d'assurance vie de l'ancienne génération, dits « DSK », institués par l'article 21 de la loi de finances pour 1998 (L. n° 97-1269, 30 décembre 1997) en cours au 1er janvier 2005, tout en prévoyant l'impossibilité d'en souscrire de nouveaux à compter de cette même date. Les produits de ces bons ou contrats, investis à 50 % au moins en actions, dont 5 % au moins en actifs dits « risqués », continuent à bénéficier de l'exonération d'impôt sur le revenu lorsqu'ils sont souscrits depuis au moins huit ans.

L'article 39 de la loi de finances pour 2005 prévoit par ailleurs que tous les contrats « DSK » en cours au 1er janvier 2005, ainsi que les autres bons ou contrats de capitalisation et d'assurance vie souscrits à compter du 1er janvier 2003, peuvent être transformés, sans conséquence fiscale et jusqu'au 1er juillet 2006, en nouveaux contrats d'assurance vie investis en actions. La date limite de transformation a été prorogée jusqu'au 30 juin 2007 par l'instruction fiscale du 1er février 2007 (n° 5-I-1-07).

Une instruction fiscale du 27 juin 2006 (5-I-6-06) a commenté ces dispositions. Les rachats partiels opérés sur les bons ou contrats investis en actions sont autorisés, sous réserve qu'ils ne conduisent pas à ne plus respecter les quotas d'investissement obligatoires calculés globalement sur l'ensemble du bon ou contrat.

Mais surtout, l'instruction précise que si l'une des conditions juridiques prévues pour l'application du régime fiscal des contrats investis en actions n'est pas remplie ou n'est plus satisfaite, les produits attachés aux rachats effectués sur ces bons ou contrats sont soumis à l'impôt sur le revenu dans les conditions de droit commun, et ce quelle que soit la durée de ces contrats.

Le non-respect des conditions de fonctionnement du bon ou contrat investi en actions remet en cause l'exonération des produits capitalisés, y compris ceux acquis entre la date du premier versement et celle du manquement, même si ce dernier est intervenu postérieurement à la huitième année du contrat.

Enfin en cas de transformation, le nouveau contrat issu de la transformation d'un contrat déjà existant est réputé avoir été souscrit à la date du premier versement effectué sur le contrat d'origine avec toutes les conséquences attachées à cette antériorité, tant en matière d'impôt sur le revenu qu'en matière de droits de mutation par décès.

Ce type de contrat n'est plus ouvert à la souscription depuis le 1er janvier 2014.

3° Régime fiscal des contrats DSK

Les produits des bons ou contrats DSK sont exonérés d'impôt sur le revenu lorsque la durée de ces bons ou contrats est au moins égale à huit ans. En cas de dénouement avant cette date, les produits versés peuvent, sur option, être soumis au prélèvement libératoire de 35 % si la durée du bon ou contrat est inférieure à quatre ans ou de 15 % lorsque cette durée est comprise entre quatre et huit ans. À cette fiscalité s'ajoutent les prélèvements sociaux.

La durée de ces bons ou contrats souscrits à compter du 1er janvier 1998 s'entend de la seule durée effective, courue entre la date du premier versement et la date de dénouement ou de rachat partiel du bon ou contrat quelles que soient les modalités de paiement des primes.

Pour les bons de capitalisation, cette exonération est réservée à ceux souscrits dès l'émission sous la forme nominative et qui ne font pas l'objet d'une cession à titre onéreux jusqu'à la date de leur remboursement.

III - Fiscalité en cas de rachat et au dénouement

A - Impôt sur le revenu et prélèvement libératoire

Les produits des contrats qui ne remplissent pas les conditions leur permettant de bénéficier de l'exonération sont soumis à l'impôt sur le revenu des personnes physiques.

Le bénéficiaire peut opter pour le prélèvement libératoire. Dans ce cas, les produits ne sont pas pris en compte dans la déclaration au titre de l'impôt sur le revenu.

La Loi de finances 2018 a créé un Prélèvement Forfaitaire Unique (PFU) de 12,8 %, qui avec les prélèvements sociaux de 17,20 %, constitue la « flat tax » de 30 % sur les revenus du capital (loi n° 2017-1837 du 30 décembre 2017 de finances pour 2018).

Ce PFU de 12,8 % est applicable aux rachats effectués depuis le 1er janvier 2018, et pour les plus-values issues des versements réalisés à compter du 27 septembre 2017. Le taux du PFU est abaissé à 7,5 % pour les contrats de plus de 8 ans, soit une taxation de 24,7 % pour les gains réalisés sur la part des primes inférieure à 150 000 € (par exception à la flat tax de 30 %). Au-delà, la plue-value enregistrée sur la part des primes excédant 150 000 € est taxée au PFU de 12,8 %, soit 30 % avec les prélèvements sociaux de 17,20 %.

<table>
<tr><th>Durée du contrat</th><th>Primes versées
avant le 27 septembre 2017</th><th>Primes versées
à partir du 27 septembre 2017</th></tr>
<tr><td>Moins de 4 ans</td><td>35 % (prélèvement libératoire)
+ 17,20 % (prélèvements sociaux)</td><td rowspan="2">Taux unique de 12,8 %
+ 17,20 % (prélèvements sociaux)</td></tr>
<tr><td>Entre 4 et 8 ans</td><td>15 % (prélèvement libératoire)
+ 17,20 % (prélèvements sociaux)</td></tr>
<tr><td rowspan="2">Après 8 ans</td><td rowspan="2">7,5 % (prélèvement libératoire)
+ 17,20 % (prélèvements sociaux)</td><td>Gains réalisés sur la part des primes inférieure à 150 000 € :
7,5 % (prélèvement libératoire)
+ 17,20 % (prélèvements sociaux)</td></tr>
<tr><td>Gains réalisés sur la part des primes supérieure à 150.000 € :
Taux unique de 12,8 %
+ 17,20 % (prélèvements sociaux)</td></tr>
</table>

B - Abattements

Les produits imposables attachés aux bons ou contrats d'une durée au moins égale à huit ans bénéficient d'un abattement annuel de 4 600 euros pour les contribuables célibataires, veufs ou divorcés et de 9 200 euros pour les contribuables mariés soumis à une imposition commune. Ces mêmes produits peuvent, sur option de leur bénéficiaire, être soumis à un prélèvement libératoire au taux réduit de 7,5 % et bénéficier d'un crédit d'impôt correspondant à l'application de l'abattement de 4 600 euros ou 9 200 euros.

L'abattement est annuel et est accordé aux personnes tenues de déposer une déclaration d'ensemble de leurs revenus à raison de leur domicile fiscal en France. S'il n'a pas été entièrement utilisé, il ne peut pas être reporté sur l'année suivante. Le contribuable bénéficie d'un seul abattement tant pour ses revenus personnels que pour ceux des personnes considérées comme à charge.

Les produits imposables doivent être compris par le bénéficiaire dans la déclaration d'ensemble de ses revenus au titre de l'année de l'encaissement pour être soumis à l'impôt sur les revenus dans les conditions de droit commun, sous réserve de l'abattement de 4 600 euros ou 9 200 euros.

Toutefois, il est prévu la possibilité, pour les seules personnes physiques, d'opter pour un prélèvement libératoire de l'impôt sur le revenu prévu à l'article 125 A du Code général des impôts. Les abattements s'appliquent en priorité sur les produits attachés aux primes versées avant le 27 septembre 2017, puis sur la part taxée à 7,5 % et enfin sur celle taxée à 12,8 %.

C - Les prélèvements sociaux

1° Taux des prélèvements sociaux

Depuis le 26 septembre 2013, le taux de prélèvements sociaux applicable est celui en vigueur au moment du dénouement partiel ou total du contrat d'assurance vie, soit actuellement 17,20 %.

La loi de financement de la Sécurité sociale pour 2014 a modifié les règles relatives aux prélèvements sociaux sur les produits des contrats d'assurance vie perçus à compter du 1er janvier 1997 qui sont exonérés d'impôt sur le revenu et pour lesquels ces prélèvements sont acquittés lors du dénouement ou du décès de l'assuré. La loi a ainsi mis fin au régime des « taux historiques », c'est-à-dire à l'application à chaque fraction de gain correspondant aux différentes années au cours desquelles il a été constitué des taux en vigueur au moment où ce gain a été acquis. Désormais, ces produits doivent être taxés au taux en vigueur lors du dénouement du contrat ou du décès de l'assuré.

Sont visés :
- les produits des primes versées avant le 26 septembre 1997 sur les unités de compte des contrats multisupports ;
- les intérêts inscrits avant le 1er juillet 2011 sur les compartiments euros des contrats multisupports relatifs à des primes versées avant le 26 septembre 1997.

2° Modalités des prélèvements sociaux

Pour les contrats en unités de compte, les prélèvements sociaux s'appliquent sur les produits réalisés au moment du rachat ou au moment du dénouement du contrat.

Pour les contrats en euros, ces prélèvements sont effectués annuellement sur les produits inscrits en compte au titre de l'année.

Les modalités d'imposition de l'assurance vie au titre de la contribution au remboursement de la dette sociale ont été précisées par une instruction fiscale du 12 février 1996.

Pour les produits des contrats d'assurance vie en euros, que ces produits soient ou non imposables à l'impôt sur le revenu, c'est-à-dire quelles que soient la date de conclusion du contrat et sa durée, la contribution est prélevée dans tous les cas, en application de l'article 16-II de l'ordonnance n° 96-50 du 24 janvier 1996, lors de l'inscription des produits au contrat, et non selon les règles applicables pour l'imposition à l'impôt sur le revenu, lors du dénouement du contrat.

Pour les produits des contrats d'assurance vie en unités de compte, la contribution est prélevée lors du dénouement du contrat, c'est-à-dire en cas de rachat total ou partiel, soit au titre de l'article 16-I de l'ordonnance n° 96-50 du 24 janvier 1996, si le rachat est imposable à l'impôt sur le revenu et soumis sur option au prélèvement libératoire, soit au titre de l'article 16-II si le rachat n'est pas imposable.

Depuis le 1er janvier 2010, quelle que soit la date de souscription du contrat, les produits non encore assujettis aux prélèvements sociaux y sont assujettis lors du dénouement des contrats par décès (CSS, art. L. 136-7, II, 3°, mod. par L. n° 2009-1646, 24 déc. 2009, art. 18).

Depuis le 1er juillet 2011, les produits attachés aux droits exprimés en euros dans les contrats multisupports, comportant un compartiment en euros et un compartiment en unités de compte, font l'objet d'un assujettissement aux prélèvements sociaux « au fil de l'eau », c'est-à-dire en cours de contrat, au moment de leur inscription en compte. Il s'agit d'un paiement anticipé des prélèvements sociaux dus en cas de dénouement partiel ou total du contrat (Décision Cons. Const. n° 2015-483, QPC du 17 sept. 2015).

L'amendement « Fourgous » a introduit, dans la loi sur la confiance et la modernisation de l'économie, la possibilité de transformer les contrats d'assurance vie en euros en contrats en unités de compte sans conséquence fiscale (L. n° 2005-842, 26 juill. 2005, art. 1er). Les produits inscrits sur ces contrats, à la date de leur transformation, sont assimilés à des primes versées lorsqu'ils ont été soumis, lors de leur inscription en compte, aux prélèvements sociaux et aux contributions sociales.

La transformation ne peut intervenir qu'auprès du même organisme assureur. La transformation doit être réelle et donner lieu à la conversion d'une part significative des sommes placées en unités de compte, soit environ 20 % minimum du total. À défaut, l'administration fiscale pourrait remettre en cause l'antériorité fiscale (Instr. fisc. 4 nov. 2005, BOI 5 I-4-05).

D - Fiscalité des rachats partiels

L'administration fiscale a précisé, dans une note du 23 août 1994 (BOI 1er sept. 1994, 5 FP/55, I.3223), le mode d'imposition des rachats partiels. En cas de rachat partiel d'un contrat, le produit imposable est déterminé selon la formule suivante :

$$\text{Montant du rachat partiel} - \text{Total des primes versées à la date du rachat partiel} \times \frac{\text{Montant du rachat partiel}}{\text{Valeur de rachat totale à la date du rachat partiel}}$$

En cas de rachats partiels successifs, pour l'application de cette formule, il doit être tenu compte des remboursements déjà intervenus.

Ainsi, en cas de rachat(s) partiel(s), le « total des primes versées à la date du rachat partiel » s'entend du total des primes versées qui n'ont pas déjà fait l'objet d'un remboursement en capital lors d'un ou plusieurs rachats partiels antérieurs.

IV - Fiscalité des rentes

A - Fiscalité des rentes viagères

Les rentes viagères constituées à titre onéreux bénéficient d'une fiscalité privilégiée. En vertu des dispositions de l'article 158 6° du Code général des impôts, elles entrent dans le revenu imposable que pour une fraction de leur montant qui varie selon l'âge du crédirentier au moment de l'entrée en jouissance de la rente :

- 70 % si l'intéressé était alors âgé de moins de 50 ans ;
- 50 % s'il était âgé de 50 à 59 ans inclus ;
- 40 % s'il était âgé de 60 à 69 ans inclus ;
- 30 % s'il était âgé de plus de 69 ans.

Par ailleurs, la fraction imposable de la rente viagère est soumise au prélèvement de 17,20 %.

B - Rentes versées dans le cadre d'un PEP

Concernant les rentes versées dans le cadre d'un PEP, elles ne sont pas imposées mais sont soumises aux prélèvements sociaux sur une partie déterminée en fonction de l'âge du crédit-rentier. Cette partie, soumise aux prélèvements sociaux, est fixée par l'article 158-6° du Code général des impôts comme pour les autres rentes.

V - Les contrats « rente-survie » et « épargne handicap »

A - Définition des contrats « rente-survie » et « épargne handicap »

1° Contrats « rente-survie »

Les contrats d'assurance en cas de décès (dit « rente-survie ») garantissent le versement d'un capital ou d'une rente viagère à un enfant de l'assuré atteint d'une infirmité qui l'empêche :

- soit de se livrer, dans des conditions normales de rentabilité, à une activité professionnelle ;
- soit, s'il est âgé de moins de dix-huit ans, d'acquérir une instruction ou une formation professionnelle d'un niveau normal.

Le bénéfice de la réduction d'impôt a été étendu aux contrats de « rente-survie » souscrits, non seulement au profit de l'enfant handicapé, mais également de tout parent handicapé en ligne directe ou collatérale jusqu'au troisième degré de l'assuré et de toute personne handicapée réputée à sa charge (art. 199 septies, I, 1° CGI). Une personne est considérée comme étant à la charge du contribuable dès lors qu'elle vit sous son toit, sans lien de parenté obligatoire et qu'elle est titulaire de la carte d'invalidité (art. 196 A bis CGI ; art. L. 241-3 Code de l'action sociale et des familles).

Ces modifications sont applicables à compter de l'imposition des revenus de 2004, c'est-à-dire aux primes versées depuis le 1er janvier 2004 (L. n° 2005-102, 11 févr. 2005, JO du 12 févr. 05).

2° Contrats « épargne handicap »

Les contrats « épargne handicap » garantissent le versement d'un capital ou d'une rente viagère à l'assuré atteint lors de la conclusion du contrat, d'une infirmité qui l'empêche de se livrer, dans des conditions normales de rentabilité à une activité professionnelle.

B - Montant de la réduction d'impôt

La réduction d'impôt relative à la souscription d'un contrat « épargne handicap » est calculée sur le montant des primes effectivement versées, à l'instar de la situation applicable aux contrats de rente-survie, et non plus sur la fraction représentative de l'opération d'épargne (art. 199 septies, I, 2, CGI).

Pour les deux types de contrats, « rente-survie » et « épargne-handicap », le montant limite des primes à retenir pour le calcul de la réduction d'impôt de 25 % de leur montant dans la limite de 1 525 euros. Le montant de la majoration par enfant à charge est de 300 euros (150 euros par enfant en cas de résidence alternée).

VI - La fiscalité des bons de capitalisation

A - Les bons de capitalisation nominatifs

1° Régime fiscal

Les produits issus des bons de capitalisation sont soumis :

- à l'impôt sur le revenu ou, selon l'option de l'épargnant, au prélèvement libératoire ;
- aux prélèvements sociaux de 17,2 %.

Auparavant, le taux du prélèvement libératoire variait selon la durée du contrat. La Loi de finances 2018 a créé un Prélèvement Forfaitaire Unique (PFU) de 12,8 %, qui avec les prélèvements sociaux de 17,20 %, constitue la « flat tax » de 30 % sur les revenus du capital (loi n° 2017-1837 du 30 décembre 2017 de finances pour 2018). Ce PFU de 12,8 % est applicable aux rachats effectués depuis le 1er janvier 2018, et pour les plus-values issues des versements réalisés à compter du 27 septembre 2017. Le taux du PFU est abaissé à 7,5 % pour les contrats de plus de 8 ans, soit une taxation de 24,7 % pour les gains réalisés sur la part des primes inférieure à 150 000 euros (par exception à la flat tax de 30 %). Au-delà, la plue-value enregistrée sur la part des primes excédant 150 000 euros est taxée au PFU de 12,8 %, soit 30 % avec les prélèvements sociaux de 17,20 %.

2° Prélèvements sociaux

La loi relative à la solidarité pour l'autonomie des personnes âgées et handicapées du 30 juin 2004 prévoit une taxe additionnelle de 0,3 % au prélèvement social de 2 %, disposition entrée en vigueur le 1er juillet 2004 (art. 19-II-2°, loi n° 2004-626, 30 juin 2004).

La loi portant réforme de l'assurance maladie du 13 août 2004 fait passer la contribution sociale généralisée (CSG) de 7,5 % à 8,2 % à partir du 1er janvier 2005 (art. 72-II-2° et 72-IV, loi n° 2004-810, 13 août 2004).

La loi n° 2008-1249 du 1er décembre 2008 a généralisé le revenu de solidarité active (RSA) en remplacement du revenu minimum d'insertion (RMI) et de l'allocation de parent isolé (API). Cette mesure a été financée par une contribution additionnelle de 1,1 % aux contributions sociales sur les revenus du capital, qui sont passées de 11 % à 12,1 % à compter du 1er juin 2009.

À compter de juillet 2012, le montant total des prélèvements était de 15,5 % (8,2 % de CSG ; 0,5 % de CRDS ; 4,5 % de prélèvement social majoré de 0,3 % de contribution additionnelle depuis le 1er juillet 2004 et 2 % de prélèvement social de solidarité (CGI, art. 1600-0 S, créé par LFSS 2013, n° 2012-1404, 17 déc. 2012, art. 3).

Depuis janvier 2018, le taux de prélèvements sociaux est de 17,20 %. Depuis le réaménagement opéré par la loi de financement de la Sécurité sociale pour 2019, le montant total des prélèvements de 17,2 % se décompose comme suit :
- 9,2 % de CSG (L. n° 2018-1203, 22 déc. 2018, JO, 23 déc.) ;
- 0,5 % de CRDS ;
- 7,5 % de prélèvement social de solidarité (CGI, art. 235 ter).

Pour les contrats et bons de capitalisation en euros, ces prélèvements sont effectués annuellement sur les produits inscrits en compte au titre de l'année. Pour les contrats et bons de capitalisation en unités de compte, les prélèvements s'appliquent sur les produits réalisés au moment du rachat ou au moment du dénouement du contrat.

B - La suppression du régime de l'anonymat

Auparavant, à la sortie pour les bons ou contrats de capitalisation souscrits avant 1998 et à la souscription pour les autres, le porteur pouvait conserver l'anonymat et opter pour ce régime ; l'organisme gestionnaire devait alors procéder à un prélèvement libératoire tant sur le capital que sur les plus-values. Le taux de prélèvement libératoire était de 60 % sur les produits, auquel s'ajoutait un prélèvement de 2 % du capital par 1er janvier écoulé entre la souscription et la date de retrait des capitaux. À ces taux, il convenait d'ajouter les prélèvements sociaux, applicables sur les produits.

La Loi de finances 2018 a supprimé ce régime de l'anonymat fiscal pour les rachats de bons de capitalisation. Par conséquent, à partir du 1er janvier 2018, pour les bons souscrits avant ou après le 1er janvier 1998, c'est le régime fiscal nominatif qui s'applique ainsi que la fiscalité des contrats d'assurance vie.

VII - La réduction d'impôt

A - Le principe de la réduction d'impôt

Les primes versées au titre de certains contrats d'assurance vie ouvraient droit, au profit de l'assuré, à une réduction d'impôt qui venait diminuer le montant de l'impôt sur le revenu de l'assuré. Cependant, les différentes lois de finances ont supprimé cette réduction d'impôt.

B - Suppression totale

L'article 83 de la loi de finances pour 2004 a supprimé, sur 2 ans, toute réduction d'impôt accordée au titre de contrats d'assurance vie à primes périodiques (hormis les contrats d'épargne handicap ou de rente survie). Une instruction du 6 mai 2004 a précisé l'incidence de cette suppression, notamment pour les contrats à primes périodiques.

Pour la généralité des contrats, c'est-à-dire pour les contrats conclus ou prorogés avant le 1er janvier 1996, les primes payées à compter du 1er janvier 2004 ne bénéficient plus de la réduction d'impôt.

En revanche, pour les contrats souscrits ou prorogés entre le 1er janvier et le 4 septembre 1996, cette suppression est intervenue à compter du 1er janvier 2005, date à laquelle la réduction d'impôt a été définitivement supprimée pour tous les contrats à primes périodiques (Instr. 6 mai 2004, BOI 5 B-10-04).

Les contrats « rente-survie » et « épargne handicap » continuent de bénéficier de la réduction d'impôt, quelle que soit la date de souscription.

VIII - Le Plan d'Épargne en action assurance

A - Les caractéristiques du PEA assurance

1° Objet du PEA

La loi n° 92-266 du 16 juillet 1992 a mis en place le Plan d'Épargne en Actions (PEA) dont les modalités d'application ont été fixées par le décret n° 92-797 du 17 août 1992.

Le PEA permet à une personne de se constituer une épargne dans un cadre fiscal défini, dont les supports sont constitués d'actions.

2° Titres pouvant servir de support à un PEA

Il doit s'agir :

- d'actions européennes ou de certains états de l'espace économique européen, cotées ;
- de parts de SICAV ou de FCP investis à hauteur de 75 % au moins en actions européennes ou de certains états de l'Espace économique européen ;

- le reste pouvant être investi en actions internationales, obligations ou titres à court terme ;
- les actions de sociétés non cotées dans lesquelles le souscripteur et les membres de sa famille (conjoint, parents, enfants mineurs et majeurs) ne détiennent pas plus de 25 % du capital.

3° Spécificités du PEA assurance

Peuvent faire souscrire un PEA assurance, les entreprises d'assurance relevant du Code des assurances, agréées pour effectuer les opérations relevant de la branche d'activité 24 (capitalisation) de l'article R. 321-1 de ce code.

Le PEA assurance est donc constitué par un contrat de capitalisation investi en actions. Le contrat de capitalisation, ou bon de capitalisation, est un placement financier qui permet au souscripteur de réaliser une opération d'épargne. Le souscripteur verse une prime unique ou effectue des versements libres qui sont investis dans les unités de compte autorisées.

4° Personnes pouvant ouvrir un PEA

La possibilité d'ouvrir un PEA est réservée aux personnes physiques dont le domicile fiscal est situé en France.

Les personnes morales, quel que soit leur régime fiscal, ne sont pas autorisées à ouvrir un PEA.

Chaque contribuable ou chacun des conjoints soumis à une imposition commune peut ouvrir un PEA.

Ainsi, peuvent ouvrir un PEA :

- les personnes célibataires, veuves ou divorcées ainsi que les personnes mariées qui font l'objet d'impositions distinctes ;
- chacun des conjoints pour les personnes mariées soumises à une imposition commune. Les personnes qui sont à la charge d'un contribuable (enfants ou personnes titulaires de la carte d'invalidité vivant sous le toit du contribuable) ne peuvent donc pas être titulaires d'un PEA.

Il ne peut être ouvert qu'un PEA par personne. La méconnaissance de cette règle est sanctionnée par la clôture de tous les plans ouverts au nom de la personne considérée. Le PEA ne peut avoir qu'un titulaire. Il ne peut donc pas prendre la forme d'un compte joint.

5° Montant des versements

La date d'ouverture du plan est celle du premier versement (art. 2, décret n° 92-797 du 17 août 1992) ou, le cas échéant, du premier transfert de titres. Les PEA ont pu être ouverts à partir du 14 septembre 1992.

Les versements sont limités à 150 000 euros par plan, qu'ils soient effectués en numéraire ou par transfert de titres. Cependant, deux époux peuvent ouvrir chacun un PEA. Les gains réalisés dans le plan ne constituent pas des versements.

B - Les aspects fiscaux du PEA

1° Rachat intervenant entre cinq et huit ans

Les rachats qui interviennent après cinq ans entraînent la clôture du plan.

Les produits ne sont pas imposés mais lorsque le seuil de cession de 25 830 euros est dépassé, le gain net réalisé depuis l'ouverture du plan est soumis aux prélèvements sociaux au taux de 15,5 %.

2° Rachat après huit ans

Après l'expiration d'une période de huit ans calculée à partir de la date du premier versement, les retraits partiels et, s'agissant des contrats de capitalisation, les rachats partiels, n'entraînent pas la clôture du plan. Toutefois, aucun versement n'est possible après le premier retrait ou le premier rachat.

Le retrait de la totalité des sommes ou valeurs ou le rachat total du contrat de capitalisation entraîne la clôture du plan.

Lorsque le plan se dénoue après l'expiration de la huitième année par le versement d'une rente viagère, celle-ci est exonérée d'impôt sur le revenu mais soumise aux prélèvements sociaux.

La partie de la rente soumise aux prélèvements sociaux est, conformément à l'article 158-6 du Code général des impôts, déterminée forfaitairement d'après l'âge du crédirentier lors de l'entrée en jouissance de la rente. Elle est égale à :
- 70 % si l'intéressé était alors âgé de moins de 50 ans ;
- 50 % s'il était âgé de 50 à 59 ans inclus ;
- 40 % s'il était âgé de 60 à 69 ans inclus ;
- 30 % s'il était âgé de plus de 69 ans.

3° Rachat intervenant avant 5 ans

Jusqu'au 31 décembre 2018, en cas de rachat avant deux ans, les produits réalisés étaient imposés au taux de 22,5 %, lorsque le seuil de cession dépasse 25 830 euros, outre les prélèvements sociaux de 17,20 %. En cas de rachat entre deux et cinq ans, les produits réalisés étaient imposés au taux de 19 %, lorsque le seul de cession dépasse 25 830 euros, outre les prélèvements sociaux de 17,20 %.

Désormais, les gains réalisés sont soumis à la flat tax de 30 % (PFU de 12,8 % + prélèvements sociaux de 17,20 %).

Les produits correspondent à la différence entre la valeur du plan et les primes qui ont été versées.

Le rachat entraîne la clôture du plan.

Les rachats qui interviennent après deux ans mais avant l'expiration de la cinquième année de fonctionnement du PEA entraînent la clôture du plan.

Quel que soit leur montant, les retraits ou rachats qui interviennent entre l'expiration de la cinquième année et celle de la huitième année de fonctionnement du PEA entraînent la clôture du plan, mais sans imposition. Les prélèvements sociaux de 17,20 % sont perçus mais ils ne sont pas considérés comme une pénalité. Après l'expiration d'une période de huit ans calculée à partir de la date du premier versement, les retraits partiels et, s'agissant des contrats de capitalisation, les rachats partiels, n'entraînent pas la clôture du plan.

Toutefois, aucun versement n'est possible après le premier retrait ou le premier rachat. Les produits et plus-values que procurent les placements restés investis ainsi que les avoirs fiscaux et crédits d'impôt qui y sont attachés continuent à s'accumuler sur le plan en franchise d'impôt. Le retrait de la totalité des sommes ou valeurs ou le rachat total du contrat de capitalisation entraîne la clôture du plan. Lorsque le plan se dénoue après l'expiration de la huitième année par le versement d'une rente viagère, celle-ci est exonérée d'impôt sur le revenu. Si le bénéficiaire de la rente décède et qu'une rente de réversion est servie au conjoint survivant, le bénéfice de l'exonération est étendu à ce dernier.

4° Les prélèvements sociaux

À compter de juillet 2012, le montant total des prélèvements était de 15,5 % (8,2 % de CSG ; 0,5 % de CRDS ; 4,5 % de prélèvement social majoré de 0,3 % de contribution additionnelle depuis le 1er juillet 2004 et 2 % de prélèvement social de solidarité (CGI, art. 1600-0 S, créé par LFSS 2013, n° 2012-1404, 17 déc. 2012, art. 3).

Depuis janvier 2018, le taux de prélèvements sociaux est de 17,20 %. Depuis le réaménagement opéré par la loi de financement de la Sécurité sociale pour 2019, le montant total des prélèvements de 17,20 % se décompose comme suit :
- 9,2 % de CSG (L. n° 2018-1203, 22 déc. 2018, JO, 23 déc.) ;
- 0,5 % de CRDS ;
- 7,5 % de prélèvement social de solidarité (CGI, art. 235 ter).

5° Rachat pour création d'entreprise

L'article 31 de la loi pour l'initiative économique (n° 2003-721, 1er août 2003) autorise, depuis le 5 août 2003, des retraits ou des rachats anticipés du PEA, en franchise d'impôt sur le revenu et sans entraîner la clôture du plan, dès lors qu'ils sont affectés à la création ou à la reprise d'une entreprise. Une instruction fiscale du 4 août 2006, a précisé les conditions d'affectation des sommes rachetées (instr. 4 août 2006, BOI 5 I-8-06). Pour ne pas entraîner la clôture du PEA et être effectué en franchise d'impôt, le rachat effectué sur le plan doit être affecté dans les trois mois suivant la date du rachat au financement de la création ou de la reprise d'une entreprise. Les rachats effectués sur le plan dans l'entreprise créée ou reprise prennent obligatoirement l'une des formes suivantes :
- souscription en numéraire au capital initial d'une société créée ;
- acquisition d'actions ou de parts d'une société existante (cas de la reprise d'une société) ou acquisition d'un fonds de commerce ou d'un fonds de clientèle (cas de la reprise d'une entreprise) ;
- versement sur le compte courant de l'exploitant d'une entreprise individuelle créée depuis moins de trois mois à la date du versement.

L'entreprise créée ou reprise, dans laquelle sont investis les rachats effectués sur le plan, doit être personnellement exploitée ou dirigée par le titulaire du plan, son conjoint ou son partenaire lié par un pacte civil de solidarité (PACS), l'un de ses ascendants ou descendants. Pour que l'organisme gestionnaire du PEA ne procède pas à la clôture anticipée du plan, son titulaire doit lui présenter certains justificatifs établissant notamment que les sommes rachetées ont bien été affectées à la création ou à la reprise d'une entreprise dans les conditions précitées. À défaut de tels justificatifs, l'établissement gestionnaire devra procéder à la clôture du plan. Les rachats anticipés d'un PEA effectués dans les conditions précédemment décrites n'entraînent pas la clôture du plan. Aucun nouveau versement sur le plan n'est toutefois possible après ces retraits ou rachats.

Les rachats anticipés du PEA en vue de la création ou de la reprise d'une entreprise intervenant avant l'expiration de la cinquième année du plan n'entraînent ni la remise en cause de l'exonération d'impôt sur le revenu dont a bénéficié le titulaire du PEA à hauteur des revenus et plus-values réalisés depuis l'ouverture de son plan, ni l'imposition à l'impôt sur le revenu du gain net afférent au rachat effectué sur le plan. Le gain net afférent aux sommes rachetées, égal à la différence entre le montant du rachat partiel et la part des versements effectués sur le plan afférents à ce rachat, est toutefois soumis aux prélèvements sociaux. Ces prélèvements sont liquidés par l'établissement financier gestionnaire du plan.

IX - Le Plan d'épargne populaire (PEP)

A - Les mécanismes du PEP

1° Définition

Le PEP permet à une personne de se constituer une épargne, dans un cadre fiscal défini, dont le produit support peut être une assurance vie. Le PEP assurance bénéficie des avantages liés à l'assurance vie, spécialement les avantages fiscaux.

L'épargnant peut opter, au terme du plan, pour le versement d'un capital ou le versement d'une rente exonérée d'impôt. Les opérations d'assurance éligibles au PEP sont celles qui comportent des engagements dont l'exécution dépend de la durée de la vie humaine, à l'exception toutefois des bons de capitalisation, des assurances temporaires décès, des assurances décès vie entière et des garanties complémentaires.

Depuis le 25 septembre 2003, il ne peut plus être ouvert de PEP (art. 82, loi de Finances 2004).

2° Durée du PEP et sommes investies

Le PEP devait être souscrit pour une durée minimale de dix ans, le souscripteur ayant toujours la possibilité de proroger la durée initiale ou de renouveler celle-ci. La somme maximale pouvant être investie est de 92 000 euros en dix ans.

3° Cessation du PEP et transfert de PEP à PEP

Le PEP prend fin soit au décès du titulaire, dans ce cas sans pénalité, soit par retraits anticipés dans les dix premières années. Les retraits intervenants après dix ans ne mettent pas fin au PEP mais empêchent tout nouveau versement.

En cas de retrait avant huit ans, les produits capitalisés sont imposés. Il n'y a aucune pénalité fiscale en cas de retrait après 8 ans.

Le transfert des sommes qui figurent sur un PEP est possible. Le transfert doit alors porter sur la totalité des sommes qui y figurent.

B - La fiscalité du PEP

1° Suppression de la prime d'État

Jusqu'au 22 septembre 1993, une prime était accordée aux contribuables non imposés ; les PEP ouverts après le 22 septembre 1993 n'ouvraient plus droit à prime d'État.

Cette prime était limitée à 25 % des versements annuels et était plafonnée à 230 euros.

Les contribuables imposés pouvaient également bénéficier de la réduction d'impôt lorsque leur PEP reposait sur une assurance vie. La réduction d'impôt a, depuis, été progressivement supprimée.

2° Imposition des produits

Un autre avantage fiscal est prévu et concerne l'ensemble des épargnants : il s'agit de la non-imposition des produits. Les produits sont définis par le décret du 5 février 1990 comme étant la différence entre les sommes remboursées au titulaire du PEP et le montant de ses versements.

La non-imposition des produits est définitivement acquise au bout de huit ans. En cas de retrait avant huit ans, les produits capitalisés sont imposés au titre des revenus dans la catégorie des revenus mobiliers, à moins que le contribuable opte pour le prélèvement libératoire au taux de :

- 35 % (prélèvement libératoire) + 17,20 % (prélèvements sociaux) lorsque la durée du contrat a été inférieure à quatre ans ;
- 18 % (prélèvement libératoire) + 17,20 % (prélèvements sociaux) lorsque la durée du contrat a été égale ou supérieure à quatre ans mais inférieure à huit ans ;
- 17,20 % (prélèvements sociaux) après huit ans.

À compter du 1er janvier 2004, le taux du prélèvement libératoire sur les produits de placements à revenus fixes a été porté de 15 % à 16 % hors prélèvements sociaux. Le taux de prélèvement libératoire a été porté à 18 % par l'article 10-II de la loi n° 2007-1822 du 24 décembre 2007 portant loi de finances pour 2008.

Ce taux est applicable aux produits capitalisés sur un PEP, qu'il s'agisse d'un PEP bancaire ou d'un PEP assurance, pour les rachats intervenant entre 4 et 8 ans.

Lorsque des retraits anticipés interviennent à la suite de certains événements, les produits capitalisés bénéficient de l'exonération des pénalités. Il s'agit :

- du décès du titulaire ou, dans les deux ans, du décès de son conjoint ;
- de l'invalidité, de la cessation d'activité non salariée, de l'expiration des droits aux allocations d'assurance chômage.

3° Les prélèvements sociaux

À compter de juillet 2012, le montant total des prélèvements était de 15,5 % (8,2 % de CSG ; 0,5 % de CRDS ; 4,5 % de prélèvement social majoré de 0,3 % de contribution additionnelle depuis le 1er juillet 2004 et 2 % de prélèvement social de solidarité (CGI, art. 1600-0 S, créé par LFSS 2013, n° 2012-1404, 17 déc. 2012, art. 3).

Depuis janvier 2018, le taux de prélèvements sociaux est de 17,20 %. Depuis le réaménagement opéré par la loi de financement de la Sécurité sociale pour 2019, le montant total des prélèvements de 17,20 % se décompose comme suit :

- 9,2 % de CSG [L. n° 2018-1203, 22 déc. 2018 : JO, 23 déc.] ;
- 0,5 % de CRDS ;
- 7,5 % de prélèvement social de solidarité [CGI, art. 235 ter].

Pour les contrats en unités de compte, les prélèvements sociaux s'appliquent sur les produits réalisés au moment du rachat ou au moment du dénouement du contrat.

Pour les contrats en euros, ces prélèvements sont effectués annuellement sur les produits inscrits en compte au titre de l'année.

4° Non imposition des rentes

Les rentes viagères versées dans le cadre d'un Plan d'épargne populaire [PEP] ne sont pas imposées ; cependant, elles sont soumises aux prélèvements sociaux de 17,20 % [CSG, CRDS, prélèvement social et revenu de solidarité active] sur la fraction qui serait imposable si la rente n'était pas versée dans le cadre d'un PEP.

Rappelons que la fraction imposable d'une rente viagère constituée à titre onéreux est, conformément à l'article 158 6 du Code général des impôts, déterminée forfaitairement d'après l'âge du crédirentier lors de l'entrée en jouissance de la rente. Elle est égale à :
- 70 % si l'intéressé était alors âgé de moins de 50 ans ;
- 50 % s'il était âgé de 50 à 59 ans inclus ;
- 40 % s'il était âgé de 60 à 69 ans inclus ;
- 30 % s'il était âgé de plus de 69 ans.

C'est sur cette partie imposable que le bénéficiaire d'une rente provenant d'un PEP est assujetti au prélèvement de 17,20 %.

X – Le Plan d'épargne « Avenir Climat » (PEAC)

Afin de permettre aux jeunes Français de constituer une épargne de long terme, tournée vers le financement de la transition écologique, la loi n° 2023-973 du 23 octobre 2023 relative à l'industrie verte (article 34) a créé un nouveau produit d'épargne : le plan d'épargne « avenir climat ». Depuis le 1er juillet 2024, les jeunes de moins de 21 ans qui résident en France peuvent ouvrir un PEAC. Il n'est possible d'ouvrir qu'un seul PEAC par personne. Le PEAC peut être souscrit auprès d'une banque (il prendra la forme d'un compte titres) ou d'un assureur ou d'une mutuelle (il prendra la forme d'un contrat de capitalisation). Le montant des versements est libre avec un plafond de dépôt de 22 950 €. Le capital du PEAC n'est pas garanti en étant soumis aux fluctuations des marchés financiers. Les gains et les plus-values sont exonérés d'impôt sur le revenu et des prélèvements sociaux. Le PEAC est automatiquement clôturé lorsque le titulaire atteint l'âge de 30 ans.

Les fonds sont bloqués jusqu'à la majorité du titulaire (18 ans), à la condition de respecter une période de blocage minimum de 5 ans (par exemple, si le PEAC est ouvert à 20 ans, la période de blocage prendra fin aux 25 ans de son titulaire). À l'issue de la période de blocage et jusqu'à la clôture automatique du plan aux 30 ans du titulaire, ce dernier peut effectuer des retraits partiels à tout moment. Mais en cas de retrait, tout versement ultérieur est impossible. Un retrait anticipé est possible à titre exceptionnel lorsque le titulaire décède, le titulaire souffre d'une invalidité, un des parents décède.

Chapitre IV

LES ASSURANCES COLLECTIVES

Section I - Domaine et réglementation de l'assurance collective

I - Le domaine de l'assurance collective

Le développement des assurances de groupes (ou collectives) est lié à la mise en place des différents régimes sociaux obligatoires. Ces assurances visent à compléter la couverture sociale tant des salariés que des non-salariés. En outre, elles jouent un rôle capital en matière de crédit.

A - La protection sociale des salariés

Le régime général ne couvre qu'une partie des risques sociaux des salariés :

- pour les frais de soins, le ticket modérateur reste à la charge de l'assuré social (sauf cas particuliers) ;
- les indemnités journalières ne compensent que partiellement les pertes de salaires en cas d'arrêt de travail ;
- les garanties invalidité et décès (hors accidents du travail) sont très limitées ;
- la retraite de base est relativement faible. Elle est complétée par la retraite complémentaire obligatoire (généralisée en 1972). Malgré cela, la pension globale versée aux retraités peut se révéler insuffisante.

Les conventions collectives, de plus en plus nombreuses, ont prévu l'octroi d'avantages sociaux supplémentaires venant pallier les insuffisances des garanties obligatoires. Ces conventions collectives ont donné naissance à de très nombreux contrats d'assurance de groupe et incité les salariés qui n'en bénéficiaient pas à rechercher une couverture complémentaire.

B - La protection sociale des non-salariés

Qu'ils fassent partie du secteur agricole ou non, les travailleurs non salariés (TNS) bénéficient d'une protection sociale obligatoire qui peut s'avérer insuffisante :
- en cas d'invalidité ou de décès, les garanties sont très réduites ;
- les pensions de retraite sont particulièrement faibles.

Aussi les assurances de groupe ont-elles, ici encore, un rôle important pour compléter les régimes sociaux de base.

C - Les prêts bancaires et les ventes à crédit

Une troisième catégorie d'assurance de groupe concerne les organismes de prêts (banques, sociétés de construction) ou de vente à crédit. L'assurance de groupe a alors pour but :
- en cas de décès du client, le paiement à l'organisme prêteur d'un capital égal à la fraction du crédit ou du prêt non encore remboursée ;
- en cas d'incapacité de travail ou d'invalidité du client, la substitution à ce dernier pour le paiement des termes de remboursements venant à échéance.

II - Les différentes garanties

A - Le décès

1° Garantie de base

L'assureur garantit le paiement d'un capital ou d'une rente aux bénéficiaires. Les exclusions sont limitées à celles prévues par le Code des assurances et le Code de la mutualité.

Pour les groupes de salariés, le capital est calculé en fonction du salaire annuel et de la situation de famille de chaque salarié.

Pour les non-salariés, le montant de garantie est forfaitaire. Pour les contrats liés à des opérations de crédit, c'est bien entendu le solde restant dû qui est garanti.

2° Extension

En cas de décès accidentel, un capital complémentaire peut être versé (50 %, 100 % ou 200 % du capital de base). En cas d'invalidité absolue et définitive, le capital décès est versé ; certains contrats exigent que l'assuré ait besoin de l'assistance d'une tierce personne.

B - Incapacité de travail

La garantie consiste à verser une indemnité journalière à l'assuré, soit directement, soit par l'intermédiaire de l'organisme souscripteur (entreprise pour le salarié).

Une franchise en jours est prévue dont la durée varie selon les contrats.

Tous les contrats collectifs introduisent une clause selon laquelle le cumul des revenus ou des indemnités prévues par ailleurs et des sommes versées par l'assureur ne peut excéder les revenus habituels de l'assuré.

La garantie incapacité de travail (IT) peut être accordée aussi bien pour des salariés que pour des non-salariés.

C - Invalidité

En cas d'invalidité permanente partielle (IPP) ou totale (IPT), l'assureur verse une rente, en général trimestrielle, proportionnée aux revenus de la victime.

De nombreux contrats se réfèrent aux critères retenus par la Sécurité sociale en matière de pension d'invalidité à la suite d'un événement autre qu'un accident du travail. Ainsi, la rente est généralement majorée en cas de besoin d'assistance d'une tierce personne.

D - Exonération du paiement des cotisations

Lorsque l'assuré perçoit les indemnités « incapacité temporaire » ou « invalidité », la garantie décès est maintenue.

Les cotisations cessent d'être dues à compter d'une date précisée au contrat : par exemple, date du début de la garantie incapacité de travail (à l'expiration de la franchise) ou date de la reconnaissance de l'invalidité permanente partielle.

E - Remboursement des frais de soins

Il s'agit de la garantie du ticket modérateur. La couverture peut être totale ou limitée à certaines catégories de frais.

Une franchise par année est très souvent prévue.

F - Retraite

Les assureurs peuvent proposer aux entreprises des contrats garantissant un troisième « étage » de retraite aux salariés, en sus de la retraite de base et de la retraite complémentaire. On parle de retraite « supplémentaire » (ou « sur complémentaire »). Compte tenu des préoccupations actuelles, les assureurs groupes ont mis au point une grande diversité de formules qui recueillent un succès certain, surtout lorsqu'elles sont assorties d'avantages fiscaux.

Les garanties « retraite » sont gérées en capitalisation selon un compte individualisé par salarié.

Le PERP et le PERCO ainsi que les contrats Madelin réservés aux non-salariés constituaient un cadre juridique et fiscal attrayant pour la retraite complémentaire. Avec la loi PACTE du 22 mai 2019, le législateur a souhaité uniformiser le système d'épargne retraite vers un produit unique : le plan épargne retraite (PER), destiné à remplacer le PERP, le PERCO, l'article 83 et le dispositif Madelin.

III – La réglementation de l'assurance collective

A – Les mécanismes juridiques de l'assurance collective

1° Définition de l'assurance de groupe

a) Le Code des assurances

L'article L. 141-1 du Code des assurances définit l'assurance de groupe et énumère la nature des risques susceptibles d'être couverts par un tel contrat :
- risques dépendant de la durée de la vie humaine ;
- risques portant atteinte à l'intégrité physique de la personne ;
- maternité ;
- incapacité ;
- invalidité ;
- chômage.

b) Les Codes de la mutualité et de la Sécurité sociale

L'article L. 221-2 du Code de la mutualité qualifie d'opération collective :
- l'opération facultative par laquelle, sur la base d'un bulletin d'adhésion signé ou d'un contrat collectif souscrit par un employeur ou une personne morale, des salariés d'une entreprise ou des membres d'une personne morale adhèrent librement à une mutuelle ou à une union en vue de se couvrir contre un ou plusieurs risques liés à la personne humaine, à la protection juridique, à l'assistance ou au chômage ;
- l'opération obligatoire par laquelle, sur la base d'un bulletin d'adhésion signé ou d'un contrat souscrit par un employeur, l'ensemble des salariés de l'entreprise ou une ou plusieurs catégories d'entre eux sont tenus, en vertu de dispositions législatives ou réglementaires, des dispositions de la convention ou de l'accord collectif applicable, de la ratification à la majorité des intéressés d'un projet d'accord proposé par le chef d'entreprise, d'une décision unilatérale de l'employeur de s'affilier à une mutuelle en vue de se couvrir contre un ou plusieurs risques liés à la personne humaine ou au chômage. Le Code de la Sécurité sociale distingue également les assurances collectives à adhésion obligatoire, lorsque les salariés concernés sont obligatoirement affiliés, des assurances collectives à adhésion facultative (CSS, art. L. 932-1).

2° Exclusion d'un adhérent

L'exclusion d'un adhérent à un contrat groupe est réduite à deux hypothèses :
- le non-paiement de la prime ;
- la rupture du lien avec le souscripteur.

En outre, l'exclusion ne peut faire obstacle le cas échéant au versement des prestations acquises.

Par ailleurs, le souscripteur ne peut exclure un adhérent qu'au terme d'un délai de quarante jours à compter de l'envoi d'une lettre recommandée de mise en demeure, lettre dont l'envoi lui incombe (C. assur., art. L. 141-3, C. mut., art. L. 221-8 et CSS, art. L. 932-22).

3° Information de l'adhérent

L'information de l'adhérent est renforcée par une notice d'information sur les garanties, dont la preuve de la remise incombe au souscripteur (C. assur., art. L. 141-4, C. mut., L. 221-6 et CSS, L. 932-6).

Cette notice contient :
- les garanties ;
- leurs modalités d'entrée en vigueur ;
- les formalités à accomplir en cas de sinistre.

Le souscripteur doit informer par écrit les adhérents des modifications apportées à leurs droits et obligations, trois mois au minimum avant la date prévue de leur entrée en vigueur.

Si le lien entre l'adhérent et le souscripteur ne rend pas obligatoire l'adhésion au contrat groupe, l'assuré peut le dénoncer du fait de ces modifications.

Les contrats de groupe emprunteur ne sont pas soumis à ces textes, mais relèvent des dispositions du Code de la consommation.

Pour les contrats d'assurance de groupe sur la vie comportant des valeurs de rachat ou de transfert, lorsque le lien qui unit l'adhérent au souscripteur ne rend pas obligatoire l'adhésion au contrat, la notice remise par le souscripteur inclut, en plus des informations qu'elle doit contenir, celles contenues dans la note d'information remise en assurance individuelle. L'encadré est également inséré en début de notice. Lors de l'adhésion, le souscripteur doit remettre à l'adhérent le modèle de lettre de renonciation, lui communiquer la mention précisant les modalités de renonciation et les valeurs de rachat ou de transfert. La faculté de renonciation s'exerce conformément aux dispositions des assurances vie individuelles.

B - La loi Évin

1° Domaine d'application de la loi

La loi n° 89-1009 du 31 décembre 1989, dite « loi Évin » renforce les garanties offertes aux personnes assurées contre certains risques. Son article 1er détermine le domaine d'application de la loi. La loi Évin concerne :
- la prévention et la couverture du risque décès ;
- la maladie et l'accident ;
- la maternité ;
- l'incapacité et l'invalidité ;
- le chômage.

La loi distingue, pour son application, les assurances de groupe à adhésion obligatoire des assurances de groupe à adhésion facultative.

Par ailleurs, au sein de cette distinction, les dispositions des différents articles s'appliquent ou non selon les risques garantis.

2° Assurance groupe à adhésion obligatoire

a) Pathologie antérieure et pathologie couverte par la Sécurité sociale

Une assurance groupe est dite à adhésion obligatoire lorsqu'elle résulte, selon l'article 2 :
- d'un accord entre l'employeur et les représentants du personnel ;

- d'un projet de l'employeur ratifié par la majorité des salariés ;
- d'une décision unilatérale de l'employeur.

Dans cette troisième hypothèse, les salariés ne peuvent se voir imposer le décompte des cotisations sur leur salaire.

Dans les trois cas figurant ci-dessus et concernant les risques décès, maladie, accident, incapacité de travail et maternité, l'assureur doit garantir les suites des états pathologiques antérieurs à la souscription (exemple : séropositivité), sauf, évidemment en cas de fausse déclaration.

L'assureur ne peut exclure aucune « pathologie ou affection » couverte par la Sécurité sociale (exemple : éthylisme).

Cet article oblige l'assureur qui garantit un groupe à assurer l'ensemble des membres du groupe, y compris ceux qui sont malades au moment de l'adhésion.

b) Maintien des garanties

Selon l'article 4, la garantie des frais de soins est maintenue pour :
- les anciens salariés retraités, invalides ou privés d'emploi ;
- les ayants droit des salariés décédés, pendant au moins un an, sans condition de période probatoire, ni examen médical.

Le contrat doit prévoir les modalités et les conditions tarifaires de ce maintien. Le décret n° 2017-361 du 21 mars 2017 modifie l'encadrement tarifaire évoqué dans l'article 4 de la loi Évin et met en place une progressivité dans le plafonnement des tarifs applicables aux actifs (auparavant ce plafonnement était maintenu de façon viagère).

c) Rupture du contrat

En cas de rupture d'un contrat groupe obligatoire, la garantie des risques maladie, accidents, décès, maternité, incapacité de travail et invalidité est maintenue, pour tous les salariés qui en font la demande, pendant la durée du préavis de résiliation, sans condition de période probatoire, ni examen médical.

Par ailleurs, selon l'article 7, également applicable pour les assurances groupe à adhésion facultative, en cas de résiliation du contrat ou de non-renouvellement, les prestations des risques maladie, accident, maternité, décès, incapacité de travail et invalidité sont maintenues au niveau acquis au moment de la cessation du contrat.

L'article 7-1, ajouté par la loi n° 2001-624 du 17 juillet 2001, prévoit que l'assureur qui verse des indemnités journalières ou des rentes d'invalidité, au moment de la résiliation du contrat, doit garantir le décès survenant avant le terme de la période d'incapacité ou d'invalidité définie dans le contrat.

3° Assurance groupe à adhésion facultative

a) États pathologiques antérieurs

Selon l'article 3, sous réserve des fausses déclarations, l'assureur est tenu de prendre en charge les suites d'états pathologiques antérieurs à l'adhésion ou à la souscription.

Il peut toutefois refuser la prise en charge d'une maladie contractée antérieurement à condition :
- de le mentionner clairement dans le certificat d'adhésion ;
- de prouver que la maladie était antérieure à la souscription du contrat ou à l'adhésion.

b) Garanties viagères

Selon l'article 6, à compter de la souscription du contrat ou de l'adhésion :
- les garanties maladie, maternité et accident sont viagères et l'assureur ne peut augmenter le tarif d'un assuré en se fondant sur l'évolution de son état de santé ;
- les garanties invalidité, incapacité, chômage et décès sont maintenues jusqu'au départ à la retraite.

Section II - Les contrats d'assurance collective

I - L'assurance emprunteur

A - Objet de l'assurance emprunteur

L'assurance vie contribue au développement du crédit grâce à l'assurance des emprunteurs. En effet, les organismes prêteurs, banques ou sociétés de crédit, acceptent plus facilement d'accorder des prêts quand ils savent que l'emprunteur possède une garantie en cas de décès et d'invalidité.

Ainsi, si l'emprunteur vient à mourir ou devient invalide, l'assureur se substitue à lui pour rembourser l'organisme prêteur.

B - L'offre d'assurance

Préalablement à la conclusion du contrat de crédit, le prêteur ou l'intermédiaire de crédit fournit à l'emprunteur, une information sur le coût de l'assurance qu'il lui propose, avec un exemple représentatif (C. consom., L. 312-7 pour les crédits à la consommation et L. 313-12 et L. 313-8 pour les crédits immobiliers).

Pour les crédits immobiliers, lorsque le prêteur offre ou exige l'adhésion à un contrat d'assurance collective, une notice d'assurance est annexée au contrat de prêt. Cette notice doit comporter les éléments essentiels de l'assurance et notamment les risques garantis et les risques exclus ainsi que les modalités de mise en jeu de l'assurance (C. consom., art. L. 313-29).

Le banquier, qui propose à son client auquel il consent un prêt, d'adhérer au contrat d'assurance de groupe qu'il a souscrit à l'effet de garantir, en cas de survenance de divers risques, l'exécution de tout ou partie de ses engagements, est tenu de l'éclairer sur l'adéquation des risques couverts à sa situation personnelle d'emprunteur ; la remise de la notice ne suffit pas à satisfaire à cette obligation (Ass. Plén., 2 mars 2007, n° 06-15.267).

Toute personne qui se voit proposer ou qui sollicite une assurance garantissant un emprunt immobilier doit se voir remettre une fiche standardisée d'information (FSI), lors de la première simulation chiffrée d'assurance. Cette fiche est destinée à améliorer l'information du consommateur sur les conditions de l'assurance emprunteur et à accroître la comparabilité des offres d'assurance (C. consom., art. L. 313-10). Les modalités de remise de la FSI et ses principales spécifications sont précisées aux articles R. 313-8 à R. 313-10 du Code de la consommation.

Par ailleurs, une analyse in concreto de la situation personnelle de l'emprunteur sera réalisée : les banquiers devront remettre une fiche personnalisée correspondant aux exigences de la banque par rapport à l'emprunteur, même dans le cas d'un contrat groupe.

Cette fiche personnalisée devrait être remise en amont de l'émission de l'offre de prêt, aussitôt l'analyse in concreto réalisée, et même avant les résultats des examens médicaux.

Tout document remis à l'emprunteur préalablement à la formulation de l'offre de prêt doit indiquer le coût total de l'assurance sur la durée totale du prêt d'une part, et son coût par période d'autre part, ainsi que la définition du Taux Annuel Effectif de l'Assurance (TAEA) (C. consom., art. L. 312-6-1).

Toute modification ultérieure apportée aux droits et obligations de l'emprunteur assuré lui est inopposable s'il n'a pas donné son consentement à ces modifications (C. consom., art. L. 312-9)

En ce qui concerne les exclusions de risques, il convient de signaler que l'assurance emprunteur doit couvrir le suicide, dès la souscription, dans la limite d'un plafond qui ne peut être inférieur à 120 000 euros (décr. n° 2002-452, 28 mars 2002) lorsqu'il s'agit de garantir le remboursement d'un prêt contracté pour financer l'acquisition du logement principal de l'assuré (C. assur., art. L. 132-7 et R. 132-5 ; C. mut., art. L. 223-9).

L'assurance emprunteur peut faire l'objet d'un contrat individuel mais, le plus souvent, c'est l'organisme prêteur qui souscrit une assurance de groupe facultative et qui propose l'adhésion des emprunteurs à cette assurance.

Le législateur a dû intervenir pour garantir une certaine concurrence et permettre à l'emprunteur de choisir librement son assurance, à la fois au moment de la souscription du prêt mais aussi dans un délai d'un an après l'offre de prêt, lors d'une éventuelle résiliation. La loi « Chatel » n° 2008-3 du 3 janvier 2008 pour le développement de la concurrence au service des consommateurs, a imposé la mention dans l'offre de contrat de crédit selon laquelle l'emprunteur peut souscrire, auprès de l'assureur de son choix une assurance équivalente à celle proposée lorsque le prêteur n'exige pas l'adhésion à une assurance collective.

Depuis le 1er septembre 2010, la banque ne peut plus imposer à l'emprunteur d'adhérer au contrat d'assurance emprunteur qu'elle commercialise. L'emprunteur peut donc désormais souscrire une assurance chez l'organisme de son choix à la condition que l'assurance ainsi choisie offre des garanties au moins équivalentes à celles figurant dans le cadre du contrat proposé par l'établissement prêteur. C'est la délégation d'assurance. La banque qui refuse la délégation d'assurance doit le motiver expressément par écrit. Pour assurer l'efficacité de ce dispositif, la banque ne peut pas augmenter ou diminuer le taux d'intérêt du crédit immobilier selon que l'assurance est ou non déléguée (loi « Lagarde » n° 2010-737 du 1er juillet 2010 portant réforme du crédit à la consommation et immobilier).

Les établissements prêteurs peuvent toutefois refuser à l'emprunteur la souscription d'une assurance auprès d'un concurrent s'ils estiment que les garanties ne sont pas équivalentes aux leurs. Le 13 janvier 2015, le CCSF (Comité Consultatif du Secteur Financier) a rendu un avis précisant la notion d'équivalence du niveau de garanties, à partir d'une liste de 18 critères objectifs de comparaison. Depuis le 1er mai 2015, les banques doivent justifier leurs refus en s'appuyant uniquement sur cette liste de critères. Depuis le 1er octobre 2015, les banques ont l'obligation de publier les 11 critères qu'elles retiennent et qui définissent les garanties minimales exigées, sur leur site internet et sur les fiches standardisées d'information délivrées. Enfin, le décret du 29 avril 2015 (n° 2015-494) définit les conditions dans lesquelles l'établissement prêteur et l'assureur délégué s'échangeront les informations préalables à la souscription des contrats d'assurance en délégation.

La loi n° 2013-672 du 26 juillet 2013 dite de séparation et de régulation des activités bancaires, entrée en vigueur le 27 janvier 2014, a interdit la facturation de frais de délégation, consolidant ainsi l'efficacité du dispositif précité.

Ce dispositif a encore été renforcé par la loi « Hamon » n° 2014-344 du 17 mars 2014. Pour tous les prêts contractés depuis le 26 juillet 2014 et les contrats d'assurance emprunteur souscrits depuis cette même date, les emprunteurs peuvent résilier leur contrat d'assurance, sans frais ni pénalité, dans les 12 mois suivant l'offre de prêt (C. assur., art. L. 113-12-2). L'assuré notifie à l'assureur sa demande de résiliation par lettre recommandée au plus tard quinze jours avant le terme de la période de douze mois précitée. L'assuré notifie également à l'assureur par lettre recommandée la décision du nouveau prêteur et la date de prise d'effet du contrat d'assurance accepté en substitution par le prêteur.

Un contentieux est né pour des prêts contractés avant le 26 juillet 2014 et certains emprunteurs ont alors tenté de se prévaloir de la faculté annuelle de résiliation de droit commun prévue à l'article L. 113-12 du Code des assurances pour résilier leur contrat d'assurance emprunteur. La Cour de cassation a refusé cette possibilité au visa de l'article L 312-9 du Code de la consommation, dans sa rédaction issue de la loi n° 2010-737 du 1er juillet 2010, qui régit spécialement le contrat d'assurance emprunteur, et qui ne prévoit pas de faculté de résiliation du contrat ou de substitution d'assureur (Civ. 1re, 9 mars 2016, n° 15-18.899, n° 15-19.652). La loi n° 2017-203 du 21 février 2017 a mis fin à cette discussion en instituant un droit de résiliation annuel du contrat d'assurance emprunteur pour les offres de prêt émises à compter du 1er mars 2017 et à compter du 1er janvier 2018 pour tous les contrats émis antérieurement (C. conso., art. L 313-30), sans remettre en cause la possibilité de substitution du contrat d'assurance prévue pendant les 12 mois suivant la signature de l'offre de prêt. La banque ne pourra pas refuser en garantie un autre contrat d'assurance dès lors que ce contrat présente un niveau de garantie équivalent au regard des critères préalablement définis et publiés.

Enfin, la loi n° 2022-270 du 28 février 2022 pour un accès plus juste, plus simple et plus transparent au marché de l'assurance emprunteur, dite Loi Lemoine, ouvre la possibilité de résilier et de changer à tout moment d'assurance emprunteur, sans frais (C. assur., art. L. 113-12-2). En vigueur depuis le 1er juin 2022 pour les nouveaux prêts, cette mesure s'applique à partir du 1er septembre 2022 pour tous les contrats en cours à cette date. Chaque année, les assureurs doivent informer leurs assurés de ce droit de résiliation (C. assur., art. L. 113-15-2).

C - La déclaration du risque

La déclaration des risques s'effectue à partir d'un questionnaire préétabli par l'assureur, auquel l'assuré doit répondre le plus exactement possible. Les questions doivent être particulièrement précises, non seulement pour que l'assureur se forge une juste opinion du risque, mais également pour qu'il puisse établir l'existence d'une fausse déclaration. En effet, selon l'alinéa 4 de l'article L. 112-3 du Code des assurances, l'assureur ne peut se prévaloir des réponses aux questions formulées en termes trop généraux. La mauvaise foi de l'assuré peut entraîner la nullité du contrat, alors que la fausse déclaration, non intentionnelle, peut conduire à la réduction du montant de l'indemnité due par l'assureur en cas de réalisation du risque. L'assureur ne peut se prévaloir de la réticence ou de la fausse déclaration intentionnelle de l'assuré que si celles-ci procèdent des réponses qu'il a apportées auxdites questions (Ch. mixte, 7 févr. 2014, n° 12-85.107, n° 277 P + B + R + I).

La convention AERAS (s'Assurer et Emprunter avec un Risque Aggravé de Santé) signée le 6 juillet 2006 pose le principe d'une obligation de confidentialité des informations personnelles concernant la santé. Il doit être proposé à l'emprunteur de remplir le questionnaire, seul, soit sur place soit à son domicile. Par souci de confidentialité, le conseiller bancaire n'assiste l'emprunteur qu'à sa demande. Le questionnaire de santé comporte des questions précises sur des événements relatifs à l'état de santé et ne fait en aucun cas référence aux aspects intimes de la vie privée de l'emprunteur.

Une fois rempli et inséré dans une enveloppe cachetée, seul le médecin-conseil de l'assureur en prendra connaissance. Il prendra contact avec l'emprunteur s'il a besoin d'éléments médicaux complémentaires.

À compter du 1er mai 2017, lors de la phase précontractuelle, chaque assuré doit être informé sur les dispositions relatives à la non-déclaration des antécédents de santé ou à la non-application d'une majoration de tarifs ou une exclusion de garanties pour les personnes présentant un risque aggravé de santé (CSP, art. D. 1141-2).

La loi n° 2022-270 du 28 février 2022 pour un accès plus juste, plus simple et plus transparent au marché de l'assurance emprunteur, dite Loi Lemoine, entérine la disparition du questionnaire médical pour les emprunts immobiliers de moins de 200 000 € (400 000 € pour un couple). Aucune information relative à l'état de santé ni aucun examen médical de l'assuré ne peut être sollicité par l'assureur, sous réserve du respect de l'ensemble des conditions suivantes :

- la part assurée sur l'encours cumulé des contrats de crédit n'excède pas 200 000 € par assuré ;
- la dernière échéance intervient avant le 60e anniversaire de l'assuré.

Cette mesure est entrée en vigueur le 1er juin 2022 pour les nouveaux contrats et, pour les contrats déjà en cours avant cette date, à compter du 1er septembre 2022.

D – Les garanties de l'assurance emprunteur

1° Le décès

En cas de décès du client, l'assureur garantit le paiement à l'organisme prêteur d'un capital égal à la fraction du crédit ou du prêt non encore remboursée. Un délai de carence, pendant lequel la garantie ne joue pas, peut être prévu lorsque le décès survient par maladie ; ce délai est généralement de 6 mois ou d'un an maximum.

2° L'invalidité

En cas d'invalidité permanente du client, l'assureur se substitue à ce dernier pour le paiement des termes de remboursements venant à échéance.

La définition de l'invalidité varie selon les contrats. De nombreux contrats se réfèrent à l'impossibilité absolue et définitive d'exercer une quelconque profession. Une prise en charge partielle de l'emprunt non remboursée est prévue dans certains contrats ; dans cette hypothèse, la garantie est accordée si l'assuré est atteint d'une invalidité d'au moins 66 %.

L'invalidité est appréciée par un médecin expert mandaté par l'assureur, l'assuré pouvant contester l'expertise et demander une expertise par un médecin qu'il peut choisir. En cas de désaccord persistant, l'assuré peut saisir le juge des référés afin qu'il nomme un expert judiciaire qui sera missionné afin de déterminer le taux d'invalidité de l'assuré.

Comme pour le décès, la garantie peut n'être accordée qu'après un délai de carence, dont la durée varie selon les contrats.

3° L'incapacité de travail

En cas d'incapacité de travail l'assureur se substitue à ce dernier pour le paiement des termes de remboursements venant à échéance. En règle générale, une franchise est prévue, par exemple 30 jours, et la garantie est limitée à 3 ans maximum.

4° Le chômage

Des garanties du risque de chômage peuvent également être prévues ; la garantie s'applique après un délai de carence et pendant une période limitée.

5° Exonération du paiement des cotisations

Lorsque l'assuré perçoit les indemnités « incapacité temporaire » ou « invalidité », la garantie décès peut être maintenue.
Les cotisations cessent d'être dues à compter d'une date précisée au contrat : par exemple, date du début de la garantie incapacité de travail (à l'expiration de la franchise) ou date de la reconnaissance de l'invalidité permanente partielle.

E - L'accès à l'assurance des personnes présentant un risque aggravé

1° La convention AERAS 2007

La loi n° 2007-131 du 31 janvier 2007 a entériné la convention AERAS (s'Assurer et Emprunter avec un Risque de Santé Aggravé), en vigueur depuis le 6 janvier 2007, qui a pour but de proposer des solutions pour permettre au plus grand nombre de personnes ayant ou ayant eu un problème grave de santé de pouvoir emprunter. Cette convention prend la suite de la convention Belorgey qui avait été signé le 19 septembre 2001.

Sept grandes dispositions sont prévues :
- diffuser largement l'information sur l'existence de la convention par l'intermédiaire des établissements de crédit et des assureurs, des sites Internet (des professionnels, des associations de malades et du site officiel de la convention www.aeras-infos.fr) ;
- renforcer les procédures de confidentialité pour préserver au mieux la confidentialité des données de santé des personnes ;
- instruire plus vite les demandes de prêt (la convention fixe à cinq semaines au total le délai de traitement des dossiers de prêt immobilier et ouvre la possibilité d'un traitement en amont des demandes d'assurance des futurs emprunteurs) ;
- motiver les refus de prêt pour motif médical (les assureurs doivent indiquer par courrier au candidat à l'emprunt la possibilité dont ce dernier dispose de prendre contact par courrier avec le médecin de l'assureur pour connaître la raison médicale à l'origine de la décision de refus de l'assureur) ;
- faire entrer la garantie invalidité dans le champ de la convention au même titre que le risque décès (et comme pour l'assurance décès, l'assurance invalidité peut donner lieu à un triple niveau d'examen de la demande d'assurance en fonction du risque) ;
- prévoir des garanties alternatives à l'assurance (en cas de refus d'assurance, la banque recherche avec son client la mise en œuvre de garanties alternatives présentant le même niveau de sécurité pour le prêteur et l'emprunteur) ;
- instaurer un mécanisme de mutualisation des primes d'assurance, à l'initiative des banques et des assurances, pour les emprunteurs dont les revenus sont inférieurs au plafond de la Sécurité sociale afin d'abaisser le coût de l'assurance.

De plus, un dispositif de suivi est organisé avec trois commissions :
- une commission de suivi et de propositions chargée de veiller à la bonne application du dispositif conventionnel et de formuler des recommandations utiles à l'amélioration de son fonctionnement ;

- une commission des études et de recherche, chargée du recueil et de l'étude des données disponibles sur la mortalité et la morbidité des principales pathologies afin de diffuser l'information auprès des assureurs et d'avoir un effet positif sur la tarification des risques ;
- une commission de médiation, chargée d'examiner les réclamations individuelles qui lui sont adressées par les candidats à l'emprunt, et de favoriser un règlement amiable des dossiers dont elle est saisie.

Conformément aux termes de la convention AERAS et aux dispositions de la loi n° 2007-131 du 31 janvier 2007 relative à l'accès au crédit des personnes présentant un risque aggravé de santé, la Commission de suivi et de propositions de la convention a établi un rapport d'évaluation au 1er juillet 2008. La Commission de suivi s'est d'abord attachée à définir une méthodologie précise basée sur des indicateurs objectifs permettant de mesurer le respect des engagements des signataires de la convention, pouvoirs publics, professionnels de la banque et de l'assurance et associations de malades et de consommateurs. Lorsque la fixation de critères objectifs n'est pas apparue possible, elle a prévu des sondages pour le recueil de données qualitatives.

Il ressort du rapport d'évaluation à mi-parcours que la convention AERAS touche un large public et est appliquée, grâce à la forte implication de tous les signataires, pouvoirs publics, associations de malades et professionnels, établissements de crédit et entreprises d'assurance qui en assument la gestion. S'agissant de l'information, les banques ont pris de nombreuses dispositions pour renforcer l'information sur la convention : elles ont formé leurs conseillers clientèles et mis en place près de 400 référents pour répondre aux questions des personnes concernées par la convention ; l'existence de la convention est systématiquement indiquée sur les simulations de prêt remises aux clients ainsi que des coordonnées du référent ou le numéro de téléphone dédié.

Par ailleurs, la profession a diffusé plus de 2 000 000 de documents d'information sur la convention AERAS, dont 300 000 mini-guides « Les clés de la banque ». Elles ont également mis à disposition du public un serveur vocal ouvert 7j/7, 0821 221 021.

2° Avenant à la convention AERAS rénovée de 2011

La date d'entrée en vigueur de la convention est fixée au 1er mars 2011 à l'exception de la mise en œuvre de la nouvelle garantie invalidité spécifique et du nouveau dispositif d'écrêtement tous deux prévus pour le 1er septembre 2011.

- La création d'une nouvelle garantie invalidité spécifique pour les prêts immobiliers et professionnels

  Cette garantie doit couvrir une incapacité fonctionnelle d'au moins 70 % et une incapacité professionnelle, aucune exclusion de maladie n'est possible, la prestation est au minimum indemnitaire et doit inclure la perte de revenu.

  Si une garantie invalidité différente de la garantie standard est proposée et acceptée par le demandeur, le banquier s'engage à ne demander aucune autre couverture du risque « santé ». Des indicateurs de suivi sont mis en œuvre pour suivre cet engagement.
- L'écrêtement des surprimes d'assurance

  Pour les emprunteurs qui présentent un risque aggravé et dont les revenus sont modestes, la surprime d'assurance est prise en charge par les assureurs-banquiers à condition que la prime n'excède pas 1,4 % dans le TEG de l'emprunt (au lieu de 1,5 % dans la convention initiale).

  Pour les moins de 35 ans à revenus modestes, les assureurs et les banquiers prendront en charge 100 % de la surprime d'assurance liée au risque aggravé de santé pour les prêts à taux zéro renforcé (PTZ+).

L'écrêtement n'intervient qu'aux 2e et 3e niveaux d'examen des demandes d'assurance pour des prêts immobiliers et professionnels (320 000 euros maximum).

- Les questionnaires médicaux et les données médicales
Outre le travail d'harmonisation des questionnaires à mener, il est prévu que les assureurs s'engagent à utiliser les résultats des examens réalisés dans les 6 mois précédents pour un concurrent.
- La prise en compte des données de santé
Un groupe de travail composé de médecins des assureurs et des associations est constitué dans le cadre de la convention, afin de définir les risques de décès et de récidive par pathologie. Il est prévu que les assureurs prennent en compte ces travaux dans le cadre de leur appréciation du risque afin d'améliorer la couverture des personnes en risque aggravé.
- Concernant les autres aspects
  - sur les délégations d'assurance, la nouveauté majeure porte sur la mise en place d'un indicateur (fourchette de montants) des frais de délégation ;
  - sur les garanties alternatives à l'assurance, les banquiers se sont engagés à diffuser une fiche d'information en indiquant les conditions de leur acceptation ;
  - sur l'assurance des prêts au logement et professionnels, les conditions d'accès au pool sont revus à la hausse : pour la résidence principale, prêt de 320 000 euros maximum hors prêts relais, et au terme du prêt l'âge de l'emprunteur est de 70 ans maximum ;
  - la convention demande à l'ACP (devenue ACPR) de vérifier le respect par les organismes financiers soumis à son contrôle de la convention.

3° Avenants à la convention AERAS révisée et le « droit à l'oubli »

Un avenant à la convention AERAS, signé le 2 septembre 2015, a introduit un « droit à l'oubli » et la Grille de référence AERAS (GRA), deux dispositifs qui ont été renforcés par l'Avenant dit « Convention AERAS 2019 », l'Avenant Convention AERAS 2020 et l'Avenant Convention AERAS 2024.

D'une part, le droit à l'oubli permet, sous certaines conditions, l'absence de déclaration d'un ancien cancer. Les anciens malades du cancer ont la possibilité, passé certains délais, de ne pas le déclarer lors de la souscription d'un contrat d'assurance emprunteur et, en conséquence, de ne se voir appliquer aucune exclusion de garantie ou surprime du fait de ce cancer. L'ancien cancer peut ne pas être déclaré dans les conditions suivantes :

- il a été diagnostiqué avant les 21 ans du candidat à l'assurance, le protocole thérapeutique est terminé depuis 5 ans et aucune rechute n'a été constatée (extension de 18 à 21 ans à compter du 1er septembre 2020) ;
- il a été diagnostiqué après les 21 ans du candidat à l'assurance, le protocole thérapeutique est terminé depuis 10 ans et aucune rechute n'a été constatée (extension de 18 à 21 ans à compter du 1er septembre 2020).

La loi du 28 février 2022 « pour un accès plus juste, plus simple et plus transparent au marché de l'assurance emprunteur », dite loi Lemoine, a renforcé ce « droit à l'oubli » puisque désormais les personnes ayant été atteintes d'un cancer ou d'une hépatite virale C n'ont plus à le déclarer lorsque la date de fin du protocole thérapeutique remonte à plus de 5 ans au jour de la demande d'assurance et qu'aucune rechute n'a été constatée. Ces dispositions ont été intégrées à la Convention AERAS par un avenant du 5 juillet 2024.

D'autre part, est élaborée une grille de référence listant les pathologies (pathologies cancéreuses et autres pathologies, notamment chroniques) pour lesquelles l'assurance sera accordée aux personnes qui en ont souffert ou en souffrent, sans surprime, ni exclusion de garantie, ou dans des conditions se rapprochant des conditions standard, après certains délais adaptés à chacune de ces pathologies. La grille de référence actuellement en vigueur est la grille de septembre 2023. Elle est actualisée au rythme des progrès thérapeutiques et de la disponibilité des données de santé nécessaires.

Afin de bénéficier de ces dispositions, le contrat d'assurance doit arriver à échéance avant le 71e anniversaire de l'adhérent et le montant assuré ne doit pas excéder certaines sommes (320 000 euros pour l'acquisition d'une résidence principale – hors opérations de crédits relais, et un encours cumulé de prêts assurés d'un montant maximum de 320 000 euros pour les autres opérations immobilières et les prêts professionnels –, acquisition de locaux et matériels). Au cours de l'année 2022, les sociétés d'assurance ont instruit 4 millions de demandes d'assurance de prêts au titre des crédits immobiliers et professionnels : 9,6 % des demandes présentaient un risque aggravé de santé (proportion inférieure de 2,5 points de pourcentage à celle observée en 2021), soit 385 324 demandes.

La loi du 28 février 2022 réduit à 5 ans le droit à l'oubli des anciens malades du cancer, de l'hépatite C et d'autres maladies chroniques ; supprime le questionnaire de santé de l'assurance emprunteur (pour les emprunts inférieurs à 200 000 € par assuré et dont l'échéance de remboursement intervient avant les 60 ans de l'emprunteur).

II - Les contrats « Madelin »

La loi n° 94-126 du 11 février 1994, dite loi Madelin, relative à l'initiative et à l'entreprise individuelle assure l'équité entre les entrepreneurs individuels et les salariés au regard de l'avantage fiscal relatif à leur régime complémentaire.

Depuis le 1er octobre 2020, les contrats Madelin sont fermés à la commercialisation, l'épargnant souhaitant préparer sa retraite devant désormais se tourner vers le PER, créé par la loi n° 2019-486 du 22 mai 2019 relative à la croissance et la transformation des entreprises (loi PACTE). Les titulaires d'un contrat Madelin peuvent toutefois conserver leur contrat.

A - Champ d'application

1° Personnes concernées

L'article 24-1 de la loi visant les bénéfices industriels et commerciaux et les bénéfices des professions non commerciales, il faut en déduire que sont concernés les travailleurs non-salariés qu'ils soient commerçants, artisans ou industriels ou qu'ils exercent une profession libérale y compris les gérants non-salariés des sociétés commerciales.

La loi n° 94-679 du 8 août 1994 modifie l'article 62 du Code général des impôts afin d'étendre le bénéfice de la déduction fiscale instaurée par la loi Madelin aux gérants et associés visés à l'article 62 du Code général des impôts.

Les gérants et associés concernés sont :
- les gérants majoritaires de SARL, à l'exception des SARL de famille ayant opté pour le régime fiscal des sociétés de personnes ;
- les gérants commandités des sociétés en commandite par actions ;
- les associés de sociétés de personnes, de sociétés en participation ou de fait, des EURL lorsque ces sociétés sont soumises à l'impôt sur les sociétés.

Depuis le 1er janvier 1996, le conjoint-collaborateur peut adhérer à un contrat souscrit dans le cadre de la loi Madelin (L. n° 95-1347 du 30 déc. 1995).

Les adhérents doivent être en exercice ou bénéficier d'une pension de vieillesse au titre d'une activité indépendante non agricole. Les retraités pourront donc continuer à bénéficier des prestations de prévoyance complémentaire.

L'adhérent doit justifier auprès de l'assureur qu'il est à jour de ses cotisations aux régimes obligatoires d'assurance vieillesse et d'assurance maladie. Cette preuve sera rapportée par la production d'une attestation remise par les caisses d'assurance vieillesse et d'assurance maladie.

2° Contrats et garanties concernés

L'article 24-1 de la loi Madelin permet la déduction fiscale des primes versées au titre des contrats d'assurance groupe visés à l'article 41 de cette même loi. Cette déductibilité s'applique pour les primes versées au titre des contrats souscrits en vue du versement de prestations de prévoyance complémentaire, d'indemnité en cas de perte d'emploi subie ou d'une retraite complémentaire garantissant un revenu viager.

La prévoyance complémentaire concerne la maladie, la maternité, l'incapacité temporaire, l'invalidité et le décès.

Selon l'article 1er du décret d'application n° 97-1264 du 29 décembre 1997, le groupe devait comporter au moins 1 000 membres groupés au sein d'une association loi de 1901. Le nombre minimum devant adhérer à l'assurance n'est pas précisé. Cette exigence de mille membres qui était difficile à obtenir pour certains organismes assureurs est supprimée depuis le 1er février 2009 (Ord. n° 2009-106, 30 janv. 2009, JO 31 janv. 2009).

L'article 3 du décret prévoit que la périodicité du paiement des primes ne peut être supérieure à un an.

Pour tenir compte de la particularité des revenus des travailleurs indépendants, qui fluctuent fortement d'une année sur l'autre, l'article 4 du décret permet aux adhérents, garantis pour un revenu viager, d'opter chaque année pour le paiement d'une cotisation qui pourra varier de 1 à 10 par rapport à la cotisation minimale.

Par ailleurs, l'article 5 du décret offre aux adhérents une possibilité de reconstitution de carrière. Les assurés pourront rattraper les années passées en doublant chaque année leur cotisation. En effet, cet article permet aux adhérents d'acquitter des primes supplémentaires correspondant aux années comprises entre la date de leur affiliation au régime obligatoire des travailleurs non-salariés et la date de leur adhésion à une assurance groupe. Le montant de cette cotisation supplémentaire versée au cours d'une année doit être égal à la cotisation fixée pour cette même année.

3° Nature des prestations

Les prestations servies peuvent prendre la forme soit de prestations en nature, de versements de revenus de remplacement ou de rentes. Lors de la retraite, le capital du contrat Madelin ne peut être récupéré que sous forme de rente viagère.

En phase d'épargne, le contrat de retraite complémentaire Madelin ne peut pas faire l'objet de rachats, même partiels, sauf dans les 5 cas de force majeure prévus à l'article L. 132-23 du Code des assurances et L. 223-22 du Code de la mutualité :

- expiration des droits de l'assuré aux allocations chômage accordées consécutivement à une perte involontaire d'emploi, ou le fait pour un assuré qui a exercé des fonctions d'administrateur, de membre du directoire ou de membre de conseil de surveillance, et n'a pas liquidé sa pension dans un régime obligatoire d'assurance vieillesse, de ne pas être titulaire d'un contrat de travail ou d'un mandat social depuis 2 ans au moins à compter du non-renouvellement de son mandat social ou de sa révocation ;
- cessation d'activité non salariée de l'assuré à la suite d'un jugement de liquidation judiciaire en application des dispositions du Livre VI du Code de commerce, ou toute situation justifiant ce rachat selon le président du tribunal de commerce auprès duquel

est instituée une procédure de conciliation telle que visée à l'article L. 611-4 du Code de commerce, qui en effectue la demande avec l'accord de l'assuré ;
- invalidité de l'assuré correspondant au classement dans les deuxième ou troisième catégories prévues à l'article L. 341-4 du Code de la Sécurité sociale ;
- décès du conjoint ou du partenaire lié par un pacte civil de solidarité ; situation de surendettement de l'assuré, définie à l'article L. 711-1 (anc. art. L. 330-1) du Code de la consommation, sur demande adressée à l'assureur, soit par le président de la commission de surendettement des particuliers, soit par le juge lorsque le déblocage des droits individuels résultant de ces contrats paraît nécessaire à l'apurement du passif de l'intéressé.

B - Aspects fiscaux

Il convient de distinguer la fiscalité des cotisations de celles des prestations.

1° Fiscalité des cotisations

Les cotisations d'assurance vieillesse complémentaires et supplémentaires, les cotisations de prévoyance, ainsi que celles versées au titre de la perte d'emploi demeurent plafonnées. Les plafonds de déduction de ces trois régimes facultatifs sont désormais distincts. Ils sont calculés en proportion du revenu professionnel de l'année, retenu dans une certaine limite calculée par référence au plafond de la Sécurité sociale. Par ailleurs, afin de ne pas défavoriser les petits revenus, et les exercices déficitaires, des planchers de déduction ont été instaurés.

Pour l'appréciation du respect des plafonds de déduction, il convient de prendre en compte les cotisations facultatives de l'exploitant et celles versées, le cas échéant par son conjoint collaborateur.

En conséquence, l'article 154 bis du Code général des impôts prévoit que les cotisations versées aux régimes obligatoires complémentaires d'assurance vieillesse mentionnés au premier alinéa du I, pour la part de ces cotisations excédant la cotisation minimale obligatoire, et les cotisations ou primes mentionnées au deuxième alinéa du I sont déductibles :

Pour l'assurance vieillesse, dans une limite égale au plus élevé des deux montants suivants :
- 10 % de la fraction du bénéfice imposable retenu dans la limite de huit fois le montant annuel du plafond mentionné à l'article L. 241-3 du Code de la Sécurité sociale, auxquels s'ajoutent 15 % supplémentaires sur la fraction de ce bénéfice comprise entre une fois et huit fois le montant annuel précité ;
- ou 10 % du montant annuel du plafond mentionné à l'article L. 241-3 du Code de la Sécurité sociale.

Cette limite est réduite, le cas échéant, des sommes versées par l'entreprise au Plan d'épargne pour la retraite collectif (PERCO) défini à l'article L. 3334-1 à L. 3334-16 du Code du travail et exonérées en application du 18° de l'article 81 ;

Pour la prévoyance, dans la limite d'un montant égal à la somme de 7 % du montant annuel du plafond mentionné à l'article L. 241-3 du Code de la Sécurité sociale et de 3,75 % du bénéfice imposable, sans que le total ainsi obtenu puisse excéder 3 % de huit fois le montant annuel du plafond précité ;

Pour la perte d'emploi subie, dans une limite égale au plus élevé des deux montants suivants :

- 1,875 % du bénéfice imposable retenu dans la limite de huit fois le montant annuel du plafond mentionné à l'article L. 241-3 du Code de la Sécurité sociale ;
- ou 2,5 % du montant annuel du plafond mentionné à l'article L. 241-3 du Code de la Sécurité sociale.

2° Fiscalité des prestations

Les prestations versées par les assureurs sous forme de revenus de remplacement doivent être intégrées dans le revenu imposable de l'assuré bénéficiaire. Les prestations servies sous forme de rente ou pour perte d'emploi subie sont imposables dans la catégorie des pensions.

En revanche, le versement d'un capital, prévu en cas de liquidation judiciaire ou d'invalidité, ne devrait être soumis à aucune imposition en l'absence de dispositions spécifiques.

C - Retraite complémentaire des exploitants agricoles et loi Madelin

Les dispositions de la loi Madelin ont été étendues au monde agricole avec l'adoption de la loi n° 97-1051 du 18 novembre 1997 (JO du 19 novembre 1997, p. 16723). L'article 55 contient les dispositions relatives à la retraite complémentaire des professions non salariées agricoles.

1° Les bénéficiaires

Le texte dispose que les contrats d'assurance de groupe définis ou régis par les articles L. 141-1 à L. 141-5 et L. 441-1 et suivants du Code des assurances, peuvent être souscrits au profit de ses membres par un groupement comportant un nombre minimum de personnes qui exercent une activité non salariée agricole, en vue du versement d'une retraite complémentaire garantissant un revenu viager.

Peuvent bénéficier de ces contrats les chefs d'exploitation ou d'entreprise agricoles, leurs conjoints et leurs aides familiaux, sous réserve qu'ils relèvent du régime d'assurance vieillesse de base institué par les chapitres IV et IV-I du titre II du livre VII du Code rural et de la pêche maritime et qu'ils justifient de la régularité de leur situation vis-à-vis de ce régime.

Le versement des primes ou cotisations dues au titre de ces contrats doit présenter un caractère régulier dans son montant et sa périodicité.

2° La fiscalité des cotisations

La loi n° 2003-775 du 21 août 2003 modifie le dispositif de déduction des cotisations. Il est ainsi prévu que les cotisations versées par les chefs d'exploitation ou d'entreprise agricole au titre des contrats d'assurance de groupe mentionnés au I de l'article 55 de la loi n° 97-1051 du 18 novembre 1997 d'orientation sur la pêche maritime et les cultures marines, sont déductibles dans les limites prévues par l'article 154 bis-II-1°.

L'article 154 bis-II-1° est également modifié ; les cotisations susvisées sont déductibles dans une limite égale au plus élevé des deux montants suivants :

- 10 % de la fraction du revenu professionnel imposable qui n'excède pas huit fois le montant annuel du plafond mentionné à l'article L. 241-3 du Code de la Sécurité sociale, auxquels s'ajoutent 15 % supplémentaires sur la fraction de ce revenu comprise entre une fois et huit fois le montant annuel précité. Les revenus exonérés en application des articles 44 sexies à 44 decies ainsi que l'abattement prévu à l'article 73 B sont retenus

pour l'appréciation du montant du revenu professionnel ; en revanche il n'est pas tenu compte des plus-values et moins-values professionnelles à long terme ;
- 10 % du montant annuel du plafond mentionné à l'article L. 241-3 du Code de la Sécurité sociale.

Cette limite est réduite, le cas échéant, des sommes versées par l'entreprise au Plan d'épargne pour la retraite collectif (PERCO) défini à l'article L. 3334-1 et suivants du Code du travail.

3° La fiscalité des prestations

Les prestations doivent être servies sous forme de rentes. Elles sont soumises à l'impôt sur le revenu selon les règles de droit commun des pensions prévues à l'article 158-5-b bis du Code général des impôts.

III - Le PERP

Depuis le 1er octobre 2020, les PERP sont fermés à la commercialisation, l'épargnant souhaitant préparer sa retraite devant désormais se tourner vers le PER, créé par la loi n° 2019-486 du 22 mai 2019 relative à la croissance et la transformation des entreprises (loi PACTE). Les titulaires d'un PERP peuvent toutefois conserver leur contrat.

A - Les mécanismes de fonctionnement et de contrôle

1° Objet du PERP

Le PERP (Plan d'Épargne Retraite Populaire) a été créé par l'article 108 de la loi Fillon n° 2003-775 du 21 août 2003 portant réforme des retraites. Son objet est l'acquisition et la jouissance de droits viagers personnels payables à l'adhérent à compter de la liquidation de sa pension dans un régime obligatoire d'assurance vieillesse.

> **NB** : Le système du PERP peut être transposé au niveau de l'entreprise dans le cadre d'un contrat spécial, dénommé PERE (Plan d'Épargne Retraite d'Entreprise).

Le succès du PERP reste mitigé. Les cotisations versées sur les PERP représentent à peine 13 % de l'épargne retraite longue, loin derrière les contrats Madelin. Ce produit d'épargne retraite n'est pas assez connu ; son mécanisme complexe amoindrit son rendement. Enfin, il se dénoue en rente, ce qui ne séduit pas les épargnants et l'avantage fiscal accordé lors de la phase d'épargne n'est pas suffisamment attractif.

2° Le groupement d'épargne retraite populaire

Le Groupement d'épargne retraite populaire (GERP) est une association à but non lucratif qui a pour objet, de souscrire un ou plusieurs plans d'épargne retraite populaire pour le compte des participants (art. 3, Décr. n° 2004-342, 21 avril 2004).

Tout participant d'un PERP souscrit par l'association est de droit membre de l'association et dispose d'un droit de vote à l'assemblée générale (art. 3, Décr. n° 2004-342, 21 avril 2004).

3° Le comité de surveillance

Le décret n° 2004-342 du 21 avril 2004 précise, dans son second chapitre, les règles relatives au comité de surveillance dont la fonction est de veiller à la bonne exécution du contrat par l'organisme d'assurance et à la représentation des intérêts des participants du plan.

Il a notamment pour mission d'établir chaque année le budget du plan d'épargne retraite populaire, de décider des expertises juridiques, comptables, actuarielles et financières du plan et d'en assurer le suivi, d'examiner les modalités de transfert du plan, de proposer la reconduction ou le changement de l'assureur, d'organiser la mise en concurrence des assureurs en vue de la gestion du PERP et d'émettre un avis sur la proposition faite par l'assureur de rémunération de l'épargne des participants du plan (art. 21, Décr. n° 2004-342, 21 avril 2004).

4° L'assemblée des participants

Tout participant d'un PERP souscrit par l'association est de droit membre de l'association et dispose d'un droit de vote à l'assemblée générale (art. 3, Décr. n° 2004-342, 21 avril 2004).

L'assemblée des participants du PERP décide, sur proposition du comité de surveillance, des modifications à apporter aux dispositions essentielles du plan souscrit par le groupement d'épargne retraite populaire.

B - Les garanties du PERP

1° Le versement d'une rente viagère

Le PERP est un contrat d'assurance dont l'objet est l'acquisition et la jouissance de droits viagers personnels payables à l'adhérent à compter de la liquidation de sa pension dans un régime obligatoire d'assurance vieillesse ou à l'âge fixé en application de l'article L. 351-1 du Code de la Sécurité sociale.

Depuis la loi n° 2010-1330 du 9 novembre 2010, la rente viagère constituée est payable à compter de la liquidation de la retraite obligatoire ou à l'âge de 62 ans et non plus 60 ans.

Depuis cette même loi, l'assureur est désormais obligé de communiquer chaque année une estimation de la rente viagère qui serait versée à l'assuré à partir de ses droits personnels, et de préciser, le cas échéant, les conditions dans lesquelles il peut transférer son contrat.

2° Les garanties complémentaires

Le PERP peut prévoir une garantie en cas de décès de l'adhérent avant ou après la date de mise en service de la rente viagère acquise dans le cadre du plan. Les prestations servies à ce titre consistent soit en une rente viagère versée à un bénéficiaire expressément désigné par l'adhérent ou à défaut à son conjoint, soit en une rente temporaire d'éducation versée aux enfants mineurs de l'adhérent jusqu'à leur 25e anniversaire. Le contrat peut également prévoir le versement à l'adhérent d'une rente d'invalidité en cas d'invalidité de l'adhérent survenue après son adhésion.

3° Le transfert des droits

La loi envisage deux sortes de transfert de l'épargne constituée : le transfert individuel et le transfert collectif.

Tout plan d'épargne retraite populaire prévoit les modalités de transfert individuel des droits d'un participant à un autre plan. Le plan peut prévoir que la valeur de transfert est réduite d'une indemnité acquise au plan qui ne peut excéder 5 % de la valeur de transfert. Cette indemnité est nulle à l'issue d'une période de dix ans à compter de la date d'adhésion au plan (art. 54, Décr. n° 2004-342, 21 avril 2004 ; art. 10, arr. du 22 avril 2004).

L'organisme d'assurance gestionnaire du plan d'accueil informe le participant des conséquences du transfert sur ses droits individuels (art. 54, Décr. n° 2004-342, 21 avr. 2004).

Le transfert collectif se traduit par un changement d'organisme assureur gestionnaire du plan, l'ensemble des engagements et des actifs attachés au plan étant transféré au nouvel organisme. Il peut être réalisé en cas de dissolution ou cessation d'activité du GERP ou en cas de changement d'organisme assureur proposé par le comité de surveillance.

4° Sortie du PERP en capital

En phase d'épargne, le plan d'épargne retraite populaire ne peut pas faire l'objet de rachats, même partiels, sauf dans les 5 cas de force majeure prévus à l'article L. 132-23 du Code des assurances et L. 223-22 du Code de la mutualité :

- expiration des droits de l'assuré aux allocations chômage accordées consécutivement à une perte involontaire d'emploi, ou le fait pour un assuré qui a exercé des fonctions d'administrateur, de membre du directoire ou de membre de conseil de surveillance, et n'a pas liquidé sa pension dans un régime obligatoire d'assurance vieillesse, de ne pas être titulaire d'un contrat de travail ou d'un mandat social depuis 2 ans au moins à compter du non-renouvellement de son mandat social ou de sa révocation ;
- cessation d'activité non salariée de l'assuré à la suite d'un jugement de liquidation judiciaire en application des dispositions du Livre VI du Code de commerce, ou toute situation justifiant ce rachat selon le président du tribunal de commerce auprès duquel est instituée une procédure de conciliation telle que visée à l'article L. 611-4 du Code de commerce, qui en effectue la demande avec l'accord de l'assuré ;
- invalidité de l'assuré correspondant au classement dans les deuxième ou troisième catégories prévues à l'article L. 341-4 du Code de la Sécurité sociale ;
- décès du conjoint ou du partenaire lié par un pacte civil de solidarité ;
- situation de surendettement de l'assuré définie à l'article L. 711-1 (anc. art. L. 330-1) du Code de la consommation, sur demande adressée à l'assureur, soit par le président de la commission de surendettement des particuliers, soit par le juge lorsque le déblocage des droits individuels résultant de ces contrats paraît nécessaire à l'apurement du passif de l'intéressé.

Lors de la liquidation des droits à la retraite, il existe plusieurs cas de déblocage du PERP en capital, en partie ou en totalité.

L'article 35 de la loi n° 2006-872 du 13 juillet 2006 autorise la sortie en capital du PERP lorsque le capital est utilisé pour l'acquisition de la résidence principale en accession à la première propriété. Comme pour la sortie en rentes viagères, la sortie en capital est possible à compter de la date de liquidation de la pension dans un régime obligatoire d'assurance vieillesse ou à l'âge auquel l'assuré peut faire valoir ses droits, conformément à l'article L. 351-1 du Code de la Sécurité sociale.

En conséquence, le Code général des impôts se trouve modifié et l'article 163 bis prévoit que pour l'établissement de l'impôt, le capital est imposé à l'impôt sur le revenu mais il peut, sur demande expresse et irrévocable de son bénéficiaire, être réparti par parts égales sur l'année au cours de laquelle le contribuable en a disposé et les quatre années suivantes.

Une instruction fiscale du 31 décembre 2007 précise la notion d'accession à la première propriété de la résidence principale et les justificatifs à fournir pour la sortie exceptionnelle du PERP en capital, à compter de l'âge de la retraite, en lieu et place d'une rente viagère, en vue de l'acquisition par l'adhérent de sa résidence principale en accession à la première propriété.

La sortie en capital est subordonnée à la présentation de pièces justifiant cette acquisition. Le versement en capital du PERP est autorisé pour financer l'acquisition mais aussi la construction d'un logement destiné à l'habitation principale. À cet égard, l'habitation principale s'entend, d'une manière générale, du logement où résident habituellement et effectivement les membres du foyer fiscal et où se situe le centre de leurs intérêts professionnels et matériels.

Le versement en capital du PERP peut être affecté au financement d'opérations telles que :

- la construction d'un logement, y compris, le cas échéant, l'acquisition de droits de construire ou de terrains destinés à la construction de ce logement, par exemple dans le cadre d'un achat sur plan ou « vente en l'état futur d'achèvement » (VEFA). L'aménagement à usage de logement de locaux non destinés à l'habitation est assimilé à la construction d'un logement ;
- l'acquisition d'un logement en vue de sa première occupation ;
- l'acquisition d'un logement ayant déjà été occupé y compris, le cas échéant, les travaux d'amélioration nécessaires.

Sont considérés comme accédant à la première propriété de leur résidence principale les adhérents du PERP qui n'en ont pas été propriétaires au cours des deux dernières années précédant celle du dénouement du PERP en vue de l'acquisition de ladite résidence principale.

Toutefois, la condition de première propriété n'est pas exigée dans les trois situations suivantes :

- lorsque l'adhérent du PERP ou l'un des occupants du logement à titre principal est titulaire de la carte d'invalidité correspondant au classement dans la deuxième ou la troisième des catégories prévues à l'article L. 341-4 du Code de la Sécurité sociale. Il s'agit des personnes invalides incapables d'exercer une profession quelconque et des invalides qui, étant incapables d'exercer une profession, sont, en outre, dans l'obligation d'avoir recours à l'assistance d'une tierce personne pour effectuer les actes ordinaires de la vie ;
- lorsque l'adhérent du PERP ou l'un des occupants du logement à titre principal bénéficie d'une allocation attribuée en vertu des articles L. 821-1 à L. 821-9 ou L. 541-1 à L. 541-3 du Code de la Sécurité sociale. Il s'agit de l'allocation aux adultes handicapés, ainsi que de l'allocation d'éducation de l'enfant handicapé versée aux personnes qui assument la charge d'un enfant handicapé ;
- lorsque l'adhérent du PERP ou l'un des occupants du logement à titre principal est victime d'une catastrophe ayant conduit à rendre inhabitable de manière définitive sa résidence principale (CCH, art. R. 318-1).

L'instruction précise également le régime fiscal applicable au capital qui est imposable à l'impôt sur le revenu selon les règles des pensions et retraites et qui peut faire l'objet, sur demande expresse et irrévocable des bénéficiaires, d'une imposition fractionnée par parts égales sur l'année du versement et les quatre années suivantes.

Enfin, il est précisé que toutes ces dispositions s'appliquent aux PERP dont le dénouement intervient à compter du 17 juillet 2006, date d'entrée en vigueur de la loi du 13 juillet 2006. Elles sont donc susceptibles de s'appliquer aux PERP conclus avant cette date (Instr. fisc., 31 décembre 2007, BOI 5 B-22-07).

Depuis la loi n° 2010-1330 du 9 novembre 2010, les assurés peuvent solliciter une sortie sous forme de capital, si le contrat le prévoit, dans la limite de 20 % de la valeur de rachat du contrat (C. assur., art. L. 132-23).

L'article L. 144-2 du Code des assurances, tel qu'issu de la loi n° 2016-1691 du 9 décembre 2016 dite loi « Sapin 2 », applicable aux contrats en cours le 10 décembre 2016, permet la sortie en capital des « mini PERP », sous les conditions suivantes :

- valeur de transfert du contrat inférieure à 2 000 € ;
- pour les contrats ne prévoyant pas de versements réguliers, aucun versement de cotisation au cours des quatre années précédant le rachat ;
- pour les contrats prévoyant des versements réguliers, adhésion au contrat au moins quatre années révolues avant la demande de rachat ;
- revenu fiscal de référence du foyer fiscal au titre de l'année précédant celle du rachat inférieur aux plafonds de ressources prévus en matière de taxe d'habitation par l'article 1417, II du CGI.

Enfin, lorsque le montant de la rente viagère servie au dénouement du PERP n'excède pas 40 € par mois, l'assureur peut, en application des articles L. 160-5 et A. 160-2 à A. 160-4 du Code des assurances, procéder au versement d'un arrérage unique. Si les rentes sont versées selon une périodicité de paiement supérieure à un mois, ce montant est multiplié par le nombre de mois inclus dans la période de paiement.

5° Interdiction des avances sur le PERP

La loi n° 2006-1770 du 30 décembre 2006 pour le développement de la participation et de l'actionnariat salarié et portant diverses dispositions d'ordre économique et social a supprimé la possibilité pour les organismes d'assurance gestionnaires de PERP de consentir des avances aux participants. En effet, ces « avances sur police » sont tout aussi contraires que des rachats à la vocation même du PERP, c'est-à-dire la constitution d'une épargne à long terme en vue de la retraite.

Une instruction fiscale du 15 janvier 2008 précise les conséquences du non-respect du principe de l'interdiction des avances. Le PERP étant dénaturé par l'octroi d'avances, les cotisations ou primes versées ne sont plus déductibles sur le fondement de l'article 163 quatervicies du CGI et celles déjà admises en déduction sont susceptibles, dans la limite du délai de prescription, d'être réintégrées dans le revenu imposable des intéressés. Ces dispositions s'appliquent à compter du 9 novembre 2006 à tous les PERP, quelle que soit leur date de souscription (Instr. 15 janv. 2008, BOI 5 B-2-08).

C - La fiscalité du PERP

1° La fiscalité des cotisations

Pour chaque foyer fiscal, les cotisations versées sur un PERP sont déductibles dans la limite annuelle et individuelle égale à la différence constatée au titre de l'année précédente entre :

– une fraction égale à 10 % des revenus d'activité professionnelle retenus dans la limite de 8 fois le plafond annuel de la Sécurité sociale ou si elle est plus élevée, une somme égale à 10 % du montant annuel du plafond précité (47 100 € pour l'année 2025) ;
– et le montant cumulé des cotisations ou primes déductibles au titre :
  • des régimes supplémentaires obligatoires de retraite de salariés (CGI, art. 83, 2°),
  • du régime COREVA (agriculteurs),
  • des cotisations retraite relevant de la loi Madelin (CGI, art. 154 bis),
  • du PERCO versé par l'employeur (abondement).

La différence, lorsqu'elle est positive, constatée au titre d'une année entre la limite d'exonération et les sommes mentionnées ci-dessus, peut être utilisée au cours de l'une des trois années suivantes. En outre, le PERP est exonéré de prélèvements sociaux en phase de constitution.

Cet avantage fiscal à l'entrée du PERP n'est pas négligeable. Il ne suffit toutefois pas à convaincre la très grande majorité des épargnants. En effet, il est surtout intéressant pour le contribuable imposé à un taux marginal élevé – d'au moins 30 % – qui peut épargner des sommes importantes, à tel point, qu'aujourd'hui, le PERP est utilisé comme outil de défiscalisation (notamment depuis le plafonnement des niches fiscales à 10 000 €).

2° La fiscalité des prestations

En contrepartie de la déductibilité des cotisations au PERP, la loi prévoit l'imposition, dans la catégorie des pensions, des rentes viagères servies à la sortie du dispositif. Ces rentes bénéficient donc des abattements de 10 % et 20 % applicables à cette catégorie de revenus.

Lorsque la sortie peut s'effectuer en capital pour l'acquisition d'une résidence principale dans le cadre de l'article 35 de la loi n° 2006-872 du 13 juillet 2006, l'article 163 bis du Code général des impôts, prévoit que pour l'établissement de l'impôt, le capital est imposé à l'impôt sur le revenu mais il peut, sur demande expresse et irrévocable de son bénéficiaire, être réparti par parts égales sur l'année au cours de laquelle le contribuable en a disposé et les quatre années suivantes.

IV - Le PERCO

Le PERCO (Plan d'Épargne pour la Retraite Collective) a été créé par la loi Fillon (art. 109, loi n° 2003-775 du 21 août 2003) sous le nom de Plan partenarial d'épargne salariale volontaire pour la retraite (PPESVR) et a été renommé par la loi de Finances pour 2004 (art. 82 IV, L. n° 2003-1311 du 30 déc. 2003).

Depuis le 1er octobre 2020, les PERCO sont fermés à la commercialisation et les entreprises peuvent souscrire (et y transférer leurs contrats), le nouveau PER (d'Entreprise Collectif), créé par la loi n° 2019-486 du 22 mai 2019 relative à la croissance et la transformation des entreprises (loi PACTE).

Les encours dédiés à l'épargne retraite d'entreprise collective (PERCO et PER d'entreprise Collectif) atteignaient fin 2023 29,7 Mds €, soit une hausse de +16,9 % sur un an (source : Association française de la gestion financière – AFG).

A - Mise en place du PERCO

Le plan d'épargne pour la retraite collectif peut être mis en place à l'initiative de l'entreprise ou par un accord collectif de travail (C. trav., art. L. 3334-2).

L'entreprise qui a mis en place un plan d'épargne d'entreprise depuis plus de cinq ans doit ouvrir une négociation en vue de la mise en place d'un plan d'épargne pour la retraite collectif ou d'un régime de retraite supplémentaire dans le cadre de l'article 83 du Code général des impôts (C. trav., art. L. 3334-3).

Le plan d'épargne pour la retraite collectif peut également être créé en tant que plan d'épargne interentreprises (C. trav., art. L. 3334-4). Il ne peut être mis en place que si les salariés ont la possibilité d'opter pour un plan de durée plus courte (C. trav., art. L. 3334-5).

L'article 17 de la loi n° 2008-1258 du 3 décembre 2008 dispose que le plan d'épargne pour la retraite collectif peut prévoir l'adhésion par défaut des salariés de l'entreprise, sauf avis contraire de ces derniers.

B - Abondement du PERCO

Le plan d'épargne pour la retraite collectif peut recevoir, à l'initiative des participants, les versements des sommes issues de l'intéressement, de la participation, des versements volontaires de l'épargnant ainsi que des contributions des entreprises (C. trav., art. L. 3334-6). En outre, si le règlement du plan le prévoit, les entreprises peuvent effectuer un versement initial dans ce plan, même en l'absence de contribution du salarié.

Les sommes versées annuellement par une ou plusieurs entreprises pour un salarié ne peuvent excéder 16 % du plafond annuel de Sécurité sociale à 47 100 € pour l'année 2025.

L'abondement de l'employeur au PERCO est exonéré des cotisations sociales de l'employeur jusqu'à un montant de 3 768 € (soit 8 % du plafond annuel de la Sécurité sociale 2025).

Les sommes provenant d'un compte épargne-temps correspondant à un abondement de l'employeur et transférées sur un ou plusieurs plans d'épargne pour la retraite collectifs, sont assimilées à des versements des employeurs à un ou plusieurs de ces plans (C. trav., art. L. 3334-10).

Un ancien salarié peut continuer à effectuer des versements sur le plan d'épargne pour la retraite collectif. Ces versements ne bénéficient pas des versements complémentaires de l'entreprise et les frais afférents à leur gestion sont à la charge exclusive de l'ancien salarié qui effectue ces versements. Cette possibilité n'est pas ouverte au salarié qui a accès à un plan d'épargne pour la retraite collectif dans la nouvelle entreprise où il est employé (C. trav., art. L. 3334-7).

Les participants au plan d'épargne pour la retraite collectif bénéficient d'un choix entre au moins trois organismes de placement collectif en valeurs mobilières présentant différents profils d'investissement (C. trav., art. L. 3334-11). Il s'agit pour l'essentiel de parts de SICAV et de fonds commun de placement et d'actions.

C - Le forfait social

Le forfait social (CSS, art. L. 137-15 à L 137-17) a été créé par l'article 13 de la loi n° 2008-1330 du 17 décembre 2008 de financement de la Sécurité sociale pour 2009. La loi de Finances rectificative pour 2012 du 16 août 2012 portant modification de l'article L. 137-16 du Code de la Sécurité sociale a porté le montant du forfait social à 20 %.

Le forfait social est une contribution à la charge de l'employeur qui concerne, sauf exceptions, les éléments de rémunération ou gains qui sont exonérés de cotisations de Sécurité sociale tout en étant assujettis à la CSG ou ceux qui ne remplissent pas ces conditions mais qui sont assujettis par loi. Le taux du forfait social est fixé à 20 % à compter du

1er août 2012 contre 8 % auparavant. Ce taux qui avait été fixé à 2 % à l'origine, par la loi du 17 décembre 2008, a donc été multiplié par 10 en l'espace de 4 ans.

L'abondement de l'employeur versé en complément du versement du salarié au PERCO dans la limite de 16 % du plafond annuel de la Sécurité sociale est donc désormais soumis au forfait social au taux de 20 %.

D - Versement au moment du départ en retraite ou déblocage anticipé

Les sommes ou valeurs inscrites aux comptes des participants sont détenues jusqu'au départ à la retraite. Toutefois, dans des cas liés à la situation ou au projet du participant, ces sommes ou valeurs peuvent être exceptionnellement débloquées avant le départ en retraite (C. trav., art. L. 3334-14).

L'accord collectif instituant le plan d'épargne pour la retraite collectif prévoit les conditions de délivrance des sommes ou valeurs inscrites aux comptes des participants sous forme de rente viagère acquise à titre onéreux.

Lorsque l'accord collectif prévoit des modalités de délivrance en capital ou de conversion en rente des sommes ou valeurs inscrites aux comptes des participants, chaque participant exprime son choix lors du déblocage des sommes ou valeurs selon les modalités et dans les conditions définies par cet accord.

Les sommes ou valeurs inscrites aux comptes des participants sont détenues jusqu'au départ à la retraite. Toutefois, dans des cas liés à la situation ou au projet du participant, ces sommes ou valeurs peuvent être exceptionnellement débloquées avant le départ en retraite (C. trav., art. L. 3334-14).

Les cas dans lesquels les droits constitués dans le cadre du plan d'épargne pour la retraite collectif au profit des salariés peuvent être, sur leur demande, exceptionnellement liquidés avant le départ à la retraite sont les suivants :

- l'invalidité de l'intéressé, de ses enfants, de son conjoint ou de son partenaire lié par un pacte civil de solidarité. Cette invalidité s'apprécie au sens de l'invalidité de deuxième et troisième catégorie de la Sécurité sociale (CSS, art. L. 341-4), ou est reconnue par décision de la commission des droits et de l'autonomie des personnes handicapées à condition que le taux d'incapacité atteigne au moins 80 % et que l'intéressé n'exerce aucune activité professionnelle. Le déblocage pour chacun de ces motifs ne peut intervenir qu'une seule fois ;
- le décès de l'intéressé, de son conjoint ou de son partenaire lié par un pacte civil de solidarité. En cas de décès de l'intéressé, il appartient à ses ayants droit de demander la liquidation de ses droits ;
- l'affectation des sommes épargnées à l'acquisition de la résidence principale ou à la remise en état de la résidence principale endommagée à la suite d'une catastrophe naturelle reconnue par arrêté interministériel ;
- la situation de surendettement du participant (C. consom., art. L. 331-2), sur demande adressée à l'organisme gestionnaire des fonds ou à l'employeur, soit par le président de la commission de surendettement des particuliers, soit par le juge lorsque le déblocage des droits paraît nécessaire à l'apurement du passif de l'intéressé ;
- l'expiration des droits à l'assurance chômage de l'intéressé.

La levée anticipée de l'indisponibilité intervient sous forme d'un versement unique qui porte, au choix de l'intéressé, sur tout ou partie des droits susceptibles d'être débloqués.

E - La fiscalité des cotisations

Le salarié, ayant adhéré à un plan d'épargne dans son entreprise, n'a pas à déclarer les sommes versées par son employeur (abondement) au titre du plan d'épargne.

Les sommes versées volontairement par les salariés (autres que celles provenant de l'intéressement et de la participation) ne sont pas déductible du revenu imposable.

Ces sommes sont soumises à la CSG et CRDS au taux de 8 % à la charge du salarié.

F - La fiscalité des prestations

La sortie s'effectue en rentes viagères à titre onéreux sauf lorsque l'accord instituant le plan a prévu des modalités de versement sous forme de capital. Le capital est exonéré d'impôt sur le revenu et de cotisations de Sécurité sociale.

Deux régimes fiscaux sont susceptibles de s'appliquer aux rentes viagères, en fonction du régime fiscal applicable aux cotisations :
- les arrérages de rente correspondent aux cotisations déduites du revenu global et sont alors imposables dans la catégorie des pensions en application de l'article 158, 5-a du Code général des impôts ;
- les arrérages de rente correspondent aux cotisations qui n'ont fait l'objet d'aucune déduction du revenu global ; ils sont alors soumis au régime des rentes viagères à titre onéreux.

Les rentes viagères à titre onéreux bénéficient d'un abattement fiscal significatif déterminé forfaitairement d'après l'âge du crédirentier lors de l'entrée en jouissance de la rente (CGI, art. 158-6). Le montant de la rente devant être intégré dans le revenu imposable est égal à :
- 70 % si l'intéressé était alors âgé de moins de 50 ans ;
- 50 % s'il était âgé de 50 à 59 ans inclus ;
- 40 % s'il était âgé de 60 à 69 ans inclus ;
- 30 % s'il était âgé de plus de 69 ans.

Depuis le 1er octobre 2019, les sommes épargnées sur un Perco peuvent être transférées vers un plan d'épargne d'entreprise collectif, les taux des prélèvements sociaux en vigueur au moment des dépôts sont alors conservés.

V - Le PER

Le plan d'épargne retraite (PER), nouveau produit d'épargne retraite, créé par la loi Pacte, est commercialisé par les entreprises d'assurance depuis le 1er octobre 2019 (L. n° 2019-486, 22 mai 2019 : JO, 23 mai 2019). Ce produit permet aux indépendants comme aux salariés de bénéficier d'une rente viagère ou d'un capital en complément de la retraite obligatoire.

La création de ce produit est destinée à uniformiser l'épargne retraite en fusionnant Perp, Madelin (épargne retraite individuelle), Perco (épargne salariale) ou article 83 (épargne retraite catégorielle), et à développer l'épargne retraite, en assouplissant les conditions de sortie en capital. Deux produits d'entreprise (le PER d'entreprise collectif et le PER obligatoire) et un produit individuel (le PER individuel) peuvent être souscrits. Les produits individuels préexistants à la réforme ont cessé d'être commercialisés à compter du 1er octobre 2020 et peuvent être transférés sur le PER depuis octobre 2019.

Le Code monétaire et financier est complété d'un chapitre intégralement consacré aux plans épargne retraite (dits PER) (v. le nouveau chapitre IV du titre II du livre II).

Le PER se décline sous 3 formes : un PER individuel, et deux PER d'entreprise. Le PER individuel succède au Perp et au contrat Madelin. Le PER d'entreprise collectif succède au Perco. Le PER d'entreprise obligatoire succède au contrat article 83.

Au 31 mars 2024, plus de 10,4 millions de personnes bénéficient d'un PER pour un encours de 108,8 milliards d'euros (PER collectifs : 24,7 Mds d'euros d'encours ; PER obligatoires : 20,8 Mds d'euros d'encours ; PER individuels : 63,3 Mds d'euros d'encours, communiqué de presse Min Eco du 26/07/2024).

Un rapport de l'Assemblée nationale publié le 25 septembre 2024 fait un bilan sur la fiscalité de l'épargne salariale et relève que l'épargne retraite par capitalisation demeure peu développée en France, notamment chez les jeunes et les ménages modestes. 17 recommandations sont formulées pour rendre ce dispositif plus attractif, et notamment :

- un encadrement strict de la souscription et de la liquidation du PER en fixant une double limite d'âge : la souscription serait interdite au-delà de 67 ans et la liquidation interviendrait automatiquement à 70 ans ;
- la création d'une fiche d'information standardisée pour une information simplifiée ;
- des ajustements ciblés de la fiscalité tels que l'application de la contribution sociale généralisée (CSG) sur les revenus de remplacement à l'intégralité de la rente issue d'un PER, notamment pour attirer les ménages modestes ;
- la mise en place obligatoire d'un PER d'entreprise collectif dans les entreprises de plus de 11 salariés, sans que l'employeur et le salarié soient tenus d'y réaliser des versements.

Afin de limiter les comportements d'optimisation fiscale liés à la déductibilité des versements volontaires de l'assiette de l'impôt sur le revenu, depuis le 1er janvier 2024, les mineurs ne peuvent plus ouvrir de PER ; les mineurs déjà titulaires de PER peuvent les conserver mais ne peuvent plus effectuer de versements volontaires jusqu'à leur majorité (loi de finance pour 2024).

Le PER français peut être enregistré comme plan d'épargne paneuropéen d'épargne-retraite individuel (PEPP). Le fonctionnement et le régime fiscal et social du PEPP est aligné sur celui du PER, réserve faite des spécificités des règlements européens directement applicables (règlement [UE] 2019/1238 du 20 juin 2019 ; loi n° 2023-171 du 9 mars 2023).

A - La disponibilité de l'épargne à l'échéance

La rente viagère ou le capital sont payables au plus tôt à compter de la liquidation de la retraite obligatoire ou à l'âge légal de la retraite. Le capital pourra être versé en une fois ou de manière fractionnée.

Le choix entre le versement d'une rente viagère ou d'un capital s'effectue au moment de la liquidation des droits du contrat, sauf pour les PER individuels pour lesquels le choix peut également s'effectuer au moment de la souscription.

Le choix entre le versement d'une rente ou d'un capital n'est possible que pour les versements volontaires ou provenant de l'épargne salariale. Les versements obligatoires dans le cadre du PER obligatoire sont, eux, exclusivement destinés à la constitution d'une rente.

Afin d'élargir le champ de l'épargne retraite et de réduire les frais de gestion, par une multiplication des acteurs, le législateur a étendu aux sociétés de gestion d'actifs la possibilité de gérer des PER, dans le cadre d'un régime juridique unique, qui trouve sa place dans le Code monétaire et financier (C. mon. fin., art. L. 224-1 et s.). Ce n'est que pour obtenir une liquidation sous la forme d'une rente que le titulaire devra faire gérer son plan par un organisme assureur. Cette orientation pourra être décidée lors de l'ouverture du plan, ou à tout moment, au plus tard lors de la liquidation de ses droits, moyennant un transfert de l'épargne acquise dans un « PER assurance ».

B - La disponibilité de l'épargne avant son échéance

Le PER est bloqué jusqu'à l'âge de la retraite ; par principe, il ne peut se dénouer que lorsque le titulaire atteint l'âge de la retraite ou au plus tôt quand il percevra une pension de retraite au titre d'un régime obligatoire (C. mon. fin., art. L. 224-1). Par exception, le titulaire du contrat peut débloquer son épargne de façon anticipée dans certains cas (C. mon. fin., art. L. 224-4) pour acheter sa résidence principale, avec l'épargne correspondant aux versements volontaires et aux versements issus de l'épargne salariale et pour faire face aux accidents de la vie :

- le décès du conjoint du titulaire ou de son partenaire lié par un pacte civil de solidarité (PACS) ;
- l'invalidité du titulaire, de ses enfants, de son conjoint, ou de son partenaire lié par un PACS (CSS, art. L. 341-4, 2° et 3°) ;
- la situation de surendettement du titulaire (C. consom., art. L. 711-1) ;
- l'expiration des droits à l'assurance chômage du titulaire ;
- le fait pour le titulaire d'un plan qui a exercé des fonctions d'administrateur, de membre du directoire ou de membre du conseil de surveillance et n'a pas liquidé sa pension dans un régime obligatoire d'assurance vieillesse de ne pas être titulaire d'un contrat de travail ou d'un mandat social depuis 2 ans au moins à compter du non-renouvellement de son mandat social ou de sa révocation ;
- la cessation d'une activité non salariée en raison d'une liquidation judiciaire (C. com., art. L. 640-1 et s.). Le rachat ou retrait du PER peut également être justifié par une procédure de conciliation si le président du tribunal de commerce l'autorise.

Le décès du titulaire avant l'échéance du contrat entraîne la clôture du PER et l'épargne constituée est reversée au(x) bénéficiaire(s) désigné(s) au moment de la souscription.

C - La gestion du PER

Sauf décision contraire et expresse du titulaire du PER, les versements sont effectués selon une allocation de l'épargne permettant de réduire progressivement les risques financiers pour le titulaire (« gestion pilotée ») : la part des actifs à risques élevés ou intermédiaires diminue progressivement au profit d'actifs à faible risque à mesure que la date de liquidation des droits à la retraite approche. Dans ce cadre, trois profils d'investissement sont proposés au titulaire du PER : « prudent horizon retraite », « équilibré horizon retraite » ou « dynamique horizon retraite ». En l'absence de choix du titulaire, le profil « équilibré horizon retraite » sera retenu par défaut.

D - Transfert/Portabilité des droits

L'épargne retraite constituée sur un PER est transférable sur un autre PER, par exemple en cas de changement d'employeur ou de métier. L'article L. 224-6 du Code monétaire et financier impose la transférabilité des droits individuels en cours de constitution, sans modification des conditions de leur rachat ou de leur liquidation. Cette faculté permettra notamment aux adhérents à un plan tenu par une société de gestion financière d'organiser la liquidation de l'ensemble de leurs droits en rente viagère, que seul un organisme assureur ou un fonds de retraite professionnelle supplémentaire peut proposer.

Jusqu'au 31 décembre 2022, le titulaire d'un contrat d'assurance vie de plus de 8 ans pouvait, lorsqu'il se trouvait à au moins 5 ans de la retraite, transférer son épargne vers un PER dans des conditions fiscalement avantageuses.

E - Information du titulaire du PER

Une information régulière doit être communiquée aux clients titulaires d'un plan épargne retraite concernant, d'une part, la valeur des droits en cours de constitution et, d'autre part, les modalités dans lesquelles ils peuvent transférer leur contrat vers un autre plan d'épargne retraite.

Les clients ayant adhéré à un plan épargne retraite doivent plus spécifiquement encore recevoir une information détaillée pour chaque actif du plan, relative à la performance brute et nette de frais et aux frais prélevés avec notamment les rétrocessions de commissions perçues au titre de la gestion financière des plans. Cette information est fournie dès l'ouverture du plan puis actualisée chaque année (C. mon. fin., art. L. 224-7).

F - Fiscalité du PER

Le titulaire d'un PER peut choisir de bénéficier, dans la limite de certains plafonds, d'une déduction de ses versements volontaires et obligatoires ainsi que des versements obligatoires de l'employeur, de l'assiette de l'impôt sur le revenu. Les versements ayant donné lieu à une déduction d'impôt seront alors fiscalisés à la sortie.

Pour un salarié, ce plafond est égal au plus élevé des 2 montants suivants :
- 10 % des revenus professionnels, nets de cotisations sociale et de frais professionnels de l'année précédente, avec une déduction maximale de 37 680 € (10 % de 8 PASS 2025) ;
- ou 4 637 € (10 % du PASS de l'année précédente) si ce montant est plus élevé.

Pour un indépendant, ce plafond est égal au plus élevé des 2 montants suivants :
- il y a un plafond minimum : 10 % du PASS de l'année N, soit 10 % de 47 100 € pour 2025 si le bénéfice est inférieur à cette somme, soit un plafond plancher de 4 710 € ;
- et un plafond maximal : 10 % des bénéfices imposables, dans la limite de 8 PASS + 15 % du bénéfice supérieur au PASS sans dépasser 8 PASS, soit un plafond maximal de 8 X 47 100 € X 10 % + 7 X 47 100 € X 15 % = 87 135 €.

Si le titulaire du PER demande à ne pas bénéficier d'une déduction fiscale, l'imposition à la sortie ne portera que sur les produits de l'épargne. La fiscalité à la liquidation des droits dépend à la fois de l'origine des sommes épargnées, du type de sortie, en rente ou en capital, et du choix, au moment de la souscription ou de l'adhésion, du caractère déductible ou non des cotisations :
- en cas de sortie en capital, les versements volontaires ayant fait l'objet d'une déductibilité fiscale en cours de contrat seront soumis à l'impôt sur le revenu et les produits de l'épargne, au prélèvement forfaitaire unique (PFU) ;
- en cas de sortie en rente, la rente est soumise à l'impôt sur le revenu selon différentes modalités.

En cas de décès du titulaire du PER avant la liquidation des droits, l'épargne constituée est reversée à un bénéficiaire désigné et soumise au régime fiscal de l'assurance vie.

G - Prélèvements sociaux

Les versements de l'employeur sont exonérés de cotisations sociales et assujettis au forfait social.

Les droits issus des versements volontaires, qu'ils soient délivrés sous la forme de rente ou de capital, sont soumis aux prélèvements sociaux (CSG, CRDS...) à hauteur de la part représentative des produits de l'épargne.

TABLE DES MATIÈRES

Deuxième Partie

Les assurances de biens et de responsabilité

Troisième Partie
Les assurances de personnes

INDEX ALPHABÉTIQUE

A

B

C

D

E

F

G

H

I

L

M

N

O

P

Q

R